Jürgen Friedrichs (Hrsg.)

Teilnehmende Beobachtung abweichenden Verhaltens

 Ferdinand Enke Verlag Stuttgart 1973

Dieses Buch erscheint im Einverständnis
mit dem Georg Thieme Verlag, Stuttgart, als

flexibles Taschenbuch

Dr. *Jürgen Friedrichs*
Seminar für Sozialwissenschaften, Universität Hamburg

© 1973 Ferdinand Enke Verlag, Stuttgart — Printed in Germay

Satz und Umbruch: Adam Götz, Stuttgart-Bad Cannstatt

Druck: Druckhaus Dörr KG., Ludwigsburg

ISBN 3 432 01766 9

Inhalt

Jürgen Friedrichs

Warum teilnehmende Beobachtung abweichenden Verhaltens?

Analyse des Verhältnisses von Devianz und Konformität

Neben der Frage nach der Erklärung abweichenden Verhaltens dürften die beiden folgenden Fragen grundlegend für die Erforschung und Beurteilung von Devianz sein:

1. In welchem Verhältnis stehen Devianz und Konformität in einer Gesellschaft?
2. In welchem Verhältnis stehen Devianz und Konformität bei als deviant bezeichneten Personen und Gruppen?

Beide Fragen lassen sich dahingehend zusammenfassen und umformulieren, daß man untersucht, in wievielen Situationen oder mit wievielen Verhaltensweisen Mitglieder der Gesellschaft abweichen von den jeweiligen Normen. Dabei soll die Annahme gelten, daß in einer Gesellschaft nur wenige Mitglieder in *allen* Verhaltensbereichen abweichen. Es kann also nur um das Ausmaß der Devianz gehen. Eine solche Betrachtung ermöglicht es auch, die Diskussion über das Ausmaß der Devianz jenseits der gängigen Klassifikationen von devianten Personen oder Kriminellen zu führen. Die sozialen Klassifikationen weisen nämlich den Fehler auf, das *gesamte* Verhaltensspektrum einer Person anhand der negativen Beurteilung und/oder Bestrafung *eines nur geringen Teiles* jenes Spektrums als insgesamt abweichend zu benennen. Diese Hypothese sei im folgenden abgekürzt als „Prozeß unzulässiger Generalisierung" bezeichnet.

Ein vorzüglicher Hinweis hierauf ist das Problem der Dunkelziffer: eben weil sich zahllose Personen in den meisten Verhaltensbereichen nicht deviant verhalten, deckt solche weitgehende Konformität die partielle Devianz. Wäre nämlich Devianz ein weitreichendes Syndrom abweichender Verhaltensmuster, so erhöhte sich die Wahrscheinlichkeit, wenn schon nicht mit dem einen, dann doch mit dem anderen Verhalten aufzufallen und bei ausreichenden Sanktionsmechanismen und -instanzen der Gesellschaft entdeckt zu werden.

Nun hat sich die soziologische Forschung vergleichsweise selten damit beschäftigt, Interaktionsprozesse in realen Situationen zu studieren, sondern sich auf einzelne Personen oder Personengruppen bezogen. *Demgegenüber ist für einen Ansatz zu plädieren, der von Situationen als Untersuchungseinheit ausgeht und das Verhalten von Personen in ihrem jeweiligen sozialen Kontext beschreibt und analysiert. Die Analyse setzt dann nicht beim einzelnen Akteur an, sondern bei Interaktionsprozessen zwischen Akteuren in Handlungssituationen (Friedrichs u. Lüdtke 1971).* Die Situationen selbst sollten räumlich und zeitlich relativ gut abgrenzbar sein und deren generelle Randbedingungen sollten sich relativ gut angeben lassen. Ein solches Vorgehen erscheint für die Erforschung abweichenden Verhaltens von besonderer Bedeutung, weil es den besten Zugang zur Prüfung der oben genannten Hypothese von der unzulässigen Generalisierung darstellt.

Wir stehen demnach vor dem Problem, inwieweit es gerechtfertigt ist, von *einem* als deviant erklärten Verhaltensmuster bei einer Person/Gruppe darauf zu schließen, daß sie auch in ihren restlichen Verhaltensbereichen abweichen wird. Die Sozialforschung, will sie nicht die unzulässige Generalisierung der Gesellschaft ungeprüft übernehmen, muß also die Frage nach dem Verhältnis von Devianz und Konformität überhaupt und speziell bei einmal als abweichend definierten Personen stellen. Nur in der empirischen Analyse realen Verhaltens und natürlichen Situationen läßt sich klären, inwieweit Devianz ein konsistentes Verhaltensmuster darstellt. Nur so auch ist der Kontroverse zahlreicher Devianz-Forscher beizukommen, ob es sich bei devianten Gruppen um eine Kontra-Kultur oder um eine Subkultur handelt (u. a. *Cohen* 1961, *Cohen* u. *Short* 1958, *Heise* 1968, *Matza* u. *Sykes* 1961, *Yinger* 1960).

Bereits die klassische Studie von *Whyte* (1943) hatte schlagend erbracht, daß die gesellschaftliche Ungleichheit zwar als „structural constraint" italienische Einwanderer zu Formen des verbotenen Glückspiels, der kriminellen Organisation u. ä. bringt, sie aber gleichzeitig noch im Aufbau einer solchen Organisation die Strukturen und Regeln des sie umgebenden kapitalistischen Systems von Trusts übernehmen läßt. Ähnlich zeigt die Studie von *Haag* (1971) am Beispiel der Obdachlosen und belegen die (hier abgedruckten) Forschungsergebnisse von *Weinberg* über FKK-Anhänger und von *Humphreys* über homosexuelle Akte, daß jene oben genannte Generalisierung unzulässig ist. Vielmehr lassen *Weinberg*'s Beobachtungen den Schluß zu, daß die Konsequenz eines Bruches mit den Normen der Gesellschaft in einem Bereich (hier der Nacktheit) zu einer Verstärkung der Normen in einem anderen Bereich (hier der Sexualität und der Familie) führt, — ja sie nachgerade zur Bedingung hat.

Noch deutlicher wird dies bei *Humphreys:* Die gemeinhin als „Homosexuellen" deklassierten Personen sind zu einem großen

Teil nur Personen, die *auch* homosexuelle Formen der Triebbe-
friedigung wählen, ansonsten jedoch in ihren Ehen heterosexuelle
Beziehungen haben. Bei ihnen wird auch erkennbar (dies ist im
Buch ausführlich dargestellt), wie Devianz und Konformität sich
bedingen: Quasi als Schutz für ihre devianten Akte sind diese
Personen in ihrem sonstigen Leben und ihrer Einstellung konser-
vativ und akzeptieren die gesellschaftlichen Normen. Dieses
„Mäntelchen der Wohlanständigkeit" hat zur Konsequenz, daß sie
„zu ihrer eigenen Stigmatisierung beitragen" (*Humphreys* 1970,
S. 141).

Analyse gesellschaftlicher Normen

Das Verhältnis von Devianz und Konformität stellt sich nochmals,
wenn man nach den Normen und ihrer praktischen Geltung fragt,
die — aufgrund bestimmter Ziele der Gesellschaft — zu einer negativen Sanktionierung bestimmter Verhaltensweisen führen. Je differenzierter und/oder je antagonistischer eine Gesellschaft ist,
desto weniger dürfte ein einheitliches System von Normen bestehen. Ein Beispiel für dieses gerade in der Kriminologie so wichtige
Problem ist der Beitrag von *Blankenburg*. Nicht — professionelle
Agenten kodifizierter Normen, wie sie die Kunden in einem
Selbstbedienungsladen darstellen, sind offenbar wenig geneigt,
mögliche negative Sanktionen gegen Ladendiebe, die sie eben beobachtet haben, auszusprechen. Zunächst wohl deshalb, weil sie
die Beweislast zu führen hätten, was einen Aufwand an Zeit und
Mühe bedeutet, von dessen Erfolg sie nicht überzeugt zu sein
scheinen. Darüber hinaus bleibt zu vermuten, daß Kunden einen
stehlenden anderen Kunden nicht anzeigen, weil sie von der Norm,
man solle nicht stehlen, zumindest im Falle so anonymer Handels-
ketten-Geschäfte nicht überzeugt sind. Wir haben an anderer
Stelle ein ähnliches Ergebnis gefunden: In einem Fragebogen mit
simulierten Situationen waren fast alle Befragten (Arbeiter und
Angestellte) der Ansicht, die Kollegen würden es billigen oder sich
wenigstens nicht darum kümmern, wenn ein Arbeiter auf einer
großen Werft abends ein paar Farbtöpfe mitgehen läßt, um damit
seine Tür zu streichen. Ein Teil der Befragten merkte an, es handle
sich dabei um eine stille Übereinkunft, denn andere täten es auch.
(*Friedrichs* u. *Pongratz* 1970, S. 247).

An derartigen Beispielen wird deutlich, wie sich die Häufigkeit der
Durchbrechung einer Norm im Verhalten von Personen auswirkt:
nämlich als Aufhebung der Norm. Eine Gesellschaft kann wahrscheinlich nur dann auf die Einhaltung einer Norm vertrauen,
wenn nur wenige Normbrüche erlebt oder bekannt werden, der

Einzelne daher sich an die Norm hält, weil er dies auch bei den meisten anderen Mitgliedern der Gesellschaft erwartet. Die Befolgung einer Norm und die Information über das Ausmaß ihrer Befolgung bei anderen Mitgliedern der Gesellschaft korrelieren wahrscheinlich hoch positiv. „Eine Gesellschaft, die jede Verhaltensabweichung aufdeckt, würde zugleich die Geltung ihrer Normen ruinieren." (*Popitz* 1968, S. 9). Die gesellschaftliche Funktion einer „Präventiv-Wirkung des Nichtwissens" über Normenbrüche und das Ausmaß der Devianz liegt dann in der Verhinderung weiterer Normenbrüche. (In wessen Interesse dieses liegen mag, wäre dann weiter zu fragen). *Blankenburg's* Studie ist ein Beispiel für einen Prozeß der Normenauflösung aufgrund von Informationen, sie zeigt diese Auflösung im Verhalten, während gleichzeitig in den Einstellungen der Befragten das Bewußtsein von der Norm erhalten geblieben ist.

Analyse von Sanktionsinstanzen

Wenn eine Begründung für die Beobachtung abweichenden Verhaltens in der Analyse des Verhältnisses von Devianz und Konformität liegt, so ist in der Analyse der Sanktionsinstanzen eine weitere Begründung zu sehen. Sie richtet sich auf die Untersuchung der weiter oben genannten Frage, wie deviantes Verhalten erkannt, verfolgt und beurteilt wird. Es handelt sich dabei um solche Prozesse, in denen — zumeist kodifizierte — Normen angewendet werden. Solche Transformationen stellen selbst komplizierte Prozesse dar, weil sich in ihnen die Anwendung und Interpretation kodifizierter Normen mit den Alltags-Normen der Sanktionsagenten mischen. Dies zeigen die Beiträge von *Feest, Schumann* u. *Winter* und *Friedrichs* u. a. Der methodologische Aufsatz von *Lautmann* schildert, wie wenig derartige Instanzen geneigt sind, ihr Verhalten, d. h. eben jenen Transformationsprozeß, in dem sich kodifizierte und Alltagsnormen mischen, einer Erforschung zu öffnen. Diese Abwehr ist einsichtig aus dem gleichen Grunde, aus dem ihre teilnehmende Beobachtung notwendig ist: Die Abweichung der Beschuldigten von den Alltagsnormen der Richter führt zu einer Verstärkung der Anwendung der kodifizierten Normen durch die Richter. *Schumann* u. *Winter* decken anhand ihrer Beobachtungen einen Teil jenes Mechanismus auf, der weiter oben als unzulässige Generalisierung bezeichnet wurde. Das System sozialer Ungleichheit führt zu Prozessen — im doppelten Sinne des Wortes — die der Soziologie aus einem ganz anderen Bereich, einer anderen Institution, bekannt sind: Dem Verhältnis von schulischen Anforderungen, Lehrerverhalten und den Leistungen und Verhalten von Unterschicht-Schülern.

Eine ähnliche Situation ist die des Verdachts, die *Feest* beschreibt. In ihr werden Personen durch Polizisten anhand von „Erfahrungen", d. h. einem unkontrolliert gewonnenen Vorwissen, als „kriminell" definiert. Erneut ersetzt das vorurteilsbehaftete Alltagswissen oft legal faßbare Maßstäbe. Tendenziell muß so bei nicht eindeutigen Fällen erst durch die Festnahme und das anschließende Protokoll die Legalität rekonstruiert werden.

Die hier vorgetragenen Annahmen stehen im Zusammenhang mit dem „labeling approach", insofern sie sich auf die Prozesse der Kriminalisierung von Personen durch die Gesellschaft, d. h. die Öffentlichkeit und Institutionen der Normenkontrolle, beziehen. Mit der Analyse von Prozessen der Zuschreibung des Merkmals „abweichend" oder „kriminell" ist indessen ein nur unzureichender Beitrag zur Erklärung abweichenden Verhaltens gegeben. Diese Eigenschaft, die Frage nach den Ursachen nicht hinreichend beantworten zu können oder gar abzuweisen (*Sack* 1968, 1972), dürfte der kennzeichnende Mangel dieses theoretischen Ansatzes sein (vgl. *Gibbs* 1966, *Opp* 1972).

Die beiden Probleme: Konformität versus Devianz und das Verhalten von Agenten der Normen laufen zusammen bei der Analyse von Strafanstalten. Legt man die eingangs formulierte Hypothese von der unzulässigen Generalisierung zugrunde, dann stellte jede Strafanstalt ein Paradoxon dar: Sie verfolgt das Ziel der Re-Integration der Abweichenden. Sie müßte dazu Sozialisationsprozesse anstrengen, die sich allein auf jene als deviant bezeichneten Verhaltensmuster richten, die restlichen Verhaltensweisen jedoch unkorrigiert lassen. Dazu wären Bedingungen herzustellen, die der Entwicklung neuer oder der Verhinderung der alten Verhaltensweisen günstig sind. Sie müßte gleichzeitig Situationen herstellen, die es den Abweichenden erlauben, nicht-deviantes Verhalten erfolgreich zu lernen und auszuprobieren. Neben diesen Zielen und einer ihnen angepaßten Organisationsstruktur wären hierzu Personen erforderlich, die ein derartig umrissenes Lernen initiieren können. Genau dieses ist nicht der Fall; noch in Reformmodellen, die nicht alle die oben genannten Anforderungen erfüllen, wird das erkennbar, wie *Friedrichs* u. a. zu belegen versuchen. In der dort untersuchten Anstalt, sehr viel stärker aber noch im traditionell kustodialen Vollzug, wird eher das Gegenteil praktiziert: In einer Institution, die schon durch ihre Organisation nur deviante Situationen enthält, werden einzig deviante Personen zusammengebracht, was dazu führt, daß sie auch die konformen Verhaltensmuster durch deviante ersetzen, denn sie lernen für das Überleben in einer devianten Institution. Das Gefängnis setzt also nicht bei den devianten Verhaltensbereichen an, — höchstens dadurch, daß es Personen mit solchen Verhaltensweisen isoliert —, sondern bei den konformen und verändert diese. Erst jetzt wird jenes Syndrom devianter Verhaltensweisen in zahlreichen Verhaltensbereichen produziert, das unter anderem von der Situation des Verdachtes hin zu dem gerichtlichen Prozeß stets *vorausgesetzt* wurde. Die Aufsichtsbeamten, unzureichend geschult, oft schlecht bezahlt und zudem oft selbst von ihrer Umgebung (z. B. Nachbarn) als „Wärter" diskreditiert, dürften kaum in der Lage sein, die Struktur einer Anstalt zu unterlaufen. Selbst wo die Unterstützung durch den Stab der Anstalt gegeben ist, wie im Falle der hier untersuchten Anstalt, bleiben zuviele strukturelle Probleme bestehen. Die systematische teilnehmende Beobachtung erlaubt es, die Auswirkungen jener strukturellen Probleme auf den alltäglichen Ablauf der Interaktionen zu untersuchen, zugleich auch Hilfen für alle Betroffenen und Hinweise zur Reorganisation der Anstalt zu geben.

Methodologie und Theorie

Die genannten Begründungen für eine teilnehmende Beobachtung abweichenden Verhaltens scheinen nun allerdings im Gegensatz zu der vergleichsweise geringen Verwendung der Methode in diesem Gebiet zu stehen. Der Widerspruch löst sich indessen auf, wenn man

1. berücksichtigt, daß generell in den Sozialwissenschaften der tatsächlichen Methodenvielfalt eine gewisse Monomanie des Interviewens gegenübersteht. Fortschritte in der wissenschaftlichen Analyse sozialer Probleme sind aber erst dann möglich, wenn wir die Wahl der Methode den zu untersuchenden Problemen anpassen, statt häufig umgekehrt von der Methode her das Problem zu strukturieren. Gerade im Bereich abweichenden Verhaltens wäre es optimal, einen Multi-Methodenansatz zu wählen, also mit Forschungsstrategien zu arbeiten.

2. sind es auch Schwächen in den anderen Methoden, die zu deren geringer Anwendung führen. Darauf ist ausführlich an anderer Stelle eingegangen worden (*Friedrichs* u. *Lüdtke* 1971). Dazu gehört nicht nur die bislang unzureichende Kontrolle der Fehler, sondern auch, worauf *Polsky* eindringlich hinweist, die unzureichende Fähigkeit, beobachten und mit devianten Personen überhaupt interagieren zu können. Hierzu gehört auch das Problem einer Ethik der teilnehmenden Beobachtung. Es ist eine Ethik im doppelten Sinne: Zum einen darf der Beobachter sich nicht als Spion oder Voyeur verstehen, sondern muß begründen können, wie seine Untersuchung mit dem Fortschritt wissenschaftlicher Er-

kenntnis verbunden ist und diese wiederum mit gesellschaftspolitischen Zielsetzungen verknüpft werden kann. Kann er eine solche Herleitung nicht liefern, so setzt er sich dem Vorwurf aus, aus privater Neugier zu forschen und mit den Ergebnissen allein seinen Status innerhalb des sozialen Systems Wissenschaft oder bei einer anderen, außenstehenden Bezugsgruppe verbessern zu wollen. Zum anderen bedarf der teilnehmende Beobachter eines ethischen Schutzes, analog der Schweigepflicht in anderen Professionen (Arzt, Rechtsanwalt). Es ist dieses der Aspekt einer professionellen Ethik und zugleich der Professionalisierung der Sozialwissenschaften.

Es ist wahrscheinlich, daß der Forscher gerade dann eines solchen Schutzes bedarf, wenn seine Forschungsergebnisse im Widerspruch zu den in der Gesellschaft gängigen Urteilen über die beobachtete Gruppe oder die beobachteten Interaktionsprozesse stehen.

In den methodologischen Aufsätzen des Bandes werden diese Probleme in unterschiedlicher Weise eingehend behandelt. Insbesondere *Haferkamp* stellt den Bezug von teilnehmender Beobachtung und kriminalsoziologischer Theoriebildung her; *Polsky* fragt nach dem Stand von Methode, Ausbildung und Forschung. *Weinberg* u. *Williams* geben methodologische Anweisungen, sie berücksichtigen dabei auch die unterschiedlichen Erwartungen an den Forscher und ihren möglichen Einfluß auf den Forschungsprozeß. *Lautmann* schließlich zeigt die Widerstände der „Praxis".

Der Band stellt demnach einen Versuch dar, methodologische Probleme und Forschungsergebnisse zu verbinden. Die Interdependenz von fortgeschrittener Methodologie und fortschreitender Theoriebildung am Beispiel des abweichenden Verhaltens soll demonstriert werden.

Literatur

Cohen, A. K.: Kriminelle Jugend. Reinbek 1961

Cohen, A. K., *J. F. Short Jr.*: Research in Delinquent Subcultures. J. Soc. Issues 14 (1958) 20

Friedrichs, *J.*, *H. Lüdtke*: Teilnehmende Beobachtung. Weinheim—Berlin—Basel 1971

Friedrichs, *J.*, *L. Pongratz*: Soziale Erwartungen. Krim. J. 2 (1970) 233

Gibbs, J. P.: Conceptions of Deviant Behavior: The Old and the New. Pacific Sociological Review 9 (1966) 9

Haag, F.: Wohnungslose Familien in Notunterkünften. München 1971

Heise, D. R.: Norms and Individual Patterns in Student Deviancy. Social Problems 16 (1968) 78

Matza, D., G. M. Sykes: Juvenile Delinquency and Subterranean Values. Am. Soc. Rev. 26 (1961) 712

Opp, K.-D.: Die „alte" und die „neue Kriminalsoziologie. Krim. J. 4 (1972) 32

Opp, K.-D., R. Peukert: Ideologie und Fakten in der Rechtsprechung. München 1971

Popitz, H.: Über die Präventivwirkung des Nichtwissens. Tübingen 1968

Sack, M.: Neue Perspektiven in der Kriminologie. In: F. Sack u. R. König (Hrsg.): Kriminalsoziologie. Frankfurt 1968

Sack, M.: Definition von Kriminologie als politisches Handeln: der labeling approach. Krim. J. 4 (1972) 3

Whyte, W. F.: Street Corner Society. New York 1943

Yinger, M. J.: Contraculture and Subculture. Am. Soc. Rev. 25 (1960) 625

Hans Haferkamp

Theorie und Praxis kriminalsoziologischer Forschung

1. Zur soziologischen Erklärung der Kriminalität

Kriminalität wurde im gesellschaftlichen Selbstverständnis lange ausschließlich als individuelles Problem, individuelles Fehlverhalten begriffen, das in der Person des „Kriminellen", und nur dort begründet war. Kriminalität war danach kein gesellschaftlicher Tatbestand, dem man sich als soziales Problem langfristig zu widmen hätte. Allgemeine Aufmerksamkeit fanden lediglich außergewöhnliche Techniken der Verbrechensbegehung oder merkwürdige Umstände der Entwicklung der Tat oder zunehmende Verbreitung solcher Handlungen, sei es der Sache oder der Berichterstattung nach. Daran hat sich bis jetzt noch nicht sehr viel geändert.

Dieses Selbstverständnis der Gesellschaft förderte wissenschaftliche Ansätze, die persönliche Eigenschaften zum Gegenstand ihrer Untersuchung machten: Die Kriminalbiologie, die Kriminalanthropologie, die Kriminalpsychiatrie und vor allem die Kriminologie. Unter der Hand entstanden so nach „minderwertigen Rassen" und „geborenen Verbrechern" zuletzt „Trieb-", „Hang-" und „Serientäter". In der deutschen Kriminologie, die sich schon früh und heute verstärkt als wissenschaftliche Integration einzeldisziplinärer Aussagen zum Normbruch verstand und begreift (*Sack* 1969), wird bis heute von einem so strukturierten Forschungsobjekt, dem „Kriminellen", ausgegangen, der sich wesensmäßig von dem Normalen, Konformen unterscheidet und eine Sonderexistenz führt.

Daran wird festgehalten, obwohl schon 1897 Emile *Durkheim* in seiner Selbstmordstudie (*Durkheim* 1965) nachwies, daß abweichendes Handeln ausgeprägt soziale Züge hat. *Durkheim* untersuchte dazu den Selbstmord, weil dieses abweichende Handeln seinerzeit in weiten Kreisen als völlig individuell bestimmt galt. Die auslösenden Situationen wurden ganz auf höchst persönliche Merkmale der Selbstmörder zurückgeführt. *Durkheim* konnte nun nachweisen, daß die Zahl der Selbstmorde bezogen auf die Bevölkerungszahl mit Strukturmerkmalen der untersuchten Gesellschaften beziehungsweise ihrer Gruppen variierte. So fand er, daß die Veränderungen der Selbstmordraten zu verschiedenen Zeiten des Tages, Monats und Jahres lediglich den Rhythmus des sozialen

Lebens widerspiegeln und daß Heirat, Scheidung, Religions-, Armee- und Staatsangehörigkeit und andere gesellschaftliche Daten diese Raten beeinflussen. Er isolierte dann drei suicidogene Strömungen — Egoismus, Altruismus und Anomie —, die als außerindividuelle Kräfte, als „soziale Tatbestände" (*Durkheim* 1961, S. 105 ff), das menschliche Handeln beeinflussen. Er stellte fest, daß einerseits mangelnde Integration — Egoismus, in seiner von unserem Begriffsverständnis unterschiedenen Begriffsverwendung —, andererseits starke Integration-Altruismus; und schließlich eine Störung des gesellschaftlichen Gleichgewichts — Anomie — die Neigung zum Selbstmord hervorrufen. In einem: Der Grad normativer Integration der Gesellschaften korreliert bis zu einem gewissen Grad stark gegen die Selbstmordneigung, erreicht sie aber einen bestimmten Punkt, variiert sie deutlich mit dieser Neigung.

Durkheim (1961, S. 182 ff) folgerte: Der Selbstmord ist ein sozialer Tatbestand. Er ist durch Soziales zu erklären. Für andere Formen abweichenden Verhaltens gilt dies um so mehr. Ihre Sozialität wird durch weitere gesellschaftliche Strukturmerkmale sowohl der Handlungen wie der auslösenden Konstellationen belegt. Für die Kriminalität, die häufigste Form abweichenden Handelns, hat *Durkheim* (1961, S. 155 ff) in den „Regeln" diese Position geltend gemacht und an anderen, verstreuteren Stellen ausführlich begründet, „wie man im Besprechungsteil der ‚Année Sociologique' unter der Rubrik Kriminalsoziologie nachlesen kann. Er zeigt (dort), daß ausgesprochene Prozesse des Lernens an der Wurzel des abweichenden Verhaltens stehen, geradezu Prozesse des Trainings, indem etwa alte Vagabunden Jugendliche zum Diebstahl oder verwahrloste Familien die Mädchen zur Prostitution abrichten." (*König* 1957, S. 7 f ; 1968, S. X)

In der angelsächsischen Forschung hat man den von *Durkheim* gewiesenen Weg weiter verfolgt. Dabei wurde zum einem die Fruchtbarkeit des Durkheimschen Explikationsprinzips „Soziales ist durch Soziales zu erklären" bestätigt, zum andern Teile seiner Theorie und Methode modifiziert. Das trifft uneingeschränkt auch für die Selbstmordanalyse zu. Teile Durkheims Befundkatalogs wurden durch verfeinerte Untersuchungen nur bestätigt (vgl. *Berelson* u. *Steiner* 1971, *Alpert* 1933), andere ersetzt (*Selvin* 1965). Ein erster Ansatz galt der Aufarbeitung der wichtigen Anomiethese. *Merton* teilt mit *Durkheim* die Ausgangsposition. Er analysiert Devianz soziologisch. Er untersucht die Variation der Verbrechensraten von Gesellschaft zu Gesellschaft und nicht ihr Auftreten im Einzelfall (*Merton* 1965). Diese Quoten will *Merton* auf Zustände der Gesellschaftsstruktur beziehen.

Er bedient sich bei seinem Ansatz zweier erklärender Variablen:

1. Zunächst schlüsselt er den Anomiebegriff *Durkheims* auf in die Dissoziation der Betonung der kulturellen Ziele einer Gesellschaft und der institutionalisierten Normen, die die Verhaltensweisen definieren, die legitimerweise zu Erreichung dieser Ziele angewandt werden dürfen. Je stärker einerseits diese Ziele in einer Gesellschaft herausgestellt werden, je schwächer andererseits in derselben Gesellschaft die Normen vertreten werden, die die Zielerreichung regeln, um so ausgeprägter ist die Anomie dieser Gesellschaft (*Merton* 1965, S. 132 f).

2. Diese Anomievariable kreuzt *Merton* nun mit den unterschiedlichen Positionen in der Schichtung einer Gesellschaft. Diese Positionen ermöglichen in sehr unterschiedlichem Maße ein Leben nach den Normen. Je niedriger der soziale Status eines Gesellschaftsmitgliedes, je schwieriger ist es für ihn, den Normen zu folgen.

Mertons zentrale These lautet dann: Abweichendes Handeln variiert mit steigender Anomie, d. h. mit zunehmend unterschiedlicher Betonung kultureller Ziele und Normen, und mit fallendem Status, d. h. mit sinkender Möglichkeit, normgemäß zu leben.

Eine Situation mangelnder Normierung — eben Anomie — hält auch *Eisenstadt* (1956, S. 37 f) für devianzauslösend. Er findet, daß die Regeln, die das Verwandtschaftssystem einerseits und das Berufssystem andererseits in der modernen, arbeitsteiligen Gesellschaft strukturieren, sich fundamental unterscheiden. Den personbezogenen Normen des Verwandtschaftssystems stehen sachbezogene Normen des Berufssystems gegenüber. Der Wechsel zwischen beiden Teilsystemen, wie er in der Situation des Jugendlichen unausweichlich wird, führt zur Anomie, die abweichendes Handeln erzeugt, das dann eine ganze Altersgruppe kennzeichnet. Schließlich ist auch in einem weiteren Ansatz das Normdefizit Ausgangspunkt der Devianz. Forscher wie *S.* u. *E. Glueck* (1962) stießen auf den teilweisen oder totalen Ausfall von männlichen Familienmitgliedern durch Berufstätigkeit, Scheidung u. ä., der zur Desorganisation der Familie führte, die wiederum Sozialisationsdefizite der ihr entwachsenen Kinder hinterließ, die zu abweichendem Handeln führten.

Der andere Teil der Theorie *Mertons* — Devianzerzeugung durch die Unterschichtssituation — ist in zahllosen weiteren Analysen bekräftigt worden (vgl. *Cohen* 1961, *Miller* 1968, *Yablonski* 1962).

Bei näheren Zusehen erweist sich jedoch für *Mertons* Ansatz wie für die an ihm orientierten Folgeuntersuchungen, daß sie nur einen Streß, unter der Anomie oder in der Unterschichtlage auf abweichendes Handeln auszuweichen, zu erklä.en vermögen. Der Umschlag von der Streßerfahrung in tatsächliche Devianz entzieht sich der Erklärungskraft dieser Ansätze, da sie voraussetzen, daß abweichendes Handeln ein Verhaltensmodus ist, der jedem „von Haus aus" zur Verfügung steht.

Dem ist von Vertretern der Lerntheorien, die sich dabei auch auf *Durkheim* berufen können, entschieden widersprochen worden. *Sutherland* u. *Cressey* (1960) haben zwar den Anomiefaktor voll anerkannt, insoweit sie für Devianz die Existenz differentieller Organisation voraussetzen. D. h. kriminelle und konforme Verhaltensmuster haben in einer Gemeinde nebeneinander traditionell festen Bestand, — was fehlender anerkannter unwidersprochener Normierung entspricht. Zur Kriminalität kommt es aber nur bei Überwiegen der kriminellen Situationsdefinitionen im Wissen eines Menschen aufgrund differentieller Kontakte: Das Individuum ist sowohl mit Personen, die kriminelle Situationsdefinitionen vertreten, wie mit solchen, die konforme anwenden, assoziiert. So lernt es stets Situationsdefinitionen von beiden; hinsichtlich Dauer, Priorität, Häufigkeit und Intensität überwiegen jedoch die Kontakte mit Trägern krimineller Situationsdefinitionen, d. h. aber kriminelles Verhalten ist gelernt, gelernt wie alles Handeln sonst. Es ist nicht gegeben (ibid., S. 78).

Offen bleibt, was zwischen der Anomie und den Lernprozessen vermittelt.

Thrasher (1927) sah, daß die Jugendlichen und Heranwachsenden, die unter verbreiteter Anomie und in Unterschichtslagen leben müssen, diesen Zustand als problematisch empfinden. Sie entwickeln untereinander soziale Beziehungen und beginnen zunächst zögernd dann zunehmend sicherer mit dem Aufbau eines Systems ihnen eigener, subkultureller Normen, d. h. sie schöpfen für sich eine neue Nomie.

Whyte (1943) konstatierte die daraus resultierenden, bestimmten Verhaltensnormen als für die Angehörigen der Unterschicht obligatorisch und den Verhaltensnormen der Mittelschicht widersprechend. An ihnen orientieren sich die Handelnden. Sie geben diesen Regeln Leben. *Cohen* (1961), *Sykes* u. *Matza* (1968) haben diese Sicht bestätigt, *Miller* (1968) hat zuletzt eindrucksvolle Belege dafür geliefert.

Dieses Pendeln von gesellschaftlicher Anomie und Schichtung zu teilgesellschaftlicher Nomie mit den an die letztere anschließenden Lernprozessen förderte gewisse Einseitigkeiten. Zweifelslos ist in den an *Thrasher* anschließenden Arbeiten in der Abwehr der Perspektive einer anomischen und desorganisierten Devianz der Normierungs- und Organisationsgrad des abweichenden Handelns zu hoch eingeschätzt worden.

In der neueren Literatur, z. B. *Yablonkis* (1962), wird Kriminalität stärker als ein spontanes Handeln von Jugendlichen und Heranwachsenden von kurzer Dauer in wechselnder Zusammensetzung betrachtet und nicht mehr als ein von fixen, subkulturellen Normen gesteuertes von Organisationsmitgliedern. *Lerman* (1967 a, 1967 b, 1968) hat diese Analyse bestätigt und den episodenhaften Charakter des abweichenden Handelns herausgestrichen. *Eynon u. Reckless* (1961) sehen dann auch die wechselseitige Stimulation in der „Situation mit 'nem Kumpel", die gar nicht lange zu dauern braucht, als devianzgenerierend an. *Polsky* u. *Kohn* (1959) halten völlig unabhängig von den Gründen, die einen Jugendlichen oder Heranwachsenden in Kontakt mit anderen Kriminellen brachten, den Gruppenprozeß für entscheidend. Er besteht nun nicht aus einer Summation der Akte Einzelner. Es ist etwas Neues, Zusätzliches, das aus der Interaktion einer Gruppe von Jugendlichen bei den unterschiedlichsten Gelegenheiten entsteht.

Die Arbeit an den verschiedenen Ansätzen wurde verhältnismäßig kumulativ durchgeführt. Immer mehr wird versucht, einen Zusammenhang von Anomie, Unterschichtssituation, Nomie, Lernprozessen und spontanen Handlungen in sehr lockeren Gruppen zu wahren. Dabei hat sich der zuletzt isolierte Faktor zunehmend als das wichtige Schlußglied der Erklärung der Abweichung bewiesen. *Short* u. *Strodtbeck* (1965) kommen daher in ihrem Bericht über das umfangreiche Chicago-Projekt zu einer Art Resumé. Sie kritisieren zunächst, daß alle gesamtgesellschaftlichen Daten nicht „das Auftreten der einzelnen Fälle agressiver Devianz des im großen und ganzen doch nicht abweichenden Handelns der untersuchten Jugendlichen erklären". Zwischen der Position in den gesellschaftlichen Strukturen und dem offenbaren Handeln intervenieren Prozesse der Interaktion von Individuen in Gruppen. Für die beiden Forscher ist „diese Verbindung von sozialstrukturellen Daten und Informationen über den Gruppenprozeß sehr erklärungskräftig" (S. 229 f). Es ist der Gruppenprozeß, der dem abweichenden Handeln so viel von seinem auffälligen ad-hoc-Charakter gibt. Durch ihn werden erst die sozialstrukturellen Gegebenheiten in ein Handeln transformiert, das sich als „kriminell" erweist. „Die katalytische Natur der Gruppeninteraktion ist von ätiologischer Bedeutung" (S. 19). Damit wird eine anomieähnliche Situation erneut als devianzinitiierend gefunden, die diesmal jedoch weder auf der Ebene der Gesamtgesellschaft noch der der Normen, sondern auf der Ebene der Kleingruppe und ihrem aktuellen Handeln angesiedelt wird.

In den bisher dargestellten Ansätzen wird die Qualität eines bestimmten Verhaltens als kriminell am Maßstab eines allgemeinen Normensystems bestimmt. Zudem wird unterstellt, eine solche Bestimmung sei objektiv, d. h. beobachtbar, möglich, wenn nur von einem gemeinsamen Referenzrahmen — „dem Normensystem der Gesellschaft X" — ausgegangen wird. *Opp* (1968, 1972), der diverse kriminalsoziologische Theorien in eine operationale Sprache überführte, hat diese Position zuletzt sehr eindeutig erneut vertreten.

Diese Position ist nun an zwei Stellen zu überschreiten. In allen bisher erörterten Ansätzen wird, abgesehen von *Sutherland* u. *Cresseys* (1960, S. 3) knappen Bemerkungen, die Bedingungskonstellation des Auftretens der Maßgröße, der allgemeinen Normen, von der Devianz erst bestimmt wird, nicht untersucht. Neben *Becker* (1963) hat nun *Vold* (1958) das Programm einer Kriminalsoziologie entworfen, die eben die Annahme der Selbstverständlichkeit eines allgemeinen Normensystems verwirft. *Vold* geht von der Existenz von Gruppen mit sehr unterschiedlichen Interessen aus und findet eine Machtdifferenz zwischen diesen Gruppen. Er leitet daraus die Definition der Handlungen der jeweils ohnmächtigen Gruppen, obwohl diese nur ihrer Interessenslage gemäß handeln, als „kriminell" durch die Gruppe der Mächtigeren ab. Für *Vold* ist das „kriminelle" Handeln stets das Verhalten der Minorität, die ihre Handlungsweisen nicht gesellschaftlich durchzusetzen vermochten. „Allgemeine" Normensysteme sind Regeln der im Konflikt der Gesellschaftsgruppen jeweils Überlegenen. Dabei behält *Vold* immer noch die Voraussetzung bei, daß allein unter Bezug auf ein wie auch immer erzeugtes Normensystem die Kennzeichnung eines Verhaltens als „kriminell" gelingen kann.

Diese These wird schließlich von *Sack* (1968) aufgegeben. Er zeigt, daß kein Verhalten so für sich selbst spricht, daß es den gesellschaftlich durchgesetzten Kategorien „kriminell" oder „konform" sich fügt, sondern erst eines Satzes von zur gesellschaftlichen Selbstverständlichkeit gewordenen Anwendungsregeln bedarf, der die Zuerkennung des Symbols „kriminell" gestattet und leistet.

Sack führt damit wieder an unseren Ausgangspunkt zurück. Das gesellschaftliche Selbstverständnis hält die Regeln bereit, die bei Vorliegen völlig identischer Handlungen zusätzliche Kriterien benennen, die erfüllt sein müssen, um einige Handlungen als „kriminell", andere als „normal" zu bestimmen. Dieses gesellschaftliche Wissen hat sich in letzter Zeit zu ändern begonnen. Kriminalität wird zunehmend eher mit Unterschichtsherkunft und Abstammung aus desorganisierten Familien (*Sack* 1968, S. 472) als mit persönlicher Konstitution oder psychischen Eigenheiten verbun-

den — möglicherweise eine erste Folge der Rezeption kriminalsoziologischer Befunde. Unter den Bedingungen machtdifferenzierter
Gesellschaft führte das jedoch nicht zu Versuchen, devianzauslö-
sende Situationen zu beseitigen, sondern leitete nur eine Selektion
und verstärkte Sanktion dieser Gesellschaftsgruppen ein, insoweit
mit dieser Übernahme ein neues, zutreffenderes Bild der Kriminalität sich abzuzeichnen beginnt. „Der richtige Kriminelle ist danach
nicht derjenige, der eine fremde Sache gestohlen hat, sondern derjenige, der etwa zusätzliche Merkmale aufweist: Einen unsteten
Beruf ausübend, in einer schlechten Gegend wohnend, ein lieder-
liches Familienleben führend" (*Albrecht* u. *Sack* 1969, S. 25).

Wie man sich bei der Suche nach den Bedingungen der Devianz
auch wendete, die Forschungstradition hat an *Durkheims* Prinzip
festgehalten: Die soziale Erklärung des sozialen Problems Kriminalität.

2. Kriterien empirischer Kontrolle

Sollen die theoretischen Ansätze nicht pure Spekulation bleiben,
muß ihre Richtigkeit in empirischer Forschung aufgewiesen werden. Derartige Prüfungen betreffen die Gültigkeit einer Theorie.
Sie geben Antwort auf die Frage, unter welchen Umständen eine
allgemeine Hypothese oder ein Hypothesensystem als bestätigt
angesehen werden können, bzw. welcher Bestätigungsgrad einer
solchen Aussage zukommt (*Albert* 1965, S. 129).

Nach *Poppers* (1969, S. 47 ff) in der Wissenschaftslogik anerkann-
tem Falsifikationskriterium ist zu versuchen, die Thesen zu falsi-
fizieren. Man geht dazu beispielsweise von der These aus, ‚alles
kriminelle Handeln ist sozial bedingt‘, oder man verfeinert sie
derart, ‚alles kriminelle Handeln ist erzeugt durch gesamtgesellschaftliche Anomie, Unterschichtzugehörigkeit, teilgesellschaftliche
Nomie, Lernprozesse und spontane Interaktionen auf Gruppenba-
sis‘. Diese Thesen betrachtet man nun als Prognosen zukünftiger
Ereignisse. Damit legt eine Theorie allgemeine Spielräume für das
Geschehen in dem Bereich fest, auf den die Theorie abstellt (*Albert*
1965, S. 129). Da es nun nicht möglich ist, das gesamte Raum-Zeit-
Kontinuum zu durchforschen, um ‚alle Kriminalität‘ analysieren
zu können, kann dieser Allsatz nicht empirisch bestätigt werden.

Es ist aber dennoch möglich, diesen Satz zu überprüfen. Dem zitierten Allsatz entspricht logisch ein anderer Allsatz mit doppelter
Verneinung: ‚Es gibt keine Kriminalität, die nicht sozial erzeugt
ist durch . . .‘. Wenn dieser Alllsatz zutreffend ist, muß Devianz in
jedem Einzelfall durch die oben aufgeführten Prozesse bedingt
sein, und es darf nicht möglich sein, auch nur einen einzigen Ein-

zelfall zu finden, der nicht auf diese Bedingungen rückführbar ist. Man bildet daher zur empirischen Prüfung den singulären, verneinenden Satz: ‚Es gibt eine kriminelle Handlung, die nicht sozial bedingt ist, die nicht erzeugt ist durch gesamtgesellschaftliche Anomie' usw. *Popper* nennt diese Sätze auch Basissätze, da sie die Basis der Falsifikation bilden. Denn wenn der Allsatz in der bejahenden oder verneinenden Form falsch ist, darf es nicht möglich sein, eine Situation zu finden, die mit diesem Basissatz übereinstimmt.

Basissätze strukturieren die Erwartung, d. h. der Forscher sucht nunmehr einen Tatbestand, den er als „kriminelle Handlung" definieren kann und der nicht mit Tatbeständen verbunden ist, die er als „gesamtgesellschaftliche Anomie" usw. definieren würde. Der Forscher wendet sich nun dem Feld seiner Analyse zu und versucht, auf alle Einzelfälle, die er findet, diesen komplexen Definitionszusammenhang anzuwenden, d. h. er prüft, ob es möglich ist, das im Basissatz zu Begreifende vom Forschungsfeld zu abstrahieren. Alle Einzelfälle, die er erhebt, die dieser Erwartung widersprechen, also sozial bedingt, erzeugt durch gesamtgesellschaftliche Anomie und andere soziale Tatbestände sind, dienen der stets vorläufigen Bewährung des Allsatzes, nicht seiner Verifizierung (*Popper* 1969, S. 198 ff). Jeder Fall, den der Forscher aufführen kann, erhöht den Bewährungsgrad. Deshalb ist auch die Wiederholung der Prüfungen so wichtig. Gelangt der Forscher jedoch zu nur einer reproduzierbaren Definition der erwarteten Art, also einer dem Basissatz entsprechenden, so hat er einen Fall gefunden, der dem Allsatz widerspricht. Damit ist der Allsatz falsifiziert, und die Hypothesen, die ihn tragen, sind zu verwerfen.

Es genügen nun keine Einzeltests, d. h. einmalige Falsifikationsversuche. Der Bewährungsgrad der Thesen wäre dann sehr gering. Vielmehr sind ganze Serien von Falsifikationen anzustreben. Das „geschieht 1. zunächst durch Wiederholung gerichteter (Prüf-)akte, ferner 2. durch die Wiederholung solcher Akte durch weitere Personen, die entweder gleichzeitig wie der erste (Forscher) oder zu verschiedenen Zeiten das gleiche Phänomen beobachten, schließlich 3. geschieht die letzte Sicherung durch Rückgriff auf andere Materialien, z. B. literarisch niedergelegte Ergebnisse früherer Beobachtung. Die (Thesenprüfung) kann also . . . überhaupt nicht als einzelne (Kontrolle), sondern einzig in (Prüf-)serien vollzogen werden . . ." (*König* 1969, S. 117).

Dazu kommen nun nicht von verschiedenen Beobachtern zu verschiedenen Zeiten beliebig ausgewählte, sich wiederholende Ereignisse in Betracht. Insbesondere ist eine strenge Hypothesenprüfung ausgeschlossen, in der von vornherein nur bestimmte bestätigende Ereignisse ausgewählt wurden. Das ist ein Verfahren, das von vornherein jede Falsifikation vermeidet. Vielmehr sind die Datenserien so anzusetzen, daß ihre Struktur der Struktur der Gesamtheit aller möglichen zur Prüfung nur in Frage kommenden Ereignisse entspricht. Wie gesagt, ist uns diese Grundgesamtheit unbekannt, d. h. dann, daß uns auch die Zusammensetzung der Serie, der Ausprägung der Ereignisse im Hinblick auf das uns interessierende Merkmal, vorher unbekannt sein muß. Das ist gewährleistet, wenn die Ereignisse so ausgewählt werden, daß jedes Ereignis der Grundgesamtheit die gleiche Chance hat, in die Prüfserie aufgenommen zu werden.

Jeder Hypothesentest hat mithin einen ungewissen Ausgang.

Schließlich genügt es nicht, Personen anomischer Gesellschaften mit Unterschicht- und anderen Merkmalen zu untersuchen, wenn man sich Gewißheit darüber verschaffen will, ob die Hypothesen das Auftreten von Kriminalität erklären. Zwar ist „der einfache Parallelismus der Werte, den . . . zwei Phänomene durchlaufen, . . . an sich schon der Beweis, daß zwischen ihnen eine Relation besteht, sofern nur dieser Parallelismus in einer hinreichenden Zahl von zureichend variierten Fällen festgestellt worden ist . . . Diese gegenseitige Partizipation genügt allein zum Nachweis, daß sie einander nicht fremd sind" (*Durkheim* 1961, S. 209). Aber wenn man findet, daß Personen, die z. B. unter gesamtgesellschaftlicher Anomie leben, dasselbe kriminelle Handeln zeigen wie Personen, die nicht unter einem derartigen Gesellschaftszustand leben, wird man die Erklärungskraft der Anomiethese als sehr gering zu veranschlagen haben. Es ist daher eine vergleichende Untersuchung zu liefern: Personen, die unter den oben genannten gesellschaftlichen Bedingungen handeln, sind gegen Personen zu testen, die nicht unter diesen Zuständen leben.

3. Präzision kriminalsoziologischer Definitionen

Das Material, das den Anforderungen der Falsifikation, Zuverlässigkeit, Repräsentativität, Vergleichbarkeit, kurz: Systematischer Kontrolle genügt, ist nicht einfach zu finden. Zu seiner Erhebung sind die allgemeinen theoretischen Thesen zu operationalisieren, d. h. es sind verfeinerte Begriffe zu finden, die den Forscher so nah an das Forschungsobjekt heranführen, daß er seine Struktur präzise beschreiben und die Ausprägungen ihrer Merkmale gegebenenfalls messen kann. Dabei ist nun jede voreilige Annäherung an das Forschungsobjekt strikt zu vermeiden.

Die uns umgebenden Ereignisse der „Alltagswelt" (vgl. hierzu *Schütz* 1967), und dazu wäre „Kriminalität" und die Bedingungen ihres Auftretens zu rechnen, sind durchaus nicht eindimensionale Ereignissysteme, sie sind nicht Zusammenhänge von Fakten, die offen zu tage liegen. Erst durch einen begrifflichen Bezugsrahmen werden sie geordnet und strukturiert, da das soziale Handeln ohne diese Einengungen in einem strukturlosen Strom verlaufen würde. Man könnte annehmen, daß diese Aufordnungen „als ausschließlich aus der persönlichen Gleichung ... herfließend (zu) begreifen (sind). Dagegen steht nun die Erfahrung, die zuerst *Durkheim* unterstrich, daß es Wahrnehmungen ... gibt, die nicht willkürlich verändert werden können. Dies sind die kollektiven Vorstellungen, ... heute soziale Normen (genannt. Sie sind eine) Wirklichkeit eigener Art, unabhängig vom Erleben des Einzelnen, was sich eben darin ausdrückt, das sie sozial sind, also auf mehrere ausgerichtet" (*König* 1969, S. 117).

Sie vermitteln den Handelnden erst die „Orientierungsstrukturen ..., die die Definition einer Situation in den Wertvorstellungen ... (der jeweils die Normen teilenden) Gruppe ermöglichen und damit ... (eine Struktur) des beobachteten Handelns garantieren" (*ibid.*, S. 118). Das trifft nun für Alltagsleben wie Wissenschaftsprozeß gleichermaßen zu. „Die alltägliche Erfahrung und die wissenschaftliche Untersuchung von vergleichbaren sozialen Tatbeständen ... schließen (sich) ... nicht prinzipiell aus ... Die wissenschaftliche ebenso wie die naive Beobachtung (ist) eine nach bestimmten Regeln beschreibbare Verhaltensweise..." (*Kunz* 1969) zur Definition von Situationen (vgl. *Thomas* 1923); jedoch sind die wissenschaftlichen Regeln zur Gewährleistung der Gültigkeit präziser. Soziologisch-wissenschaftlich bedeutsam an der „Kriminalität" und damit Bestandteil eines spezifisch soziologischen Bezugsrahmens in Bezug auf „Kriminalität", sind die Fragen nach der allgemeinen sozialen Struktur dieses Handelns und seiner Bedingungen. Folgt man den eingangs dargestellten Thesen, ist zu forschen nach der Struktur

der kriminellen Handlungen, ihren exakten Ablaufmustern, des Gruppenprozesses, d. h. der Spontaneität, der gegenseitigen Stimulation, der arbeits- und einflußteiligen Differenzierung, der Systembildung und -stabilität, dem Organisationsgrad des Handelns mit anderen,

des Lernprozesses, d. h. den Weisen der Vermittlung der Techniken, Handfertigkeiten, aber auch der Legitimationen des Handelns,

der teilgesellschaftlichen Nomie, d. h. dem Inhalt, der Konsistenz, dem Verpflichtungsgrad subkultureller Normen,

der Unterschichtsituation und der gesamtgesellschaftlichen Anomie.

Gesellschaftlichen Instanzen der sozialen Kontrolle wie Sozialarbeit, Polizei und Strafjustiz sind bei der Erarbeitung eines Bildes, einer Theorie dieser Ereignisse von den erwähnten individualisierenden Erklärungsansätzen ausgegangen. Das hat Konsequenzen für die Struktur der Definition der „Kriminalität" wie ihrer Bedingungen.

So ist die Annahme der an der Kriminologie geschulten Kriminalistik, Kriminalität sei ein Verhalten, das in der Art der Tat auf bestimmte Tätertypen verweise, eine Annahme, die kurzfristiger Täterfindung durch selektive Sanktionierung dient, ein Vorgehen, das unmittelbarer Praxis gewidmet ist.

Die Kriminologie folgert aus der wesensmäßigen Eigenheit des „Kriminellen" die Eigentümlichkeit „kriminellen" Verhaltens und übersieht die Variation „kriminalisierten" wie „konformen" Verhaltens mit den Gesellschaftsstrukturen im interkulturellen Vergleich, die zur Erklärung die Identifizierung der sozialen Strukturen der Bedingungen wie der Ereignisse der Kriminalität erfordern.

Die Kriminalistik geht heute zwar von der gesetzlichen Definition aus (− ein Teil des „Legalitätsprinzips"); sie läßt aber die Prozesse unerörtert, die dieses Handeln auftreten ließen und die zur Subsumtion eines Verhaltens unter die Definition „kriminell" vom Streifenprotokoll bis zum Urteil gehören. Sie hält sich an die einzelne Tat und den identifizierten Täter. So bleibt ein essentialistischer Zug in der Kriminalistik erhalten (vgl. hierzu *Albert* 1964, S. 19 ff; *Matthes* 1964, S. 77 ff).

Daneben gibt es noch die Kategorien, in denen „Kriminelle" selbst ihr Handeln begreifen. Verhalten wird so definiert, wie es die Akteure selbst sehen. Es dürfte sich zeigen, daß, sozusagen von innen gesehen, Teilnehmer bzw. Produzenten abweichender Handlungen ihr Verhalten nicht als „kriminell" definieren (s. auch *Rubington* u. *Weinberg* 1968, Introduction Part I). Allgemeiner sind diese Definitionen der Handelnden aber auch nicht. Eingrenzungen sind also nicht bei allen Gruppen in der Gesellschaft die gleichen. Sie erfassen bei verschiedenen Präzisionsgrad oft durchaus unterschiedliche Gegenstände und Zusammenhänge, zumindest unterschiedliche Aspekte derselben, unter einem Satz von gleichlautenden, aber auch verschiedenen Begriffen. Eine Übernahme der Perspektiven der Kontrollinstanzen und der Produzenten würde daher zu einer willkürlichen und unpräzisen Vordefinition des Forschungsobjektes führen. Eine systematische Kontrolle von Thesen an so gewonnenem Material wäre wertlos.

Durkheim hatte sich noch darüber hinweggesetzt. Seine Daten lagen in Form zahlreicher Selbstmordstatistiken vor. Bayern, Belgien, Frankreich, Italien, Österreich, Preußen, Württemberg, andere deutsche Staaten und die USA hatten damit begonnen nicht mehr nur die Selbstmordzahlen, sondern daneben verschiedene Bezugsstatistiken zu veröffentlichen. Diese Statistiken stellten praktisch das ganze empirische Ausgangsmaterial dar, dessen *Durkheim* sich bediente, um seine Theorie zu überprüfen und auszubauen.

Durkheims erster Schritt in seiner umfangreichen Untersuchung war der Versuch, zu einer exakten Definition des Selbstmordes zu gelangen. Wider Erwarten gestaltete sich diese Vorarbeit schwierig, da viele der vorhandenen Definitionen die Grenzfälle des Selbstmordes nicht erfaßten bzw. nicht sauber abtrennten. *Durkheim* entschied sich daher zunächst für eine vorläufige Definition, die er ergänzte, wenn sie nicht mehr ausreichend erschien. Selbstmord wurde schließlich von ihm definiert als „jeder Tod, der sich direkt oder indirekt aus einer positiven oder negativen Handlung des Opfers ergibt, von der das Opfer weiß, daß die Handlung dieses Ergebnis hat" (*Durkheim* 1965, S. 44). Es erwies sich aber, daß diese Definition nicht alle Fälle erfaßte. Besonders unzufriedenstellend war, daß *Durkheim* gerade über eine Form des Selbstmordes, den er explizit analysierte, den altruistischen, in der amtlichen Statistik oft keine ausreichenden Angaben fand. Auch bei den Bedingungen des Selbstmordes kam *Durkheim* mit der amtlichen Statistik nicht aus. Als er nämlich der Frage nachging, inwieweit die Selbstmordraten vom Alter, Geschlecht, Ehestand und dem Vorhandensein von Kindern beeinflußt wurde, erwiesen sich die veröffentlichten Statistiken als unzulänglich, und nach *Durkheims* exakten Anweisungen mußten 26 000 Selbstmordfälle neu klassifiziert werden.

Die Schwierigkeiten einer Datenerhebung aus Materialien der „Kriminellen" unterscheiden sich davon kaum. Abweichendes Handeln muß in diesen Fällen über die der unmittelbaren Beobachtung des Forschers entzogene Perspektive des Handelnden selbst aufgeschlossen werden (*Habermas* 1967, S. 59).

Bereits *Thomas* u. *Znaniecki* haben sich, vor ähnlichen Problemen stehend, bei der Untersuchung über die polnischen Bauern in Europa und Amerika um die Erarbeitung eines entsprechenden Ansatzes empirischer Sozialforschung bemüht, der sie zur Verwendung persönlicher Dokumente, wie Briefe und Autobiografien führte, da aus ihnen unverfälschte Definitionen der Situation der beteiligten Individuen am ehesten zugänglich erschienen. Im Hinblick auf die Forschungsprobleme der kriminalsoziologischen Theorie scheint insbesondere die Autobiografie von Vorteil zu sein. „Sie gibt eine Beschreibung der sozialen Situation des Autors sowie der Anschauungen und seines Verhaltens in der Situation" (*Szczepanski* 1969, S. 556) und spiegelt so die Definition im besprochenen Sinn.

Dieses Verfahren verspricht mehrere Vorteile.

Zum ersten ist jede Biografie ein Testfall im oben geforderten Sinn. Jede der Thesen kann sich an einer Selbstdarstellung bewähren, und falsche Theorien können verhältnismäßig schnell verworfen werden.

Zum zweiten kann die Biografie wesentlich eindrucksvoller als andere Verfahren den sich weiterentwickelnden Prozeß belegen, in dem abweichendes Handeln sich ausbildet (*Becker* 1966, S. X ff).

Der Bezug auf das handelnde Individuum ist jedoch nicht frei von Risiken: Wie ein roter Faden durchzieht die an *Thomas* u. *Znaniecki* sich anschließende Auseinandersetzung um die Brauchbarkeit des unter dem Namen „biografische Methode" sich entwickelnden Verfahrens eine Besorgnis: Die Möglichkeit der Täuschung durch das Individuum. Ausführlich hat sich *Vernon* (1965, S. 149) mit diesem Problem im Hinblick auf die Selbstdefinition auseinandergesetzt. Wenn als Selbstdefinition das Bild des Individuums bestimmt wird, das dieses sich selbst zuschreibt, dann ist das, was das Individuum über sich selbst äußert, stets Abbild seines Ich. Nun mag sich das Individuum aber veranlaßt sehen, seine Selbstdefinition zu verbergen.

Wie soll festgestellt werden, ob eine Betrugsabsicht vorliegt?

Es sind daher projektive Tests, klinische Interviews und weitere Beobachtungsverfahren als angemessene Methoden, die Selbstdefinition des Individuums aufzuspüren, zu verwenden, da sie geeignet sind, unbewußte Hemmungen und bewußte Verteidigungsmechanismen zu unterlaufen *(Ibid)*.

Auch *Shaw*, der „Ahnherr" der Theorie der differentiellen Assoziation, wollte den ‚Self-Report' nur als Teil einer Falldarstellung gelten lassen, die „die Familiengeschichte, die medizinischen, psychiatrischen und psychologischen Befunde, amtliche Berichte über Freiheitsstrafen, Anklagen und Betreuungen, die Beschreibung der frühen Freundschaften in Spielgruppen und anderes gesichertes Material, das auf die Persönlichkeit und die derzeitige Situation des Devianten ein Licht wirft" (*Shaw* 1966, S. 22), umfaßt.

Die ausführliche Kritik an der Verzerrung des Gegenstandes der Forschung darf nun nicht dazu führen, die Vordefinitionen nicht zu beachten. In ihnen werden die konkreten Situationen umschrieben, von denen die Kriminalsoziologie erst die Aspekte — in ihrem Bezugsrahmen präzise — abstrahiert, die sie ihrer Analyse unterzieht. Die Vorstellung vom abweichenden Handeln ist keine Erfindung der Soziologen, sondern eine Funktion des sozialen Lebens selbst" (*Cohen* 1968, S. 28).

Diese Vorstellungen sind es — so war gesagt worden —, die die Handelnden bestimmen, sie motivieren, sie bedingen zu handeln. Auf sie muß zurückgefragt werden. Mit *Schütz* (1967, S. 59) ist zu folgern: „Die Situationsdefinitionen, die der Forscher entwickelt, um darin die soziale Wirklichkeit zu erfassen, müssen auf den Situationsdefinitionen gründen, die im Alltagsleben der Menschen Geltung haben . . . Die Situationsdefinitionen des Soziologen sind sozusagen Situationsdefinitionen zweiten Grades. Konstrukte der Konstrukte des Handelnden".

Das bedeutet dann, daß der Forscher sich erst der alltagsweltlichen Situationsdefinitionen — durchaus unpräziser Art — vergewissern muß, um für den Bereich sensitiviert zu sein, dem er seinen Gegenstand, dann freilich exakt, abstrahiert.

4. Standardisierte Beobachtung von „kriminellen" Gruppen

Die Überlegungen zu präzisen Definitionen von „Kriminalität"
und ihren Bedingungen lassen als Forschungsobjekte nur Ereignisse in Frage kommen, die unter kriminalsoziologischer Perspektive mit einem exakten Verfahren eingegrenzt wurden. Dem entspricht die standardisierte Beobachtung. Sie erfordert zunächst,
daß Beobachtungen nach einem Beobachtungsschema, einem Plan,
der angibt, was und wie zu beobachten ist, erfolgen (*Friedrichs* u.
Lüdtke 1971, S. 51 ff, 90 ff). Es ist völlig ausgeschlossen, irgendeine Situation total zu beobachten. Die Fülle gleichzeitig auftre-
tender Ereignisse ist so groß, daß stets Strukturlosigkeit droht.
Das verhindern nun die verschiedenen Situationsdefinitionen. Ihre
Selektionsfunktion ist jedoch zu reflektieren und zu kontrollieren.
Daher ist eine Begrenzung einerseits und eine Verschärfung andererseits der Perspektive erforderlich (*Polsky* u. *Kohn* 1959, S. 737).
Erst dadurch wird Beobachtung eine Art systematischen Verhaltens. Diese Selektion erfolgt in einer theoriegesteuerten Untersuchung durch die zentralen Thesen, so daß in einem Beobachtungsschema dann die Thesen in verdichteter Form enthalten sind. The-
senteile, die keinen Eingang in das Beobachtungsschema finden,
können auch nicht durch die Beobachtung geprüft werden. Die
durch die theoretischen Begriffe bezeichneten soziologischen Tatbestände sind dann nicht mehr „auf einmal" als wohlumrissene
Einheit sichtbar. „Sie müssen vielmehr erst einzeln (zusammengesetzt) werden (aus) vielen Einzelheiten, die jeweils wieder komplex und zusammengesetzt und überdies in Zeit und Raum ver-
streut sind . . . Zeigt sich bei einer (solch) verzweigten Konstellation bei wiederholten Beobachtungen eine relative Konstanz der
Konstellation als solcher, dann wird auch diese Konstellation mit
einem sehr hohen Wahrscheinlichkeitsgrad die relevante Beobachtungseinheit darstellen" (*König* 1969, S. 120).

Da sich die dazu erforderlichen Beobachtungen letzten Endes in
praktischem Verhalten der Beobachter angesichts ihres Objektes
äußern, erweist sich die Prüfmöglichkeit von Thesen immer wieder
als durch die „Beobachterfähigkeit der ‚habituellen Konzeptualisierung' begrenzt. Die Anwendung des Schemas im Prozeß der
Datensammlung verlangt die genaue Prüfung, ob und bis zu welchem Grade sich die Fähigkeiten zu habitueller Konzeptualisierung
mit der intendierten theoretischen Konzeptualisierung decken . . ."
(*Kunz* 1969, S. 95). Zur Vermeidung eines kurzgeschlossenen
Übergangs von wissenschaftlichen Kategorien auf Alltagskatego-
rien ist geforderte Art „neuen Sehens" an Standardobjekten zu
üben.

Untersuchungseinheit und später Auswahleinheit ist der Ereignis-
zusammenhang, in dem „Kriminalität" steht. Damit folgen wir
unserem theoretischen Bezugsrahmen und ersetzen auch im Versuch der empirischen Bestätigung Einzelpersonen als Auswahleinheiten durch soziale Strukturen (*Hartmann* 1970, S. 125).

Dem entspricht schon *Cohens* (1961, S. 131) frühe Forderung nach
„Untersuchungen, deren Gegenstand die Struktur, die Prozesse,
die Geschichte und die Kultur der Gruppe als solcher und nicht
einzelne Delinquente sind . . . Solche Forschungen sollten den Ursprung und die Auflösung von Banden systematisch untersuchen
und sich mit ihren Statussystemen, ihrem Geist und ihren Ideologien, ihren Systemen zur Kontrolle und Aufrechterhaltung der
Gruppenmoral und ihrer Haltung gegenüber anderen Organisationen und Gruppen im Ort sowie den Wechselbeziehungen mit
ihnen auseinandersetzen". Für *Cohen* „wäre keine Untersuchung
von potentiell größerem Wert für die Durchleuchtung der Delinquenz als diese".

Auch *Becker* (1963, S. 166) findet zu wenig Studien, „die uns im
einzelnen Auskunft darüber geben, was der Delinquente so den
ganzen Tag tut, was er denkt, von sich selbst, der Gesellschaft und
seinem Tun. Wenn wir über die Jugenddelinquenz theoretisieren,
beziehen wir bisher unser Wissen aus dürftigen Berichten und
journalistisch aufgemachten Ansätzen anstelle exakter Schilderungen des Tatbestandes, den wir zu erklären versuchen". *Jansyn*
(1966, S. 610) fordert eine präzise Beschreibung der Gruppenaktivitäten, um die vielen üppig ins Kraut schießenden Thesen prüfen
zu können. Dem entspricht schließlich auch das Vorgehen von
Miller (1967). In seiner Untersuchung über Diebesbanden in
Großstädten sind einzelne Ereignisse die hauptsächliche Einheit
der Analyse — Diebstahl wird als Verhaltensablauf untersucht,
nicht mehr Individuen, wie sonst üblich. Er liefert eine Analyse der
Diebstähle selbst, nicht der Diebe.

Damit läßt sich die gewünschte Auswahleinheit weiter präzisieren.
Es sind die Situationen, in denen die Prozesse ablaufen, die Devianz auftreten lassen. Dort ist auch eine unverzerrte Einsicht zu
gewinnen in die Lernstrukturen und die teilgesellschaftliche Nomie. Für die gesamtgesellschaftliche Anomie und die Unterschichtssituation sind dort zumindest die Perzeptionen dieser Tatbestände
durch die Akteure zu erfahren, ebenso die Sicht des von *Vold,
Becker* u. *Sack* beschriebenen Definitionsprozesses.

Wir nennen diese Auswahleinheit im folgenden Gruppe und verwenden damit den Gruppenbegriff bewußt anspruchslos. Wir folgen insoweit den Vorschlägen *Yablonskis, Lermans* u. *Sacks,* so-

wohl das Zusammensein und die gegenseitige Stimulation nur weniger Akteure von kurzer Dauer wie das vieler Akteure von langer Dauer Gruppe zu nennen. Die Forscher gehen davon aus, daß es bei der Anwendung dieses Gruppenbegriffes gelingt, auch solche „kriminellen" Handlungen als durch Gruppenprozesse bedingt auszuweisen, die traditionell als individuelle Akte betrachtet werden. Widersprüche zwischen der angelsächsischen „gruppenorientierten" Kriminalsoziologie und der deutschen „personorientierten" Kriminalitätsforschung könnten so im neuformulierten Gruppenkonzept aufgehoben werden (Sack 1969, S. 1024 ff).

Im Rahmen der hier angestellten Überlegungen stellt sich dann folgendes Forschungsproblem: Die Forderung gültiger Operationalisierungen macht alle Vorkenntnisse über „Kriminalität" aus unserer eigenen Alltagswelt, die für uns in der Regel eine „konforme" ist, unbrauchbar: Wir erforschen, lassen wir uns von diesem Wissen leiten, nur das, was wir schon kennen. So zwingt uns der hier vorgeschlagene Ansatz die Einsicht der grundsätzlichen Unbekanntheit des Forschungsgegenstandes auf. Das heißt dann auch, daß wir nicht imstande sind, ihn vor der Untersuchung aus der Umwelt auszugrenzen, daß wir, statistisch gesprochen, weder die Grundgesamtheit noch die Einheiten der Grundgesamtheit in diesem Stadium der Untersuchung kennen, um sie lokalisieren zu können. Diese Situation ist in der Forschung keineswegs üblich. In der Regel können wir das, was wir erforschen wollen, auch sehr genau identifizieren, können wir Grundgesamtheiten abgrenzen.

Die in der Kriminalistik und von den „Kriminellen" verwandten Definitionen können daher von uns zunächst nur dazu verwandt werden, eine erste Annäherung an das Forschungsobjekt zu erreichen. Hat man erst einmal eine elementare Kenntnis des Objektes im Bezugsrahmen soziologischer Kategorien, so muß man bereit sein, die Vordefinitionen, einschließlich ihrer Begrenzung des Objektes zu vergessen. Erst dann ist das Forschungsobjekt soziologisch unverzerrt definiert und „Kriminalität" als sozialer Tatbestand ausgewiesen.

Nach dieser Vorentscheidung über die Auswahleinheiten stellt sich die Frage des Auswahlverfahrens. Angestrebt wird nach den einleitenden Überlegungen ein Verfahren, das verallgemeinernde Schlüsse erlaubt. Die zu untersuchenden Forschungsobjekte sollen also die Grundgesamtheit der überhaupt auftretenden, in unserem Bezugsrahmen interessierenden Forschungsobjekte möglichst gut wiedergeben.

Geeignete Auswahlverfahren sind in den empirischen Arbeiten zur Kriminalsoziologie bisher ausführlich diskutiert worden. Dabei hat sich als ein sicheres Ergebnis dieser Diskussion erwiesen, daß einfache Zufallsauswahlen wie in vielen anderen Bereichen empirischer Sozialforschung in kriminalsoziologischen Untersuchungen nicht anzuwenden sind. Bündig haben *Short* u. *Strodtbeck* (1965, S. 10) dieses Argument entwickelt: Der Verzicht auf „methods of probability sampling was dictated by the very nature of the phenomena we sought to study. There was, to begin with, no list of gangs from which probability samples could be drawn. Even if such a list had been available, we were assured by competent observers from the police and youth-work fields that it would have been obsolete from the day of its completion, so shifting in membership and identity are the groups". So hat die Wendung von der Einzelperson als Auswahleinheit zur sozialen Struktur weitreichende Konsequenzen für die Bevorzugung einzelner Auswahltechniken. Es liegt daher die Gefahr nahe, nunmehr an der Wahrscheinlichkeitsauswahl nur noch als Ideal gegenüber der Auswahl nach Gutdünken festzuhalten und dieser Auswahl durch die Umorientierung verstärkte Legitimität zuzuschreiben (*Hartmann* 1970, S. 125). Zu diesem Schritt können wir uns jedoch angesichts der noch ausstehenden statistisch-theoretischen Begründung nicht entscheiden. Wir haben die Absicht, Ersatzverfahren zur Sicherstellung einer zufallsgesteuerten, repräsentativen Auswahl zu konstruieren und untersuchen im folgenden drei dieser möglichen und praktisch bereits angewandten Verfahren.

1. *Eine Stadt* wird in viele *kleine schichttypische Viertel* geteilt. Es werden schichthomogene Gruppen von Vierteln gebildet (statistische Schichten) und daraus eine Stichprobe von Vierteln gezogen. In den gezogenen Vierteln wären dann die auftretenden, zunächst fremddefinierten, „kriminellen" Ereignisse zu identifizieren und zu untersuchen.

2. Eine *repräsentative Befragung von Einzelpersonen* wird durchgeführt. Befragungsgegenstand ist die Teilnahme an „kriminellen" Aktivitäten. Die Einzelpersonen, die in besonderem Maße an einer der Aktivitäten teilnehmen, wären um eingehendere Interviews zu bitten, die dann möglichst in teilnehmende Beobachtung an den Aktivitäten der Auskunftspersonen übergehen sollte. Es wird unterstellt, daß die Befragung von Einzelpersonen bei eingehenderen Interviews auf Gruppen führt.

3. Es wird versucht, direkten *Kontakt zu entsprechenden Gruppen* über ein zufallsgesteuertes Prinzip zu finden. So könnten den Instanzen der sozialen Kontrolle bekannt werdende „Kriminelle" um Interviews gebeten werden, die, wie unter 2. beschrieben, zu vertiefen wären. Man geht zwar zunächst von der Fremddefinition aus, kommt aber durch teilnehmende Beobachtung zu den Objek-

ten selbst und gelangt von dort zu weiteren Gruppen, die auch den Instanzen der sozialen Kontrolle nicht bekannt sind.

Damit scheiden wir bereits gewisse andere, häufig verwandte Auswahlverfahren aus. So scheint uns das Vorgehen von *Schwitzgebel* (1964), *Schwendinger* u. *Schwendinger* (1967), *Polsky* u. *Kohn* (1959), *Bals* (1962), *Murphy, Shirley* u. *Witmer* (1946) beispielsweise ungeeignet zu sein.

Schwendinger u. *Schwendinger* führten Gruppenexperimente in einem Jugendheim durch. Sie bildeten Gruppen mit den dort verkehrenden Delinquenten und ließen diese in unterschiedlichen Situationen Opfer krimineller Akte beschreiben. Sie gewannen damit einen guten Einblick in die Nomie der Devianten. Als Kritik ist jedoch geltend zu machen, daß ihnen jegliche Kontrolle der Auswahl fehlte und nur eine geringe Zahl von Untersuchungseinheiten erfaßt wurde.

Schwitzgebel sprach Jungen auf Straßen und Plätzen, in Spielhallen und Imbißstuben an und bat um ein Interview im „Street-Corner-Research-Center". Wenn hier auch eine größere Anzahl von Untersuchungseinheiten einbezogen wurde, so fehlt doch auch hier jede Kontrolle der Auswahl.

Polsky u. *Kohn* arbeiteten in einem Erziehungsheim mit teilnehmender Beobachtung. Ein Beobachter lebte sieben Monate mit den Insassen dieses Hauses zusammen und sammelte Daten im wesentlichen nach der Balesschen Interaktionsanalyse. Leider wurde so nur eine einzige Gruppe untersucht, so daß die Reichweite der Aussagen ungeklärt ist.

Bals arbeitete in einem Haus der offenen Tür im Rheinland als Mitglied der Heimleitung. Aus dieser Perspektive konnte sie nur einen Bericht von Delinquenten unter der Aufsicht der Sozialarbeit liefern. Man kann sagen, daß sowohl bei *Polsky* u. *Kohn* wie bei *Bals* eine verzerrte Auswahl in sehr verzerrter Situation zum Zuge kam. Ähnlich gingen schließlich auch *Murphy, Shirley* u. *Witmer* vor. Sie befragten Sozialarbeiter, die einen guten Kontakt zu delinquenten Jungen und ihren Familien unterhielten. Sie schätzten die Fürsorger als Vertraute der Jungen ein, die alles von diesen wußten. Das belegen ihnen die vielen berichteten Fälle „versteckter Delinquenz", die sonst im Dunkeln bleiben. Damit ist aber eine Kontrolle von Auswahl und Gültigkeit der Beobachtungen nicht erbracht.

Erfolgsversprechender scheint uns dagegen die Erörterung der anderen drei Verfahren zu sein.

1. *Zur Untersuchung von Stadtvierteln*

Von den oben vorgeschlagenen Verfahren spricht sicherlich sehr viel für das Verfahren der Untersuchung von Stadtvierteln. Irving *Spergel* (1964) hat es z. B. in „Racketville, Slumtown, Haulburg" verwandt. Es zeigte sich nun, daß zur Erreichung einer gewissen Praktikabilität erhebliche Modifikationen an dem unter 1. vorgeschlagenen Vorgehen vorgenommen werden mußten. So wählte *Spergel* schließlich aus seiner eigenen Erfahrung als ehemaliger Sozialarbeiter drei verschiedene Nachbarschaften aus, die sich in den von *Cloward* u. *Ohlin* in der Weiterentwicklung der Anomiekategorien von *Merton* beschreiben ließen. Jedes Viertel war so groß, daß in ihm eine komplette Studie hätte durchgeführt werden können. *Spergel* entschied sich daher dafür, Sozialarbeiter, Polizisten, Richter usw. zu interviewen, amtliches Aktenmaterial zu sichten, um die für jedes Viertel typische Gang zu identifizieren. Zu diesen drei Gangs stellte *Spergel* einen Kontakt her und führte dann in längerer teilnehmender Beobachtung intensive Interviews, Strukturanalysen usw. durch. Wie *Spergel* selbst immer wieder betont, bekommt die Studie durch die Untersuchung von nur drei Gangs in insgesamt drei Vierteln nur einen explorativen Charakter. Wollte man darüber hinauskommen, müßten derartige Viertel noch systematischer untersucht werden. So könnte eine „Urne" gewonnen werden, der die Stichprobe entnommen werden könnte. Wir halten jedoch die mit einem derartigen Vorgehen verbundenen technischen Schwierigkeiten zunächst für so groß, daß wir auf anderem Wege zum Ziel gelangen möchten.

2. *Zur Durchführung einer Repräsentativbefragung*

Spergels Studie ist von ihrem Anreger, *Ohlin*, im Hinblick auf die dargetane Begrenzung bereits mit einem Ausblick auf zukünftige Forschungsstrategien eingeleitet worden. *Ohlin* weist in seinem Vorwort darauf hin, daß *Spergel* kein Survey des Kontextes und der Verteilung delinquenter Subkulturen über eine ganze Stadt geliefert habe. Eine gründliche Analyse erfordert aber eine so angelegte Untersuchung.

Auf unsere Fragestellung bezogen, müßten wir idealerweise eine Repräsentativbefragung durchführen, bei der nach Beteiligung an „kriminellen" Akten in einer Weise zu fragen wäre, die wahrheitsgetreues Antworten erlaubt. *Lerman* hat, *Ohlins* Hinweis aufgreifend, diesen Weg beschritten.

Lerman schloß allerdings bereits eine Befragung nach „Kriminalität" mit Fragen bestehend aus Kategorien „konformer" Personen aus. Trotz des Aufwachsens in normalerweise „konformen" Familien, Nachbarschaften und Schulen ist es nicht zu erwarten, daß in den dort erlernten Kategorien die gesuchten „kriminellen" Ereignisse so durchgängig ausgegrenzt werden, daß sich wirksam „kriminell" genannte Wirklichkeiten abtrennen lassen. Wir haben oben bereits auf die Kategorien der Produzenten verwiesen. Oft ist den Produzenten von „Kriminalität" nicht klar, daß die in ihren eigenen Kategorien ausgegrenzten Situationen sich auch unter bestimmte Kategorien der „Konformen" subsumieren lassen. Sie verstehen daher entsprechende Fragen nicht. Da die Kategorien der Produzenten vor einer Untersuchung auch nicht bekannt sind, ist auch eine Befragung in diesen Begriffen nicht möglich. Auch aus zwei weiteren Gründen scheint uns eine Repräsentativbefragung problematisch: 1. Der Zeit — und Kostenaufwand ist erheblich. 2. Der Wahrheitsgehalt der erhaltenen Auskünfte ist unsicher.

3. *Zur Durchführung direkter Gruppenbeobachtung im offenen Feld*

Es ist in der empirischen Forschung der Kriminalsoziologie immer wieder versucht worden, den Kontakt zu den „Kriminellen" unmittelbar zu suchen. *Whytes* auch heute noch als vorbildlich geltende Studie basierte auf den direkten Kontakten des Forschers zu Bewohnern eines italienischen Einwandererviertels. Die Einführung in die Gruppe gelang durch das Anknüpfen einer Bekanntschaft mit „Doc", dem Führer der einen Untergruppe. *Thrasher* (1928) ist vor *Whyte* auf diesen Bahnen gegangen und hat in einem programmatischen Artikel aufgewiesen, „how to study the boy's gang in the open". *Miller* (1968) arbeitete mehrfach mit einer großen Zahl von Feldforschern, die alle unmittelbare Kontakte zu Gangs aufgebaut hatten, diese direkt beobachteten. *Becker* (1963) arbeitete mit verschiedenen Bands als Pianist und sammelte so sein Material über die Subkultur der Tanzmusiker. *Yablonski* (1962, S. 7) bezog wie schon *Whyte* vor ihm eine Wohnung in einem von vielen „gangs" bevölkerten Gebiet angesichts der „enormous difficulties of reaching the gang in the open community". Er richtete dort einen offenen Jugendclub ein, in dem die Jugendlichen sich sehr frei bewegen konnten. Die Gangs des Viertels begannen dann sehr bald ihre „Konferenzen" in den Clubräumen abzuhalten, die von *Yablonski* auf Band geschnitten wurden. Für eine längere Zeit stellte er zwei ehemalige Gangführer als bezahlte Interviewer ein und besorgte sich dokumentarisches, vornehmlich biografisches Material, wann immer sich die Chance dazu bot. Aufgrund der unverfälschten Kontakte zu einer sehr großen Zahl von „Kriminellen" gelang es *Yablonski*, den Totschlag eines verkrüppelten Kindes gelegentlich eines Bandenkampfes, den Michael Farmer Fall, der seinerzeit allergrößtes Aufsehen in den USA erregt hatte, zu rekonstruieren und zahllose Widersprüche in den öffentlichen Darstellungen zu berichtigen. Auch die Feldforscher von *Jansyns* (1966, S. 601 ff) wohnten in der Nachbarschaft der von ihnen beobachteten Delinquenten. Sie standen mit deren Gruppe an ihrem üblichen Versammlungsplatz fast jeden Abend zusammen und verfaßten über diese Treffen an der Straßenecke ausführliche Beobachtungsprotokolle. Dieser methodische Ansatz wurde systematisch durchgeführt von *Short* u. *Strodtbeck* (1965) in ihrer Chicagoer Untersuchung.

Es fällt auf, daß das Interview mit „Kriminellen" als Datenerhebungsmethode nicht genannt wird. Im allgemeinen hält man das Interview für den „Königsweg" empirischer Sozialforschung. Exemplarisch ist die Grenze des Einzelinterviews in den Forschungen von *Short* u. *Strodtbeck* aufgewiesen worden. Es zeigte sich dort, daß die Untersuchungspersonen in Einzelinterviews Angaben machten, die nicht mit ihrem tatsächlichen Handeln übereinstimmten, daß sie vielmehr in Gruppendiskussionen eben auf das diesen Handlungen entsprechende Wissen kollektiv zurückgriffen. Die persönlich im Einzelinterview geäußerten Meinungen der Gangmitglieder unterschieden sich von den Äußerungen derselben Personen im Gruppenkontext fundamental.

Die Befragten logen weder im Interview noch in der Gruppendiskussion, es wurden nur andere Situationen handlungsrelevant. Gangmitglieder haben zwei verschiedene Wissenssysteme und können diese in unterschiedlichen Situationen einsetzen.

Becker (1966, S. VI) verweist allgemein darauf, daß man von ein und derselben Person auf ein und dieselbe Frage zu verschiedenen Zeiten unterschiedliche Antworten bekommt. Er hält dafür, diese mit der Biografie der Untersuchungsperson zu verknüpfen und aus den unterschiedlichen Lebenssituationen die Varianz der Antworten zu erklären.

Hier erweist sich die Notwendigkeit der Anwendung von Verfahren, die mehrdimensional angelegt sind. Dann hätte z. B. in den Untersuchungen *Short* u. *Strodtbecks* gezeigt werden können, daß „der Riß zwischen öffentlicher und privater Attitüde der Delinquenten" (*Schwendinger* u. *Schwendinger* 1967) durch eben die Verschiedenheit der Situation bedingt ist, die der Forschung zugrundeliegen. Je nach Situation nimmt der „Kriminelle" unterschiedliche Attitüden ein. *Sykes* u. *Matza* (1968) haben diesen Widerspruch zum Ausgangsproblem ihrer Theorie gemacht. Techniken der Neutralisierung sind in situationsspezifischer Normhandhabung begründet.

Matza (1964, S. 48) hat sich später in diesem Sinn kritisch mit der Situation des Interviews auseinandergesetzt. Er verweist darauf, daß nach der allgemeinen soziologischen Theorie das Handeln mit der Rolle und der Situation variiert. Die Interviewsituation ist aber nur *eine* der gesellschaftlich üblichen. Will man Aufschluß über das Handeln auch nur einer Person haben, muß man sie in weiteren, unterschiedlichen Situationen untersuchen.

Zudem finden *Becker* u. *Geer* (1967), daß jede Gruppe ihre eigene Sprache hat, auf die aber das Interview nicht eingehen kann. Er begründet damit eine Reihe von Interpretationsfehler in seinem umfangreichen Forschungsvorhaben zur Ausbildung von Medizinstudenten.

König (1969, S. 701) hat schließlich auf den Begriff der defensiven Kultur verwiesen, die aufgebaut wird als „willentlich und aktiv produziertes Kulturbild, dessen Funktion in der Abweisung, Befriedigung und Beruhigung des Reizes liegt, der von außen auf den Befragten ausgeübt wird". *Dexter* (1956, S. 153, 157) zeigt, daß Interviewer vom Informanten mit Werten und Vorstellungen identifiziert werden, die vom letzteren als typisch für die soziale Bezugsgruppe des Interviewers unterstellt werden. Das Problem des Interviews ist daher nicht, wie oft unterstellt, wie der Interviewer zu den Untersuchungsfragen steht, sondern welche Auffassung davon seine Informanten haben.

5. Teilnahme und Distanz in der Gruppenbeobachtung

Die Tätigkeit des Forschers umfaßt vor jeder weitergehenden Arbeit die Sammlung des Datenmaterials, das der wissenschaftlichen, hier kriminalsoziologischen Analyse zu unterziehen ist. Diese Datensammlung vollzieht sich aus Gründen der unverzerrten Forscher-Forschungsobjekt-Beziehung in direktem Kontakt mit dem „kriminellen" Ereignis. Dieses Ereignis wird nicht isoliert als Einzelereignis gesucht, sondern in seinem Zusammenhang mit anderen Ereignissen, insbesondere den vorauslaufenden, den auslösenden, kurzum im Zusammenhang von Ereignissequenzen.

Derartige Sequenzbeobachtungen sind nun, wie die angelsächsischen Erfahrungen zeigen, nicht möglich in der distanzierten Haltung des Laboratoriumsexperimentators. Es tritt dann eine Art soziologischer Unbestimmtheitsrelation auf (*König* 1956, S. 37). Die Tätigkeit des Forschers wird als wissenschaftliche registriert, das Verhalten auf die wissenschaftliche Beobachtung ausgerichtet, in der Regel bedeutendere „Kriminalität" nicht mehr in Anwesenheit des Feldforschers gezeigt, oder aber — noch unerwünschter — es wird „Kriminalität" zu Demonstrationszwecken produziert, — der Feldforscher als ‚agent-provocateur'.

Das schafft das Problem eines Kontaktes zur Gruppe, der diesen Effekt vermeidet. Dazu gehört schon die Kontaktaufnahme mit der zu beobachtenden Gruppe in ihrer alltäglichen Situation, an ihren gewohnten Plätzen, in ihrem Feld. Das Bewußtsein der Beobachteten, in ihrer vertrauten Umgebung zu sein, in der sie sich in der Regel nach eigenem Gutdünken verhalten, kommen und gehen, wie sie es wünschen, läßt ihr Handeln zunächst auch unter Beobachtung unbeeinflußt. In der Regel wird jedoch dem Forscher das Handeln und Auftreten im Feld der Gruppen fremd sein. Oft ist er älter. Er wird auffallen. Das ruft, wie schon die Erfahrungen *Thrashers* u. *Whytes* und zuletzt *Spergels* zeigen, bei den Beobachteten den Eindruck hervor, ein Zivilfahnder, „Spitzel", habe sich in ihren Kreis geschlichen. Es ist daher schon sehr frühzeitig ein Prinzip der Beobachter „krimineller" Gruppen geworden, sich als Feldforscher erkennen zu geben und die Beobachteten von dem Zweck ihrer Anwesenheit zu unterrichten. Daraus resultiert dann die Aufgabe, die kontaktierten Personen davon zu überzeugen — und das mit gutem Gewissen —, daß ihnen aus den Erhebungen des Forschers kein Nachteil erwächst, der insbesondere darin gesehen wird, wenn Strafverfolgungsinstanzen Kenntnis von den Informationen des Forschers erhalten (*Becker* 1963, S. 190; *Short* u. *Strodtbeck* 1965, S. 10; *Spergel* 1964, S. 190). Darüber ist noch hinauszugehen. Diese Versicherung allein wird kaum zur Duldung eines Forschers im Feld führen. Es muß zudem den Beobachteten die Gewißheit vermittelt werden, daß die Forschung für die Lösung ihrer eigenen Probleme von Belang ist. Dazu ist es weniger erforderlich, etwa den Hypothesenkatalog darzustellen oder die etwaige sozialpolitische Relevanz der untersuchten Fragestellung auszubreiten, als vielmehr in allen Äußerungen eine Tendenz des Verstehens der problematischen Situationen der Beobachteten erkennen zu lassen, was um so eher gelingt, als der Forscher diese Sicht auch tatsächlich teilt.

Nun muß auf der anderen Seite beachtet werden, daß durch die Anwesenheit eines so operierenden Feldforschers „kriminellen" Gruppen eine unerwartete Prominenz zuteil wird. Es spricht durchaus einiges dafür, daß sie bei den Beobachteten ein Verpflichtungsgefühl entstehen läßt, sich des Rufes würdig zu erweisen, der einem diesen Besuch verschaffte, d. h.: Es werden abweichende Akte produziert, um den Forscher an sich zu fesseln. Zur Vermeidung derartiger Kriminalitätsverstärkung ist zunächst geboten, zu verdeutlichen, daß die Sympathie des Feldforschers zwar den beobachteten Personen als Handelnden in besonderen Problemen gilt, daß diese aber nicht auf die Akte selbst ausgedehnt wird.

Dazu gehört zunächst der Verzicht auf jedes auffällige Interesse an kriminellen Handlungen und das Unterlassen jeder Bitte etwa um Demonstration eines solchen Aktes. Kriminelles Handeln wird nicht gesucht, sondern abgewartet. Schließlich ist zu fordern, daß der Feldforscher sich bei allen Verhaltensweisen entfernt, die dennoch als eine Demonstration an seine Adresse gerichtet sein könnten, in der Annahme, daß reine Demonstrationsakte ohne Anwesenheit des Adressaten unterlassen bleiben.

Beide Forschungstaktiken ändern nun nichts an der prinzipiell stets gegenwärtigen Beachtung der Anwesenheit einer Person, die nicht zum Feld gehört und deren Reaktion — ob negativ oder positiv — für die Beobachteten nicht ganz einzuschätzen ist. Das muß zu einer Verzerrung der Situation führen und damit die Güte der erhobenen Daten und letzten Endes des Hypothesentests erheblich beeinträchtigen. Es ist daher nach einer Position im Feld zu suchen, die im Anschluß der Bekanntgabe der Identität des Forschers seinen Einfluß minimiert bei gleichzeitiger Maximierung seiner Beobachtungschancen; er muß beobachtend eine Position beziehen, in der er selbst zunehmend unbeobachtet ist. Dazu eignet sich nun die Position eines Teilnehmers, der sich nicht nur selbst so definiert, sondern der auch von den anderen so betrachtet wird, am besten (*Kluckhohn* 1956, S. 97 ff). Diese Position gehört per Definition zum Feld der Forschungsobjekte. Sie existiert völlig unabhängig davon, ob eine Beobachtung durchgeführt wird oder nicht. Die Besetzung einer Teilnehmerposition durch einen Forscher hat keinerlei Signaleffekt für seine Anwesenheit. Sie ist die Position, die den doppelseitigen agent-provocateur-Effekt vermeidet. So müssen gewisse Formen der Teilnahme praktiziert werden, um überhaupt erst, anstelle einer die Situation verfremdenden, eine neutrale-unverzerrte Forscher-Forscherobjekt-Beziehung aufzubauen, die den Beobachteten ermöglicht, sich so zu verhalten, als würden sie nicht beobachtet, sei es bei der alltäglichen Interaktion, den Gruppengesprächen.

Wird die Beobachtung langfristig angelegt, werden diese Formen der Teilnahme sich wiederholen, wird die Anwesenheit des Feldforschers immer selbstverständlicher. Wahrscheinlich wird erst dann der Forscher wirklich zur „Nullperson", von der kein Anreiz mehr zu stärkerer oder schwächerer „Kriminalität" ausgeht. Es gelingt die Vermeidung des agent-provocateur-Musters in beiden Richtungen. Die „Kriminellen" begehen die Akte, zu denen sie entschlossen sind. So kommt es aus methodischen Gründen systematisch zur längerfristigen Teilnahme an „kriminellen" Akten.

Wir sehen in der Wahl dieser Beobachterstellung das entscheidende Merkmal des vorgeschlagenen Verfahrens.

Es liegt nun auf der Hand, daß von der Überwindung der Fremdheits- wie der Prominenzschwelle bis zur Erreichung einer partizipierenden Stellung eine mehr oder weniger lange Periode der „Infiltration" (*König* 1956, S. 37) vergeht. Zudem kann sich der Forscher der einmal erworbenen Teilnehmerschaft nicht auf Dauer sicher sein. Schon kurzfristige Abwesenheiten — etwa von mehreren Abenden — aus seinem Feld, können in der beobachteten Gruppe wieder Zweifel an seiner Identität aufkommen lassen. Der Feldforscher wird daher versuchen, möglichst kontinuierlich mit den Kontaktpersonen zusammen zu sein (*Becker* 1963, S. 168). Daneben erfordert die teilnehmende Beobachtung, wie *Homans* gezeigt hat, das Erlebnis der Gruppen unter verschiedenen *sozialen Umständen*, Kenntnis ihrer *Sprache*, *Intimität* des Verhältnisses zu den Gruppenmitgliedern und *Konsensus* über ihre Wirklichkeitssicht: Kriterien für die Qualität des aus der teilnehmenden Beobachtung gewonnenen Materials. Für die praktische Sozialforschung ergibt sich daraus das Problem der intensiven Befassung mit dem Einzelfall. Außerdem macht „kriminelles" Handeln nur einen Bruchteil des Handelns dieser Akteure aus. Meist handeln auch „Kriminelle" „konform". Daraus ergibt sich die Notwendigkeit langer Untersuchungsphasen (vgl. *Bruyn* 1966, S. 182 ff).

Andererseits wird der Feldforscher gerade in der jeweilig zu beobachtenden Situation und auch auf Dauer Distanz zu wahren haben, um überhaupt die erforderlichen Abstraktionsleistungen zu erbringen. Es war oben bereits gesagt worden, daß von einem echten Teilnehmer diese Leistungen nicht zu erbringen sind; seine Perspektive ist keine wissenschaftliche. Das setzt der Teilnahme des Feldforschers wiederum sehr enge Grenzen. Sie darf nur so weit durchgeführt werden, daß einerseits der Signaleffekt vermieden wird, andererseits die wissenschaftliche Sicht erhalten bleibt.

Zwischen den Regeln der Teilnahme und Distanzierung besteht ein notwendiger Widerspruch. Wir sehen seine Auflösung in der *Teilnahme* an den Akten, die überhaupt erst den Zugang zur Subkultur eröffnen, die überhaupt erst *Beobachtung*, Abstraktion aus Distanz, „krimineller" Akte ermöglicht. Das ist die Teilnahme an den Handlungen des „Entree", an dem Verhalten, das von jedem Mitglied um der Mitgliedschaft willen erwartet wird. Wer es nicht zeigt, ist Ausenseiter, wer es zeigt, hat noch keinerlei hervorgehobene Position. Man wird nun zweifellos zu bedenken haben, ob dieses Verfahren für jede Art „kriminellen" Verhaltens geeignet ist.

„Kriminalität" wie Mord, Totschlag und ähnliche Gewaltdelikte schließen am „Entree" teilnehmende Beobachtung wegen der Schwere der einzelnen Handlungen völlig aus. Es ist in diesen Fällen noch zu prüfen, auf welche Weise die Informationen beschafft werden können, die Kriminalitätsformen wie den Aufbau einer „Murder, Inc." (*Berger* 1962) zu erklären vermögen. Auch andere geschäftsmäßig betriebene Bandenkriminalität ist so nicht zu erforschen.

Andere schwerwiegende „Kriminalität" wie schwere Einbrüche usw. lassen kaum distanziert-teilnehmende Beobachtung zu. Hier wird der Feldforscher in der Situation wohl nicht einfach teilnehmender Beobachter bleiben können. Er wird zu einem vom „Kriminellen" in Rechnung gestellten und so behandelten Objekt in jeder Situation, sei es als erwünschter, qualifizierter Helfer oder lästiger Zeuge. Zudem bleiben alle bisher genannten Handlungen oft einmalige Ereignisse der betreffenden Handelnden. So sind sie zu selten, um in einer vertretbaren Zeit in der angegebenen Weise erforscht zu werden.

Dafür eignet sich die massenhafte „Kleinkriminalität" wie Diebstähle, insbesondere Fahrzeug- und Ladendiebstähle, Rauschgiftdelikte, insbesondere -konsum und Kleinhandel und Körperverletzungsdelikte, insbesondere „Rockerdelikte", um so besser. Diese Delikte treten sehr häufig auf — in der aufzuwendenden Zeit fallen genügend Ereignisse an; sie laufen in offenen und übersichtlichen Feldern (Straßen, Kaufhäusern, Diskotheken, Vergnügungsplätzen) ab und gestatten direkte Beobachtung.

Dort handelt es sich bei den Teilnahmeakten des Entree durchweg um unproblematischeres, elementareres Verhalten der zu untersuchenden Gruppen. Dazu gehört zunächst das wenig problematische Dabeistehen oder -sitzen, das Mitgehen und -lagern, das „Herumhängen" an allen Plätzen, an denen die zu beobachtende Kriminalität ausgeübt wird. Dazu gehören aber auch Handlungsweisen nach sehr präzise angebbaren, feststehenden Erwartungen: Bei Laden- oder Automatendieben gelegentliches Festhalten und Beaufsichtigen weggenommener Gegenstände oder Hilfsmittel, bei Drogenkonsumenten Beiträge zur Herstellung und Mitkonsum von Haschischzigaretten u. ä., bei Schlägern Verstärkung des Stärkeeindrucks (Imponierscene) der beobachteten Gruppe durch bloßes Dabeistehen und die unterlassene Hilfeleistung für die Opfer. Derartige Handlungen des Entree sind durch die auch in den beobachteten Gruppen üblichen Mitgliedschaftsdefinitionen, die keineswegs formalisiert zu sein brauchen, geboten. Es sind die Akte, die von jedem erwartet werden, der zur Gruppe gehört und nicht als Außenseiter auffallen will. Dem Außenseiter werden aber nicht die in der Gruppe sonst üblichen Handlungen gezeigt. Das definiert eben sein Außenseitertum in „kriminellen" Gruppen. Andererseits bieten solche Mitgliedschaftserwartungen auch einen höchst wirksamen Schutz gegen weitergehende Inanspruchnahmen. Akte, die darüber hinausgehen, verschaffen in der Regel in der Gruppe einen gehobenen Status qualifizierter Mitglieder.

Eine Verpflichtung, einen derartigen Status anzustreben, besteht nun nicht, da das ja die Gruppen der normalen Mitglieder berauben würde, auf die sich auch die Statushöheren stützen.

So gesagt mag das noch nicht zwingend erscheinen.
Es muß aber beachtet werden, vor welcher Logik dieses Handeln bestehen muß. Daß es nicht sinnvoll ist, von einer einzigen Handlungslogik auszugehen, haben wir anhand unserer Argumentation zur Situationsdefinition im 3. Kap. zu zeigen versucht. Für das Vorgehen praktischer Sozialforschung teilnehmender Beobachtung ist dann im Anschluß an die Logik der Methode nicht die Logik der Kriminalistik und der strafrichterlichen Beurteilung entscheidend, sondern es ist die den „Kriminellen" eigene Interaktionslogik, deren Verhalten Gegenstand der Forschung ist. An ihr muß sich das Forscherhandeln dann orientieren, ehe es die Daten erheben kann, die später auch anderer Logik zur Aneignung überlassen werden.

Meines Erachtens gelangt man zu dieser Konsequenz, wenn man erst einmal theoretische, immer noch spekulative Erklärungen der Kriminalität Bewährungsproben empirischer Sozialforschung aussetzt, die den Kriterien allgemeiner Aussagen, gültiger und zuverlässiger Operationalisierungen, systematischer und vergleichender Auswahlen und möglicher Falsifikation genügen.

6. Praxis distanziert-teilnehmender Feldbeobachtung

Zur Darstellung der praktischen Feldforschung soll nun aus den Beobachtungsprotokollen eines Forschungsprojektes (*Haferkamp* 1972) zitiert werden, in dem die im ersten Abschnitt zum Gruppenprozeß zitierten Thesen verschiedener Kriminalsoziologen zu einem System von Thesen integriert und die auf S. 18 aufgeführten Gruppen-Strukturen im Wege des hier beschriebenen Verfahrens distanziert-teilnehmender Feldbeobachtung identifiziert wurden. In den ersten drei Fällen treten Akte der Teilnahme auf, die Beobachtung erst erlauben.

Fall 1: Mitfahrgelegenheit, unbeabsichtige Ablenkung und Verwahrung

U. fragte mich, ob ich ihn mal nach B. fahren könne. Ich stimmte zu. Wir gingen dann zu meinem Wagen und fuhren los. Unterwegs in der F.-straße meint er auf einmal: ,Halt mal an. Ich geh mal eben beim P. rein. Mal sehen ob der die neuen Kassetten hat.' Mir war sofort klar, daß U. Kassetten einsacken wollte. Ich lenkte den Wagen an den Straßenrand in eine Lücke. Wir gingen dann zurück bis zum Geschäft. U. ging sofort zu den Kassetten im hinteren Teil des Ladens. Ich stellte mich vorn zu den Schallplatten, aber so, daß ich ihn genau im Auge hatte.

Die Packungen liegen auf einem Tisch. U. sucht darin herum. Er nimmt eine Packung, legt sie beiseite. Sucht weiter. Der Inhaber kommt. Fragt U. etwas. Ich kann es nicht verstehen. U. sagte etwas. Der Inhaber bleibt bei U. stehen. Ich krame weiter in den Schallplatten. Da kommt der Inhaber zu mir rüber. Ich sehe, wie U. genau hinter ihm her sieht, dann mit der rechten Hand die beiseite gelegte Kassette ganz bedeckt und umgreift, mit der linken Hand mit den Fingern unter seinen Pullover zurückschnappen läßt, seine rechte Hand darunter wegzieht und nun mit beiden Händen frei dasteht. Das ging alles sehr schnell. Als der Inhaber bei mir anlangt und mich fragt, Kann ich Ihnen helfen', ist U. längst fertig und fängt wieder an, mit den anderen Kassetten zu hantieren. Ich sage ,Nein danke'. Dabei kommt U. auch schon rüber. Ich schaue mir genau seinen Pullover an. Es ist wirklich nichts zu sehen. Er tritt nun auf den Inhaber zu, spricht mit ihm noch eine Weile, fragt nach, wann irgendeine bestimmte Kassette denn da sei (Ich hab den Titel nicht verstanden), macht eine Handbewegung zu mir rüber und wendet sich zum Ausgang. Ich gehe mit. Draußen gehen wir zum Wagen. Wir fahren weiter nach B. . . .

Nach der Rückkehr gehen wir wieder in die Discothek A. wo die andern alle sind. U. trägt die Kassette in der Hand. Wir setzen uns an einen Tisch . . . Nach einer Weile steht U. auf ,Will mich mal erst wieder richtig kämmen.' Er legt mir die Kassette auf den Tisch und sagt ,Paß mal eben darauf auf, bis ich wiederkomme!' Ich nicke wohl irgendwie. Er geht zur Toilette. Nach etwa einer halben Minute kommt S. an den Tisch. Begrüßt mich: ,Na Alter, wie gehts' Er sieht die Kassette, nimmt die in die Hand. ,Mann, ist ja dufte. Wem gehört die denn?' Ich sage: ,U.'

Fall 2: Anbieten von Material, Herstellungshilfe und Mitverzehr

. . . hatten sich A und R. geeinigt, einen Joint zu rauchen. Sie fragten mich, ob ich Blättchen dabei hätte. Ich gab A. meine Blättchen, und dieser fragte mich, ob ich mitkommen wollte. Ich stimmte zu, und wir begaben uns nach draußen. Wir gingen dann die . . .str. hinauf und zu einer nahe gelegenen Kirche. Dort hatten A. und R. schon früher einen Joint geraucht. Da der 3. Typ vorging, aber nicht wußte wo wir hinwollten, machte sich A. darüber lustig, daß er so schnell wegstiefelte. Wir gingen an der Kirchentür vorbei und setzten uns auf ein an der Kirche stehendes Gerüst.

Während A. den Joint dreht, unterhalte ich mich zeitweise mit dem 3. Typ, der gerade in H. gewesen war. Er meint, er habe in H. höchstens fünf oder sechs Joints geraucht, aber vier Trips. Dann erzählt R. noch einen Witz.

Während unserer Unterhaltung hat A. begonnen, einen Joint zu drehen. Er holt Blättchen heraus und klebt drei Stück zusammen. Zwei mit der Längsseite aneinander, das dritte quer dazu. Auf einem Blätt-

chen sind Sterne und Streifen (sieht aus wie amerikanische Flagge).
Später, als wir den Joint rauchen, fällt dieses R. auf, und er fragt, was
er denn für Papier habe. A.: Da ist die amerikanische Flagge drauf.

Da A. keinen Tabak bei sich hat, nehmen wir die letzten drei Zigaretten von mir, wobei er das Papier abmacht und den Tabak in das Zigarettenpapier streut. Anschließend läßt er sich von R. das Feuerzeug
geben um den Shit (schwarzer Afghan) in dem Silberpapier zu erhit-
zen. R. bemerkt, daß er den Shit zu stark erhitze. A. meint dazu, daß
sei gerade richtig gewesen und so könne man ihn besser hineinstreuen.
Er streut den Shit auf den Tabak und dreht den Joint. Nachdem er ihn
zugeklebt hat, stochert er mit einem Streichholz von oben in den Joint,
um den Tabak fester zu machen, da dieser ein bißchen zu trocken ist.
Anschließend dreht er ihn oben zu und hat so ein Hütchen. Er fragt,
ob einer von uns Pappe für den Filter dabei hat. Ich hole meine leere
Zigarettenschachtel hervor und reiße die Schachtel auseinander und mache daraus einen Filter, indem ich die Pappe aufdrehe und am anderen
Endes des Joints einstecke, den mir A. gereicht hat. Ich gebe ihn dann
zurück. Dann wickelt A. noch ein Zigarettenpapier um den Filter und
klebt es an den Filter. Dann drückt er den Rand des Hütchens ein, so
daß ein Hut mit einer hohen Krempe entsteht und zündet nun den
Rand an, der nur aufglüht. Jetzt kann er das Hütchen abheben. Dann
nimmt er den Joint in die Faust und zündet ihn an, um ihn dann anzu-
rauchen.

Vorher hatte A. gefragt, wo wir den Joint denn rauchen sollten. R.
meinte, wir könnten ihn doch im ... rauchen. Darauf sagt A.: Dann
kommen wieder so viele Typen und wollen mitrauchen. A. raucht den
Joint an und macht dabei einige kurze Züge, wobei er den Joint in der
Faust hält. Dabei wird der Filter nicht in den Mund genommen. Die
kurzen Züge werden gleich in die Lunge gezogen. Anschließend reicht
A. mir den Joint, wobei ich auch einige Züge mache. Dann frage ich R.,
ob er ihn auch haben will, wozu A. sagt, das wäre doch keine Frage.
A.: Das ist auch schwarzer Afghan. R.: Ich merke überhaupt nichts,
nur dieser Scheißrauch geht einem in den Kopf. A.: Wenn du überhaupt nichts merkst, warum rauchst du dann? R.: Ich rauche ja sonst
auch nicht. A.: Ich habe immer so ein Gefühl im Kopf, wenn ich Shit
rauche. R.: Ich möchte viel lieber noch einmal meinen ersten Schuß haben, der war ganz dufte. A.: Ich möchte am liebsten noch einmal meinen ersten Trip machen, der war absolute Klasse.

Der Joint wandert rundherum. Jedesmal, wenn in der Nähe eine Person vorbeigeht, oder wenn ein Wagen vorbeikommt, wird der Joint
nach unten gehalten, damit ihn keiner sieht. R., der hinten sitzt, beginnt an der Stelle, wo die Glut anfängt, mit dem Finger etwas Spucke
aufzutragen, damit der Joint nicht zu schnell wegbrennt. Dieses ist bei
früherem Jointrauchen auch schon bei anderen beobachtet worden. A.
weist R. daraufhin, den Joint nicht zu heiß werden zu lassen und ihn
eine zeitlang abkühlen zu lassen. An der Spitze des Joints hat sich eine
Glutspitze von etwa zwei Zentimeter Länge gebildet, die nach vorne
spitz zuläuft. Wenn sich zu viel Asche an der Spitze gebildet hat, streift
A. die Asche ab. Als ich dies einmal mache, weist er mich darauf hin,
den Joint dabei zu drehen, damit die Glut nicht abbröckelt.

Kurz bevor das Ende des Joints erreicht wird, gibt mir A. diesen noch einmal und meint, „für jeden noch einige Züge", nachdem er mit dem Finger festgestellt hat, daß noch ein bißchen Tabak im Joint ist.

Fall 3: Schlägerei und Hilfeverweigerung

Montag abend sind gegen 21./21.30 Uhr A., B., C., D. und ich nach ... auf den Jahrmarkt gefahren. Als wir zur Raupe kamen, sagte einer von den dort Stehenden zu D. „Was guckst du mich so blöde an?" D.: „Ich kann gucken wie ich will." Wumms hatte er einen Schlag ins Gesicht. Als er hochkam, hatte er schon den zweiten Schlag weg. Zu A. sagte jemand: „Willst du was?" Bevor er antworten konnte, hatte er ebenfalls zwei Schläge ins Gesicht bekommen.

Dann haben wir uns zurückgezogen, da es keinen Zweck hatte. Sie waren ungefähr fünfzehn Mann. Die Leute machten D. alle Platz, als er mit aufgerissener Lippe herging, das Blut floß ihm das Hemd herunter. Wir fünf sind dann zum ... gefahren und haben dort zehn Mann aktiviert, einige sind bei anderen zu Hause vorbeigefahren und haben sie abgeholt. U. a. fuhren mit: E., F., G., H., I. und K. Mit 15—20 Mann sind wir dann wieder zur Kirmes gefahren. Im ... hatten wir ausgemacht, daß wir in Vierergruppen auf die Raupe gehen wollten, damit wir nicht sofort auffielen. Die Schlägerei begann, als D. auf denjenigen zuging, der ihn geschlagen hatte: „Du hattest doch vorhin so große Schnauze." Im selben Augenblick war E. auch schon neben ihm und verpaßte dem anderen einen Schlag voll auf das Kinn, so daß er zu Boden ging. Sofort kamen einige der anderen, die wohl glaubten, daß E. alleine wäre, auf ihn zugestürmt, aber jetzt waren auch die übrigen vom ... heran (die anderen waren ungefähr 8 Mann) und droschen ganz erbärmlich auf sie ein. C. brachte eine Latte mit, an der noch Nägel herausragten. Er sagte mir später, er habe sie von einem Jägerzaun vor der Kneipe abgebrochen. Einer der anderen traf I. voll aufs Auge.

I. wurde wütend, nahm sich sofort zwei auf einmal vor; einen schlug er zu Boden, A. der ebenfalls einen roten Pullover trug, kam vom Boden hoch. I. verwechselte ihn mit dem anderen und holte aus, um ihm einen zweiten Schlag zu geben; A. konnte noch soeben „I., I." rufen. A. ist von einem zum anderen gelaufen, und wer sich auf dem Boden noch rührte, der bekam einen Schlag bzw. einen Tritt mit. Ich stand in unmittelbarer Nähe. Die vom ... hatten offensichtlich feste geschlagen und getreten. Einige sind richtig unter die Raupe bzw. unter die Wagen geprügelt worden. D. gab einem der anderen einen Tritt voll in das Gesicht, so daß sich seine Nase richtig verbog. Er fiel auf den Boden, regte sich nicht mehr. Keiner half ihm, obwohl offensichtlich war, daß er Hilfe brauchte.

Unabhängig von seiner Teilnahme erfährt der Forscher nun aufgrund seiner Beziehungen zu den „Kriminellen" von Akten, deren Ausführungen geplant werden, die weit über die Handlungen des Entrée hinausgehen, an denen sich der Forscher deshalb nicht beteiligen wird, die er aber auch nicht verhindert durch eigene Initiative oder durch Information anderer, da das über kurz oder lang auf ihn als eine Person aufmerksam machen würde, die nicht zum Feld gehört. Der Forscher würde die unverzerrte Forscher-Forschungsobjekt-Beziehung zerstören.

Fall 4: *Vorheriges Wissen einer gewaltsamen Wegnahme*

Der „Club" saß in seiner Ecke, als ich in den Keller kam. Sie waren mitten in der Diskussion. Ich setzte mich dazu. F. sagte gerade: ,Wir haben doch alle mitgemacht, jeder hat seine Rübe hingehalten. Jetzt betuppt uns L. um unseren Anteil.' I.: ,Das kann der doch nicht machen' . . . Es geht so eine Zeit weiter. L. kommt auch in den Keller. Er geht unmittelbar auf den „Club"-Tisch zu. Er sitzt noch gar nicht richtig, da redet F. schon auf ihn ein: ,Wir haben uns das noch mal durchgerechnet. Unser Anteil stimmt nicht. Du hast uns beschissen. Es waren 27 Münzen unter dem Glaskasten. Dann kriegt jeder 5, und das Geld für die anderen zwei wird noch geteilt.' L: ,Du spinnst wohl. Die 2 gehören mir. Wer hat denn die Münzen rausgefummelt? Du hast nur das Glas angehoben, das kann auch meine Oma. Und die anderen haben nur aufgepaßt.' I.: ,Und wenn se uns gepackt hätten, dann wären wir doch alle dran gewesen.' . . . So geht es noch einige Male. F. wird immer zorniger. Schließlich droht er L.: ,Wenn Du die beiden Münzen nicht rausgibst, dann schlagen wir Dich so zusammen, daß Du keine Münze mehr festhalten kannst.' L. steht auf und sagt nur: ,Das wollen wir dann ja noch sehen' und geht. Die anderen vier überlegen dann wie sie L. beikommen können. Es wird vereinbart, abends zu ihm zu gehen und ihn in seinem Zimmer, in dem er auch die Münzen noch haben muß, zusammenzuschlagen, bis er sie rausgibt.

Ferner werden Feldforscher „kriminelle" Akte bekannt, die kurz vorher verübt worden sind, und deren Ausführende gesucht werden. Aus denselben Gründen, die eine vorherige Information ausschließen, kommt auch eine nachträgliche Aufklärungshilfe nicht in Frage.

Fall 5: *Wissen aus Bericht*

Z. und X. unterhalten sich inzwischen über die Möglichkeit eines Apothekeneinbruches. Vorher hatte Z. im Gespräch mit mir schon einmal darauf angespielt. Er erwähnte, daß nicht weit von ihm zu Hause eine Apotheke sei, wo das ganz leicht gehe. Man brauche nur von einer Garage aus ein Rollo eines Fensters hochzuschieben und dann mit einem Glasschneider die Scheibe aufzuschneiden. Dann einsteigen, das Rollo wieder runterlassen und drinnen erst mal alles zusammenpacken. Dann müsse man wieder das Rollo hochziehen und aus dem Fenster steigen und weggehen. Ff.: Dann mußt du aber erst mal wissen, wo du die entsprechenden Sachen dadrinnen findest. Z.: Das ist keine Schwierigkeit. Außerdem nehme ich einen mit, der sich da auskennt. Ff.: Was kann man denn da so herausholen. Z.: Alles was du willst. Ff.: Und was ist das so wert. Z.: So zwischen 20.000 und 40.000 DM. X.: Ich steige aber nicht mit ein. Ist mir zu riskant. Außerdem muß ja auch einer Wache schieben. Z.: Willst wohl billig an deinen Anteil kommen. Wache brauchen wir dabei auch keine. Ich frage Z. noch, ob es denn nicht ein bißchen gefährlich sei, wenn er gleich eine Apotheke in seiner Nähe nehme. Er meint, er wäre ja nicht als Fixer registriert und daher werde auch kein Verdacht auf ihn fallen.

Der Apothekeneinbruch fand wenige Tage später statt. Der Feldforscher will Einzelheiten wissen, wie Durchführung, Versteck, Absatz, Preise, Abnehmer usw.

Z. fragte mich auf einmal: ‚Was machst Du denn, wenn Dich die Polizei mal danach fragt. Das ist doch drin, wo Du doch jeden Abend hier bist, und alle Leute, die hier reingehen, aus dem Fenster gegenüber mit Spezialkameras fotografiert werden?'

Schließlich sind zur regelrechten Auswertung alle Erfahrungen, Beobachtungen, Berichte usw. festzuhalten, zu protokollieren, zu sammeln.

Fall 6: Materialsammlung

Eine Forschungsgruppe hat Informationen über eine Reihe unaufgeklärter Einbrüche mit Kassenaufbrüchen und Apothekeneinstiegen, eine Ladendiebstahlserie von Gegenständen im Wert von über 50.000 DM, die Organisation des Drogenhandels in einer Großstadt und eine ganze Reihe von gezielt vorgenommenen, überfallartigen erheblichen Körperverletzungen.

Die maßgeblich Beteiligten sind der Strafverfolgung unbekannt. Sie sind auf freiem Fuß. Sie führen ihre Handlungen weiterhin aus. Sie werden gesucht.

Dieses Material muß der Forscher unter Verschluß halten, würde es bekannt, geräte er auch nur in den Verdacht der Materialauslieferung oder Tipweitergabe an Kriminalitätsverfolgungsorgane, würde er sofort von allen Beobachtungsmöglichkeiten abgeschnitten. Das gilt auch noch für die Zeit nach Abschluß eines Projektes, um Nachfolgeprojekten alle Möglichkeiten offen zu lassen.

7. Auswertung von Beobachtungen

Wenn auch die Einzelheiten der Auswertung des erhobenen Materials und insbesondere die Art der Beweisführung für die grundlegenden Hypothesen dem Zustand des Material nach seiner Erhebung und Aufbereitung angepaßt werden müssen, so sind entsprechende Überlegungen in einem frühen Stadium der Untersuchung doch geeignet, für die Gestaltung der Beobachtungen wichtige Hinweise zu geben. Die einzelnen berichteten Beobachtungen von Ereignissen sind zu analysieren und ihre Elemente sind zu kodieren. Orientierte sich das Beobachtungsschema stark an den

Begriffen der theoretischen Thesen, dürfte in den Beobachtungs-protokollen selbst schon ein beachtlicher Teil der Kodierarbeit vor-liegen. Für alle weiteren Beobachtungen ist die Verschlüsselung in den Begriffen der Thesen zu versuchen, d. h. diese Beobachtungen werden nachträglich klassifiziert. Beobachtungen, die nicht in die Thesensprache transformiert werden können, scheiden für die wei-tere Aufbereitung des Materials zum Hypothesentest aus.

Es sind dann die Häufigkeiten der den einzelnen Begriffen zu ge-ordneten Ereignisaspekte auszuzählen. Z. B. werden alle „krimi-nelle" Akte nach der Zahl der daran beteiligten Personen ausge-zählt:

Tabelle 1

Akte allein	12
Akte zu zweit	93
Akte zu dritt oder viert	75
Akte zu fünft oder mehreren	26

Derartige Klassifikationen und Auszählungen können auch schon Gewichtungen enthalten. So werden „kriminelle" Akte nach dem Grad ihrer Schwere im Bezugsrahmen gesetzlicher Definitionen (s. S. 45) geordnet, um Delinquenzbelastungen für die einzelnen beobachteten Akteure konstruieren zu können.

Zur weiteren Analyse genügen aber einfache Auszählungen auch gewichteter Ereignisse nicht. Sie sind in bezug auf die zu unter-suchenden Thesen nicht aussagekräftig. In den erklärenden Sätzen werden stets Zusammenhänge zwischen verschiedenen Ereignissen bzw. Ereignisaspekten unterstellt. Um nun die Thesen am Daten-material kontrollieren zu können, sind Kreuztabellierungen anzu-streben, z. B. zur Prüfung der Familiendesorganisationsthese:

Tabelle 2

	Abweichend	Nichtabweichend
Desorg. Familie	x 1	x 2
Nichtdesorg. Familie	x 3	x 4

Entspechend dem *Popper*schen Falsifikationskriterium müssen sich bei Bestätigung der These die Ereignisse so verteilen, daß die Zel-len x2 und x3 nicht besetzt sind.

Nun können die Zusammenhänge zwischen zwei Ereignissen oft verdeckt sein durch das Auftreten weiterer Ereignisse, die nicht im Thesensatz angesprochen werden. Dann ist es möglich, daß auch bei Richtigkeit der zugrundeliegenden These die Zellen x2 und x3 besetzt sind. Es wird dann gefordert, weitere Ereignisse so einzuführen, daß jeder zusätzliche Faktor gleichzeitig mit dem vorher betrachteten analysiert wird (*Selvin* 1965, S. 338).

An dieses Verfahren hatte sich bereits *Durkheim* gehalten, wenn seine Vorgehensweise auch heute wesentlich verbessert wurde. Diese Methode wird „mehrdimensionale Analyse" genannt, und *Lazarsfeld* u. *Rosenberg* definieren sie als das „Studium und die Interpretation komplexer Beziehungen zwischen einer Vielfalt von Merkmalen" (ibid., S. 386).

Lazarsfeld, Kendall u. Hyman haben drei Haupttypen der mehrdimensionalen Analyse unterschieden: Erklärung, Interpretation und Spezifizierung. Die beiden ersten der drei Typen, also die Erklärung und die Interpretation, hatte *Durkheim* im wesentlichen bereits in den „Regeln" entwickelt, während die Spezifizierung von ihm erst im Selbstmordwerk verwandt wurde.

Bei der Erklärung handelt es sich um den Versuch, die Beziehung beispielsweise zwischen Selbstmord und Religion genauer zu erklären, etwa durch die Annahme, der Selbstmord sei abhängig von der Nationalität, und die beobachtete Beziehung zwischen Selbstmord und Religion sei nur eine Auswirkung der Nationalität, da bestimmte Länder mit hohen Selbstmordraten viele Protestanten aufweisen (*Selvin* 1965, S. 388).

So fand *Durkheim* bei der Untersuchung der Beziehungen zwischen Religion und Selbstmord innerhalb der acht bayrischen Provinzen, daß die Selbstmordrate im direkten Verhältnis zur Zahl der Protestanten und im umgekehrten zur Zahl der Katholiken stand.

Aber auch bei der Interpretation kommt es nur vorübergehend zur Verknüpfung von drei Variablen, um nämlich zu zeigen, daß die Parallelität zweier Variablen nur durch die ihnen gemeinsame dritte Variable bedingt ist. In den „Regeln" hatte *Durkheim* (1961, S. 210 f) dazu ausgeführt: „Der Parallelismus braucht nicht immer daraus zu entstehen, daß das eine Phänomen die Ursache des anderen ist, sondern auch daraus, daß sie beide Wirkungen ein und derselben Ursache sind, oder auch daraus, daß zwischen ihnen ein drittes Phänomen unbemerkt eingeschaltet ist". Die Ergebnisse bedürfen also der Interpretation. *Durkheim* empfahl, zunächst die Frage zu prüfen, wie das eine von zwei Gliedern das andere erzeugen konnte. Das Ergebnis, das auf dem Wege der Deduktion gewonnen werden kann, wäre dann an neuen Vergleichen zu überprüfen. Sollte sich aber eine solche unmittelbare Beziehung nicht feststellen lassen, insbesondere sollte eine so gefundene Hypothese bereits erwiesenen Gesetzen widersprechen, wird man nach einem dritten Phänomen suchen, von dem die beiden anderen gleicherweise abhängen oder das als Vermittler zwischen ihnen dienen könnte. So fand *Durkheim* (1965, S. 158) für den Selbstmord, „daß die Empfindlichkeit des Protestanten wie des Städters für den Selbstmord in Beziehung zum „freien Denken" stand, das Protestantismus wie Urbanismus auszeichnete".

Diesen Vorgang der Interpretation hatte *Durkheim* auch schon sehr anschaulich in den „Regeln" beschrieben. Dort heißt es: „Man kann auf das Bestimmteste feststellen, daß die Tendenz zum Selbstmord mit der Schulbildung variiert. Doch ist es unmöglich festzustellen, wie die Schulbildung als solche zum Selbstmord führen kann, eine solche Auslegung steht mit den Gesetzen der Psychologie in Widerspruch. Die Schulbildung ergreift nur die oberflächlichsten Regionen des Bewußtseins ... Hingegen ist der Selbsterhaltungstrieb eine unserer Fundamentalstrebungen. Er kann also nicht durch ein so fern gelegenes und schwach wirkendes Phänomen erschüttert werden. So gelangt man zu der Frage, ob nicht das eine wie das andere Phänomen die Folge ein und derselben Verfassung ist. Diese gemeinsame Ursache ist die Abschwächung des religiösen Traditionalismus, welche zugleich das Bedürfnis nach Wissen sowie den Hang zum Selbstmord stärkt" (*Durkheim* 1961, S. 211).

Die Spezifikation, die erst im Selbstmord von *Durkheim* entwikkelt worden war, ist gekennzeichnet durch den Versuch, die Bedingungen zu isolieren, unter welchen eine Beziehung in größerem oder geringerem Maße bestehen bleibt. So ist z. B. die Wirkung der Religion auf den Selbstmord in den deutschsprachigen Kantonen der Schweiz geringer als in den französischsprachigen (*Selvin* 1965, S. 388). Ziel dieser Art von Verfeinerung einer Beziehung ist es, zwischen drei Variablen Beziehungen anzuknüpfen, also wie im obigen Fall angedeutet zu untersuchen, was das gemeinsame Element bzw. die gemeinsamen Elemente der mit dem abweichenden Handeln verbundenen Variablen sind.

Durkheim lieferte im „Selbstmord" ein spezielles Spezifikationsverfahren, die Mehrebenenanalyse, die heute mehr und mehr an Bedeutung gewinnt (z. B. *Harder* u. *Pappi* 1969). Diese Spezifikation bezieht sich auf die gemeinsamen Auswirkungen eines individuellen Merkmals und eines Gruppenmerkmals auf die Häufigkeiten des zu untersuchenden Verhaltens.

So verglich *Durkheim* die Selbstmordraten Frankreichs und Oldenburgs in bezug auf die Verheirateten und Unverheirateten und er fand, daß die nationalen Eigenschaften eine deutliche Umkehrung in der Beziehung zwischen individuellen Attributen und dem Verhalten hervorrufen. In Frankreich war der verheiratete Mann erheblich stärker gegen Selbstmord geschützt als die verheiratete Frau, jeweils bezogen auf die Raten der Unverheirateten. In Oldenburg zeigte sich nun genau das Gegenteil, nämlich daß dort die verheiratete Frau wesentlich weniger zum Selbstmord neigte. Die sozialen und kulturellen Unterschiede zwischen Oldenburg und Frankreich bewirkten also das Nichtübereinstimmen der verschiedenen Selbstmordraten, bedingten die Devianz (*Durkheim* 1965, S. 179).

Anstelle eines örtlichen Gruppenmerkmals wie die Landeszugehörigkeit können natürlich auch andere Gruppenmerkmale treten. So darf man annehmen, daß man bei einem Vergleich der Selbstmordraten der verheirateten Männer und Frauen der USA in bezug auf die Raten der Ledigen wie sie vor hundert Jahren und zum gegenwärtigen Zeitpunkt festzustellen war bzw. ist, zu dem Ergebnis käme, daß infolge der zunehmend partnerschaftlich orientierten Familienstruktur und der daraus resultierenden Nivellierung der Unterschiede zwischen den Rollen beider Geschlechter auch die zugehörigen Selbstmordraten nicht mehr differieren.

Eine Betrachtung derartig verfeinerter Tabellen ergibt zwar, daß Unterschiede in den einzelnen Verteilungen vorliegen, aber die Information ist in dieser Form noch nicht ausreichend zur Hypothesenbewährung.

Es ist anzustreben, über eine qualitative Auswertung hinaus die Erhebungsdaten zu einzelnen Ereignisaspekten in ordinale Skalierungen zu überführen, um die gebräuchlichen statistischen Verfahren der Rangkorrelation einsetzen zu können.

Die nun folgenden Ausführungen zur Skalierung der drei Hauptvariablen der Lernprozeßthese können als erster Versuch gewertet werden, dieses Problem zu lösen.

Wir haben dabei, wie eingangs ausgeführt, mit drei verschiedenen Situationsdefinitionen zu rechnen und auch zu arbeiten. Beobachtungseinheit ist eine Teileinheit des Gruppenprozesses. Diese Einheit wird jeweils nach Operationalisierung der wissenschaftlichen Kategorien ausgegrenzt. Hinführend zu diesen Ereignissen sind zunächst die Definitionen der Produzenten, der „Kriminellen". Die von ihnen bezeichneten Abläufe sind dann wissenschaftlich präzise zu definieren. Sie sind schließlich, zur Bestimmung ihres „Kriminalitätsgehaltes" nach den Definitionen der Konformen in deren Bezugsrahmen erneut, nunmehr unpräziser zu bestimmen. Wir haben so die Gewißheit, das Forschungsobjekt exakt abgegrenzt zu haben, abgegrenzt von Ereignissen, die aber erst von „kriminellen" und „Konformen" im Alltagsleben konstituiert werden. Zu den einzelnen Variablen:

1. *Zur „Kriminalität" des Verhaltens:* Da streng genommen die Beziehungen zwischen der Definition der Situation und dem Verhalten nur für den Zeitpunkt der Handlung behauptet wird, ist für die Auswertung nur die zum Untersuchungszeitpunkt „vorhandene" Kriminalität des Verhaltens bedeutsam. Die im Zeitablauf sich ändernden Kontakte zu den divergierenden Lernstrukturen ändern auch die Definitionen und diese das Verhalten. Aus der Entwicklung des kriminellen Verhaltens in den Lebensjahren vor der Befragung ist daher für jede Deliktgruppe die Kriminalität der beobachteten Personen zum Untersuchungszeitpunkt im Vergleich zu den anderen beobachteten Personen derselben Gruppe über eine Ordinalskala zu schätzen.

2. *Zur „Kriminalität" der Definitionen der Situation:* Der Teil der Forschung, der der Erhebung von Wissensbeständen gewidmet ist, sollte es gestatten, für jede Beobachtungsperson nicht nur die Definition der einer Deliktrichtung zugeordneten Situation, die das Handeln der Person zum Untersuchungszeitraum leiten würde, zu bestimmen, sondern auch deren „Kriminalität" zu identifizieren, d. h. die Definition einer Beobachtungsperson zu einer Situation im Vergleich zu der Definition aller anderen Beobachtungspersonen über ein Kontinuum mit den Extremen „sehr gefestigte kriminelle Definitionen/kaum gefestigte kriminelle Definitionen" ordinal zu placieren. Zur „Kriminalitätsmessung" dieser, für die Beobachtungspersonen ja keineswegs „kriminellen" Definitionen könnten die gesetzlich angedrohten Strafen verwandt werden. Dazu müßte es gelingen, die Definitionen der Beobachtungspersonen aufgrund der von den Beobachtern gewußten Bedeutungsgehalte gedanklich in ausgeführte Handlungen zu tranformieren. Diese sind dann unter die gesetzlichen Deliktdefinitionen und deren anerkannte Operationalisierungen in führenden juristischen Kommentaren zu subsumieren.

3. *Zur „Kriminalität" der Definitionen der Bezugsgruppen:* Die Beobachtungen sollen auch Aufschlüsse über die Kriminalität der Definitionen der von den Beobachtungspersonen assoziierten Gruppen in bezug auf ausgewählte Situationen verschaffen. Dabei kann diese Rangfolge ähnlich der Anordnung der Definitionen einer Beobachtungsperson (unter 2) erstellt werden.

Weitere Verfeinerungen können durch die Anwendung von Regressions- und Faktorenanalysen erzielt werden (z. B. *Hofstätter* 1967).

Mit den so durchgeführten Hypothesentests schließt sich der Kreis kriminalsoziologischer empirischer Forschung. Nach der Ausscheidung der falsifizierten Thesen hinterläßt sie den Satz vorläufig bewährter Erklärungen des Auftretens der „Kriminalität", die weiterer theoretischer wie empirischer Bearbeitung bedürftig sind.

8. Distanziert-teilnehmende Beobachtung und Forschungsfreiheit

Man kann damit eine Darstellung der Theorie und Praxis kriminalsoziologischer Hypothesenprüfungen beenden. Die Verortung der Forschungsarbeit distanziert-teilnehmender Beobachtung in ein relativ komplexes System wissenschaftlicher Forschung wurde versucht.

Es stellt sich jedoch das Problem der Beurteilung dieses Vorgehens vor dem Hintergrund anderer Bezugsrahmen.

Sozialwissenschaftliches Wissen und Handeln existiert nicht isoliert. Andere Bezugsrahmen kommen möglicherweise zu anderen Würdigungen.

Um noch einmal mit *Durkheim* zu argumentieren: Da es sich bei diesen anderen Wissen auch um soziale Tatsachen handelt, ist auch nicht ohne weiteres zu unterstellen, daß derartig unterschiedliches Wissen ohne Einfluß auf eine sozialwissenschaftliche Theorie und Praxis bleibt. Einer der anderen relevanten Bezugsrahmen ist der der Produzenten von „Kriminalität", also der „Kriminellen". Auf den ersten Blick wird man unterstellen wollen, daß diese Perspektive für die beschriebenen Vorgehensweisen unproblematisch ist. Bei der distanziert-teilnehmenden Beobachtung steht der abweichend Handelnde in allerbestem Kontakt zum Forscher und kann ziemlich unverfälschter Wiedergabe seines Handelns gewiß sein. Aber schon auf dieser Ebene ergeben sich erste Probleme, weil der Forscher es ablehnt, sich mit dem Handeln der Akteure zu identifizieren. Er bleibt in den Augen dieser Handelnden desinteressierter Teilnehmer, dem jedes Engagement für ihr Wirklichkeitsbild fehlt. Das führt immer wieder zu Konflikten. Erheblich größere Probleme tauchen bei der Verwertung des Material auf. Es stellt sich die Frage, ob der Forscher seine Absicht einlösen kann, an der Lösung der Probleme dieses Personenkreises mitzuwirken. Wir wollen an dieser Stelle darauf jedoch nicht weiter eingehen. Ein weiterer Bezugsrahmen, der in diesem Zusammenhang bedeutsam ist, ist der der Kriminalitätsverfolgungsinstanzen. Es fällt nicht schwer, die Beurteilungen aus diesem Bezugsrahmen zu antizipieren. Sie können auf Beteiligung an kriminellen Handlungen, versäumten Anzeigen, unzulässigen Aussageverweigerungen und

Verweigern von Beweismitteln lauten. Damit läßt sich dem Handeln des Feldforschers ein völlig anderer Sinn geben. Aus der Wahrnehmung einer Position zur unverzerrten Datengewinnung kann Teilnahme an „Kriminalität" konstruiert, das Wissen, das Basis theoretischer Aufarbeitungen ist, zum Tatwissen, das anzuzeigen, auszusagen bzw. herauszugeben wäre, umfunktioniert werden. Ein Durchsetzen der Beurteilung der Kriminalitätsverfolgungsinstanzen würde zu einem Forschungsverzicht führen müssen, denn die aus der Beurteilung resultierenden Handlungen dieser Instanzen werden ja wirksam im Forschungsprozeß. Feldzutritte werden verhindert, Beobachtungspersonen verunsichert und Materialien der Forschung entzogen. In dieser Situation läßt sich keine Forschung betreiben.

Ein derartiger Forschungsverzicht scheint uns aus sozialpolitischen Gründen nun nicht vertretbar zu sein. Die Bezugsrahmen der Kriminalsoziologen und der Kriminalitätsverfolger können ihrerseits in ihrer Relevanz auf einen Punkt bezogen werden: das *Popper*sche Falsifikationskriterium hat eine weiterreichende Gültigkeit als die der Begründung ausschließlich wissenschaftlicher Thesen.

Situationsdefinitionen strukturieren nicht nur das Feld der Ereignisse, sie leiten auch die nachfolgenden Handlungen an, die sich auf diese Ereignisse beziehen. Solche Handlungen können sich nun im Prozeß gesellschaftlicher Problemlösungen als falsch erweisen oder sie bewähren sich mehr oder weniger gut. Danach bemißt sich ihre zukünftige Verwendung. In der Praxis der gesellschaftlichen Problemlösung werden falsche Definitionen auf Dauer fallen gelassen und durch bestätigte ersetzt.

Die Thesen der Kriminalitätsverfolger haben wir eingangs zitiert. Sie leiten daraus den Strafanspruch und die Anpassungsforderung an den „Kriminellen" ab und verzichten auf jede Änderung der Sozialstruktur.

Demgegenüber hält die Kriminalsoziologie an der Auslösung der „Kriminalität" durch soziale Strukturen fest und findet beim Auftreten derartiger Bedingungen Kriminalität normal, weil strukturerzeugt. Für die Theorie der Kriminalitätsverfolger liegt wenig an empirischer Bestätigung vor, für die der Kriminalsoziologie immerhin eine Reihe von Befunden. Da nun der Zustand der Sozialstruktur zweifelsohne beeinflußbar ist, wie zuletzt die sozialen Wandlungen in unserem Jahrhundert zeigen, ist langfristig mit der Bewährung auch eines an der Kriminalsoziologie orientierten gesellschaftlichen Problemlösungshandeln zu rechnen, das durch Strukturmaßnahmen die Bedingungen der Kriminalität abzuschaffen sucht.

Es liegt daher nahe, nicht auf ein Forschungsinstrument verzichten zu wollen, in dem sich einerseits dieser Zusammenhang von Theorie und Praxis antizipatorisch bewährt und das andererseits dem unter bestimmten sozialstrukturellen Bedingungen normalen, aber kriminalisierten Handeln weder qualitativ noch quantitativ Wesentliches hinzufügt.

Gegen diese praktische Relevanz bleibt eine Kriminalitätsverfolgung blind, die in kriminalsoziologischer Forschung Kriminalitätsbeteiligung, Anzeigeversäumnisse, Aussageverweigerungen und Materialunterschlagung sähe.

Daher scheint uns letzten Endes auch ein Forschungsverzicht nicht geboten zu sein. Die Notwendigkeit gesellschaftsrelevanter Forschung unter Zurückstellen der kurzfristigen Interessen verschiedener Instanzen sozialer Kontrolle ist schon frühzeitig gesehen worden. Sie ist zu einem gesellschaftlichen Tatbestand ersten Ranges, dem Grundrecht der Forschungsfreiheit, durchgesetzt worden, das die kriminalsoziologische Forschung distanziert-teilnehmender Beobachtung für sich beansprucht wie andere Forschung auch.

Literatur

Albert, H.: Probleme der Theoriebildung. In: Ders. (Hrsg.): Theorie und Realität. Tübingen 1964

Albert, H.: Theorie und Prognose in den Sozialwissenschaften. In: E. Topitsch (Hrsg.): Logik der Sozialwissenschaften. Köln u. Berlin 1965

Albrecht, G., F. Sack: Die Polizei als gesellschaftliche Kontrollinstanz der Kriminalität. Krim. J. 1 (1969) 24

Alpert, H.: Emile Durkheim and his Sociology. New York 1933

Bals, C.: Halbstarke unter sich. Köln—Berlin 1962

Becker, H. S.: Outsiders, Studies in the Sociology of Deviance. New York—London 1963

Becker, H. S.: Introduction. In: C. R. Shaw (ed.): The Jack Roller. Chicago 1966

Becker, H. S., B. Greer: Participant Observation and Interviewing. In: J. G. Manis u. B. N. Meltzer (eds.): Symbolic Interaction. Boston 1967

Berelson, B., G. A. Steiner: Menschliches Verhalten. Weinheim 1971

Berger, M. Murder, Inc. In: M. E. Wolfgang, L. Savitz u. N. Johnston (eds.): The Sociology of Crime and Delinquency. New York—London 1962

Bruyn, S. T.: The Human Perspective in Sociology. The Methodology of Participant Observation. Englewood Cliffs 1966

Cohen, A. K.: Kriminelle Jugend. Zur Soziologie jugendlichen Bandenwesens. Reinbek 1961

Cohen, A. K.: Abweichung und Kontrolle. München 1968

Dexter, L. A.: Role Relationships and Conceptions of Neutrality in Interviewing. Am. J. Soc. (1956) 153

Durkheim, E.: Regeln der soziologischen Methode. Neuwied—Berlin 1961

Durkheim, E.: Suicide, A Study in Sociology. New York 1965. (Übersetzung des 1897 zuerst erschienenen französischen Originals)

Eisenstadt, S. N.: Von Generation zu Generation. München 1966

Eynon, T. G., W. C. Reckless: Companionship at Delinquency Onset. Brit. J. Crim 2 (1961)

Friedrichs, J., H. Lüdtke: Teilnehmende Beobachtung. Zur Grundlegung einer sozialwissenschaftlichen Methode empirischer Feldforschung. Weinheim—Berlin—Basel 1971

Glueck, S. und E.: Family Environment and Delinquency. Boston 1962

Habermas, J.: Logik der Sozialwissenschaften. Tübingen 1967

Haferkamp, H.: Kriminalität ist normal. Zur gesellschaftlichen Produktion abweichenden Handelns. Stuttgart 1972

Harder, T., F. U. Pappi: Multiple-Level Analysis of Survey and Ecological Data. Soc. Sci. Information 8 (1969) 43

Hartmann, H.: Empirische Sozialforschung. München 1970

Hofstätter, R.: Faktorenanalyse. In: R. König (Hrsg.): Handbuch der empirischen Sozialforschung. Bd. 1, 2. erw. A. Stuttgart 1969

Jansyn Jr., L. R.: Solidarity and Delinquency in a Street Corner Group. Am. Soc. Rev. 31 (1966) 600

Kluckhohn, F.: Die Methode der teilnehmenden Beobachtung in kleinen Gemeinden. In: R. König (Hrsg.): Praktische Sozialforschung, Bd. 2. Köln 1956

König, R.: Einleitung. In: derselbe (Hrsg.): Praktische Sozialforschung. Bd. 2. Köln 1956

König, R.: Einige Bemerkungen zur Stellung des Problems der Jugendkriminalität in der allgemeinen Soziologie. In: P. Heintz und R. König (Hrsg.): Soziologie der Jugendkriminalität. Opladen 1957

König, R.: Theorie und Praxis in der Kriminalsoziologie. In: F. Sack und R. König (Hrsg.): Kriminalsoziologie. Frankfurt 1968

König, R.: Beobachtung: In: derselbe (Hrsg.): Handbuch der empirischen Sozialforschung. Bd. 2, 2. erw. A. Stuttgart 1969

Kunz, G.: Beobachtung. In: W. Bernsdorf (Hrsg.): Wörterbuch der Soziologie. 2. veränd. A. Stuttgart 1969

Lerman, P.: Argot, Symbolic Deviance, and Subcultural Delinquency. Am. Soc. Rev. 32 (1967a) 209

Lerman, P.: Gangs, Networks, and Subcultural Delinquency. Am. J. Soc. 73 (1967b) 63

Lerman, P.: Individual Values, Peer Values and Subcultural Delinquency. Am. Soc. Rev. 33 (1968) 219

Matthes, J.: Gesellschaftliche Konzeptionen im Sozialhilferecht. Zur soziologischen Kritik der neuen deutschen Sozialhilfegesetzgebung 1961. Stuttgart 1964

Matza, D.: Delinquency and Drift. New York — London — Sidney 1964

Merton, R. K.: Social Theory and Social Structure. 9. ed. New York 1965

Miller, W. B.: Theft in City Gangs. In: M. Klein (ed.): Juvenile Gangs in Context, Theory, Research and Action. Englewood Cliffs 1967

Miller, W. B.: Die Kultur der Unterschicht als ein Entstehungsmilieu für Bandendelinquenz. In: F. Sack und R. König (Hrsg.): Kriminalsoziologie. Frankfurt a. M. 1968

Murphy, F. J. et. al.: The Incidence of Hidden Delinquency. Am. J. Orthopsychiatry, 16 (1946) 686

Ohlin, L. E.: Foreword. In: I. Spergel (ed.): Racketville, Slumtown, Haulburg. Chicago — London 1964

Opp, K. D.: Kriminalität und Gesellschaftsstruktur. Eine kritische Analyse soziologischer Theorien abweichenden Verhaltens. Neuwied—Berlin 1968

Opp, K. D.: Die „alte" und die „neue" Kriminalsoziologie. Eine kritische Analyse einiger Thesen des „labeling approach", Krim. J. 4 (1972) 32

Polsky, H. W., M. Kohn: Participant Observation and Delinquent Subculture. Am. J. Orthopsychiatry 24 (1959) 737

Popper, K. R.: Logik der Forschung. Tübingen, 3. A. 1969

Rubington, E., M. S. Weinberg (eds.): Deviance. New York 1968

Sack, F.: Neue Perspektiven in der Kriminologie. In: F. Sack und R. König (Hrsg.): Kriminalsoziologie. Frankfurt a. M. 1968

Sack, F.: Probleme der Kriminalsoziologie. In: R. König (Hrsg.): Handbuch der empirischen Sozialforschung. Bd. 2. Stuttgart 1969

Schütz, A.: Collected Papers I. The Problem of Social Reality. The Hague 1967

Schwendinger, H., Schwendinger J.: Delinquent Stereotypes of Probable Victims. In: M. Klein (ed.): Juvenile Gangs in Context, Theory, Research and Action. Englewood Cliffs 1967

Schwitzgebel, R.: Streetcorner Research. Cambridge 1964

Selvin, H. Durkheims „Suicide" und Probleme der empirischen Forschung. In: E. Topitsch (Hrsg.): Logik der Sozialwissenschaften. Köln — Berlin 1965

Short, J. F., Strodtbeck, F. L.: Group Process and Gang Delinquency. Chicago — London 1965

Spergel, I.: Racketville, Slumtown, Haulburg. Chicago — London 1964

Sutherland, E. H., D. R. Cressey: Principles of Criminology. New York — Chicago — Philadelphia 1960

Sykes, G. M., D. Matza: Techniken der Neutralisierung. Eine Theorie der Delinquenz. In: F. Sack und R. König (Hrsg.): Kriminalsoziologie. Frankfurt 1968

Szczepanski, J.: Die biografische Methode. In: R. König (Hrsg.): Handbuch der empirischen Sozialforschung. Bd. 1. 2. erw. A. Stuttgart 1969

Thomas, W. I.: The Unadjusted Girl. Boston 1923

Trasher, F. M.: The Gang. A Study of 1.313 Gangs in Chicago. Chicago 1927

Trasher, F. M.: How to Study the Boy's Gang in the Open. Am. J. Educ. Soc. 1 (1928), 244

Vernon, G. M.: Human Interaction. New York 1965

Vold, G. B.: Theoretical Criminology. New York 1958

Whyte, W. F.: Street Corner Society. The Social Structure of an Italian Slum. Chicago 1943

Yablonski, L.: The Violent Gang. New York 1962

Ned Polsky

Forschungsmethode, Moral und Kriminologie

Meine Erfahrungen mit unverbesserlichen, „echten" erwachsenen Straftätern in ihrer normalen Umgebung — und zwar nicht nur mit jenen, die Straftaten quasi als „Nebenbeschäftigung" verüben — sondern mit „Berufsverbrechern", haben mich davon überzeugt, daß echte Feldforschung über diese Gruppe die unabdingbare Voraussetzung ist für jede nennenswerte Verbesserung unseres wissenschaftlichen Verständnisses von kriminellen Lebensformen, krimineller Subkultur und deren Bezug zum gesellschaftlichen System. Ich bin ebenso davon überzeugt, daß sich Forschung dieser Art von einer viel größeren Zahl von Soziologen und auf viel einfachere Art und Weise betreiben läßt als es uns die Lehrbücher glauben machen wollen.

Genau betrachtet setzt sich kein einziges Lehrbuch der Kriminologie für Feldforschung auf diesem Gebiet ein, vielmehr raten die meisten sogar ausdrücklich von ihr ab; kein Lehrbuch befaßt sich mit Techniken zur Lösung der mit der Feldforschung verbundenen Probleme und wo sie als Thema überhaupt auftaucht, geht es den Autoren in erster Linie um das Aufzeigen von Möglichkeiten, wie man sie umgehen kann. Im folgenden soll der Versuch unternommen werden, diese Mängel zu beheben.

Der Grund für den beschriebenen Zustand ist unschwer erkennbar, denn bei Felduntersuchungen über erwachsene Straftäter kommt es unter anderem darauf an, grundsätzlich jede Art von Sozialarbeitsorientierung aufzugeben, ja sie sorgfältig zu vermeiden. Leider aber ist es im Ringen der Soziologie um wissenschaftliche Anerkennung von allen Unterdisziplinen der Soziologie gerade die Kriminologie gewesen, die sich bisher von den klassischen Objekten und Zielen der Sozialarbeit am wenigsten befreien konnte.

Eine seit kurzem zu beobachtende rückschreitende Entwicklung läßt hier für die kommenden Jahre eher ein Anwachsen der Schwierigkeiten erwarten: Eine Reihe von Soziologen beginnt sogar, sich mit Sozialarbeitern zusammen im Namen der Wissen-

Quelle: Ned Polsky, Research Method, Morality, and Criminology. In: Ned Polsky, Hustlers, Beats, and Others. (New York: Doubleday Anchor Books 1969). Copyright C 1969 by Ned Polsky. Abgedruckt mit Erlaubnis des Autors und des Verlages Aldine, Atherton, Inc. Ins Deutsche übersetzt von Barbara Uecker.

schaft für die Förderung außerwissenschaftlicher Ziele einzusetzen und drängt uns neue Euphemismen, wie z. B. „angewandte Soziologie" und „aktionsorientierte Forschung" für ihre Ziele auf. Manche Soziologen tun dies aus einem falschen Wissenschaftsverständnis heraus, andere weil sie nicht länger müde Radikale sein wollen, und wieder andere wenden sich in opportunistischer Weise den Gebieten zu, auf denen sie die größten finanziellen Zuschüsse erwarten. Aber welches auch immer die Motive dieser Leute sein mögen, sie haben unrecht und ich werde mich kritisch mit ihren Ansichten auseinandersetzen müssen, soweit sie die Kriminologie betreffen. Doch als erstes ein Blick auf die kriminologischen Lehrbücher.

I.

Das Angebot an Lehrbüchern der Kriminologie ließe sich wohl zunächst in drei Grundkategorien einteilen, je nach den Ausweichmöglichkeiten, die sie bieten.

Der einfachste, aber auf seine Art wirksamste, Ansatz für einen Lehrbuchautor ist es, beim Thema Forschungsmethode derart nachlässig und vage zu verfahren, daß ein ernsthafter Vergleich oder gar eine Beschreibung verschiedener Methoden gar nicht erst angeboten wird, so daß sich die lästige Frage nicht einmal zu stellen braucht, ob denn hier oder da Feldforschung die Methode der Wahl sein könnte. So etwa geht *Clinard* in seinem Buch „Sociology of Deviant Behavior"[1] vor. Dennoch ist dieser Ansatz atypisch, weil die Tatsache, daß die statistischen Daten über Verbrechen im allgemeinen, und über Verurteilungen im besonderen, so viele offensichtliche Mängel aufweisen — eine Tatsache, an deren Erkennen und Untersuchung kein Kriminologe vorbeikommt — die meisten Lehrbuchautoren doch wenigstens veranlaßt, das Schweigen über diese Frage zu brechen.

Die zweite Ausweichmethode, intellektuell die schäbigste, veranschaulicht die besondere Art der Blindheit, die zuweilen die Folge „etikettierenden" Vorgehens ist[2]. Sie findet sich höchst arglos und unredlich zugleich in der Abgrenzung des Themas durch *Korn* und *McCorkle* in ihrem Buch „Criminology and Penology":

„Angesichts der bewiesenen Tatsache, daß viele Personen das Gesetz brechen, ohne dafür strafrechtlich verfolgt zu werden, gelangen wir zu der weiteren Schlußfolgerung, daß das *wirkliche, objektive Ausmaß von Gesetzesübertretungen selbst möglicherweise ein unzuverlässiger Kriminalitätsindex ist*. Diese Schlußfolgerung ergibt sich aus der Erkenntnis, daß Kriminalität an sich (im Unterschied zur Gesetzesübertretung) vor allem eine Sache der gesellschaftlichen Stigmatisierung und behördlichen Maßnahmen ist ... Ein Akt der Gesetzesübertretung wird in einem realistischen gesellschaftlichen oder rechtlichen Sinne nicht eher kriminell als er nach den herkömmlichen Maßstäben als solcher definiert ist und die Behörden entsprechende Maßnahmen ergriffen haben."[3]

Man muß nicht die weitreichenden Konsequenzen herkömmlicher Definitionen oder behördlicher Maßnahmen abstreiten, um durchschauen zu können, daß die oben geäußerte Meinung vor allem eine Bemäntelung der Tatsache ist, daß es die meisten Soziologen zu anstrengend oder unangenehm finden, an erwachsene Straftäter heranzugehen, außer in Strafanstalten oder im Rahmen anderer, auf die Bekämpfung des Verbrechens gerichteter Institutionen, wie z. B. Gerichte, Bewährung und bedingte Strafaussetzung.

Zweitens, und das ist noch wichtiger, finden wir hier einen Verzicht auf die Rolle der Soziologie als einer speziellen Disziplin, die in einzigartiger Weise geeignet ist, das Wissen und die Einsichten um gesellschaftliche Zusammenhänge zu fördern, — Verzicht zugunsten der falschverstandenen „demokratischen" Vorstellung, daß die offiziellen Akte und gängigen Definitionen einer Gesellschaft uns wirklichen Aufschluß darüber geben können, worum es in der Gesellschaft wirklich geht, und daß es die Hauptaufgabe der Soziologie sei, diese Akte und Definitionen zu registrieren und einzuordnen. Diese immerhin sehr verbreitete Definition der Soziologie steht hinter einer Flut von Büchern, deren Schlüsse sich durch wenig mehr als äußerste Belanglosigkeit auszeichnen; darum meinen wohl auch so viele intelligente Laien, daß sie eigentlich — abgesehen von der Statistik und dem Jargon — ohne es gewußt zu haben, geborene Soziologen seien.

Wenn aber andererseits die Soziologie das ist, wofür mein Lehrer *Wirth* sie immer gehalten hat, nämlich die Lehre davon, wie eine Gesellschaft wirklich funktioniert, zum Unterschied von den Darstellungen in den Gemeinschaftskundelehrbüchern dieser Gesellschaft, dann sind — im Widerspruch zu *Korn* u. *McCorkle* — gerade die Unstimmigkeiten zwischen Gesetzesübertretung und -vollstreckung (law enforcement) eines der zentralen Themen der Kriminologie. Wir werden aber nie viel mehr über dies und viele andere Themen erfahren, ehe wir nicht aus den Strafanstalten und Gerichten heraus und ins Feld gehen. Wir können natürlich auch weiter in glücklicher Ignoranz verharren wenn wir, wie *Korn* u. *McCorkle,* das „Labeling" als eine Art Wortzauber gebrauchen, um uns selbst zu überzeugen, daß nur der gefaßte Kriminelle der „wirkliche" Kriminelle sei und daß ihn die Vollstreckungsorgane der Justiz freundlicherweise an einen Ort gebracht haben, wo ihn die Kriminologen bequem studieren können.

II.

Glücklicherweise aber sind die meisten Kriminologen keine Zauberer und der typische Kriminologietext ergeht sich oft gleich zu Beginn in großem Lamentieren um die Tatsache, daß die amtliche Verbrechensstatistik nicht gerade repräsentative Information liefert über Straftäter und das, was sie tun. (In späteren Kapiteln wird diese Tatsache dann meist übergangen).

Wir werden noch viel über die tendenziöse Anlage offizieller Statistik lernen müssen. (Besonders dort, wo es um die Bewertung historischer Entwicklungen geht, können wir meines Erachtens viel von den Techniken der Gewichtung der Quellen lernen, wie sie von professionellen Historikern angewendet werden).[4] Doch die besseren Kriminologen geben sich große Mühe. Das Problem ist nur, daß sie überdankbar sind für jeden kleinen Fortschritt und dann auf halbem Wege sozusagen im „Rohbau" des Hauses, festsitzen. Zwei dieser „Rohbauten" sind recht verführerisch.

Der eine, dessen Fundamente fest verankert sind in *Sutherland*'s Arbeit über das „white collar"-Verbrechen, enthält einen Forschungsansatz, der neue Informationsquellen dadurch erschließt, daß er über die polizeilichen und gerichtlichen Statistiken hinaus auch die Aufzeichnungen über jene Akte in die Prüfung miteinbezieht, die von anderen staatlichen Organen mit gesellschaftlicher Kontrollfunktion bestraft werden. *Sutherlands* Definition des Verbrechens erstreckt sich auf die *mala prohibita* wie auf die *mala in se*, was, im Widerspruch zu dem, was der Anwalt und Soziologe *Tappan* vertritt, sowohl juristisch als auch soziologisch durchaus plausibel ist.[5] *Marshall Clinard's* Analyse des Preiskontroll- und Zuteilungssystems während des Krieges mit dem Titel „The Black Market" ist ein ausgezeichnetes Beispiel für diese Art der Forschung. Ein jüngerer Sproß dieser *Sutherland*-Tradition ist *Mary Owen Cameron's* Untersuchung über Ladendiebe, „The Booster and the Snitch", eine außerordentlich wertvolle Arbeit, denn sie verwendet zum erstenmal in der Kriminologie Daten aus den Unterlagen einer privat unterhaltenen Polizeitruppe (in *Cameron's* Untersuchung die Unterlagen der Warenhausdetektive), die Aufschluß geben über Akte, die *mala in se* sind und doch in der amtlichen Statistik nicht auftauchen.

Die Merkmale eines zweiten „Rohbaus" bestehen vor allem in der Verwendung von Methoden der Umfrageforschung bei der Sammlung statistischer Information über Straftaten. Die ersten bescheidenen Anfänge dieses Ansatzes finden sich in den von manchen Bundesstaaten der U.S.A. in den 20iger Jahren dieses Jahrhunderts durchgeführten Sonderuntersuchungen über das Verbrechen;

die modernen wissenschaftlichen Grundlagen verdanken wir aber
vor allem *Short* u. *Nye,* die gezeigt haben, daß systematisch angelegte anonyme Fragebögen, nach einem systematisch durchdachten
Konzept an Schulen verteilt, aufschlußreiche und zuverlässige Daten über strafbare Handlungen derjenigen liefern konnten, die
nicht als Straftäter verurteilt worden waren.[6] Die Kriminologen
haben bei ihren Untersuchungen über erwachsene Straftäter nur
langsam mögliche Variationen dieser Methode entwickelt und, obwohl sie faszinierende Möglichkeiten bietet, wissen wir noch nicht,
inwieweit sie auf Erwachsene anwendbar ist.

„Rohbauten" sind natürlich immer noch besser als die Zelte des
ausschließlichen Angewiesenseins auf die amtliche Verbrechensstatistik. Es liegt zudem auf der Hand, daß die Zahl der Kримino-
logen beschränkt ist, daß man an diese „Rohbauten" (und andere)
viele Zimmer anbauen könnte, und daß eine solche Bautätigkeit
allen Kriminologen auf Jahre hinaus nützliche Beschäftigung bieten könnte. Andererseits wäre dies kaum ein optimaler Einsatz
von Arbeitskraft, denn man hätte zum Schluß eben doch nur
„Rohbauten", und wir müßten bestimmt auch *fertige* Häuser
bauen.

Es mag ja gut und schön sein, ein vollständigeres quantitatives
Bild der Zahl und Art von Straftätern und Straftaten zu zeichnen.
Wir dürfen dies nur nicht tun, um uns vor dem zu drücken, was
die höchste qualitative Aufgabe ist, besonders im Hinblick auf die
„Berufsverbrecher", deren Bedeutung für alle Theoretiker menschlichen Verhaltens, ganz zu schweigen von der übrigen Gesellschaft,
in so krassem Mißverhältnis zu ihrer Zahl steht: Die Erarbeitung
abgewogener, zeitgemäßer soziologischer Beschreibungen und
Analysen krimineller Lebensweisen und Subkulturen und ihre Be-
züge zu den umfassenderen gesellschaftlichen Prozessen und
Strukturen.

Und gerade da fällt die Kriminologie auf die Nase. Besonders bei
unseren Untersuchungen über erwachsene „Berufsverbrecher"
müssen wir uns allzusehr auf eine verzerrte Auswahl von Probanden verlassen, denen wir in einer ihnen nicht angestammten Umgebung (nämlich im Rahmen auf die Verbrechensbekämpfung gerichteter Institutionen) gegenübertreten und die aus der Erinnerung über längst Vergangenes berichten. Die Kriminologen werden
Ihnen über Chic Conwell — *Sutherlands* Studienobjekt — berichten können; sie wissen aber nichts Vergleichbares über die Professionellen von heute und noch weniger können sie Daten liefern über mannigfache sonstige Erscheinungsformen des Professionalismus im Verbrechen, zu denen *Sutherland* überhaupt nicht
vorgedrungen ist. Die Kriminologen wissen eine Menge (natürlich

bei weitem nicht alles) über die Capone-Gang und die Luciano-Gang der dreißiger Jahre, doch was das organisierte Verbrechen unserer Tage betrifft, ergeht es ihnen nicht besser als *Rogers** (was sie wissen, haben sie aus der Zeitung) und sind damit jedem guten Reporter unterlegen (der viel weiß, was die Zeitungen nicht bringen können). Und wenn wir nicht unsere Forschungsmethoden ändern, werden wir ewig in dieser Klemme sitzen, — mühsam ein längst überholtes Puzzlespiel zusammensetzen und nicht einmal wissen, ob wir alle Stücke haben.

Es gibt nur eine Möglichkeit, und kein Weg führt an ihr vorbei: Das Studium von „Berufsverbrechern" au naturel, im Feld, bei Arbeit und Spiel; das Studium nicht-gefaßter Straftäter und derjenigen, die man zwar in der Vergangenheit schon geschnappt hat aber *nicht* während sie Studienobjekt sind. Wir wissen sehr wohl, wieviel nützliches Wissen und wertvolle Einsichten die verschiedenartigsten Felduntersuchungen aller möglichen Leute geliefert haben. Wir wissen, daß Analoges für jugendliche Straftäter gilt und sogar für mäßig kriminelle Erwachsene, die Straftaten ohne direkte Opfer begehen, wie z. B. Drogenabhängige, Homosexuelle und Prostituierte. Es besteht nicht der leiseste Grund zu der Annahme, daß erwachsene Straftäter eine Ausnahme bilden.

Wir wissen auch, oder sollten es doch wissen, daß die Informationen und Daten, die von gefaßten Straftätern stammen, nicht nur sehr einseitig, sondern teilweise suspekt sind und das aus Gründen, die sowohl zu einer möglicherweise tendenziösen Auswahl von Probanden hinzutreten, aber auch von ganz anderer Art sein können. Die gewonnenen Daten sind viel zu retrospektiver Natur, sie stammen von Leuten, die sich nicht richtig zur Wehr setzen können, zudem auch Daten aufgrund jener spezifischen „Hilfsbereitschaft", bei der der Straftäter das erzählt, von dem er annimmt, daß man es hören will, nur damit er einen loswird oder aufgrunddessen man vielleicht beim Richter oder der Bewährungsbehörde ein gutes Wort einlegen wird. Es handelt sich also um Daten von einem Menschen, der sich nicht so verhält wie er es in seiner normalen Umgebung unter normalen Umständen tun würde und die man nicht aufgrund eigener direkter Beobachtung des normalen Verhaltens des Straftäters in seiner normalen Umgebung ergänzen oder interpretieren kann.

Um es noch anders auszudrücken: Das Tierverhalten unterliegt einer geringeren Zahl möglicher Determinanten als das mensch-

---

* Will Rogers — amerikanischer Humorist und Schauspieler, 1879 bis 1935 Anm. d. Übers.

liche Verhalten, es ist viel weniger komplex und variabel. Und doch haben Tierökologen in der jüngsten Vergangenheit bewiesen, daß die Beobachtung eines Tieres in freier Wildbahn, in seiner angestammten Umgebung, zu wichtigen Entdeckungen führen kann, die einfach unmöglich sind, wenn das Tier hinter Gittern lebt.[7]

Wir können uns also offenbar nicht länger die bequeme Fiktion leisten, daß man beim Studium von Straftätern in ihrer normalen Umgebung nichts wirklich Wichtiges entdecken könnte, was sich nicht auch an Straftätern hinter Gittern feststellen ließe. Aber was auf den Gorilla in der Zoologie zutrifft, gilt in eher noch höherem Maße für den Gorilla in der Kriminologie.

III.

Und damit kommen wir zur dritten Ausweichmöglichkeit, die die theoretische Kriminologie uns bietet, einer Möglichkeit, die — was das Problem der Feldforschung betrifft — auch noch leidlich intelligent ist: Sie gibt den möglichen Wert solcher Studien zu, bedauert ihre geringe Zahl und bietet dann mit Bedauern, aber bestimmt, gescheite Rationalisierungen darüber an, warum sich diesem beklagenswerten Mangel so schlecht beikommen läßt. Die wichtigste Arbeit dieser Kategorie wie auf so vielen anderen kriminologischen Gebieten, stammt von *Sutherland* u. *Cressey*.

Nach *Sutherland* u. *Cressey* liegt das schwerste Hindernis beim Studium von Straftätern im Feld darin, daß der Forscher „mit ihnen als einer der Ihren zusammenleben muß". Nur wenige Forscher „könnten sich so gut dem Milieu anpassen, daß man ihnen die Rolle des Kriminellen abnehmen würde", und außerdem „wäre es nötig, sich mit den anderen an Straftaten zu beteiligen, wenn man einmal gesicherte Positionen bewahren wolle."[8] *Sutherland* u. *Cressey* machen keine Angaben darüber, woher sie diese Annahmen haben und ich kann es mir auch nicht vorstellen. Sie sind einfach nicht wahr. Im Gegenteil, bei Felduntersuchungen über Straftäter sollte man auf *gar keinen Fall* vorgeben „einer der Ihren" zu sein, denn sie werden diese Behauptung einem Test unterziehen, der nur zwei Ergebnisse haben kann: Entweder wird man, wie *Sutherland u. Cressey* meinen, in eine Art unerwünschte „teilnehmende" Beobachtung hineingezogen, oder man wird entlarvt, was noch schlimmere Konsequenzen nach sich zieht. Es ist wichtig, daß man den Kriminellen sagt, wer man ist, und wenn man das richtig tut (mehr darüber im folgenden) wird die Forschungsarbeit dadurch nicht sabotiert.

Eine weitere unrichtige Annahme bei *Sutherland* u. *Cressey* ist es, daß „nur wenige von ihnen (Kriminelle) Befragungen über ihr Vorleben mit machen würden oder freiwillig Auskunft über den Verlauf ihrer Entwicklung zum Straftäter machen würden."[9] Auf einige wenige mag das zutreffen, die meisten aber werden antworten, d. h. wenn man nicht gerade vorgibt, „einer der Ihren" zu sein. Einige Beispiele: Ein Mitglied eines Verbrechersyndikats, dessen „Arbeitsgebiet" die illegale Kontrolle von Bars und Nachtklub ist, erzählte mir, wie er zu seiner Tätigkeit gekommen war. (Seine Entwicklung entsprach im wesentlichen der eines jungen Mannes aus der Oberschicht, der „zu Vati ins Geschäft geht.") Ein professioneller Einbrecher, der schon lange in der Branche ist, berichtete mir über seine Lehrzeit bei einem älteren Einbrecher. (Diese Lehre fand mit des Vaters Wissen und Billigung statt, und des Vaters Hauptsorge war es gewesen, daß der alte Einbrecher keinen Stümper aus ihm machen und ihm beibringen sollte, wie man nicht ins Gefängnis kommt). Einer der Großen im illegalen Glücksspiel, durch dessen Hände jährlich Millionen gehen hat mir seinen gesamten Werdegang erzählt, angefangen davon, wie er sich bereits mit zwölf Jahren völlig allein durchs Leben schlug. In diesem Zusammenhang wäre noch anzumerken, daß zwei der Erwähnten niemals von einem Gericht verurteilt worden sind und der Dritte in seiner über zwanzigjährigen recht aktiven Karriere weniger als drei Jahre eingesessen hat.

Obgleich sich Kriminologen nicht „so gut dem Milieu anpassen müssen, daß man ihnen die Rolle des Kriminellen abnimmt", gibt es ein anderes Kriterium der individuellen Eignung, das eine Reihe potentieller Forscher ausschließt, oder doch ausschließen sollte; dieses Kriterium schränkt das Feld jedoch nur unwesentlich ein. Das Problem, über das die kriminologischen Lehrbücher zwar sprechen sollten, es aber nicht tun, liegt in der Notwendigkeit, Straftätern zu sagen, wer man ist. Aber bevor man das in einer Felduntersuchung dem Straftäter überzeugend sagen kann, muß man es erst selbst wissen und auch wissen, wo man die Linie zwischen sich und ihm zieht. Wenn man seiner nicht sicher ist, könnte sich das Gegenüber entschließen, einen erst einmal ordentlich in die Mangel zu nehmen und auszuquetschen. Ich werde darauf noch zurückkommen. Hier ist es mir wichtig zu zeigen, daß Feldforschung über Straftäter, wie ich aus den Reaktionen meiner Studenten auf den Hinweis ihrer Notwendigkeit entnehme, gerade denen besonders attraktiv erscheint, die selber noch nach ihrer Identität suchen. Ich habe lernen müssen, bekehrte Straftäter, die selbst durch eine Reihe von Identitätskrisen hindurchgehen, von der Feldforschung abzuhalten und ihnen klarzumachen, daß diese Untersuchungen über Straftäter bestimmt nicht das Richtige für

sie seien. Bedauerlicherweise sind es aber oft gerade die Leute mit
der besten Fähigkeit zur Überwindung von Moralismen und Entwicklung echter Empathie gegenüber Straftätern, die auch am ehesten Empathie in ihre Identität einfließen lassen.

Aber abgesehen von diesem „Filterproblem" können die meisten
Kriminologen bei genügend gründlicher vorbereitender Überlegung intelligente, sichere und erfolgreiche Felduntersuchungen
über erwachsene Straftäter durchführen. Im folgenden werde ich
mich mit den Problemen dieser Forschungsmethode auseinandersetzen und mit den Techniken, die mir zu ihrer Lösung nützlich
erscheinen; ich werden über neue Erkenntnisse berichten, zu denen diese Methode verhelfen kann und weitere Einwände mit Ge-
genargumenten beantworten.

IV.

Die meisten Schwierigkeiten, die einem in der Feldforschung über
erwachsene Straftäter begegnen und die man zu lösen hat, sind die
Probleme der Feldforschung allgemein. Demnach wäre das Grundproblem, dem sich mancher Soziologe hier gegenübersieht, eine
generelle Unfähigkeit zu dieser besonderen Art der Forschung. Ich
kann das Problem nicht hier zu lösen versuchen, werde aber ganz
kurz von meinen Ansichten zur Natur des Problems sprechen und
mich dann den Besonderheiten der Untersuchungen über Straftäter zuwenden.

Der Erfolg der Feldforschung hängt von der erworbenen Fähigkeit
des Untersuchenden ab, Menschen anzusehen, ihnen zuzuhören,
mit ihnen zu denken und zu fühlen und mit ihnen — nicht zu
ihnen — zu sprechen. Es kommt in erster Linie *nicht* auf die un-
persönlichen Hilfsmittel, wie Kamera, Tonbandgerät oder Fragebogen an, die zwischen Untersuchenden und Probanden geschaltet
werden. Die Forderung von *Park*, daß der Soziologe zunächst ein
guter Reporter werden müsse, bedeutet nicht, daß er sich auf
Hilfsmittel verlassen soll, die für ihn sehen, hören, reden und sich
erinnern. Ganz im Gegenteil fordert er den Soziologen auf, diese
menschlichen Fähigkeiten in sich selbst so weit wie möglich zu entwickeln und sie in der direkten Beobachtung von Menschen, über
die er etwas erfahren möchte, bis zum Äußersten auszuschöpfen.
Als Folge der Studienpläne, die ebensoviel Szientismus wie Wissen vermitteln, ist es aber heute das Problem vieler Soziologen,
daß die genannten Fähigkeiten nicht etwa in ihnen entwickelt,
sondern eher aus ihnen hinausgelehrt werden. Sie „wissen", daß
bei Soziologie im Stile von *Park* nichts als „Reportage" heraus-
kommt (was bestenfalls weniger als eine Halbwahrheit ist) und

sind überzeugt, daß die Zwischenschaltung eines oder mehrerer Filter die einzig richtige Methode ist, um etwas über Menschen zu erfahren. Sie können Menschen nur noch durch Lochkarten und einseitige Spiegel sehen. Sie können nicht mehr mit Menschen reden, sie nur noch „befragen". Oft genug können sie nicht einmal mehr über Menschen reden, nur noch über „Daten".

Die Kollegen in älteren Disziplinen haben begonnen, diesen Szientismus abzubauen. Z. B. drängen die Kinderpsychologen inzwischen scharenweise aus den Laboratorien, um sich das Kind in seiner normalen Umgebung anzuschauen — und wenn die Soziologie einmal ihre angestrengten Bemühungen um den Beweis ihrer Wissenschaftlichkeit überwunden hat, wird auch sie sich vom Szientismus abwenden.

Im folgenden werde ich das Problem der „geschulten Unfähigkeit zur Feldarbeit" so behandeln, als sei es bereits gelöst. D. h., ich werde von der grundsätzlichen Annahme ausgehen, daß der Soziologe nicht extra ein Stipendium des National Institute of Mental Health (NIMH) benötigt, um erst einmal einen Straftäter zu finden, daß er menschlichen Kontakt zu anderen aufnehmen kann, die keine Soziologen sind und daß er findig genug ist, in kurzer Zeit die Bekanntschaft eines Straftäters zu machen oder zumindest herauszubekommen, wo die Möglichkeit zur Kontaktaufnahme besteht.

Aber angenommen, er hat die Stammkneipe eines Schmuckdiebes, Wucherers oder Hehlers ausgemacht, man hat ihm den Gesuchten gezeigt oder ihn sogar vorgestellt. Was dann? Hier fangen die Schwierigkeiten überhaupt erst an.

Ein Problem liegt darin, daß ein Straftäter natürlich seine Richter einschätzt und versuchen wird, diejenigen hereinzulegen, die ihn hereinlegen. Jeder Vertreter der „ordentlichen", der bürgerlichen Welt wird anfänglich versteckten oder sogar offenen Anzeichen von Mißtrauen oder Feindseligkeit begegnen; es ist das beste, mit der Existenz solcher Gefühle (im Straftäter) zu rechnen, auch wenn sie nicht gezeigt werden, und sich klarzumachen, daß man nicht weit kommen wird, ehe man diese Gefühle überwunden hat. Dies Problem existiert auch beim Straftäter hinter Gittern, es wird aber im Umgang mit dem nicht gefaßten Straftäter in seiner normalen Umgebung aus den folgenden Gründen gewöhnlich noch viel größer sein:

1. Man ist in viel höherem Maße Eindringling, und dem Straftäter wird es oft so erscheinen, daß es gerade schlimm genug ist, in der Maschinerie des Gesetzes Rede und Antwort stehen zu müssen. Um so schlimmer, wenn ihn dann so ein „Bürgerlicher" noch nicht einmal in seiner Stammkneipe in Ruhe lassen kann.

2. Er hat eher Gelegenheit, einen hereinzulegen — man ist mehr auf sich gestellt und hat keine institutionelle Unterstützung (etwa durch die Polizei, den Wärter, Richter oder die Bewährungsbehörde).

3. Es besteht für den Probanden größere Gefahr durch den Fragenden, denn er hat mehr zu verlieren als einer, der schon im Gefängnis sitzt. Es spricht allerdings für den „Eindringling", daß er nicht für die Behörde arbeitet und daher *möglicherweise* in Ordnung ist. Je eher man den Probanden davon überzeugt, daß man nicht doch irgendeine Art von Polizist oder Sozialarbeiter ist, desto schneller wird man auch etwas erreichen.

Die folgenden Absätze bieten nicht für jeden Feldforscher eine Lösung dieser oder ähnlicher Probleme, sie geben aber einige unsystematische Hinweise auf eine Reihe möglicher Techniken, die mit bei der Überwindung der beschriebenen Probleme von Nutzen waren oder sie gar nicht erst aufkommen ließen. Es soll hier nur ein erster Versuch unternommen werden, meine mehr oder weniger intuitiv und auf der Grundlage der „trial and error"-Methode gewonnenen Erfahrungen mit nicht gefaßten Straftätern in einen gewissen formalen Rahmen zu bringen. Diese Erfahrungen und Folgerungen mögen nicht für jeden Forscher funktionieren, aber ich glaube doch für die meisten.

1. Man kann gar nicht umhin, allein durch seine Gegenwart die Umgebung des Straftäters in einem gewissen Maße zu verfälschen. Diese Verfälschung läßt sich jedoch weitgehend reduzieren, wenn man einmal keine technischen Hilfsmittel wie Tonbandgeräte oder Fragebögen verwendet und zum anderen sich in Gegenwart des Probanden keine Notizen macht. Man kann sich recht gut darauf trainieren, Details des Getanen und Gesagten sich gründlich genug einzuprägen, um sie am Ende des Tages (oder wohl eher der Nacht) zu Hause ausführlich und genau aufzuzeichnen. Historiker akzeptieren den Bericht eines Augenzeugen, wenn er direkt im Anschluß an das Ereignis angefertigt wurde, als ausreichendes Beweismittel, sogar wenn der Bericht von einem ungeschulten Beobachter stammt. Es besteht also kein Grund, die Zuverlässigkeit ähnlicher Berichte geschulter Beobachter in Zweifel zu ziehen.

2. Das Allerwichtigste im Umgang mit Straftätern — und nach meinem Dafürhalten die absolut „oberste Regel" für die Feldforschung — ist folgendes: Zu Beginn halte die Augen und Ohren offen, *aber den Mund geschlossen*. Man sollte zunächst wirklich versuchen, seinen Kontaktpersonen keine einzige Frage zu stellen. Bevor man Fragen stellen kann oder überhaupt viel redet, ohne gefragt zu sein, sollte man durch aufmerksames und gründliches Zuhören ein „Gefühl" für ihre Welt entwickeln, herausbekommen was sie freut und was sie ärgert, und ein Gespür bekommen für ihren Bezugsrahmen und ihre *Art zu sprechen* (nicht nur ihr

besonderes Argot, wie oft fälschlich angenommen wird, sondern auch für ihren Gebrauch der gewöhnlichen Sprache). Auch nachdem er all dies gelernt hat, wird es für den Feldforscher immer ein ernsthaftes Handicap bleiben, wenn er zuviel redet oder langatmig ist; die bloße Redseligkeit, selbst in „korrekter" Sprache, wird den meisten Informanten auf die Nerven fallen (und das nicht nur Straftätern, sondern den Angehörigen von Unterschichten generell).

Ehe er Bezugsrahmen und Sprache des Straftäters genau kennt, wird der Untersuchende sich leicht entweder zu „bürgerlich" oder zu „flott" geben (indem der das Unterwelt-Argot übermäßig oder falsch gebraucht). Wenn er diese Gefahren nicht vermeidet, wird man ihm etwas vormachen, oder ihn — was noch wahrscheinlicher ist — abblitzen lassen und er wird sich überdies noch die Feindseligkeit seines Informanten einhandeln. Zwar wird ein geschickter Interviewer zuweilen absichtlich eine feindselige Haltung provozieren, um eine bestimmte Wirkung zu erzielen, doch handelt es sich hierbei um eine schwierige Technik, die lange Erfahrung im Umgang mit einem bestimmten Personenkreis mit abweichendem Verhaltensmuster voraussetzt. Jedenfalls sollte man sie aber außerhalb der Institutionen zur Verbrechensbekämpfung, wenn überhaupt, nur bei Personen mit gemäßigt deviantem Verhalten versuchen.[10]

3. Wenn man einmal die besondere Sprache kennt, sollte man sie unter gewissen Umständen auch wieder zu vergessen suchen. Man kann einfach nicht jeden einzelnen Teilbereich abweichender Lebensformen oder Subkulturen richtig bewerten, wenn man ihn allein unter dem Aspekt des Argot betrachtet, obwohl das von vielen Forschern immer wieder fälschlich versucht wird. Diese Versuche verursachen eine Menge Fehler, denn oft genug besteht zwischen Argot und Wirklichkeit eine erhebliche kulturelle Verschiebung.

Man darf z. B. nicht annehmen, daß jede wichtige Rolle innerhalb einer devianten Subkultur eine spezielle Bezeichnung hat. Ein Beispiel hierfür: In der männlich homosexuellen Subkultur spielt jener Frauentyp eine wichtige Rolle, der, selbst nicht manifest lesbisch, sich gerne in der Gesellschaft männlicher Homosexueller aufhält und für sie in der heterosexuellen Welt eine Alibifunktion erfüllt. Obgleich es nach Auskunft älterer Homosexueller, die ich persönlich kenne, diese Rolle schon seit Jahrzehnten gibt, hat das Homosexuellen-Argot erst in den letzten Jahren eine besondere Bezeichnung entwickelt (im Amerikanischen „faghag").

Umgekehrt braucht der häufige Gebrauch einer Bezeichnung für ein bestimmtes abweichendes Verhaltensmuster nicht unbedingt ein schlüssiger Hinweis auf die Häufigkeit oder sogar Existenz von Rolleninhabern zu sein. Ein Beispiel: Innerhalb des amerikanischen Verwandtschaftssystems gibt es drei Grundformen des Inzests: Zwischen Bruder und Schwester, Vater und Tochter und zwischen Mutter und Sohn. In der amerikanischen Sprache gibt es aber nur einen einzigen Begriff — der aus den Subkulturen der Neger stammt und inzwischen ein verbreiteter Slangausdruck geworden ist — zur Bezeichnung eines Partners in der dritten Gruppe („motherfucker"), während es für die anderen Inzestformen keine Bezeichnung gibt. Im Gegensatz dazu zeigen die Fakten, daß die Wirklichkeit ganz anders aussieht als es nach dem Sprachgebrauch scheinen will: Bruder-Schwester und Vater-Tochter Beziehungen treten häufig auf, wohingegen inzestuöse Beziehungen zwischen Mutter und Sohn so selten sind, daß die Mitarbeiter des Institute for Sex Research, die ich vor einigen Jahren danach fragte, von nur einem einzigen, nach ihrem Ermessen wirklich authentischen Fall berichten konnten.

Demnach ist die Existenz oder Nicht-Existenz spezifischer Begriffe für abweichende Verhaltensmuster ein schlüssiger Beweis für nichts weiter als die Existenz oder Nicht-Existenz solcher spezifischen Begriffe. Sie mag das Gefühl dafür in einem sensibilisieren, wonach man im wirklichen Verhalten Ausschau halten muß, doch der Grad der Kongruenz zwischen Sprache und Realität abweichender Verhaltensmuster ist in jedem Fall einer empirischen Untersuchung zu unterziehen.

Des weiteren sollte sich der Forscher hüten, Abweichenden aufgrund des Ursprungs von Wörtern ihres Argots Überzeugungen, Gefühle oder (bewußte und unbewußte) Motive zu unterstellen. Ganz gleichgültig, ob die etymologischen Zusammenhänge echt oder konstruiert sind (die Linguisten nennen sie „falsche" Etymologien, — im Amerikanischen „folk" oder „false"), sie sagen nichts über den psychischen Zustand der Wortverwender aus. Eine Form der Analyse, eine Art Salon-Psychoanalyse, streitet dies implizite ab. Ich habe z. B. ernsthaft äußern hören, daß Heroinsüchtige sich unbewußt wegen ihrer Sucht schuldig fühlten, weil sie über Heroin in Ausdrücken wie „shit", „junk" und „garbage" sprechen. In Wirklichkeit sagt der bloße Gebrauch dieser Bezeichnungen durch einen Heroinsüchtigen überhaupt nichts über die Existenz oder Nicht-Existenz von Schuldgefühlen aus, sondern bedeutet nur den Gebrauch des in seiner Gruppe üblichen Jargons.

Bestenfalls ist also das von Abweichenden verwendete Argot ein Hinweis auf Ausdrucksformen des Verhaltens, für die der Forscher durch andere Daten den Beweis erbringen muß.

4. Es ist gewöhnlich leichter, mit Straftätern beim Spiel Kontakt aufzunehmen als bei der Arbeit. Wo diese Kontaktaufnahme stattfindet, wird von den jeweiligen Spielinteressen abhängen. Man sollte jedoch immer daran denken, daß Straftäter keiner ganz anderen Menschengattung angehören; man muß sich vielmehr nicht nur klarmachen, daß, wäre nicht der liebe Gott so gnädig gewesen (oder ein anderer, der nach Ihrer Ansicht den Laden schmeißt), man sehr wohl selbst an seiner Stelle sein könnte, sondern auch, daß man ein paar Freizeitinteressen mit ihm teilt.

Ein wenig Betrug und Verstellung am Anfang kann tatsächlich den Kontakt sehr erleichtern: Man lernt den Straftäter bei gemeinsamer Freizeitbeschäftigung kennen und erzählt ihm erst dann, daß man ein Forschungsinteresse an ihm hat. (Dies sollte jedoch sehr bald, nach dem ersten oder zweiten Zusammentreffen, geschehen). Der Ausgangspunkt, den man wählt, hängt unter anderem Gleichwichtigem, auch davon ab, was man am besten beherrscht und woran auch Straftäter interessiert sein könnten. Z. B. finde ich es beim Versuch der Kontaktaufnahme in einer mir neuen Umgebung immer am besten, den örtlichen Billardsaal aufzusuchen. Wenn Sie aber die meisten unter den Tisch trinken können und ein fröhlicher Zechkumpan sind, sollten Sie in einer Kneipe anfangen. Wenn Sie etwas von Pferden verstehen, gehen Sie zum Wettbüro. Bei Karten empfiehlt sich ein gutes Pokerspiel und wenn Sie Interesse am Boxen haben, sollten Sie die nächste Boxschule aufsuchen.

5. Wenn man die Bekanntschaft eines Straftäters aufgrund irgendwelcher gemeinsamer Interessen gemacht hat, sollte man mit ihm über die Unterschiede zwischen ihm und sich sprechen, wenn er sie nicht bereits erraten hat: Sagen Sie ihm, womit Sie Ihr Geld verdienen und sagen Sie ihm auch warum Sie, abgesehen von Ihrem Interesse am Pokerspielen, in seiner Umgebung auftauchen. Das ist gar keine so kitzlige Sache wie sie denen erscheinen mag, die es noch nie ausprobiert haben; zum Teil, weil man eben ein gemeinsames Interesse hat und zum anderen, weil der Straftäter oft einsieht, oder sehr schnell einsehen lernt, daß etwas für ihn herausspringen könnte. Er wird sich vielleicht darüber beschweren, daß die Außenwelt sich ein falsches Bild von ihm macht und Sie, als einer, der Interessen mit ihm teilt, können Ihr mitfühlendes Verständnis zeigen und korrekt weiterberichten. (Zuweilen bestehen die Beschwerden zu Recht, z. B. wenn ein Zuhälter klarzustellen sucht, daß seine Mädchen, entgegen der landläufigen Meinung, sich ihre Kunden selber suchen.) Oder er wird sein Verhalten zu rechtfertigen suchen. (Der Inhaber eines illegalen Zahlenlottos rechtfertigte sich einmal mir gegenüber mit einer Art von

Lokalpatriotismus; er meint nämlich, daß von ihm, wie von den Buchmachern, auch die Geschäftsleute der Gegend profitieren, denn wenn ein Spieler gewönne, würde er einen Teil des Geldes in der Nachbarschaft ausgeben, bevor er den Rest wieder verspielt, wohingegen Rennplätze nur das Geld aus der Gegend oder, genauer noch, aus der ganzen Stadt, heraussaugten). Seine Motive können aber auch Stolz und Statusüberlegungen sein, — dann wird er Ihnen deutlich zu machen versuchen, daß seine Art der Kriminalität anderen überlegen ist. (Beispiele: Ein Einbrecher erzählte mir, daß sein Geschäft das beste sei, denn „wenn man es richtig macht, gibt es keine Zeugen". Ein anderer sagte mir, um seine Überlegenheit gegenüber Zuhältern zu demonstrieren, daß es bei ihm und seinen Kollegen, wenn ein Mädchen einen Zuhälter ernähre, eine stehende Redewendung sei, daß „sie vielleicht Glück haben und einen Dieb heiraten könnte." Und ein Räuber drückte seine Verachtung für Betrüger stolz so aus: „Ich habe ihn nicht dazu *überredet*, — ich habe es ihm *abgenommen*.").

Diese und ähnliche Motive existieren bei den meisten Straftätern nahe unter der Oberfläche, und sie sind zu entdecken und auszunutzen, wenn man einen Blick für sie hat.

6. Beim Studium eines Straftäters sollte man sich immer darüber im klaren sein, daß auch er einen studieren wird und daß man ihn daran nicht hindern sollte. Weichen Sie keinen Fragen über Ihr persönliches Leben aus, selbst wenn diese Fragen ganz offensichtlich darauf angelegt sind, Sie bloßzustellen, z. B. Sie zwingen wollen zuzugeben, daß auch Sie das Gesetz wissentlich gebrochen haben. Wenn Sie etwas erreichen wollen, muß Ihr Proband Sie sich befriedigend definieren, und Sie können mithelfen, diesen Prozeß zu beschleunigen, wenn Sie seine Fragen offen beantworten.

Zuweilen werden seine Definitionen anders sein als Sie vielleicht erwartet haben. (Eine, die mich zugleich freute und verwirrte, war: „Du meinst, daß sie dich dafür bezahlen, daß du dich mit Typen wie mir rumtreibst. Das ist ein ganz gutes Geschäft"). Die „befriedigende" Definition ist dagegen meist recht genormt — ein Grund dafür ist, daß Sie sicher nicht der erste Nicht-Straftäter sind, der ihn nicht „verladen" hat und daß er infolgedessen eine oder mehrere stereotype Ausnahmen von seiner gewöhnlichen Definition eines „Bürgerlichen" bereithat. Mit ein wenig Erfahrung kann man sich darauf einstellen und dann etwa wie folgt eingeordnet werden: „Ein Bürgerlicher, der mich nicht verpfeifen wird", „Ein Bürgerlicher, der sich gerne mit Typen rumtreibt" oder „Ein Bürgerlicher, der in Ordnung ist".

Eine Definition, auf die man stets gefaßt sein muß, (obwohl sie keineswegs immer offen ausgesprochen wird), liegt in der Annahme des Informanten, daß man gerne so wäre wie er, sich aber nicht traut, und/oder daß man sich eine Art Ersatzbefriedigung verschaffe. So haben mir „Schießer" einmal einen recht bekannten Suchtforscher als einen „Ersatzschießer" beschrieben; Straftäter urteilen oft über interessierte Außenseiter, sie seien „zu feige, um zu stehlen" etc. Diese Art der Definition kann, aber sollte einen nicht verunsichern, auch wenn ein wenig Wahrheit in ihr steckt; man kann sie sich sogar zunutze machen, indem man die Unterstellung nicht offen abstreitet.

7. Man muß sich und dem Straftäter eine Grenze setzen. Wo man diese genau zieht, ist eine moralische Entscheidung, die jeder Forscher in bestimmten Situationen für sich allein treffen muß. (Es ist bis zu einem gewissen Grade auch eine Entscheidung über persönliche Sicherheit, obwohl dieser Aspekt von jenen stark überbewertet wird, die noch nie mit Straftätern im Feld gearbeitet haben). Man muß sich so weitgehend wie möglich vorher darüber im klaren sein, wo man die Grenze ziehen will, denn es empfiehlt sich auf jeden Fall, den Informanten schon recht frühzeitig die eigenen Ansichten hierzu wissen zu lassen. Ich selbst, beispielsweise, bin bereit, mir alles und jedes anzuhören und auch eine ganze Reihe illegaler Handlungen mitanzusehen, aber wenn nötig mache ich es auch ganz klar, daß es einige Dinge gibt, die ich lieber nicht mitansehe. (Außer in zwei Fällen ist meine Entscheidung bisher auch immer respektiert worden). In dem Grade, in dem ich mich gegen eine Zeugenschaft bei solchen Handlungen entscheide, beeinträchtigen meine persönlichen moralischen Maßstäbe natürlich meine Rolle als Wissenschaftler, aber ich glaube nicht, daß hierdurch irreparabler Schaden angerichtet wird.

8. Und noch einen Kompromiß muß man eingehen: Man darf das Vertrauen seiner Informanten nicht mißbrauchen. Es wird dem aufmerksamen Leser anderer Passagen dieses Buches auffallen, daß der Autor zuweilen über seine Forschungstätigkeit vager und spärlicher berichten muß als ihm lieb ist. Es handelt sich hier aber eher um einen literarischen als um einen wissenschaftlichen Kompromiß, denn man muß ja dabei nicht die *soziologischen* Punkte von Interesse verzerren.

9. Bevor man Straftätern sagt, wo man die Grenze zieht, muß man dies zuvor selbst wissen. Wenn man seiner nicht sicher ist, könnte der Proband aus der Tatsache Kapital schlagen und einen in die Rolle des Komplizen hineinmanövrieren.

Die Wahrscheinlichkeit eines solchen Versuchs steigt proportional mit dem Vertrauen des Probanden. Ich wußte z. B. genau, daß ich bei einem bestimmten Straftäter ein gutes Stück weitergekommen war, als er mir hoffnungsvoll erklärte, warum ich ein gutes „steerhorse" abgeben würde (im amerikanischen Unterwelt-Argot ist das einer, der einen großen Coup gegen Beteiligung auskundschaftet). Ein solches Zeichen von „Anerkennung" ist natürlich schmeichelhaft — und das soll es auch sein —, doch der Forscher muß darauf vorbereitet sein, der Versuchung zu widerstehen, sonst könnten die Folgen viel ernster sein, als er sich das zu Beginn seiner Arbeit vielleicht vorgestellt hat. Ich habe von einem Sozialarbeiter erfahren, der so unsicher war und — aus lauter Angst vor Ablehnung — so unfähig, „die Grenze zu ziehen", daß eine Gruppe von gewalttätigen Kriminellen ihn durch Schmeichelei so weit brachte, daß er Waffen für sie aufbewahrte und versteckte, die bei Morden verwendet worden waren.

10. Obgleich ich fest davon überzeugt bin, daß man beim Studium von Straftätern weder ein „Spion" sein noch vorgeben muß, „einer der Ihren" zu sein, ist es ebenso wichtig, daß man in der normalen Umgebung des Probanden nicht als Fremdkörper wirkt ... Man muß sich anpassen, damit man die Szene nicht allzusehr verfälscht. Daraus ergibt sich oft die Notwendigkeit, Sprach- und Kleidungsgewohnheiten zu modifizieren. In anderen Worten: Man muß auf dem schmalen Grad zwischen „Offenheit" auf der einen und „Verstellung" auf der anderen Seite balancieren, wobei man seine Balance in jeder Untersuchung wieder neu suchen muß. Lassen Sie mich ein Beispiel nennen.

Im Sommer 1960 führte ich eine Untersuchung durch, — über die im nächsten Kapitel noch zu berichten sein wird —, und verbrachte dabei viel Zeit in der Gesellschaft von Heroinsüchtigen und -händlern, auf Dächern, in Wohnungen, Kellergängen, auf Treppen und Straßen, in Autos, Parks und Kneipen. (Die Art, wie ich meine Informationen damals aufzeichnete — ich habe auch für die Republikation in diesem Buch keine Änderungen vorgenommen — demonstriert das, was ich unter meiner Forderung verstehe, daß man das Vertrauen seiner Informanten nicht mißbrauchen darf). Einerseits kleidete ich mich nicht wie gewöhnlich (Anzug, Hemd und Krawatte), denn das hätte es in der besonderen Welt, die mein Forschungsobjekt war, für die meisten Probanden unmöglich gemacht, überhaupt mit mir zu sprechen; sie hätten Angst gehabt, mit mir gesehen zu werden, denn aufgrund meiner Kleidung hätten die anderen annehmen können, ich repräsentiere das Gesetz. Andererseits trug ich absichtlich ein kurzärmeliges Hemd oder T-Shirt und eine teure Armbanduhr, um jedem Neuankömmling sofort zu zeigen, daß ich kein „Schießer" sei.

11. Eine letzte Regel ist, daß man nur wenige unverrückbare Grundsätze haben sollte. Obgleich der Feldforscher vor Beginn

seiner Arbeit eine Menge Dinge, wie Kleidung, Sprache und sonstiges Verhalten, planen kann, um die Verfälschung seiner Untersuchungssphäre so gering wie möglich zu halten, müssen diese Pläne vorläufiger Natur und sofort revidierbar sein, falls es die Situation, erfordert. Zuweilen wird man sich auch unerwarteten und ambivalenten Situationen konfrontiert sehen, für die man überhaupt kein Verhaltenskonzept hat, und dann sollte man sich an die Maxime halten „On s'engage et puis on voit".

Dies zum Instrumentarium, das ich beim Studium von Straftätern außerhalb von Strafvollzugsanstalten entwickelt habe. Es kann selbstverständlich nicht vollständig sein. Ich hoffe aber, daß es andere Soziologen dazu ermutigen wird, sich mit Straftätern in ihrer normalen Umgebung zu befassen. Doch muß noch ein wenig mehr darüber gesagt werden, was es mit dieser „normalen Umgebung" eigentlich auf sich hat.

Sich mit einem Straftäter in seiner normalen Umgebung befassen, heißt nicht nur, daß man ihn außerhalb des Strafvollzugs studiert. Es bedeutet, daß man die Untersuchung nicht in seiner eigenen sondern *seiner*, des Straftäters, normalen Umgebung durchführt, also nicht in der Wohnung, dem Büro oder Laboratorium des Forschers, sondern in der Wohnung, dem Viertel oder der Stammkneipe des Probanden. Und es heißt auch, ihn nicht zu „reglementieren" und nicht auf seinen Wunsch nach Wechsel der Umgebung, nach Mobilität oder Immobilität einzuwirken versuchen. Wenn er vor seinem Fernseher sitzen möchte, Bier trinken und eine Sportübertragung ansehen, wollen Sie das auch; wenn er auf der Straße herumflanieren oder durch die Kneipen ziehen möchte, machen Sie mit; wenn er zum Rennplatz möchte, gehen Sie auch hin und wenn er (aus irgendeinem Grund) meint, Sie sollten jetzt abhauen, dann verschwinden Sie eben.

Das alles beinhaltet mehr als daß der Proband sich unbelästigt fühlt und man sich „gut versteht" (obwohl auch das natürlich wichtig ist). Bei Untersuchungen in freier Wildbahn, wie es die Tierökologen nennen, kommt es vor allem darauf an, die täglichen Gewohnheiten des Probanden so wenig wie möglich zu stören. (Was oft gleichbedeutend ist mit einer erheblichen Störung *Ihrer* Gewohnheiten, aber das ist eines der unvermeidlichen Opfer, die diese Methode fordert). Auf diese Weise erreicht man eine fließende Forschungssituation, mit einer Serie *normaler* Ereignisse im Leben des Forschungsobjektes (z. B. Treffen von Freunden), die (1) es einem erlaubt, Beobachtungen über die Lebensform des Probanden zu machen, zu denen man sonst keine Gelegenheit hätte; (2) einen veranlaßt, über wichtige Aspekte seiner Persönlichkeit nachzudenken, die einem sonst nicht auffallen würden; (3) ihn veranlassen, dem Forscher wichtige Dinge mitzuteilen, an die er sonst nicht gedacht hätte und (4) ihn dazu bringen, gewisse Vorkommnisse zu erklären, was er sonst nicht tun würde.

Angesichts der bekannten Ergebnisse vergleichbarer Felduntersuchungen über Menschen und Tiere, und angesichts der bekannten qualitativen und quantitativen Mängel der Untersuchungen über Menschen in Strafanstalten, besteht entschieden Grund zu der Hoffnung, daß uns Feldforschung über „Berufsverbrecher" zu vielen neuen Erkenntnissen verhelfen kann. Wieviel neue Erkenntnisse, das bleibt abzuwarten. Inzwischen wollen wir uns einem kleinen Beispiel zuwenden, das mit dem Professionalismus im Verbrechen zu tun hat.

Ich lernte einen professionellen „schweren Jungen" in seiner normalen Umgebung kennen und konnte daher ganz normal beobachten und ihm gegenüber bemerken, daß mir sein Revolver ungewöhnlich erscheine. (Es war ein 38-er Kaliber auf den Rahmen eines 45er aufmontiert). Meine Bemerkung erfreute ihn so sehr, daß er mir nicht nur erklärte, woher die Waffe kam, sondern ich konnte ihn auch relativ leicht dazu veranlassen, über seine generelle Haltung gegenüber diesem Werkzeug seiner Branche zu sprechen. (Der Kürze halber fasse ich seine Bemerkungen zusammen und lasse meine Antworten aus).

Die einzige Pistole, auf die man sich verlassen kann ist der Revolver. Jeder echte Typ (Kriminelle) weiß das, auch die Bullen. Hast du jemals einen Bullen mit einer Automatik gesehen? Wenn du liest, daß einer eine Automatik benutzt hat, weißt du sofort, daß der Bursche ein Amateur ist. Manchmal geht eine Automatik nicht los. Das passiert zwar nicht häufig, aber doch schon mal. Und einmal reicht ja auch. Wenn du den Abzug ziehst, hängt dein Leben davon ab, da kannst du nichts mehr dem Zufall überlassen. Bei einem Revolver brauchst du keine Angst haben; außerdem liegt ein Revolver besser in der Hand, mit dem kannst du genauer zielen.

Und noch etwas: Einen 45er zu nehmen, das ist Amateurkram. Verzichten auf Genauigkeit für eine Menge „Saft", den du doch nicht brauchst. Vielleicht lohnt sich ein 0,357 Magnum manchmal für einen FBI-Mann, wenn er eine Tür oder so was einschlagen muß. Mir reicht ein 38er längst. Aber viel weniger ist auch nicht gut, ein 32er ist das Mindeste. Wenn man seine Waffe gebraucht, soll der andere ja auch umfallen. Z. B. ein 25er, der ist nur was für eine Damenhandtasche.

Meistens wird man sowieso nur auf jemanden zielen und schießen wenn es absolut nicht zu vermeiden ist. Da liegt auch 'ne Menge Angabe drin. Schieß niemals, wenn du nicht mußt. Man muß sich Respekt verschaffen können, auch ohne gleich einen umzulegen, deshalb haust du vielleicht dem anderen erstmal deinen Revolver über den Kopf. Versuch das mal mit einer Automatik, da geht gleich der Mechanismus los und rattert und das nächste Mal klemmt er dann womöglich.

Vielleicht hätte ich die gleiche Information auch von einem Gefängnisinsassen bekommen; die bisherige Erfahrung spricht allerdings dagegen. Ich bin zwar kaum der erste Kriminologe, der mit einem Straftäter gesprochen hat und ich bin außerdem nicht einmal ein besonders geschickter Interviewer und trotzdem findet sich diese Information nicht in der veröffentlichten kriminologischen Literatur (zumindest bin ich trotz intensiven Suchens nicht darauf gestoßen). Und warum nicht? Der naheliegendste Schluß ist, daß die Neuartigkeit der Information sich aus der Neuartigkeit der Situation ergibt, aus der ungehinderten Aufeinanderfolge normaler Ereignisse im Leben eines Straftäters, in die meine Beobachtungen und Verbalisierungen eingebettet sind und innerhalb derer sie sich wechselseitig bestätigen und verstärken.

Die oben zitierten Bemerkungen eines Professionellen sind vielleicht typisch für die Einstellung dieses „Handwerkers" gegenüber seinen Werkzeugen, vielleicht auch nicht. Wir können es nicht sagen. Und genau da setzt meine Kritik an: Wir wissen es einfach nicht und wir werden es nie wissen, wenn sich die Kriminologen nicht endlich entschließen, Felduntersuchungen über eine große Anzahl von Straftätern durchzuführen.

Nach einer Reihe von Untersuchungen würden wir wissenschaftlich viel mehr „wissen" als momentan noch. Und dabei komme ich auf eine weitere Ausweichmethode in der Feldforschung, die bei *Sutherland-Cressey* kurz und bündig formuliert und in einigen anderen Texten (z. B. *Taft* u. *England*) in entstellter Form wieder aufgenommen wird: „Man kann auf der Arbeit eines anderen nicht sehr weitgehend aufbauen, denn dabei könnten präzise, genau definierte Beobachtungsmethoden kaum angewendet werden."[11]

Als Entgegnung auf diese Ansicht würde ich zunächst bemerken, daß das Problem „präziser, genau definierter Beobachtungsmethoden", die von anderen Forschern exakt kopiert werden können, wohl kaum ein spezifisches Problem der Feldforschung ist. Es tritt ebenso beim Studium von Straftätern in Gefängnissen, im Büro des Bewährungsbeamten oder des Forschers auf und sogar im Versuchslabor. Und wenn diese Kritik auf die Feldforschung zutrifft, dann noch eher *in verstärktem Maße* auf die Sammlung von Information mit Hilfe retrospektiver autobiographischer Daten, wie sie z. B. die Grundlage von *Sutherland's* „The Professional Thief" sind.

Zum zweiten würde die Fetischisierung der „präzisen, genau definierten Beobachtungsmethoden" bedeuten, daß man den Wagen vor das Pferd spannt. Sie liegt oft — im Jargon der Soziologen — in einer Dysfunktion der Bürokratisierung unseres Berufs, der

Korrumpierung eines Mittels zum Selbstzweck, so daß die Erlangung des ursprünglichen Ziels sabotiert wird. Das ist auch der Grund warum Nicht-Soziologen, die das Verbrechen untersucht haben, und die keine Ahnung von diesem Fetisch haben, wie z. B. der englische Lehrer *David Maurer* in seinem „The Big Con" und die Journalisten *Ed Reid* u. *Ovid Demaris* in „The Green Felt Jungle" trotz aller, vom soziologischen Standpunkt gesehen, Schlampigkeit und Naivität, wertvolle Studien über das Berufsverbrechen geliefert haben, die den Kriminologen beschämen müssen. (Genauer gesagt müßten sich die Kriminologen angesichts solcher Bücher schämen, was sie aber nicht tun.)

Wenn man, drittens, dem Feldforscher einige der Kontrollen auferlegen würde, die die Puristen wünschen, — nämlich darauf bestehen, daß verschiedene Forscher, die sich z. B. mit Wucherei befassen, ihren Probanden dieselben Fragen in genau derselben Reihenfolge und in genau derselben Formulierung stellen (oder, noch schlimmer, daß die Probanden Fragebögen ausfüllen, in ein Bandgerät sprechen oder daß der Interviewer in ihrer Gegenwart sich Notizen macht), — hieße das das Objekt seiner Untersuchung, nämlich die Reaktionen von Menschen in ihrer *normalen Umgebung* gefährlich verfälschen. Die Soziologie ist nicht viel wert, wenn sie sich nicht letztlich mit richtigen, lebendigen Menschen befaßt, Menschen in ihrer normalen Lebens-Situation. Im Gegensatz dazu produzieren gerade „die präzisen, genau definierten Beobachtungsmethoden" eines Forschers leicht etwas, das mit der normalen Situation eines Probanden nichts mehr zu tun hat.

Bei der ganzen Skala „normaler Umgebungen" — viertens — in denen sich die mit Wucherei befaßten Forscher finden würden und der daraus sich notwendigerweise ergebenden und wünschenswerten Unterschiede im Forschungsansatz (wann sollte man Fragen stellen, wann schweigen, welche Worte sollte man verwenden etc.) bliebe doch eine Menge Vergleichbares. *Sutherland* u. *Cressey* ungeachtet, ließe sich Wissen echt kumulativer Art gewinnen; z. B. eine genauere und zunehmend fundierte Ahnung vom typischen Verhalten eines Wucherers gegenüber der Polizei. Wir könnten unter Umständen eines Tages sogar das Ideal verwirklichen: Eine genaue Einschätzung der Größe des Universums (alle Wucherer) und des repräsentativen Wertes der Auswahl, — und auf dieser Grundlage „typische Muster" so formulieren, daß auch der anspruchsvolle Statistiker zufrieden wäre. Aber wenn wir nichts unternehmen, werden wir dieses Ziel auch niemals erreichen.

Zusammenfassend läßt sich sagen, daß die Einwände die bei *Sutherland-Cressey* und anderen Autoren gegen Felduntersuchungen über Straftäter erhoben werden, entweder gar keine sind oder auf eine ganze Reihe soziologischer Untersuchungen anwendbar sind und sich auf die Binsenweisheit reduzieren lassen, daß ganz allgemein unsere Forschungsmethoden nicht vollkommen sind.

Die Regelmäßigkeit, mit der Kriminologen ihr Augenmerk auf die angeblichen Einwände gegen die Feldforschung richten, und die Regelmäßigkeit, mit der sie die offensichtlichen *moralischen* Einwände ignorieren oder doch kaum erwähnen, läßt darauf schließen, daß das moralische Problem sie eigentlich am meisten beschäftigt. Und das moralische Problem sollte genauer untersucht werden als das in den kriminologischen Lehrbüchern geschieht.

VI

Wenn man beim Studium erwachsener Straftäter in ihrer normalen Umgebung zu brauchbaren Ergebnissen kommen will, muß man für sich zunächst die moralische Entscheidung treffen, daß man auch selbst teilweise das Gesetz brechen wird. Man muß nicht zum „teilnehmenden" Beobachter werden und die untersuchten kriminellen Akte selbst begehen, wird Straftaten aber mitansehen oder vertrauliche Mitteilung darüber erhalten und seine Probanden nicht an die Polizei verraten. Das bedeutet, daß der Forscher sich entscheiden muß, wenn nötig „das Recht zu obstruieren", „Mitwisser einer Straftat" zu sein, oder „Komplize" im vollen rechtlichen Sinne dieser Begriffe. Andererseits wird der Forscher außerstande sein, wichtige Aspekte krimineller Lebensformen und Subkulturen kennenzulernen, wenn er nicht (1) diese moralische Entscheidung für sich trifft, (2) das Vertrauen des Straftäters gewinnt und (3) seine Probanden davon überzeugt, daß er sich seiner Entscheidung gemäß verhalten wird. Der dritte Punkt mag bei jugendlichen Straftätern zuweilen außer acht bleiben, denn sie wissen, daß ein Professioneller, der ihren Bereich untersucht, meist nicht unter dem Druck steht, Informationen an die Polizei liefern zu müssen. Erwachsene Straftäter haben diese Sicherheit nicht und werden darum nicht nur die Absichten eines Forschers einer genauen Prüfung unterziehen, sondern auch seine Fähigkeit, beim Verhör „nicht zu singen".[12]

Soviel ich weiß, ist *Yablonski* der einzige Kriminologe, der überlegt und emotional ehrlich aus vorwiegend moralischen Gründen Einwände gegen diese Art der Forschung erhoben hat. Er meint, daß die Ansichten des vorigen Absatzes (in ihrer ursprünglichen Form), sowie Ansichten ähnlicher Art, sich zu weit von der Moral entfernen. Nach *Yablonski* würde die Nicht-Beachtung moralischer Normen durch den Forscher, gekoppelt mit intensivem Interesse am Leben des Straftäters allzuleicht eine romantische Ermutigung des Straftäters bedeuten.[13]

Das trifft aber nicht zu. Zwar wird das von mir empfohlene Forschungsengagement kaum nicht-interessiert sein, andererseits soll es soweit menschlich möglich desinteressiert sein, ein wissenschaftliches Unternehmen, das weder den Straftäter in seiner Kriminalität bestätigen noch ihn ändern sondern vielmehr in verstehen soll. Wenn aber der Soziologe selbst noch irgendwelche „romantischen" Vorstellungen von Kriminalität haben sollte, so ist nichts besser geeignet, ihm diese Vorstellungen auszutreiben als enges Zusammenleben mit Straftätern, denn die Straftäter selbst — zumindest die jenseits der Novizenzeit und echte Professionelle — sehen ihre Situation meist sehr nüchtern und unromantisch. Jedenfalls braucht der Straftäter kaum einen Soziologen, um ihm das Gefühl zu geben, das wichtige Objekt romantischer Neigungen zu sein, wenn jedes Fernsehgerät jeden Tag diese Botschaft in die Welt hinausposaunt und jedem interessierten Straftäter die Möglichkeit gibt, sich daran zu delektieren.

Es wäre möglich — zwar sehr fraglich, aber doch immerhin möglich — daß einige wenige Straftäter sich zu einem winzigen Grade mehr in ihrer Kriminalität etablieren aufgrund der bloßen Tatsache, daß meine Art der Forschung überhaupt nicht daran interessiert ist, sie zu „bessern" oder zu „resozialisieren", oder „sie das Falsch ihres Tuns einsehen zu lehren". Es ist jedoch wichtig zu beachten, daß dieses Desinteresse qualitativ verschieden ist von wirklicher Ermutigung oder Zustimmung. (Es ist in der Tat Teil meines Konzeptes für die richtige Forschungsmethode bei Straftätern, daß man ihnen sagt, wer man ist und was man beruflich tut, um ihnen zu zeigen, daß die eigenen Wertvorstellungen sich von den ihren unterscheiden). Zweitens liegt die Beweislast bei denen, die behaupten, ohne eigene feststehende moralische Normen bewirke der Feldforschung eine Ermutigung des Straftäters. Dieser Beweis ist bisher nicht erbracht worden. Schließlich scheint es unserer Gesellschaft an „moralischen Aufrüstern" nicht zu fehlen, man braucht sich also keine Gedanken zu machen wenn ein paar Soziologen, die sich die Analyse des Verbrechens zum Ziel gesetzt haben, in ihren Chor nicht miteinstimmen.

VII

Es gibt ohnehin nur wenige Soziologen dieser Art. Bedauerlicherweise teilen die meisten der sich als Kriminologen verstehenden Soziologen die Ansichten von *Yablonsky*. Die weitaus meisten Kriminologen sind Sozialwissenschaftler nur bis zu einem gewissen Punkt — dieser ist gewöhnlich der Ausgangspunkt für die zweite Phase der typischen kriminologischen Methode, die „Eindämmung des Verbrechens"-Phase — und darüber hinaus sind sie in Wirklichkeit verkappte Sozialarbeiter oder verhinderte Strafvollzugsbeamte. Für sie ist es eine der wichtigsten Aufgaben der Kriminologie, vielleicht sogar *die* Hauptaufgabe, wirksamere Methoden zur Besserung von Gesetzesbrechern zu finden und andere überhaupt davon abzuhalten, das Gesetz zu brechen.[14]

Wenn sich jemand dies zur Lebensaufgabe machen will, so habe ich nichts dagegen, es ist sein gutes Recht. Ich möchte nur darum bitten, daß er es nicht im Namen der Soziologie, Kriminologie oder irgendeiner anderen Gesellschaftswissenschaft tue. Man sollte doch dann zugeben, daß man an seine Aufgabe nicht als Sozialwissenschaftler herangeht, sondern als Techniker oder „Moralingenieur", und daß man außerwissenschaftliche Ziele verfolgt, nämlich die Beachtung der Bestimmungen des amerikanischen Strafgesetzbuches. Dies soll keine Einschränkung seines Rechtes als Bürger dieses Landes sein, sich zu „engagieren" und Werturteile über Verbrechen, Politik, Sex, Religion und andere moralische Fragen zu haben. Es muß aber klar herausgestellt werden, daß das, was für die Rolle des gewöhnlichen Bürgers angemessen sein mag nicht auch für die Rolle des Wissenschaftlers genügen würde und daß ganz eindeutig die Abgabe von Werturteilen für den Wissenschaftler nicht nur unangemessen sondern seiner Rolle geradezu schädlich wäre.

Um diese schädliche Wirkung festzustellen, brauchen wir uns nur *Yablonski's* eigenen Bericht anzusehen, in dem er zugibt, daß bei seiner Arbeit mit jugendlichen Straftätern „einige der Gangmitglieder, mit denen ich über Jahre hinaus fast täglich zusammenkam, niemals wirklich überzeugt werden konnte, daß ich „nicht in Wirklichkeit ein Bulle" sei."[15] Ein jeder, der sich mit devianten Verhaltensmustern befaßt und die Rollen des Sozialarbeiters und des Soziologen durcheinanderbringt („die Doppelrolle des Praktizierenden und Forschers" wie *Yablonski* das ausdrückt) wird notwendigerweise diese Reaktion hervorrufen und seine Forschung damit verfälschen. Und wenn das Unvermögen zur Lösung des Problems schon bei der Untersuchung jugendlicher Straftäter ernste Folgen hat, so ist es beim Studium erwachsener „Berufsverbrecher" geradezu katastrophal.

Dies Unvermögen ergibt sich aus einer wahrhaft romantischen Ideologie, die unter „angewandten Soziologen" weitverbreitet ist: Die sentimentale Weigerung zuzugeben, daß die Ziele soziologischer Forschung und die Ziele der Sozialarbeit sich stets unterscheiden und oft miteinander im Widerspruch stehen. Dieser Widerspruch ist gerade im Falle der erwachsenen „Berufsverbrecher" extrem ausgeprägt. Der Kriminologe, der sich weigert, diesen Widerspruch zu sehen und *zugunsten der Soziologie* zu lösen, behindert die Erweiterung der wissenschaftlichen Erkenntnis über das Verbrechen und den Verbrecher ganz entscheidend.

Aber wie steht es denn mit unseren Bürgerpflichten? Sollten sie nicht Vorrang haben? Nun, unterschiedliche Bürger haben unterschiedliche *„Haupt"*-Pflichten. Und unser grundlegendes Selbstverständnis als „Bürger" kann auf die Dauer nur profitieren, wenn eine Art Bürger, nämlich der Kriminologe, es als seine erste Pflicht versteht, der Erweiterung des Wissens über das Verbrechen zu dienen, selbst wenn diese Erweiterung momentan nur auf Kosten der „Behinderung des Rechtes" im Hinblick auf einzelne Straftäter erreicht werden kann.

Eine ganze Reihe Anthropologen haben unser Wissen nur dadurch mehren können, daß sie ganz entschlossen Menschen gedeckt haben, die die moralischen Normen ihrer eigenen Gesellschaft radikal überschreiten, d. h. sie nicht der Justiz der Kolonialbeamten und ihrer Büttel übergaben. Ich kann also nicht einsehen, warum wir nicht ebenso handeln sollten. Wenn sich natürlich jemand gegenüber den Wilden unbedingt wie ein Missionar und nicht wie ein Anthropologe verhalten will, wenn er es wirklich vorzieht, anstatt Soziologe ein besserer Sozialarbeiter oder Polizist oder Therapeut zu sein, dann sollte man ihn daran nicht hindern. Aber dann sollte er sich wirklich zu dem bekennen, was er ist und nicht mehr die Wasser der Wissenschaft mit dem Mist von „der Doppelrolle des Praktizierenden und Forschers" trüben.

Ich möchte nun nicht so verstanden werden, daß der Kriminologe in seiner Rolle als Kriminologe Werturteile ignorieren muß. Er kann sie im Gegenteil auf wissenschaftlich unterschiedliche, der Soziologie bekannte Weise verarbeiten. Zum Beispiel kann er untersuchen, wie eine Gesellschaft zu ihren spezifischen moralischen Normen gekommen ist, welche unerwarteten Konsequenzen diese Normen für die Gesellschaft haben und wie unterschiedlich verteilt und mit welch wechselnder Intensität sich diese Normen in verschiedenen Subkulturen einer komplexen Gesellschaft finden. Als Wissenschaftler kann der Soziologe oder Kriminologe diese und andere Untersuchungen über Wertvorstellungen machen. Wenn aber einige Leute behaupten, daß, ganz abgesehen vom geltenden Gesetz, dies oder jenes „richtig" (oder „falsch") sei und dann nach ihrem Werturteil handeln, so kann der Soziologe oder Kriminologe eines nicht tun, nämlich dem widersprechen und im Namen seiner Wissenschaft sich in das Leben anderer einmischen. Der Sozialwissenschaftler darf keineswegs versuchen, andere Menschen den moralischen Normen seiner oder einer anderen Gesellschaft „anzupassen".

Max Weber hat bei seiner Forderung nach Wertneutralität der Soziologie als wesentlicher Voraussetzung für ihre wahre Wissenschaftlichkeit schon vor langer Zeit die wichtigsten Unterscheidungen zwischen der Rolle des einzelnen als Bürger und seiner Rolle als Sozialwissenschaftler formuliert. Unsere angeblichen soziologischen Verbrechensforscher haben offenbar *Webers* Lehre vergessen, wenn sie sie überhaupt je gelernt haben.

Es ist schwer, sie dafür zu schelten, angesichts der offenen Kritik, die andere Sozialwissenschaftler an *Webers* Beharren auf Wertneutralität aus der Begierde heraus üben, „ihren Kuchen zugleich zu behalten und zu essen", nämlich Moralisten und Wissenschaftler zugleich zu sein. Aber die in dieser Sache gegen *Weber* gerichtete Kritik, komme sie von „Naturrecht"-Ideologen wie *Leo Strauss* oder „angewandte Soziologie"-Ideologen wie *Alvin Gouldner*, läuft auf nicht mehr hinaus als die Feststellung, daß man das Ideal der Wertneutralität nicht voll erreichen könne und daß selbst der große *Max Weber* seine persönlichen Wertvorstellungen nicht immer ganz aus seiner wissenschaftlichen Arbeit heraushalten konnte. Diese Kritk ist natürlich berechtigt, aber zugleich völlig irrelevant: Obgleich das Ideal in der Tat nicht voll erreichbar ist, gibt es sehr unterschiedliche Grade der Annäherung, die erreichbar sind und diese quantitativen Unterschiede ergeben zusammengenommen einen wesentlichen qualitativen Unterschied. Das *soll* heißen: Wenn wir uns mit aller Kraft bemühen, können wir dem Ideal sehr nahekommen und dadurch den Erkenntnisstand unserer Wissenschaft enorm verbessern. Doch *Webers* Kritiker sind nicht einmal an dem Versuch interessiert. Sie scheinen zu glauben, daß wenn schon — was wertneutrale Sozialwissenschaft betrifft — keine unberührte Jungfrau, dann gleich Hure.

Es gibt in der Tat zwei miteinander im Zusammenhang stehende soziologische Untersuchungsmethoden, die uns der Objektivität näherbringen können. Der erste, oben beschriebene, schließt ganz bewußt Werturteile aus in einem Maße, das dem *Weber*schen Ideal nahekommt; das könnte soweit gehen, daß die Ergebnisse den persönlichen Wertvorstellungen des Forschers direkt entgegenstehen. Auf die zweite, mit der ersten im Zusammenhang stehende, Methode brachte mich *Howard Becker.* Sie wird im Kapitel 2 (des Buches von *Polsky,* Anm. d. Übers.) erläutert und besteht darin, daß man ein Gegengewicht zu den Wertvorstellungen seiner Gesellschaft — und den Untersuchungen durch Sozialarbeiter oder „angewandte Soziologen" dieser Gesellschaft —, dadurch herstellt, daß man sie unter einer „anti-sozialen" Perspektive betrachtet, z. B. daß man die Gesellschaft als „Problem" für den Abweichenden betrachtet und nicht umgekehrt. Obwohl diese Ge-

gengewichts-Methode nicht auf die Kriminologie beschränkt sein braucht, — man könnte z. B. mit ihrer Hilfe auch das „Problem" des Rassisten untersuchen, die Rassenintegration stoppen und Rassendiskriminierung steigern zu können —, so wären doch wahrscheinlich die Erfolge hier besonders groß. Eine Skizzierung dieses Weges zur Wertneutralität findet sich nicht einmal in *Max Webers* Werk, sondern in *Friedrich Nietzsches* „Zur Genealogie der Moral":

„Seien wir zuletzt, gerade als Erkennende, nicht undankbar gegen solche resolute Umkehrungen der gewohnten Perspektiven und Wertungen, mit denen der Geist allzulange scheinbar freventlich und nutzlos gegen sich selbst gewütet hat: Dergestalt einmal anders sehn, anders sehn *wollen* ist keine kleine Zucht und Vorbereitung des Intellekts zu seiner einstmaligen „Objektivität" — letztere nicht als „interesselose Anschauung" verstanden (als welche ein Unbegriff und Widersinn ist), sondern als das Vermögen, sein Für und Wider *in der Gewalt zu haben* und aus- und einzuhängen: So daß man sich gerade die *Verschiedenheit* der Perspektiven und der Affekt-Interpretation für die Erkenntnis nutzbar zu machen weiß. . . . Es gibt *nur* ein perspektivisches Sehen, *nur* ein perspektivisches „Erkennen"; und *je mehr* Affekte wir über eine Sache zu Worte kommen lassen, *je mehr* Augen wir uns für dieselbe Sache einzusetzen wissen, um so vollständiger wird unser „Begriff" dieser Sache, unsere „Objektivität" sein."[16]

VIII

Meine Kritik ist im Ansatz jedoch wesentlich *Weber*scher Art: Ich habe nichts dagegen, daß die Kriminologen moralische Wertmaßstäbe haben, die gegen das Verbrechen gerichtet sind, sondern dagegen, daß dies eine Moral am falschen Platze ist, die in das wissenschaftliche Rollenverständnis hineinwirkt, anstatt mit Entschiedenheit von ihm ferngehalten zu werden. Diese Moral am falschen Platze ist nicht nur dem wissenschaftlichen Bemühen unangemessen, sie schadet ihm ganz eindeutig: Ich habe versucht zu zeigen, daß auch viele derjenigen Kriminologen, die sich nach außen hin zum wissenschaftlichen Ideal der nüchternen, persönlich distanzierten Untersuchung von Straftätern im Feld bekennen, in Wirklichkeit dieses Ideal nur allzuleicht sabotieren. Sie tun dies offensichtlich aus der Furcht heraus, man könne annehmen, sie hätten ihre gegen das Verbrechen gerichteten Wertvorstellungen aufgegeben. In der Praxis führt ihre Moral am falschen Platze dann dazu, daß sie sich vor Felduntersuchungen über Straftäter drücken, die verschiedensten Rationalisierungen dafür erfinden, die Schwierigkeiten der Methode übertreiben und eine Reihe naheliegender Techniken zur Vermeidung dieser Schwierigkeiten außer acht lassen.

Wenn der Kriminologe jedoch an der Entwicklung einer echten Wissenschaft mitarbeiten will, wenn er z. B. über das rituelle Beklagen der Unvollkommenheiten retrospektiver Daten und offizieller Statistik hinausgelangen und wirklich etwas dagegen unternehmen will, dann sollte er sich mit *Bronislaw Malinowskis* Reaktion befassen, die dieser vor genau vierzig Jahren auf eine damals in der Anthropologie vorherrschende Situation formuliert hat:

„Wir brauchen ganz unzweifelbar eine neue Methode für das Sammeln von Beweisen. Der Anthropologe muß seine bequeme Position im Sessel auf der Veranda der Missions- oder Regierungsstation oder einer Plantage aufgeben, wo er, bewaffnet mit Block und Bleistift und zuweilen mit einem Whisky und Soda, die Erklärungen von Informanten entgegennimmt, Geschichten niederschreibt und Seiten mit Texten in der Sprache und über die Lebensumstände der Wilden füllt. Er muß hinausgehen in die Dörfer und den Wilden bei der Arbeit in Gärten, am Strand und im Dschungel zusehen....

Die Information muß aus dem vollen, direkt beobachteten Leben der Eingeborenen kommen und nicht als spärliche Erzählung zögernden Informanten entlockt werden. Sogar bei den Wilden inmitten von Pfahlbauten und nicht weit von Kannibalismus und Kopfjägerei entfernt kann man Feldforschung direkt oder indirekt betreiben. Die Anthropologie in freier Wildbahn, im Gegensatz zur Aufzeichnung von Gerüchten und Geschichten ist schwere Arbeit, aber sie macht auch viel Freude. Und nur diese Art der Anthropologie kann uns zu einem abgerundeten Bild vom primitiven Menschen und primitiver Kultur verhelfen."[17]

Bevor es die Kriminologen nicht gelernt haben, selbst Distanz zu ihrem Abscheu vor den Lebensformen und Wertvorstellungen ungezähmter Wilder zu entwickeln, bevor sie nicht ins Feld hinausgehen zu den Kannibalen und Kopfjägern und sie beobachten, ohne den Versuch zu unternehmen, sie zu zivilisieren oder sie den Kolonialbeamten zu übergehen, werden sie lediglich „Verandaanthropologen" bleiben. Oder, anders gesagt, wie werden Gefängnis- oder Gerichtssaal-Soziologen bleiben, die unfähig sind, ein auch nur annähernd korrektes Bild des Verbrechens zu zeichnen.

IX

Wenn man sich aber weigert, ein Gefängnis- oder Gerichtssaal-Soziologe zu sein, sich *Malinowski* zu Herzen nimmt und hinaus ins Feld geht, dann geht man auch gleichzeitig ein Risiko ein. Zumindest habe ich das in meiner eigenen Arbeit so empfunden. Es ist die Art Risiko, die Kriminologie-Autoren bei allem Bemühen um die Desavouierung der Feldforschung überraschenderweise nicht erwähnen: Die größte Gefahr für den Feldforscher kommt nicht von den Kannibalen und Kopfjägern sondern von den Kolonialbeamten. Der Kriminologe, der sich mit nicht gefaßten Straftätern im Feld befaßt, wird früher oder später feststellen, daß die Vollzugsorgane der Justiz ihn „festzunageln" versuchen, — denn wenn er kein kompletter Idiot ist, wird er auf Informationen stoßen, die die Beamten auch gerne hätten und selbst wenn er geschickt ist, wird er sie nicht immer darüber hinwegtäuschen können, daß er diese Informationen besitzt.

Obgleich die Kommunikation zwischen einer Person und seiner Frau, seinem Anwalt oder Arzt vor dem Gesetz vertraulich behandelt wird (d. h. man kann nicht gezwungen werden, über Gespräche zu berichten), gibt es keine analoge Regelung über Gespräche zwischen Einzelpersonen und Kriminologen. Momentan gilt der Grundsatz des Schweigerechts nur für gewisse andere Bereiche (Krankenschwestern, Priester, Psychotherapeuten) die mit Klienten in einer „Behandlungs-"Beziehung stehen. Möglicherweise könnte der Sozialarbeiter-Typ des Kriminologen, der Straftäter „resozialisieren" will, unter diesem gesetzlichen Schirm Schutz finden, aber auf den wissenschaftlichen Zielen verschriebenen Kriminologen trifft dies vermutlich nicht zu. Wenn der letztere seiner Verpflichtung treubleibt, Informanten zu decken, während die Justiz von ihm verlangt, daß er sein Wissen weitergeben muß, dann fände gewiß das rechtliche Präjudiz Anwendung, das durch das Verhalten von Journalisten in ähnlichen Situationen gegeben ist, und ihm würde Mißachtung des Gerichtes vorgeworfen werden. Ich könnte zwar keinen Fall nennen, in dem dies wirklich geschehen wäre, wenn aber eine größere Anzahl von Kriminologen meiner Forschungsempfehlung folgen würde, hätten wir bestimmt bald einen solchen Fall.

Andererseits wird es wohl nicht so bald viele Kriminologen geben, die ernsthafte Feldforschung über „ernsthafte" erwachsene Straftäter betreiben. Es ist viel wahrscheinlicher, daß nahezu alle Kriminologen, auch jene, die keine Sozialarbeiter sein wollen, weiterhin über die Mängel unserer Daten über Verbrechen und Straftäter klagen, aber auch weiterhin der besten Methode zur Überwindung dieser Mängel aus dem Wege gehen werden; einige vielleicht weil sie die Möglichkeit fürchten, von Justizbeamten unter Druck gesetzt zu werden, und die meisten wegen der Schuldgefühle, die sie angesichts des Umstandes entwickeln, Informationen über Straftäter und ihre Verbrechen zu erhalten, von denen sie wissen, daß sie der Polizei nützen würden, diese Informationen aber nicht weiterzugeben. Wenn die kleine Anzahl derer, die Feldforschung über Straftäter betreiben, jemals die Mehrheit der Kollegen überzeugen will, dann müßte man zunächst in viel höherem Maße ihre Ängste beschwichtigen und ihr Gewissen beruhigen können.

Entweder müssen wir einen Testfall über die juristische Sonderbehandlung von Kriminologen provozieren und gewinnen (ich wäre z. B. bereit, das Meerschweinchen zu spielen). Sollte es sich aber als unmöglich erweisen, die juristische Basis für einen solchen Testfall zu finden, dann brauchen wir neue gesetzliche Regelungen. Wenn es uns auf eine der beiden Arten gelänge, für die Kommunikation zwischen Straftätern und Kriminologen denselben rechtlichen Status in Anspruch zu nehmen wie er für das Verhältnis zwischen Straftäter und Anwalt gilt, dann könnte die Feldforschung über erwachsene Straftäter endlich den ihr zustehenden Rang einnehmen, denn man hätte zugleich den Kriminologen den Rücken gestärkt und das größte Hindernis vor der Zusammenarbeit mit unseren Probanden beseitegeräumt.

Ich sehe jedoch keinen Grund zu der Hoffnung, daß uns dieser juristische Status zugestanden wird. Ehrlich gesagt bin ich sogar recht pessimistisch. Auf einige Zeit hinaus wird man Feldforschung über Straftäter noch unter den heute vorherrschenden Risiken und Handicaps durchführen müssen. Immerhin aber ist die Forschung auch unter diesen Bedingungen möglich. Und wenn es uns mit unserer Analyse des Verbrechens ernst ist, muß sie weitergehen.

Anmerkungen

[1] Dies trifft, trotz des vielversprechenden Titels auch auf eine andere Arbeit von Marshall Clinard zu, nämlich: Research Frontiers in Criminology, im British Journal of Delinquency, 7 (1956) 110.

[2] Weitere Bemerkungen über Schwierigkeiten bei der Anwendung der „Labeling theory" im Kap. 5 des Buches von *Polsky*.

[3] Richard Korn u. Llowd McCorkle, Criminology and Penology. New York 1959. S. 11.
Andere Texte, die sich ebenfalls der bei Korn-McCorkle gefundenen Ausweichmethode bedienen, tun dies teilweise eher über ihre Definition des Verbrechens als der des Straftäters. So sind für Walter Reckless die einzigen „wirklichen" Verbrechen jene, die aktenkundig sind; vgl. hierzu seine Arbeit The Crime Problem. New York 1961, 3. Aufl. S. 23, 27. Wieder andere kriminologische Veröffentlichungen, wie z. B. die von Ruth Cavan, umgehen die Sache schon dadurch, daß sie sich mit dem Problem der Definition überhaupt nicht auseinandersetzen. Einige dieser Veröffentlichungen bedienen sich auch der ersten Ausweichmethode und tatsächlich sind Korn und McCorkle, wo es um die Beschreibung und den Vergleich von Forschungsmethoden geht, genauso vage wie Clinard.

[4] Ein brillantes Beispiel für die Fähigkeit eines Historikers, die tendenziellen Vorurteile in der amtlichen Verbrechensstatistik bloßzulegen und zu analysieren und dabei ein gut Teil gesellschaftlicher Realität zu beleuchten, findet sich in Margaret Gay Davies' Buch The Enforcement of English Apprenticeship: A Study in Applied Mercantilism, 1563—1642. Cambridge Mass. 1956, passim.

[5] Paul Tappan's Arbeit Who is the Criminal?, erschienen im American Sociological Review, 12 (1947) 96, limitiert die Definition des Verbrechens auf Akte, „die auf Grund eines *gerichtlichen* Urteils als solche gekennzeichnet werden" (mein Schrägdruck). Es werden hier also wissentlich Verletzungen des Gesetzes, oder Übertretungen gesetzlich abgesicherter amtlicher Verfügungen nicht-gerichtlicher Regierungsorgane durch Wirtschaftsunternehmen ausgenommen. Demgegenüber sehen sich die meisten Juristen wie Gesellschaftswissenschaftler in Übereinstimmung mit den „Outlines of Criminal Law" von C. S. Kenny, und danach sind Straftaten ganz einfach „Unrecht, das Strafe nach sich zieht, die von Privatpersonen nicht erlassen werden kann", wobei es auf die Art der Vollstreckung gar nicht ankommt. The Judicial Process Among the Barotse of Northern Rhodesia (Glencoe Ill. 1955) von Max Gluckman, dem ich Kenny's Definition des Verbrechens entnommen habe, verweist außerdem mit Zustimmung (S. 346) auf Kenny's Standpunkt, daß nämlich „Straftaten in unterschiedlichen Verfahren vor verschiedenen Tribunalen gerichtet werden, und daß sie durch verschiedene Arten der Bestrafung und moralischen Verurteilung in mannigfaltiger Abstufung geahndet werden." Nach dieser Auffassung handelt es sich bei Sutherland's „white collar"-Verbrechen ganz eindeutig um Verbrechen.

[6] Vgl. James F. Short Jr., u. F. Ivan Nye, Reported Behavior as a Criterion of Deviant Behavior, erschienen in Social Problems 5 (1957) 207, und die darin enthaltenen Hinweise auf weitere Veröffentlichungen derselben Autoren.

[7] Vgl. George B. Schaller, The Mountain Gorilla: Ecology and Behavior. Chicago 1963, Irven DeVore (ed.); Primate Behavior: Field Studies of Monkeys and Apes. New York 1965

[8] Edwin Sutherland u. Donald Cressey, Principles of Criminology. Philadelphia 1960, 6. Aufl., S. 69.

[9] Ibid., S. 69

[10] Die hinreißend komische, aber authentische, wörtliche Aufzeichnung eines Interviews, bei dem die Feindseligkeit des Abweichenden absichtlich und mit aufschlußreichem Resultat vom Interviewer provoziert wird, findet sich in Terry Southern Interviews a Faggot Male Nurse, erschienen in The Realist, 43 (1963), 14

[11] Sutherland u. Cressey, op. cit., S. 69

[12] Dieser Absatz wurde zuerst, in etwas anderer Form, als Fußnote zu Howard Becker's „Outsiders" veröffentlicht. New York 1963, S. 171

[13] Louis Yablonski, Experiences with the Criminal Community. In: Alvin Gouldner und S. M. Miller (eds.), Applied Sociology. New York 1965, S. 72

[14] Die Erkenntnis, daß in der Kriminologie selbsternannte Soziologen vorherrschen, die in Wirklichkeit Sozialarbeiter sind, mag hinter der langen Weigerung der Soziologischen Fakultät der Columbia University stehen, die Kriminologen aufzunehmen und ihre damit zusammengängende Vertreibung an die School of Social Work. Robert Merton's negative Einschätzung seines frühen „Slum-orientierten Provinzialismus des Denkens, dem so periphere Themen des gesellschaftlichen Lebens wie Scheidung und Jugendkriminalität als zentrale Objekte der Soziologie erschienen" stellt sich zumindest als logische Folgerung aus dieser Erkenntnis dar (vgl. seine „Introduction" in: Social Theory and Social Structure, Glencoe Ill., 1949, S. 17). Der Fehler der Soziologischen Fakultät von Columbia besteht darin, daß sie mit der Vertreibung der Kriminologie als wichtiger Unterdisziplin ein hübsches soziologisches Baby im überschwappenden Badewasser der Sozialarbeit hat ertrinken lassen.

Angesichts der Perspektiven, unter denen Kriminalität und Verbrechen meist untersucht werden, ist es schon recht klar, warum sie Merton als „periphere Probleme des gesellschaftlichen Lebens" und nicht so sehr als fundamentale, die Soziologie zentral interessierende Prozesse betrachtet. Es liegt aber ebenso klar auf der Hand, daß zu den wirklich fundamentalen gesellschaftlichen Prozessen einer jeden Gesellschaft auch immer die Nichteinhaltung der moralischen Normen dieser Gesellschaft durch einzelne und die Reaktion der anderen darauf gehören und daß diese Prozesse in der Tat von entscheidender Bedeutung für die fundamentalste Frage der Soziologie sind, nämlich wie soziale Ordnung überhaupt möglich ist.

[15] Lewis Yablonski, in Gouldner and Miller, op. cit., S. 56

[16] F. Nietzsche, Zur Genealogie der Moral. München, Taschenbuch Nr. 991, S. 99 — D. Übers.

[17] Bronislaw Malinowski, Myth in Primitive Psychology. 1926; wiederveröffentlicht in: Magic, Science, and Religion. (New York 1954), S. 146

Martin S. Weinberg und Colin J. Williams

Soziale Beziehungen zu devianten Personen bei der Feldforschung

In größerem oder geringerem Maße bringt jede Erforschung des Menschen soziale Beziehungen zwischen dem Forscher und den beobachteten Personen mit sich. Diese Beziehungen können so weit gehen, daß der Forscher ein Mitglied der untersuchten Gruppe wird — wie in einigen Fällen teilnehmender Beobachtung — oder aber nur geringer oder gar kein Kontakt zu den beobachteten Personen besteht (z. B. Computer-Simulationen). Insoweit das Verhalten des Forschers eine soziale Aktivität ist, wird es durch Regeln und Erwartungen bestimmt, die diese Beziehungen kontrollieren. Wie bei anderen Formen sozialen Verhaltens können diese Regeln klar oder unklar, konsistent oder inkonsistent sein. Diese Abhandlung geht davon aus, daß die sozialen Beziehungen, die die Forschung mit sich bringt, wichtige Auswirkungen auf die Qualität der gewonnenen Informationen und auf ihre Darstellung haben. Infolgedessen bilden die sozialen Beziehungen, die sich in solchen Situationen entwickeln, aufrechterhalten oder geändert werden, ein äußerst wichtiges Forschungsgebiet.

Soziale Beziehungen sind in Studien teilnehmender Beobachtung in folgender Art wichtig:

1. Die Untersuchungsmethode bedingt eine längerwährende Beschäftigung mit den beobachteten Personen der Untersuchung. Daher kann die Qualität der Beziehungen zu den beobachteten Personen das Ergebnis beeinflussen.

2. Die Zusammenarbeit mit den Bpn. kann einen Sozialisierungseffekt haben: Der Forscher wird — zumindest zeitweilig — selber ein „Anderer". Da bei der Feldforschung der Forscher selber das datenerfassende Instrument ist (anders als z. B. bei einem durch die Post übersandten Fragebogen) kann der Typus und die Natur der gewonnenen (und/oder veröffentlichten) Information entsprechend den verschiedenen Stadien der sozialen Beziehungen eine unterschiedliche Qualität haben.

Quelle: Martin S. Weinberg and Colin J. Williams, Fieldwork Among Deviants: Social Relations with Subjects and Others. In: Jack P. Douglas (ed.) Research on Deviance. (New York: Random House Inc.) 1972. Copyright C by Martin S. Weinberg and Colin J. Williams. Abgedruckt mit Erlaubnis der Autoren und des Verlages Random Hous. Alfred A. Knopf. Ins Deutsche übersetzt von Nancy E. Derr

3. Die Art der Feldforschung ebenso wie der Rollenwechsel und die aus dem Feldexperiment gezogenen Schlüsse können auch Beziehungen mit anderen Personen als den beobachteten Personen entstehen lassen. Die Arbeit kann auf die Beziehungen des Forschers zu dessen Familie, dessen Freunden und Kollegen einwirken und dies wiederum kann seine Einstellung zu den beobachteten Personen beeinflussen. Dieser Aspekt soziologischer Forschungen ist bis heute recht vernachlässig worden.

Bei der Feldarbeit sind Regeln für das Vorgehen problematisch, besonders dann, wenn die Beobachteten sich abweichend verhalten. Es gibt zunächst zwei Grundlagen, auf denen Forscher und beobachtete Personen aufeinander wirken können. Zuerst gelten die Regeln, die für alle institutionalisierten Beziehungen zu Unbekannten bestehen. Sie sind aber insofern ungenügend, als abweichende Personen oft solche „normalen" Regeln nicht akzeptieren. Die zweite Gruppe von Regeln bilden jene Verfahrensweisen, die durch die Sozialwissenschaften festgelegt sind. Als Gegenleistung für den freien Zugang zu Informationen wird der Forscher das Verhalten der Gruppe in „objektiver" vertraulicher und ehrlicher Weise berichten, wobei er durch sein Berufsethos geleitet wird.

Aus zwei Gründen bildet auch diese zweite Gruppe von Regeln keine ausreichende Basis für eine erfolgreiche Beziehung zwischen Forscher und beobachteter Person. Zunächst sind abweichende Personen oft in ungesetzliche oder mit Sanktionen bedrohte Taten verwickelt, so daß ihre größte Sorge die Aufdeckung ist. Sie zögern daher oft, einen Fremden unter sich aufzunehmen (ganz gleich, wie seine Empfehlungen sind), dessen erklärtes Ziel es ist, über ihr Verhalten zu berichten. Zum anderen findet sich der Forscher mit Problemen konfrontiert, für die die Methodenlehre keine Lösung kennt. Die vorgeschlagenen allgemeinen Prinzipien können oft auf spezielle Situationen nicht angewendet werden.

Wir haben daher eine strukturlose Situation vor uns: Die beobachteten Personen haben im allgemeinen keine klaren Regeln für den Umgang mit ihrem Forscher und dieser hat keine speziellen Regeln für den Umgang mit seinen beobachteten Personen, weil methodische Veröffentlichungen nicht die spezifischen Probleme behandeln, mit denen er konfrontiert ist. Was daraus folgt, ist eine Art spielerischer Versuch, oft beider Seiten, die verschiedenen Stufen ihrer Beziehungen zu erarbeiten. Dabei zwingt jeder den anderen in verschiedene Rollen, weil die Untersuchung verschiedene Phasen erreicht: Es sind diese die Natur der Beziehung prägenden Rollenerwartungen, die einen wesentlichen Bestandteil der Feldforschung bilden. Eben diese Erscheinung beeinflußt auch die Beziehungen, die der Forscher mit Personen außerhalb des Feldes der beobachteten Personen hat — Beziehungen, die durch die Art der Forschung gespannt werden können. Die verschiedenen soziologischen Prozesse beeinflussen die vom Forscher gewonnenen und veröffentlichten Erkenntnisse. Aus diesen Gründen sollten die Probleme, die mit diesen Prozessen verbunden sind, eine Hauptsorge des Forschers sein.

Diese Arbeit untersucht einige Probleme und Lösungen, die während der Forschungsarbeit mit sogenannten abweichenden Personen aufgetreten sind. Sie behandelt hauptsächlich die von einem der beiden Autoren durchgeführte Untersuchung über FKK-Anhänger sowie eine Untersuchung beider Autoren über Homosexuelle. Ein dem Lebenszyklus entsprechendes Modell für die Beziehungen zu den beobachteten Personen während der verschiedenen Phasen wird als Gliederungsschema für die Diskussion dienen. Die Phasen der Forschungsarbeit wurden folgendermaßen bezeichnet:

Annäherung — Orientierung — Initiation — Assimilation — Abschluß.

Bei jeder Phase werden wir die verschiedenen Rollen erläutern, d. h. wie der Forscher sich selber betrachtet, wie er von den beobachteten Personen und wie er von Außenstehenden gesehen wird. Erörtert wird auch die Art dieser Beziehungen, die sich in jeder Phase verändert. In der Regel werden wir zuerst die Beziehungen zu den beobachteten Personen betrachten. Dann wenden wir uns der Frage zu, wie der Charakter dieser Beziehungen die Beziehungen zu Außenstehenden beeinflußt. Es wird klar werden, wie diese verschiedenen Phasen auf die Vorstellung über uns selbst einwirken. Schließlich werden wir die Bedeutung dieser beiden Arten von Beziehungen auf die Qualität der Beschreibungen betrachten. Die folgende Tab. stellt ein Schema der verschiedenen Phasen und Rollen dar.[1]

Annäherung

Sie bezieht sich auf die Phase, in der Kontakt mit den beobachteten Personen aufgenommen wird. Diese Phase ist oft die am meisten angespannte der ganzen Feldforschung. Folgende Fragen belasten die Zusammenarbeit: Wieweit enthüllt man seine wahren Forschungsinteressen? Inwieweit erzählt man den beobachteten Personen das, was sie hören wollen? Darf man ihnen sogar sagen,

Tabelle 1 Der Feldforscher in der Perzeption durch Beobachtungspersonen, Außenstehenden und sich selbst, bezogen auf die Phasen der Forschung

Phase	von Bpn betrachtet als	von Außenstehenden betrachtet als	von sich selbst betrachtet als
Annäherung	Eindringling	Voyeur	Verkäufer
Orientierung	Neuling	privater Lieferant vertraulicher Informationen	Fremder
Initiation	Prüfling	Pseudo-Akademiker	Anfänger
Assimilation	gewöhnliches Mitglied	öffentl. Verteidiger	wahrhaft Gläubiger
Abschluß	Deserteur	Experte	jemand, der seine Arbeit beendet hat

daß man sie untersuchen will? Oder soll man nicht lieber eine verdeckte teilnehmende Beobachtung durchführen? Wieweit darf man Theorie und spezifische Interessen der Forschungsarbeit bekanntgeben, wenn man vermeiden will, daß die beobachteten Personen mit großem Eifer das liefern, was man gern hören möchte?[2] Dieses sind „ethische" Probleme, die zwar in der Methodenlehre behandelt werden, aber nicht so, daß es eine echte Hilfe wäre. In der Praxis jedoch vollzieht sich die Annäherung oft weniger akademisch, wenn dem Forscher der Erfolg seiner Arbeit infrage gestellt erscheint. Im allgemeinen ist die von uns benutzte Strategie die, unsere Forschungsinteressen im unklaren zu lassen. Wir glauben, daß dies zum Schutze unseres Unternehmens nötig ist und wir erklären dies auch unseren beobachteten Personen.

Solche Unklarheit wird aber von den beobachteten Personen als Unentschlossenheit oder als ein Mangel an Genauigkeit oder an Ausdruckskraft verstanden, was die Kompetenz des Forschers fraglich erscheinen lassen könnte (oder die beobachteten Personen sind nicht bereit, den Forscher einfach so zu sehen, wie er gesehen werden möchte). Am Anfang einer kulturvergleichenden Untersuchung über Homosexuelle stellten die Vorsitzenden einer homophilen Vereinigung Fragen wie: „Wie soll die Organisation die Eignung der Forscher feststellen? Welchen Nutzen haben die Mitglieder der Organisation von ihrer Mitarbeit?[3] Was wollen Sie beweisen?" Das sind alles legitime Fragen, nur können sie eben den Anfang der Zusammenarbeit sehr unangenehm machen. Es ist schwierig, seine Fähigkeiten zu beweisen. Man kann Empfehlungsschreiben und eigene Arbeiten vorlegen. Wenn man dafür keine Zeit hat (oder selber an seiner Fähigkeit zweifelt) kann man die Frage ignorieren und mit Nachdruck erklären, daß man die jetzige Position wohl nie erreicht und kein Stipendium erhalten haben würde, wenn man nicht kompetent wäre.

Unbestimmtheit festigt oft das Vorurteil, daß Soziologen dumm seien. Vielleicht vermeiden Soziologen es oft, ihre vorhergehenden Arbeiten vorzuzeigen, weil sie damit diese Meinung nur unterstützen würden. Soziologen sind allgemein der festen Überzeugung, daß nur andere Soziologen (und nur die der gleichen Richtung) ihr Tun verstehen können. Auf diese Weise schließen sie eine wirklich offene Zusammenarbeit aus.

Manchmal wurden wir mit der Frage konfrontiert, „Was ist denn überhaupt ein Soziologe?" Wir haben noch nie eine für den Laien genügend klare Antwort formulieren können. Unter den FKK-Mitgliedern gab es z. B. sehr viele, die der Meinung waren, Soziologen seien dasselbe wie Psychiater, die sie zu studieren wünschten, weil sie sie für verrückt halten. Erst als der Autor bei dem sonntäglichen Treffen nackt erschien und einen Vortrag hielt, lernten sie die verschiedenen Aspekte der sozialen Beziehungen zwischen FKK-Anhängern und der „angezogenen" Gesellschaft kennen. (Über „nackte" Vorträge wird in dem Abschnitt über „Einführung" mehr gesagt).

Ein Problem in der Phase der Annäherung ist es, herauszufinden, mit welchen Kniffen und Tricks die Leute arbeiten.[4] Sind ihre Fragen ernst gemeint oder will man damit nur die Situation in die eigene Hand bekommen? Nachdem eine Organisation Homophiler uns ins Kreuzverhör genommen hatte, stellten wir fest, daß man sich über unsere (natürlich kostenlose) Arbeit freute, weil man bereits vorher beschlossen hatte, jemand für eine Studie über die Mitgliedschaft zu engagieren. Bis wir das festgestellt hatten, hatten sie mehr Kontrolle über die Forschung gewonnen (z. B. nötigte man uns, für ihre eigene Untersuchung den Fragebogen zu verwenden, den wir ihnen für ihre eigenen weiblichen Mitglieder gegeben hatten), als wenn sie eine Haltung eingenommen hätten, bei der wir keine Angst um ihre Mitarbeit hätten haben müssen.

Ein verwandtes Problem ist, ob die Fragen an den Forscher dazu dienen sollen, ihn mit anderen Forschern zu vergleichen, die bereits Kontakt mit der Gruppe hatten. Bei der Planung unserer Untersuchung über Homophile fanden wir bald heraus, daß sich bereits andere um die spärlichen Hilfsquellen (Zeit und Mitarbeit der beobachteten Personen) beworben hatten. Dies führte zu einer peinlichen Situation, weil wir gezwungen waren, die Führer der Organisation davon zu überzeugen, daß unsere Arbeit Vorrang verdiene, ohne aber dabei die Untersuchung der anderen herabzusetzen (was den Führern angenehm gewesen wäre, weil es ihre Entscheidung erleichtert hätte, wem sie den Vorzug geben sollten usw.). Die Sache wird noch schlimmer, wenn man die Mitbewerber kennt und schätzt. Dann bedeutet Wettbewerb mehr als die Menschheit mit Forschung zu „verseuchen" oder den anderen auszustechen.

Kurz, „offene Interaktion" kann uns mit schweren Prüfungen während der Phase der Annäherung konfrontieren. Ist es schwierig, Zugang zum Feld zu erhalten, dann wird der Forscher vielleicht der Versuchung unterliegen, mehr zu versprechen, als er halten kann. (Z. B. „Wir hoffen, die soziale Lage der Homophilen in den USA ändern zu können"). In dieser Phase fühlt sich der Forscher daher oft als Verkäufer, während die beobachteten Personen ihrerseits ihn wie einen Hausierer behandeln.

Während der Annäherungsphase sind die Anfangsschwierigkeiten bei Außenstehenden andere als bei den mit Gruppenmitgliedern. Im Umgang mit den beobachteten Personen ist das wahre Forschungsinteresse oft in Wendungen eingehüllt, die den Zugang und die Zusammenarbeit erleichtern. Bei den Außenstehenden dagegen ist eine solche Vorsicht nicht nötig, und die Ziele der Forschung brauchen nicht verschleiert zu werden. Das Problem, das sich zuerst erhebt, liegt darin, daß der Grund für die Untersuchung oft infrage gestellt wird: Die eigene Motivation wird mit der amüsierten Aufforderung, doch klaren Wein einzuschenken und die „wahren" Gründe für das Interesse an gerade diesen abweichenden Personen auf den Tisch zu legen, ins Zwielicht gerückt. Es ist oft schwierig, Laien davon zu überzeugen, daß man beim Studium der Freikörperkultur z. B. mehr an der Untersuchung der sexuellen Schamhaftigkeit als an der Gelegenheit interessiert ist, Nackte zu sehen, oder daß man bei der Beobachtung Homosexueller nur die Gelegenheit sucht, das Verhalten einer Minorität, nicht aber sexuelle Chancen wahrzunehmen. Außenstehenden erscheint der Forscher oft als Voyeur (besonders, wenn er z. B. homosexuelle Handlungen auf der Männertoilette oder Gruppensex auf Parties der Sexual Freedom League beobachtet)[5].

Diese Infragestellung der Motivation ist nicht auf Laien beschränkt; auch Soziologen-Kollegen (ohne Zweifel nach „latenten Funktionen" oder latenter Homosexualität forschend) haben uns vor dem traurigen Anblick gewarnt, den wir bieten, wenn wir uns unter die von der Gesellschaft Ausgestoßenen mischen. Dies geschieht gewöhnlich mehr indirekt und im Hinblick auf unsere („niemand wird sie anstellen") oder die eigene Karriere („wir möchten nicht, daß die Abteilung ins Zwielicht gerät").

Diese Pressionen haben ganz sicher einige Wirkung. Besonders gegenüber Nichtkollegen wird man weniger geneigt, seine Untersuchung darzulegen, und wenn man es tut, neigt man dazu, Rechtfertigungen zu gebrauchen, die weit von der ursprünglichen wissenschaftlichen Motivation entfernt sind. So ertappte sich einer der Autoren dabei, wie er seine Untersuchung über Homosexuelle mit humanitären Wendungen rechtfertigte („Es wird ihnen helfen"). Vielleicht am stärksten fühlt man dieses Problem bei Fragen von Familienmitgliedern. Z. B. kann es sehr peinlich sein, den eigenen Eltern zu erklären, was man gerade tut; oft bleibt dann nur die Verdunkelung. Auch von Frau und Kindern kann ein Bericht und eine Rechtfertigung verlangt werden. Während eines Bewerbungsgespräches um eine Stelle als Lehrerin wurde die Frau einer der Autoren gefragt, was ihr Ehemann studiere. Die Antwort bewirkte eine ziemliche Spannung in der Unterhaltung, wobei beide Seiten sich bemühten, Rechtfertigungsgründe für die Untersuchung zu finden, um die Situation zu retten. Sie bekam die Stelle, erfuhr aber auch, daß sie mangels eines geeigneten „Enthüllungsetiketts" über die Arbeit ihres Mannes schweigen solle. So tauchen auch in der Annäherungsphase die Fragen über das Was und Warum nicht nur bei den beobachteten Personen auf, sondern ebenso, wenn auch in verschiedener Form, bei den Außenstehenden

Diese Probleme können einen großen Einfluß auf die Art der gewonnenen Daten wie auch auf die anschließende Beschreibung der Phänomene ausüben. So ist z. B. die Art und Weise des Zugangs (entry) ein wichtiger Faktor für den Typ der Beschreibung des Ermittelten. Der Grund liegt darin, daß der Forscher schon hier in eine bestimmte Rolle oder Richtung gedrängt wird. Wohin er geht, was er sieht und mit wem er spricht, all das ist so schon eingeschränkt. Eine Gefahr, die in der Verkäuferrolle enthalten ist, liegt darin, daß die Organisation alles zu ernst nimmt und sich der Forscher daher verpflichtet fühlt, Sachen zu studieren, die er ursprünglich gar nicht studieren wollte.

Wie bereits erwähnt, liegen die Dinge außerhalb der Forschungssituation genau umgekehrt. Anstatt Forschungsziele zu verkaufen, versucht man seine wahren Ziele zu verbergen, aus Furcht, die Motivation infrage zu stellen. Hierin liegt ein weiterer Grund für die Verzerrung der Darstellung. Wegen der als zwingend empfundenen Billigung durch Außenstehende können bestimmte Aktivitäten nicht beobachtet und gewisse Orte nicht besucht werden.

Schließlich ist es für die Qualität der gesammelten Informationen entscheidend, wie der Forscher sich und seine Untersuchung in der Annäherungsphase präsentiert. Seine geplante Forschung ist am Anfang nicht durch die Vielfalt der sozialen Beziehungen eingeschränkt, sondern ebenso durch die mit diesen Einschränkungen zwangsläufig verbundenen sozialen Reaktionen, die seine Einstellung zu seinem eigenen Unternehmen wesentlich zu färben vermögen.[6]

Orientierung

Die zweite Phase, die der Orientierung, bedeutet den Anfang der echten Feldforschung. Hier muß der Forscher versuchen, sich in der neuen Welt zurechtzufinden. Er sieht sich zunächst zwei Problemen gegenüber: Seinem *Zweck* und seinem *Plan* zur Erreichung dieses Ziels. Sicherlich sind dem Forscher Plan oder Zweck zu einem gewissen Grade schon bekannt, wenn er die Feldforschung beginnt. Tatsächlich wird er sich zur Feldforschung entschlossen haben, um einer Exploration willen mit der Tendenz, sein Untersuchungsproblem zu lokalisieren. Die Konfrontation mit einer beliebigen Feldsituation zwingt ihn jedoch, seine Aufmerksamkeit auf bestimmte Aspekte zu konzentrieren und andere in den Hintergrund zu drängen. *Schütz* sagt hierüber: „Die Welt erscheint ihm in jedem beliebig angenommenen Augenblick in verschiedene Schichten der Relevanz aufgeteilt, deren jede einen anderen Grad von Kenntnissen erfordert."[7]

Dies ist eine sehr schwierige Phase mit einer Tendenz zur Verwirrung. Der Forscher fühlt sich richtungslos, wie vollkommen ihm sein Plan ursprünglich auch erschienen sein mag. Es ist gar nicht ungewöhnlich, daß man sich selbst als „verloren" betrachtet und daß auch andere Leute einen so sehen. In bezug auf diese neue Situation sagt *Schütz:* „Ferne verwandelt sich in Nähe, die leeren Rahmen füllen sich mit lebendigen Erfahrungen, die anonymen Inhalte werden zu testumrissenen Situationen und die vorgefertigten Muster der Typologie lösen sich auf."[8] Ein Teil der geistigen Erschöpfung, der mit dieser Phase der Feldforschung verbunden ist, stammt von der Konzentration auf Einzelheiten, die typischerweise im täglichen Leben völlig ignoriert werden, sowie von den Versuchen, diese Einzelheiten zu einem Gesamtbild zusammenzufügen.[9] Was für einen Forscher relevant ist, unterscheidet sich notwendigerweise von dem, was ein angestammtes Mitglied der beobachteten Gruppe für wichtig hält, wenn man vom Niveau der Abstraktion einmal ganz absieht. Deshalb wird der Forscher von seinen beobachteten Personen im allgemeinen als Neuling be-

trachtet. Auch er selber fühlt sich als Fremder: „Deshalb des Fremden ... Schwanken zwischen Zurückhaltung und Vertraulichkeit,
sein Zögern und seine Unsicherheit, sowie sein Mißtrauen gegenüber allem, was jenen so einfach und unkompliziert erscheint, die
sich auf unbefragte Rezepte verlassen, denen man folgen muß,
ohne daß man sie zu verstehen braucht".[10]

Bei der Forschungsarbeit sowohl mit FKK-Anhängern wie mit Homosexuellen gab es stets die Frage, was man sagen oder tun dürfe,
ohne die beobachteten Personen zu beleidigen. Bis zu welchem
Ausmaße ignoriert man die Realitäten des Lebens, die einen dazu
veranlaßt haben, diese Leute zu studieren? Wie bestimmt man
die Kultur und soziale Struktur der Gruppe, ohne Komplikationen
für die Forschung zu schaffen? Eine der Gefahren liegt darin, daß
sich der Forscher allzu sehr durch die von der Gruppe am wenigsten akzeptierten Mitglieder beeinflussen läßt, weil sie für ein soziales Engagement am empfänglichsten sind. Identifikation mit
einer Clique muß auf jeden Fall vermieden werden, weil man dann
die Situation nur noch aus der Perspektive dieser Clique betrachtet, während einem die anderen Perspektiven verschlossen bleiben.[11]

Beispielsweise verbrachte der Autor am ersten Tag der FKK-Stu-
die zuviel Zeit mit einem ledigen Mitglied, das, wie er später erfuhr, einen schlechten Ruf hatte. Ihm wurde, wie anderen Ledigen,
unterstellt, nur dabei zu sein, um Frauen anderer Mitglieder anzuschauen. Wenn man sich am Anfang der Arbeit sehr einsam fühlt,
ist es am leichtesten, sich mit denen zu verbinden, die in einem
schlechten Ruf stehen, denn sie fühlen sich genauso isoliert. So
lernt man immer, in Bewegung zu bleiben und weder zuviel Zeit
mit den „angenehmen", noch zu wenig Zeit mit den „unsympati-
schen" Mitgliedern der Gruppe zu verbringen. Immer wieder
kämpft man gegen die allernatürlichsten Neigungen bei persönlichen Beziehungen an, um seine Objektivität zu bewahren.

Bei den Homosexuellen waren die gleichen Phänomene auffällig.
Es ist viel leichter, die Ansichten der Homosexuellen der Mittelschicht zu ermitteln, mit denen der Forscher am liebsten zusam-
menarbeitete, als an der Welt der „Extrem-Schwulen" teilzunehmen. Man spürt wieder ganz intensiv das „Wer und Was" seiner
Zusammenarbeit, und die Kategorisierung dessen, was um uns
herum geschieht. Es wird als die unnatürlichste Form der Zusammenarbeit empfunden. Während der Annäherungsphase gleichbedeutend mit dem Durchschauen der Führung der Gruppe ist, geht
es in der Orientierungsphase darum, die ganze Szene zu durchschauen — wobei sich der Forscher mehr als Subjekt denn als Objekt erfährt (in der Annäherungsphase ist es umgekehrt).

Obwohl dieses Stadium hinsichtlich der Beziehungen zu den beobachteten Personen mit Zaghaftigkeit und Verwirrung beladen ist,
ist es hinsichtlich der Beziehungen zu anderen Leuten außerhalb
des Feldes doch oft die schönste Zeit. Man genießt jetzt die Rolle
des „inside-dopester", also eines Menschen, der über Informationen über eine Gruppe verfügt, die sich gleichzeitig vor der Außenwelt zu verstecken versucht und dabei systematisch die Regeln dieser Außenwelt mißachtet. In den Augen Außenstehender ist man
eine Art Pionier im Neuland, dessen Motivation man nicht infrage
stellt, dem man vielmehr gewöhnlich einen höheren Status zubil-
ligt. Es ist schwer, in dieser Situation nicht zu übertreiben. In
Wahrheit sind die ersten Tage ziemlich verwirrend: Welche der
zahllosen Beobachtungen sind relevant? Gibt es vielleicht Sachen,
die man übersieht? Wem darf man glauben? Wieweit lassen sich
die „Befunde" verallgemeinern? Alle diese Zweifel verursachen
das deprimierende Gefühl, die Umgebung sei voller Täuschung,
chaotisch und liege ganz bestimmt jenseits einer objektiven Methodologie (zu diesem Zeitpunkt wünscht man sehnlichst, man
hätte lieber eine schriftliche Befragung gemacht). Angesichts dieser Umstände empfindet man es als angenehm, von Außenstehenden für jemand gehalten zu werden, der wirklich weiß, was gespielt wird — die Rolle des Insiders bietet in der Tat zeitweilig
Trost. Das sieht dann etwa so aus: Nach einem Besuch im Feld
erzählt man verschiedene Geschichten im Tone eines Missionars,
über das, was man gesehen hat. Jargon-Ausdrücke werden leicht-
hin in die Diskussion geworfen („Was Sie wissen nicht, was eine
‚tearoom-queen' ist?") und schlägt so kräftig Gewinn aus seinen
begrenzten Erfahrungen.

Man wird nicht nur immer weiter in die Rolle des Insiders getrie-
ben, sondern erhält auch Aufforderungen, andere Formen der Devianz zu untersuchen oder sogar an ihnen teilzunehmen. So fanden wir uns z. B., nur weil wir bestimmte Gruppen studieren wollten, in den sexuellen Untergrund einer Universitätsstadt verwik-
kelt. In einem Falle wurden wir eingeladen, an Porno-Filmaben-
den teilzunehmen, die in den besten Mittelschicht-Häusern stattfanden.

Ein Forscher, der abweichendes Verhalten studiert, kann plötzlich
der Sonderling einer Universitätsabteilung werden. Wann immer
ein Student etwas untersuchen möchte, was außerhalb des konventionellen Rahmens liegt, hört man oft: „Oh, da müssen Sie
mal Herrn X aufsuchen, der interessiert sich für komische Sachen".
Man kann auch plötzlich zum Stoff für Lokal-Zeitungen oder das
Radio werden, indem man dauernd um sensationelle Berichte für
die Massenmedien angegangen wird.[12]

Um zusammenzufassen: Nachdem einem der Zugang zur Gruppe erfolgreich gelungen ist, muß man anfangen, sich in dieser neuen Welt umzusehen und sich an sie zu gewöhnen, wobei auch dieser Prozeß sich auf die Bewertung der gesammelten Informationen auswirkt. Die Verwirrung, die möglicherweise in dieser Phase besteht, kann eine wichtige Ursache für falsche Beschreibung werden. In seiner Verwirrung greift der Forscher vielleicht einen beliebigen Informanten heraus, wenn er dadurch nur etwas Struktur in die Situation bringen kann, oder er verbringt zuviel Zeit in „harmlosen" Lokalitäten (homophilen Organisationen, angenehmen „gay bars" usw.), statt lieber Orte aufzusuchen, wo er wichtige Untersuchungsgegenstände findet. Im Vergleich zu den anderen Phasen ist die Orientierungs-Phase relativ kurz und die Verwirrung, die der Forscher hier erfährt, ist ihm gewöhnlich Warnung genug, die in dieser Zeit gemachten Beobachtungen mit Vorsicht zu behandeln. Die Sozialpsychologie lehrt uns jedoch, daß erste Eindrücke hängen bleiben können, auch wenn sie noch so sehr auf Voreingenommenheit beruhen. Daher muß sich der Forscher dieses Problems stets bewußt sein.[13]

Um die Ängste der ersten Tage auszugleichen, kann er leicht dazu kommen, die Rolle des Insiders zu spielen. Dies kann ungenaue Beschreibungen verursachen. Die positive Reaktion der Außenstehenden auf seine Missionsberichte wirkt als subjektive Bestätigung seiner Kenntnisse, so daß er langsam dahin kommt, das für die Wahrheit zu halten, was er sich selber ausgedacht hat. Nicht etwa, daß der Forscher glatte Lügen billigt, aber der für die Außenwelt vorgesehene schriftliche Bericht kann, wenn auch unabsichtlich, plötzlich ein Eigenleben gewinnen.

Nochmals, eine falsche Schilderung hat ihren Ursprung oft in dem Versuch des Forschers, die mit seinem Unternehmen verbundenen Ängste zu unterdrücken. Vielleicht kann es als methodologische Regel gelten, an diesem Punkt genau die sehr leicht gewonnenen Daten zu überprüfen, wobei man sich wieder jener Situationen erinnern sollte, die förderlich für Angstgefühle waren, denen man aus dem Wege gehen sollte.

Initiation

In dieser dritten Phase erlebt sich der Forscher wieder als Objekt, das ständig von den beobachteten Personen hinsichtlich zahlloser Dinge getestet wird, besonders hinsichtlich der Art, inwieweit er die beobachteten Personen akzeptiert. Wie in der Annäherungsphase wird der Forscher zum Strategen, der sich auf die beste Weise darstellen möchte. Die Vorsitzenden mögen ihn bereits akzeptiert haben, jetzt geht es darum, sich den „Massen" zu beweisen. Er hat immer noch den Status eines Probanden.

Im FKK-Lager bestand die erste Prüfung im Ausziehen der Kleidung. Da er am ersten Tag als Forscher vorgestellt worden war, hatte er daran nicht gedacht. Dies war seine erste eindeutige Prüfung. Ein weiterer Test bestand darin, daß er gefragt wurde, ob er, falls verheiratet, seine Ehefrau — anderenfalls seine Freundin — mitbringen würde. Bei dem ständigen Testen antwortete er mehr oder weniger ehrlich, wobei er auf die vermutete Wirksamkeit dieser Taktik vertraute. Er konnte sich dadurch aus der Schlinge ziehen, daß er sagte, er kenne kein Mädchen so genau, um dies von ihr verlangen zu können (eine Lüge), sonst aber keinerlei Bedenken habe. Später erfuhr er, daß dies eine gute Strategie war, weil die Mitglieder keinesfalls eine x-beliebige Person mitgebracht sehen wollten, sondern nur eine, mit der man eng verbunden wäre.

Bei den Homosexuellen war der Test weniger schwierig. Einige bezweifelten unsere Fähigkeit, sie zu verstehen, ohne homosexuelle Erfahrungen zu besitzen. Wir spürten aber, daß sie es wohl merkten, daß wir nicht so naiv waren, ihnen das abzukaufen. Wir durchschauten es als eine taktvolle Einladung, falls wir auf sexuelle Erlebnisse aus seien. Auf einer Party der Homosexuellen einen Tanz abzulehnen, gar einen „schnellen Tanz" (dieser ist ganz offensichtlich weniger „homosexuell"), erwies sich als sehr viel schwieriger. Wir fanden es vorteilhaft, einfach zu behaupten, wir seien „Nichttänzer", obwohl wir daraufhin doch noch sehr bedrängt wurden. Als der Mitautor in einen „Rock" einwilligte, fand er sich in einer sehr unglücklichen Lage, als er es ablehnte, auch bei dem darauf folgenden langsamen Tanz auf der Tanzfläche zu bleiben.

In einem solchen Augenblick kann ein solch starkes Gefühl der Entfremdung aufkommen, daß, falls man die Nerven verliert, man die ganze Unternehmung abbrechen könnte.

So sehr es einem auch ein Gefühl der Genugtuung geben könnte, einer beobachteten Person den Laufpaß zu geben („fuck off") so kann dies doch die ganze Untersuchung gefährden. In den Fällen aber, wo man nicht umhin konnte, mit den beobachteten Personen streng zu verfahren, sind keine schlimmen Folgen eingetreten. Es war den meisten beobachteten Personen klar, daß der Forscher durchaus Verständnis für ihre Sitten und Gebräuche besaß, daß er aber auch genug Selbstachtung besaß, um sich nicht bei ihnen anzubiedern. Daß gerade diejenigen, die wegen ihrer ständigen Reibereien mit den übrigen Mitgliedern von der Gruppe am wenigsten geschätzt werden, dem Forscher den meisten Ärger verursachten, kann sich sehr positiv auf das Verständnis der Gruppe und ihre Unterstützung auswirken. Es ist jedoch wichtig, besonders bei einem eng begrenzten „setting" (die eine kleine Gruppe, auf die die Forschung begrenzt ist) sich keiner Person zu entfremden, man könnte dadurch u. U. eine aufschlußreiche Perspektive verlieren.

Während der Initiations-Phase der FKK-Untersuchung wurde der Forscher gebeten, beim allsonntäglichen Lagertreffen nackt einen Vortrag zu halten. Dies ergab sich so ganz nebenbei aus der Bitte (oder Erwartung), um gelegentliche Aushilfe. Es war also dem Forscher gelungen, seine wahren Gefühle seinen beobachteten Personen erfolgreich zu vermitteln, so daß die Initiationsphase abgeschlossen werden konnte. Offensichtliche Versuche, den Forscher auf die Probe zu stellen, hörten nun ganz auf.

Genauso wie man anfänglich von seinen beobachteten Personen getestet wird, bemühen sich auch Außenstehende, die Kenntnisse des Forschers auf die Probe zu stellen und an seiner Expertenrolle zu rütteln.[14] Die Rolle des Insiders verlangt, daß man kühl bleibt, keine unvoreingenommene Urbanität vermischt mit einer leichten Geringschätzung für die Leute, die noch niemals „dabei waren", zur Schau trägt. So ist es nicht überraschend, daß von den anderen Leuten versucht wird, an seinem Expertentum zu rütteln.

Diese Versuche sind oft eine Fortsetzung der Sticheleien in der Annäherungs-Phase. Wenn es früher hieß, man studiere Homosexuelle, weil man selber latent homosexuell sei, so heißt es jetzt: „Ich nehme an, Du hast viele Möglichkeiten zu sexuellen Erlebnissen, da Du ja dauernd mit diesen Leuten zusammen bist." Der Inhalt der Sätze ist zwar verschieden, aber es geht in beiden Fällen um den Versuch der Außenstehenden, mit ihrem eigenen Unbehagen fertig zu werden und/oder den Status des Forschers infrage zu stellen.

Das Problem besteht auch hier wieder darin, akzeptiert zu werden. Während man von den beobachteten Personen sein wahres Ich, das auch die anderen anerkennt und toleriert, akzeptiert sehen möchte, zeigt man den Außenstehenden ein unechtes Ich, nämlich jemand, der schon Experte ist. In der Annäherungs-Phase ist dies genau umgekehrt. Eine erfolgreiche Anerkennung hat je nach der Zusammensetzung der Zuhörerschaft unterschiedliche Auswirkungen. Wird die Rolle des Forschers von den beobachteten Personen akzeptiert, freut man sich, wird sie aber von den Außenstehenden akzeptiert, so kann dies unerwünschte Konsequenzen haben.

So verlangt man z. B. in „gay bars" oder dahin, wo „etwas los ist" mitgenommen zu werden. Das bringt das Problem mit sich, den Leuten zu offenbaren, daß die Informationen doch nicht so geheim und andererseits nicht so vollständig sind. Zusätzlich wird es möglicherweise die Position in der Gruppe gerade zu einem Zeitpunkt gefährden, da man dabei ist, wichtige Beziehungen zu den beobachteten Personen aufzubauen. Aus Erfahrungen sind wir überzeugt, daß unsere Forschung von den Außenstehenden ebenso auf die Probe gestellt wird wie von den abweichenden Personen. (Es ist wohl so, daß man in vielen Fällen diese zweischneidige Probezeit durchlaufen muß, wenn man ein echter Abweichler werden will). Wir fanden z. B., daß jeder beliebige Mensch den Status des Forschers ins Zwielicht rücken kann, nur, weil ihm die Art der Forschungsarbeit bekannt ist. Solche Leute fühlen sich moralisch überlegen und nutzen manchmal auch die Gelegenheit, einem das zu zeigen. Man ist immer wieder erstaunt über die Mißachtung und die Anspielungen, denen man von entfernten Bekannten ausgesetzt ist, sobald sie von der Art der Arbeit erfahren. In diesem Augenblick fängt man an, die Rolle des Insiders abzuschütteln. Man ist jetzt weniger blasiert und überheblich und hat mit den beobachteten Personen ein ärgerliches Problem gemeinsam: Man ist im Bilde.

Eine zweite Erscheinung dieser Phase ist hinsichtlich der Beziehungen zu den Außenstehenden das genaue Gegenstück zu dem Problem, mit dem man bei den beobachteten Personen konfrontiert ist. Man muß sich daran erinnern, daß es durchaus möglich ist, sich gegenüber den beobachteten Personen, die einen auf die Probe stellen, entfremdet zu fühlen. Diese Frustation nimmt oft die Form der Mißachtung der beobachteten Personen an. Man kritisiert sie öffentlich und oft kann es dahin kommen, daß man die Vorurteile der Gesellschaft als Realität anerkennt. („Homosexuelle sind labil und verantwortungslos"). Wenn man das macht, verkehrt man die Initiations-Phase ins Gegenteil (in der Annäherungs-Phase tritt dagegen keine solche Wirkung ein). Diese beiden Probleme, die Reaktion der Außenstehenden und die mehr negative Beurteilung seiner beobachteten Personen, üben einen Druck aus, der stark genug sein kann, den Forscher dazu zu bewegen, die Rolle des Insiders aufzugeben.

Auf Fehlerquellen für falsche Schilderungen stößt man auch in der Initiations-Phase. So ist es z. B. typisch, den Forscher dadurch auf die Probe zu stellen, daß man ihm falsche oder verdrehte Tatsachen liefert, um sowohl seine Kenntnisse als auch seine Reaktion hierauf zu prüfen. Das ist gar nicht immer bösartig gemeint, sondern oft nur der Versuch, ihm auf den Zahn zu fühlen, damit eine Basis für die weitere Zusammenarbeit gefunden wird. Die offensichtliche Gefahr liegt natürlich darin, die gelieferten falschen Daten für repräsentativ zu halten.

Wir haben darauf hingewiesen, daß die Prüfungen, die von Außenstehenden vorgenommen werden, instrumental sind, um den Forscher dazu zu führen, seine Rolle als Insider abzulegen. Das Gegenteil dieses Prozesses kann auch dann stattfinden und die Beschreibungen können erneut beeinflußt werden, während der Forscher diese Rolle ablegt. Da einige nützlich erscheinende Darstellungen von Außenstehenden infrage gestellt werden, ist es möglich, daß der Forscher auch andere während dieser Zeit gemachten Beobachtungen, die weniger voreingenommen sind, ebenfalls anzweifelt. Dazu trägt das Gefühl der Entfremdung seinen beobachteten Personen gegenüber bei, was für dieses Stadium charakteristisch ist: Beobachtungen, die positive Aspekte reflektieren, werden eingeklammert; negative Aspekte werden herausgestellt.

Assimilation

Die Periode zwischen Initiation und Assimilation (manchmal ein beträchtlicher Zeitraum) ist gewöhnlich am einfachsten. Die Probleme sind von praktischer Art und die Forschung wird zur Routine.

Indessen, mit fortschreitender Forschung wird der Forscher sich langsam an die Lebensweise seiner beobachteten Personen gewöhnen. Falls der Forscher dies rechtzeitig erkennt, kann es eine sehr ertragreiche Zeit sein, da er die Möglichkeit hat, hiermit seine alten Aufzeichnungen und seine alte Perspektive zu vergleichen. Die Objektivität wird zweifelhaft, wenn man ein „wahrhaft Gläubiger" ist; der Forscher wäre vielleicht überrascht durch die Einsicht, inwieweit er die Perspektive seiner beobachteten Personen übernommen hat.[15]

Das gleiche wurde dem Forscher während der Forschungsarbeit in dem FKK-Lager klar, als ein lediges Mitglied eine Erektion hatte, während es einen Schönheits-Wettbewerb im Lager beobachtete. Obwohl der Forscher das Lager am Anfang mit der Vorstellung betrat, daß so etwas eher eine natürliche als unnatürliche Reaktion sei (und hatte sogar zuvor über Resozialisierung als etwas Selbstverständliches geschrieben), entdeckte er bei sich eine Reaktion, die der eines „wahrhaft Gläubigen" entspricht: Diese Person war eine Art „perverser Mensch", der aufgrund falscher Voraussetzungen im Lager war (die viele Leute ursprünglich hatten). Ein feindseliges privates Interview fand nachher statt, bei dem der Forscher herausfinden wollte, wie und warum diese Erektion passieren konnte. Als der Forscher endlich entdeckte, was mit seiner eigenen Meinung geschehen war, hatte er mehr Verständnis für die Verbindung zwischen Bewußtsein und Gesellschaft.

Die Homosexuellen-Forschung liefert ein weiteres Beispiel: Die beiden Verfasser befanden sich einmal mit einem anderen Homosexuellen-Forscher in einer Art „Beichte", bei der betroffen erklärt wurde, daß es leichter war, als wir uns dachten, sich an Homosexualität zu gewöhnen (wir waren alle klare Heterosexuelle laut *Kinsey*-Skala). Trotz unserer Unterstützung der polymorphen Sexualität waren wir über die Tatsache überrascht, daß wir durch „gay"Bücher oder homosexuelle Filme gereizt werden konnten, oder daß wir für die Bedingungen Verständnis aufbringen konnten. Als Ergebnis der Assimilation kann sich der Forscher für seine Gruppe stark einsetzen, während die Phasen der Annäherung und Initiation ihn hingegen aufgrund seiner Frustration eher dazu bringen, eine eher feindliche Position einzunehmen.[16]

Wenn der Forscher ein „wahrhaft Gläubiger" ist, kann er auch glauben, daß er von seinen beobachteten Personen akzeptiert wird — schließlich sieht er die Welt so wie sie. Dennoch — und auch trotz seiner starken Verteidigung dieser Lebensweise — haben wir die Erfahrung gemacht, daß der Forscher doch nie ganz akzeptiert wird. Man erzählt gegenseitig Geheimnisse, Freundschaften entwickeln sich, aber im allgemeinen ist der Forscher nicht wirklich „in". Er ist in den Augen seiner beobachteten Personen eher ein „Mitglied im Schweben", — eine Rolle, die die Gefahr des Deserteurs im Falle einer Krise bedeutet (Polizei-Razzien, Bilder für Zeitschriften, usw.). Wenn der Forscher sich selbst gegenüber ehrlich ist und nicht völlig Einheimischer geworden ist, sollte er erkennen, daß ein schwebendes Mitglied zu sein, das Höchste ist, daß er im allgemeinen erreichen kann. (Wir tragen unsere eigenen Personalien in der Form eines Ausweises, der unsere Verbindung mit dem Institut für Sexual-Forschung beweist, bei uns. Wir wären unehrlich, gäben wir nicht zu, daß sie, ob gewünscht oder nicht, eine Art Beruhigung sind, denn sie zeigen, daß wir doch nicht so sind, wie wir aussehen. Es ist ein bequemer Ausweis für die Rückreise in die bürgerliche Welt, ein Ausweis, über den unsere beobachteten Personen nicht verfügen). In diesem Moment also, wenn der Forscher alle Informationen hat, die er braucht, wird ihn das Erkenntnis der Sozialisation dazu führen, entweder ein totaler Einheimischer zu werden, oder in die nächste Phase, nämlich den Abschluß einzutreten. Nach unserer Kenntnis wählen die meisten Forscher den zuletzt genannten Weg.

In den Beziehungen zu Außenstehenden passiert in der Assimilations-Phase genau das Gegenteil von dem, was in den Orientierungs- und Initiations-Phasen passiert. Das Ergebnis der Routine ist der Versuch, mit seinen Kenntnissen keinen Handel mehr zu treiben, sondern im Gegenteil, diese Kenntnisse zu verbergen. Anstatt eine Gruppe zu suchen, der man seine missionarähnlichen Geschichten erzählen kann, wird man gar nicht motiviert, überhaupt etwas zu erzählen, denn das, was einmal ungewöhnlich war, ist jetzt alltäglich und selbstverständlich geworden. Nun wird man von Außenstehenden aufgesucht, die mit einem darüber reden oder etwas erklärt haben wollen. Was am Anfang eine Reise in ein unerforschtes, unbekanntes Land erschien, ist jetzt einfach ein Job wie jeder andere, mit Routine, so daß man es vermeidet, mit anderen darüber zu reden. Es ist möglich, daß der Forscher jetzt die Meinungen seiner beobachteten Personen gegenüber der restlichen „bürgerlichen" Gesellschaft übernommen hat; wenigstens werden jetzt die kleinen Bemerkungen von Außenstehenden für weniger persönlich gehalten. Wie schon erwähnt, ist es durchaus möglich, die abweichende Gruppe stark zu verteidigen, wenn das Thema angesprochen wird, ob der Forscher an seine Rechtfertigungen glaubt oder nicht.

Eine andere Erscheinung dieser Phase ist, daß soziale Beziehungen an Bedeutung gewinnen können, je mehr man seine Kenntnisse erweitert. Vom Standpunkt unserer Forschung heißt das, zu erkennen, daß es mehr Homosexuelle gibt als wir uns vorstellten. Es war überraschend festzustellen, welche Personen homosexuell waren. Einer der Verfasser bekam unaufgefordert Beweise für die Homosexualität eines seiner Kollegen. Dies führte zu einigem Zögern unsererseits, die Forschungsergebnisse mit ihm zu besprechen und uns über unser Thema zu beklagen. Man sieht also, wie Information sich unaufgefordert sammeln und die Beziehungen zu Außenstehenden beeinflussen kann.

Es gibt noch mehr Beispiele für Enthüllungen. Viele Leute, von denen wir nicht wußten, daß sie Homosexuelle waren, teilten uns ihre Homosexualität mit, als sie ihre Hilfe bei der Arbeit anboten. Diese Erlebnisse machten uns vorsichtig mit unseren Bemerkungen anderen, „normalen" Leuten gegenüber. Während der Assimilations-Phase ließen wir das „Schlechtreden" über unsere Gruppe — nicht nur deswegen, weil sich unsere Gefühle geändert hatten, sondern auch, weil wir nicht wußten, wer vielleicht ein heimlicher Homosexueller oder dessen Bekannter sein konnte.

Zum Schluß muß man sagen, daß Gewöhnung an die Welt der jeweiligen beobachteten Personen und die Übernahme ihrer Perspektive, wenngleich Ziel einer Forschungsarbeit, paradox ist, denn es kann mehr zu falschen Beschreibungen führen als alle anderen Phasen, die bis jetzt erörtert wurden. Die Übernahme abweichender Ideologien kann unparteiische Beschreibungen untergraben. Sie kann aus wichtigen Faktoren Routine machen und damit erreichen, daß sie vernachlässigt werden. Es kann passieren, daß sich der Forscher gegen jegliche Kritik an seiner Beschreibung, die jetzt eine Form der Selbstverständlichkeit angenommen hat, isoliert. Wenn man die Rolle des Insiders ablegt, verschwindet noch eine wichtige Quelle: verschiedene Perspektiven, die von der Situation weit entfernt sind, in betracht zu ziehen. Es gibt viele andere Quellen der Voreingenommenheit in dieser Phase. Wir sind aber der Meinung, daß schon genug über diesen Aspekt der Beobachtung von anderen Verfassern geschrieben worden ist, so daß weitere Kommentare überflüssig sind.[17]

Abschluß

Bis zu einem gewissen Grade gleicht die Abschluß-Phase der Initiations-Phase, nur eben umgekehrt, beide enthalten ähnliche Gefühle der Frustation. Für einige beobachtete Personen bedeutet der Abschluß der Forschungsarbeit eine Ablehnung ihrer Lebensweise. Die Entfernung von der Situation kann mehr oder minder schwierig sein, je nach Umfang und Intensität der Beziehungen. Im allgemeinen gilt: Je größer der Umfang (d. h. je mehr beobachtete Personen, je größer das Territorium) und je geringer die Intensität (d. h. umfassende und persönliche Beziehungen), desto leichter ist es, sich zu entfernen. Bei den Homosexuellen und den FKK-Anhängern hatte das Homosexuellen-Projekt den größeren Umfang und geringere Intensität. Infolgedessen hatte man in dem FKK-Lager mit dem Abschluß mehr Schwierigkeiten.

Teil der Forschungsarbeit kann auch die Rolle des „Vertrauten" für den Forscher sein. Unabhängig vom Charakter, die Vertrautheit seiner Unterhaltungen mit den beobachteten Personen führte viele dazu, ihre persönlichen Probleme mit dem Forscher zu besprechen. Obwohl der Forscher wahrscheinlich die Rolle des Klinikers zu vermeiden suchen wird, wird er sie zu einem gewissen Grade wegen der Information, die er dadurch erhält, doch annehmen. Er gewinnt einen noch größeren Eindruck von den Normen der Gruppe anhand der Beschwerden, die der eine über den anderen führt. Da er Partei nicht ergreifen darf, kann sein Verständnis als Kanalisierung für viele versteckte Informationen funktionieren, die er sonst nicht erhalten hätte. Es war diese Rolle und der Versuch, ihr zu entrinnen, die die Ablösung von den FKK-Anhängern schwierig machten. Tag und Nacht riefen Leute an, die mit jemand sprechen wollten, der „ihre Probleme mit anderen Anhängern verstehen würde". Das andere Hauptproblem bestand darin, daß FKK-Mitglieder sich Gedanken darüber machten, ob der Forscher nach Beendigung der Untersuchung auch Mitglied werden würde. Oder hatte er seine Beziehungen zu den beobachteten Personen nur simuliert, um sie für seine Forschung zu gewinnen? Wieder kamen Tests, die feststellen sollten, ob er sie und ihre Lebensweise akzeptierte. Nachdem der Forscher vergeblich versuchte, sie davon zu überzeugen, daß er nicht Mitglied werden wollte, weil er sich schon für andere Freizeitaktivitäten und Beschäftigungen interessiere, mußte er sich eine private Telefonnummer anschaffen. Der Verfasser weiß durch Mitglieder, mit denen er noch immer in Verbindung steht, daß Spekulationen der unsicheren Leute darüber, ob der Forscher sie wirklich liebe, bis heute noch diskutiert werden.

Ein weiteres Problem taucht dann auf, wenn die beobachteten Personen die Ergebnisse der Arbeit (also das, was der Forscher über das Thema zu sagen hat) verlangen. Das Problem steht in direktem Verhältnis zur Behandlung der Situation in der Annäherungsphase. Wenn man mit seinen Versprechen verschwenderisch gewesen war, werden die Forschungsergebnisse das zeigen. Mit einem Blick in die gedruckte Arbeit können die beobachteten Personen feststellen, daß sie keine vertrauenswürdige Person unter sich gehabt haben. Für Forscher ohne Skrupel, die jetzt alle Informationen haben und nicht beabsichtigen, in dieser Gruppe wieder zu forschen, ist so etwas natürlich kein Problem. Wir nehmen jedoch an, daß die meisten Forscher die Reaktion ihrer beobachteten Personen interessiert.[18]

Wir haben uns nie sehr eingehend über die Ziele unserer Arbeit geäußert (wenn man über Sex arbeitet, muß man so sein, denn es spricht sich doch herum), und haben dadurch solche Krisen vermeiden können. Wir haben auch immer versucht, durch Vorträge, durch unsere Art „klinischer Hilfe" den beobachteten Personen gegenüber und durch unsere Bereitwilligkeit, unsere Forschungsergebnisse den beobachteten Personen zu zeigen, unserer Verpflichtung nachzukommen.

Es ist trotz allem aber eine sehr unangenehme Situation. Zuerst einmal veröffentlicht man sehr persönliche Dinge aus dem Leben der beobachteten Personen. Das führt wieder zur Verstärkung der Ansicht, die Soziologie sei „blutgierig" (es ist wahrscheinlich nur die Darstellung gesunden Menschenverstandes), was wiederum dazu führt, daß die Fähigkeit des Forschers infrage gestellt wird. Eine zweite Quelle der Unannehmlichkeiten ist die Veröffentlichung von Ergebnissen, die das Gegenteil gehegter und gepflegter Vorstellungen darstellen. Es wird von abweichenden Personen oft angenommen, daß alle Forschungsarbeit gut sei, wenn wahre Tatsachen über sie endlich an die Öffentlichkeit gebracht werden. Wenn aber die Ergebnisse ihre Ideologie nicht unterstützen oder sie gar in einem Licht darstellen, das für ihr Verhältnis zur Öffentlichkeit schlecht ist, fühlen sie sich betrogen. Man läuft Gefahr, als schwarzes Schaf in ihren Legenden festgehalten zu werden.

(Das gleiche trat auch in der Einführungs-Phase auf: Als der eine Verfasser versuchte, Zugang zu einer bestimmten Gruppe von Homosexuellen zu gewinnen, wurde er gefragt, was er von einer bestimmten Arbeit *Evelyn Hookers* halte. Nachdem er erwiderte, daß er sie sehr schätze, wurde ihm die Erlaubnis, bei ihnen zu forschen, verweigert. Der Grund dafür war, daß sie einen Artikel veröffentlicht hatte, in dem sie erklärte, wie man es verhindert, aus Jungen Homosexuelle zu machen. Mit diesem Ziel war die Gruppe natürlich nicht einverstanden).

Es ist schwierig, aber stets möglich, die Beziehungen mit abweichenden Personen zu beenden; es ist aber schwierig und oft unmöglich, die Rolle als Forscher über abweichendes Verhalten in den Augen Außenstehender ganz abzulegen. Man bleibt immer eine Person, die irgendwelche geheimen und etwas esoterischen Informationen besitzt. Diese Information kann man schlecht verleugnen. Besonders nach der Veröffentlichung der Arbeit wird man in die Rolle des Experten versetzt; diese Rolle ist einigen Aspekten der vergangenen Phasen ähnlich, nur jetzt weiß man, (und man gibt es auch zu), daß seine Kenntnisse unvollständig sind. Die andern nehmen nicht nur an, daß man mehr über diese bestimmte Art des abweichenden Verhaltens weiß als man in der Tat weiß (wir wurden kritisiert, weil wir nicht über bestimmte physiologische Studien über Homosexuelle Bescheid wußten), sondern auch, daß man über andere Arten des abweichenden Verhaltens Bescheid weiß. (Wir wurden z. B. gebeten, Diskussionen über Jugendkriminalität zu leiten).

In bezug auf spezifische Kenntnisse kann es oft passieren, daß diese Kenntnisse vor ein paar Jahren zutrafen, jetzt aber nicht mehr aktuell sind, denn mit der Zeit kommen neue Aspekte dazu. In solch einer Situation kann man leicht von jemandem bloßgestellt werden, der in diesem Bereich, den man vor Jahrzehnten (soziologisch gesehen) ausgekundschaftet hatte, ganz neu ist. Das Dilemma in diesem Stadium ist der Reiz, die Rolle des Experten zu spielen („vielleicht wissen wir letzten Endes doch mehr über diese Sachen als eine ganze Reihe anderer Leute"), anstatt seine Unwissenheit über einige Sachverhalte zuzugeben. Es ist manchmal eine schwierige Entscheidung; keiner möchte als dumm dastehen. Wir haben jedoch festgestellt, daß die Wahrheit sich in jeder Situation bezahlt macht, — das Leben wird so weniger kompliziert.

Die Entscheidung, die Beobachtung einer bestimmten Gruppe zu beenden, kann ihre Beschreibung beeinflussen. Sind die Beobachtungen vollständig, oder hat man zu frühzeitig aufgehört? Ist die Gruppe in allen Situationen oft genug beobachtet worden? Dies ist eigentlich eine Entscheidung über die Stichprobe, die vor Beginn der Feldforschung hätte getroffen werden sollen, obwohl man in einigen Fällen Beobachtungen gemacht hat, mit denen man nicht gerechnet hatte. Nichtsdestoweniger muß der Forscher sich schließlich entscheiden, das Sammeln von Informationen zu beenden und mit dem Bericht zu beginnen.

Der Erfolg der Sozialisation in den vorangegangenen Phasen kann auch die Beschreibung beeinflussen, da es keine Gelegenheit mehr gibt, die einmal festgehaltenen Wahrnehmungen zu modifizieren.[19] Darüber hinaus wird der Forscher vielleicht entdecken, daß die persönlichen Beziehungen, die so mühevoll aufgebaut worden sind, den Gebrauch mancher Tatsachen verhindern. Einige Forscher „verhandeln" mit ihren beobachteten Personen über Ergebnisse und die Veröffentlichung der Arbeit.[20]

Die Tatsache, daß dem Forscher eine Rolle des Experten von Außenstehenden auferlegt wird, kann ebenfalls die Beschreibungen beeinflussen. Man schaut die Aufzeichnungen wieder an und die Beobachtungen werden so interpretiert, daß sie zu anderen Informationen passen oder auf Theorien bezogen werden können, auf deren Prüfung sie gar nicht angelegt wurden.[21]

Infolgedessen kommt es der Wahrheit nahe, wenn man sagt, daß der Forscher seine Beziehungen zu den beobachteten Personen und den Außenstehenden nie ganz beendet. Man fällt einem Ruf zum Opfer, der über die eigenen Wünsche hinausgeht und unerwünschte Folgen haben kann.

Schlußfolgerung

Es ist unmöglich, einem Studenten feste Regeln zur Verfügung zu stellen, nach denen er seinen sozialen Beziehungen während einer Forschungsarbeit mit abweichenden Personen erfolgreich aufbauen kann. Wenn so etwas möglich wäre, würde es bedeuten, daß bestimmte Aspekte, die eben die Forschung ermitteln soll, bereits bekannt sind. Gleichzeitig sind wir der Meinung, daß einige allgemeine Regeln formuliert werden können, die sich auf die Beziehungen zwischen Forscher und den beobachteten Personen und zwischen Forscher und Außenstehenden in den verschiedenen Phasen beziehen.

Annäherung

Beziehungen zu den beobachteten Personen: Nichts versprechen (oder andeuten), was man nicht liefern kann (oder will).

Beziehungen zu Außenstehenden: Es gibt keine „illegitimen" Bereiche der Forschung. Forscher müssen bereitwillig sein, konventionelle Ansichten über empfindliche Themen zu ignorieren; und sie müssen den Mut haben, sich deswegen nicht zu schämen.

Orientierung

Beziehung zu beobachteten Personen: Lassen Sie sich nicht durch die ersten Tage in der neuen Umgebung entmutigen. Bleiben Sie skeptisch gegenüber dem, was sie in den ersten Tagen sehen und hören. Da erste Eindrücke zwar andauern, oft aber falsch sind, sollen die Beobachtungen und Notizen, die während dieser Zeit gemacht werden, mit Vorbehalt betrachtet werden.

Beziehung zu Außenstehenden: Vermeiden Sie es, defensiv zu sein. Man darf nicht versuchen, anderen zu imponieren, da oft Eindrücke verbreitet werden, die gar nicht stimmen. Eine Bestätigung der Ergebnisse durch die meisten Außenstehenden ist wertlos.

Initiation

Beziehungen zu beobachtete Personen: Lassen Sie sich nicht durch Prüfungen, die einem von seinen beobachteten Personen gestellt werden unsicher machen. Es ist für jede Gruppe selbstverständlich, einen Fremden testen zu wollen; nehmen Sie es nicht persönlich. Nicht vergessen, daß solche Prüfungen gemacht werden, um die Reaktion des Forschers zu testen.

Beziehungen zu Außenstehenden: Nochmals: Stehen Sie zu Ihren Überzeugungen.

Assimilation

Beziehungen zu beobachteten Personen: Sie werden von ihren beobachteten Personen wahrscheinlich nicht so akzeptiert, wie Sie meinen (oder meinen, sein zu sollen); erwarten Sie es auch nicht. Vergessen Sie nie, warum Sie da sind, — die beobachteten Personen werden es bestimmt nicht vergessen.

Beziehung zu Außenstehenden: Man soll nie aufhören, in dieser Phase über sein Projekt zu sprechen. Die Fragen und Kritik die von Außenstehenden kommen, können dazu dienen, an den Verfestigungen in der Ordnung Ihrer Daten zu rütteln. Man sollte sich alte Aufzeichnungen anschauen, um festzustellen, inwieweit sich die Ansichten geändert haben.

Abschluß

Beziehungen zu beobachteten Personen: Bereiten Sie Ihren Abgang aus der Gruppe genügend vor. Man soll seinen Teil dazu beisteuern, um einen glatten Abgang zu sichern. Planen Sie ein, weiteren Kontakt mit dem Feld zu halten (wenn auch nur in Form einer Zusammenfassung der fertigen Arbeit), und lassen Sie dies die beobachteten Personen wissen.

Beziehungen zu Außenstehenden: Seien Sie ehrlich sich selbst gegenüber in bezug auf gewonnene Kenntnisse und die Grenzen dieses Wissens. Eine Übertreibung und Verallgemeinerung des oft dürftigen Wissens soll vermieden werden. Wenn Sie die Rolle des Experten akzeptieren, dann halten Sie sich auf dem Laufenden; kehren Sie in das Feld zurück, lassen Sie es Sie nicht ausschließen.

Schließlich vergißt man leicht, daß man nicht nur mit den „beobachteten Personen" und „Außenstehenden" zu tun hat, sondern mit Menschen. Es geschieht schnell, Leute zu entmenschlichen, indem man ihre Reaktionen, die für die Forschungsprobleme relevant sind, festhält. Gerade dadurch ignoriert man die nötige Menschlichkeit, aus der eben diese Probleme entstehen; Humanität ist ein sehr wichtiger Faktor in der Entwicklung der Phasen, die wir in dieser Arbeit skizziert haben.

Anmerkungen

[1] Richard N. Adams and Jack Preiss (eds.) Human Organization Research (Homewood, Ill. 1960 S. 3) gibt einen Überblick der Probleme bei der Feldforschung. Für eine eingehende Behandlung einiger grundlegender Probleme siehe Aaron Cicourel, Method and Measurement in Sociology (New York 1964, S. 36). Für andere Klassifikationen der Phasen und Rollen in der Feldforschung s. Robert W. Janes, A Note on Phases of the Community Role of the Participant Observer. Am. Soc. Rev. 26 (1961) 446, und Rosalie Hankey Wax, Twelve Years Later: An Analysis of Field Experience. Am. J. Soc. 63 (1957) 133.

[2] Soziologen sind sich nicht einig darüber, wieviel man den beobachteten Personen über die Forschung sagen soll. Morris Schwartz und Charlotte Schwartz (Problems in Participant Observation. Am. J. Soc. 60 (1955) 343) warnen vor der Gefahr, daß die beobachteten Personen gerade die Information liefern, die vom Forscher gewünscht wird. Auf der anderen Seite sagen jedoch Anselm Strauss u. a. (Psychiatric Ideologies and Institutions. New York 1964, S. 27), daß es oft sinnvoll ist, die beobachteten Personen über die Annahmen der Arbeit zu informieren, um Gegenbeweise zu erlangen.

[3] Wie man die Forschung für die beobachteten Personen sinnvoll macht s. Chris Argyris, Creating Effective Relationships in Organizations. Human Organization, 17 (1958) 34 und Stephen A. Richardson, A Framework for Interpreting Field Relations Experiences. Human Organization 12 (1953) 31

[4] Damit ist gemeint, daß eine Person in eine bestimmte Folge von Handlungen hineingezogen wird, die irgendwelche alternative Handlungen verhindern. Eric Berne (Games People Play. New York 1964), beschreibt die psychologische Dynamik einiger solcher Spiele. Wir meinen hier eher die soziale Dynamik und die Einsicht in das, was hinter linguistischen Äußerungen steckt.

[5] Laud Humphreys (Tearoom Trade. Impersonal Sex in Public Places. Trans-action. 7 (1970) 15 spricht vom „Soziologen als Voyeur" und meint, ein „Sozialwissenschaftler sollte niemals ein Forschungsgebiet vernachlässigen oder meiden, nur weil es schwierig ist oder gesellschaftlich neuralgisch".

[6] Eine wichtige frühere Diskussion über die persönlichen Probleme der Feldforschung, die sich auf deviante und nicht-deviante Personen bezieht, findet man in Schwartz und Schwartz op. cit. Für eine neuere, sehr offene Darstellung darüber, was es bedeutet, sich selbst zu verkaufen, s. Herbert J. Gans, The Participant Observer as a Human Beeing: Observations on the Personal Aspects of Fieldwork. In: Howard S. Becker et al. (eds.): Institutions and the Person. Chicago 1968. Einige gute allgemeine Regeln für die Annäherungs-Phase geben John P. Dean et al., Establishing Field Relations. In: John T. Doby (ed.): An Introduction to Social Research. New York 1967, S. 281.

[7] Alfred Schütz, Collected Papers. Band II: Studies in Social Theory. The Hague 1964, S. 93

[8] ibid. S. 98

[9] Gans, op. cit. S. 103 behandelte die Ängste in dieser Phase, z. B. nicht sicher zu sein, daß man am richtigen Ort zur richtigen Zeit ist oder, daß man Schwierigkeiten hat, seine Umgebung zu verstehen, oder daß man von den vielen Informationen überflutet wird.

[10] Schütz, op. cit. S. 103

[11] Viele Forscher warnen davor, sich während der früheren Stadien der Feldforschung mit einer Seite zu identifizieren, s. Rosalie Hankey Wax, Reciprocity as a Field Technique. Human Organization 11 (1952) 34; John Gullahorn und George Strauss, The Fieldworker in Union Research. Human Organization 13 (1954) 28; und Dean et al., op. cit. Robert L. Kahn und Floyd Mann (Developing Research Partnerships. J. of Social Issues 8 (1952) 4 schlagen einen mehrfachen Zugang in alle Gruppen zur gleichen Zeit bei der Untersuchung der Organisation vor.

[12] Für eine Diskussion über Beziehungen zu den Massenmedien und besonders über die Nachfrage nach „leckeren Artikeln" s. Lee Rainwater und David J. Pittmann, Ethical Problems in Studying a Politically Sensitive and Deviant Community. Social Problems 14 (1967) 357.

[13] Blanche Geer (First Days in the Field. In: Philipp E. Hammond (ed.): Sociologists at Work. New York 1964, S. 322) warnt davor, daß frühe Feldarbeit, obgleich sie wenig Information bringt, einen sehr wichtigen Einfluß auf den Rest der Arbeit haben kann. Insbesondere die Strategien und Konzepte ändern sich, und diese Änderungen können eine Untersuchung völlig transformieren.

[14] Über dieses Phänomen und sein Einfluß auf Beobachtungen konnte in der Literatur wenig gefunden werden.

[15] Gans beschreibt eingehend die Probleme der Überidentifikation und Verwicklung. Er meint, daß „unbewußte Elemente der Persönlichkeit (des Forschers) in der Untersuchung und in den Beziehungen, die während der Feld-Arbeit entstehen, eine Rolle spielen". Da dieses seine Ergebnisse beeinflussen kann, „... wäre es vielleicht eine gute Idee, wenn jeder Feldforscher eine zeitlang einen Besuch beim Psychiater machen würde." (Gans, op. cit. S. 308). Wir sind mit den Wirkungen, die die Persönlichkeit auf Feldarbeit macht, einverstanden, möchten hingegen vorschlagen, daß die Identifikation, die entsteht, nicht unbewußt und „schlecht" ist sondern wesentlicher Bestandteil dessen ist, was Harold Garfinkel (Studies of the Routine Grounds of Everyday Activities. Social Problems 11 (1964) 22) „gesehener aber unbemerkter" Hintergrund der Erscheinungen der Interaktion nennt, die kaum ein Psychoanalytiker zu erklären braucht.

[16] Gans meint, daß „Identifikation überhaupt vorkommt, weil der Forscher ein Spion ist, der unehrlich und betrügerisch handelt. Der Forscher bekommt ein schlechtes Gewissen und die von ihm beobachteten Personen tun ihm gleichzeitig leid. Als Entschädigung dafür identifiziert er sich mit ihnen, beschäftigt sich mit ihren Problemen und akzeptiert sogar manchmal die Gültigkeit ihrer Ideologie". (Gans op. cit. S. 315). Er warnt, dies sei besonders der Fall bei Unterlegenen.

[17] Viele Verfasser erkennen das Phänomen des „going native": cf. Raymond L. Gold, Roles in Sociological Field Observations. Social Forces, 36 (1958) 217; Arthur J. Vidich, Participant Observation and the Collection and Interpretation of Data, Am. J. Soc. 60 (1955) 354; S. M. Miller The Participant Observer and Over-Rapport. Am. Soc. Rev. 17 (1952) 97. George MacCall (Data Quality Control in Participant Observation. Reading, Mass. 1969, S. 133) meint, daß man als Prüfung frühere und spätere Beobachtungen der Feldarbeit vergleichen sollte.

[18] Die allgemeinen Probleme dieser Phase werden von Becker besprochen. Er schreibt, daß Versprechungen, die im Anfangsstadium gemacht worden sind, oft nicht gehalten werden können, da die Probleme, die studiert werden, sich während der Arbeit ständig ändern. Er stellt auch fest, daß die Konflikte, die über die Ergebnisse entstehen, unvermeidbar sind, so daß das eigentliche Problem nicht ist, ob man verletzen soll, sondern wen man verletzen soll. Howard S. Becker, Problems in the Publication of Field Studies. In: Arthur J. Vidich, Joseph Bensman und Maurice R. Stein (eds.): Reflections on Community Studies. New York 1964, S. 267.

[19] Es kann den Stil des schriftlichen Teils beeinflussen, die das endgültige Bild der Arbeit darstellt. Erving Goffman z. B. wird der „Charles Dickens der Sozialwissenschaft" genannt wegen des satirischen Stils seines Buches: Asylums: Essay on the Social Situation of Mental Patients and other Inmates. Garden City, N. Y. 1961. (Severyn Bruyn, The Human Perspective in Sociology: The Methodology of Participant Observation. Englewood Cliffs, N. J. 1966, S. 244 ff.)

[20] Die Rechte und Verpflichtungen eines Förderers werden von Rainwater und Pittman, op, cit. beschrieben. Beschrieben werden auch die Folgen der Veröffentlichung, besonders der Zeitpunkt der Veröffentlichung und wie andere Leute die Ergebnisse verwenden können.

[21] Schwartz und Schwartz, op. cit. schreiben, daß die Beobachtungen dauernd bewertet werden. Sie beziehen sich z. B. auf „retrospektive Beobachtung", die zeigt, wie das, was zwischen Handlung und ihrer Aufzeichnung geschieht, die Wiederdarstellung der wirklichen Handlung beeinflußt.

[22] Schwartz und Schwartz, op. cit. S. 347, kommentieren: „Es ist wichtig, daß (der Forscher) die Bedeutung einer Interaktion mit den Beobachteten auf einer „einfachen menschlichen" Ebene erkennt — indem er mit ihnen nicht nur in seiner speziellen formalen Rolle, sondern auch mit jenen Gefühlen verkehrt, die Cooley als Kern der menschlichen Natur dargestellt hat. Er muß die Empfindungen und Gefühle jener auf einer sympathetischen und empathetischen Ebene teilen. Daher sind die Beobachter und Beobachtete durch die gemeinsame Rolle „Mensch" verbunden. Durch solche einfache menschliche Interaktion kann die psychologische Entfernung zwischen Beobachter und Beobachteten vermindert und die Hemmungen in der Kommunikation können abgebaut werden. . ."

Rüdiger Lautmann

Teilnehmende Beobachtungen in der Strafjustiz

Die Strafjustiz ist keine Instanz, die für die Konstitution abweichenden Verhaltens von nur peripherer Bedeutung wäre — wenngleich in ihrem Selbstverständnis sie sich auf Kriminalität bloß reagieren sieht. Welches Verhalten in unserer Gesellschaft als deviant gilt, das bestimmen nicht nur die Gesetzgeber, wenn sie für vage umschriebene Verhaltensweisen ein Strafmaß festsetzen. Für ein Individuum entscheidet sich sein Schicksal, ,kriminell' zu sein oder nicht, in einem Prozeß, den es in einer Reihe von Instanzen sozialer Kontrolle durchläuft: Polizei, Staatsanwaltschaft, Strafjustiz, Strafvollzug und andere befinden schrittweise darüber, als was ein gewisses individuelles Verhalten zu gelten habe — als deviant oder als konform (vgl. dazu näher *Quensel* 1970; Sack 1972). Dieser *Definitionsprozeß* hat sein prächtigstes Stück in dem Schauspiel, das die Hauptverhandlung vor dem Strafgericht darbietet.

Die rollenreiche Hauptverhandlung enthält viele *Positionen*, von denen aus teilnehmende Beobachtung möglich ist. Ein Soziologe konnte als Wachtmeister, Protokollant, Schöffe, Assistent der Verteidigung oder Pressemann fungieren. Er könnte als Publikum dabei sein, wie *Schumann* u. *Winter* (1971, sowie in diesem Band), und schließlich könnte er in eine der professionalisierten Rollen des Strafprozesses schlüpfen: Rechtsanwalt, Staatsanwalt oder Richter. Dieser Aufsatz möchte einige Probleme diskutieren, die eine teilnehmende Beobachtung in der Rolle des Strafrichters aufwirft.

Die *Datengrundlage* der Überlegungen besteht aus einigen Erfahrungen, die ich als teilnehmender Beobachter in der Justiz machen konnte. Als früherer Absolvent der juristischen Staatsprüfungen war es möglich, in die Justiz einzutreten, und dort habe ich 1969/ 1970 für ein Jahr als Gerichtsassessor gearbeitet. Der dahinterstehende Forschungsplan sah vor, die Struktur von *Zivil*prozessen zu untersuchen (zu theoretischem Ansatz und Ergebnissen siehe *Lautmann* 1970, 1972). In *Straf*prozessen wurde ich nur gelegentlich und aushilfsweise beschäftigt; an fünf Großen Strafkammern (bei zwei Landgerichten in verschiedenen Bundesländern) habe ich je an ein bis zwei Strafprozessen, darunter auch mehrtägigen, sowie an einigen Nebenentscheidungen mitgewirkt. Die dabei gemachten Beobachtungen waren für mich zwar eindrückliche Erlebnisse, aber sie bieten selbstverständlich keine Datengrundlage für Hypothesen zum Strafprozeß. Doch dürften die Erfahrungen hinreichen, um die Methoden teilnehmender Beobachtung in der Rolle des Strafrichters einer Art von Pretest zu unterziehen.

1. Teilnehmende Beobachtung versus andere Methoden in der Justizanalyse

Das Instrumentarium der empirischen Sozialforschung ist reich bestückt, gerade auch für die Analyse des Strafprozesses, so daß hier leicht ein *Auswahlproblem* entsteht. Nun richtet sich die Wahl der Methode prinzipiell nach der Art von Daten, die man benötigt; die gefragten Daten wiederum hängen von den Hypothesen ab, die man zu überprüfen hat, oder von den empirischen Verallgemeinerungen, die man aufstellen will. Doch zumeist klappt es mit der Determination der Methode nicht. Häufig ist der theoretische Ansatz einer Untersuchung so vage formuliert, daß nicht eindeutig feststeht, welche Daten gesucht sind und welche Methode diese Daten zu liefern vermöchte. Dies ist beispielsweise der Fall, wenn die Hypothese lautet: ‚Die Justiz begünstigt tendenziell die Interessen der herrschenden Klasse‘. Solange man in dieser Hypothese die Begriffe ‚begünstigen‘, ‚tendenziell‘, ‚Interessen‘ und ‚herrschende Klasse‘ nicht präzisiert, läßt sich kaum ausmachen, welche Daten die Hypothese bestätigen bzw. widerlegen könnten, und erst recht bleibt das adäquate Erhebungsinstrument im Zweifel. Selbst bei präzise umschriebenen Daten bieten sich oft mehrere Instrumente an, mit denen man die Daten erheben könnte. Nehmen wir an, die genannte Hypothese von der Klassenjustiz sei so präzisiert: ‚*Wenn* in einem Prozeß ein Mitinhaber gesellschaftlicher Herrschaft (Unternehmer, leitender Angestellter, höherer Beamter) einem Lohnabhängigen (einfacher Angestellter oder Beamter, Arbeiter, Rentner) gegenübersteht *und* das anwendbare Recht keine Entscheidung eindeutig nahelegt, *dann* gewinnt der Herrschaftsinhaber den Prozeß häufiger als der Lohnabhängige‘. Diese Fassung ist (mit Ausnahme der Bedingung mehrdeutigen Rechts) einigermaßen präzise. Doch das Auswahlproblem ist geblieben; die in der Hypothese zueinander in Beziehung gesetzten Merkmale lassen sich auf vielerlei Weise ermitteln: Durch Inhaltsanalyse, Befragung, Beobachtung, Experiment oder weiteres.

So ist denn bisher eine *Vielzahl von Instrumenten* zur soziologischen Erforschung der Justiz eingesetzt worden. Auch wenn man nur die Analysen der strafrichterlichen Entscheidungstätigkeit berücksichtigt (und nicht die Persönlichkeits- und Organisationsanalysen), findet man Berichte über die folgenden Instrumente:

— Inhaltsanalyse von Urteilen und Akten (so *Schubert* 1959; *Green* 1961; *Somit* u. a. 1964);

— persönliches Interview (so *Peters* 1970, S. 216);

— postalisches Interview (so *v. Eyben*, zitiert bei *Eckhoff* 1960, S. 46; *Kalven, Zeisel* 1966; *Opp* u. *Peuckert* 1971);

— Experiment, nämlich simulierte Verhandlung (so *Strodtbeck* u. a. 1957; *Zeisel* 1962, S. 128 f);

— verborgene Beobachtung, nämlich Tonband im richterlichen Beratungszimmer (siehe dazu *Strodtbeck* 1962, S. 151);

— offene Beobachtung, nämlich von der Publikumsbank aus (so *Peters* 1970, S. 215; *Milewski* 1971).

Wie die Beobachtung von der *Publikumsbank des Gerichtssaales* einzustufen ist, das erscheint als etwas unklar. *Schumann* u. *Winter* (1971, sowie in diesem Bande) halten sie für teilnehmend, *Peters* (1970, S. 215) nennt sie nicht-teilnehmend. Ein Kriterium teilnehmender Beobachtung besteht darin, daß der Soziologe eine Rolle in der zu erforschenden Feldsituation bezieht und ausübt. Zweifellos ist es eine Rolle innerhalb der öffentlichen Hauptverhandlung, Publikum zu sein; allerdings partizipiert das Publikum äußerst wenig am Entscheidungsvorgang, offiziell wird es nicht beachtet und darf sich nicht rühren — wie eine sogenannte Nullperson. Diese Marginalposition des Publikums im Strafprozeß ist es wohl, die daran zweifeln läßt, ob hier ‚teilnehmend‘ beobachtet wird. Je weniger jemand in ein Sozialsystem integriert ist, desto weniger nimmt er an ihm teil; Beobachter indessen kann er ungemindert sein.

Nach offiziellem Programm ist die *Hauptverhandlung* der maßgebende Ort, um die Voraussetzungen des Urteils und dieses selbst zu erarbeiten. Welche Fakten nachgewiesen sind, ‚entscheidet das Gericht nach seiner freien, aus dem Inbegriff der Verhandlung geschöpften Überzeugung‘ (§ 261 Strafprozeßordnung). Ob nun die Richter ihre Überzeugung tatsächlich erst in der Hauptverhandlung gewinnen, das ist sehr fraglich. Die regelmäßig ausschlaggebenden Figuren in der Richtergruppe — Vorsitzender und Berichterstatter — haben sich *vor* der Verhandlung intensiv mit dem Akteninhalt befaßt. Wer nun das Zustandekommen der richterlichen Überzeugung von Anfang an beobachten wollte, der müßte eine Position beziehen, die ihn auch außerhalb der Verhandlung am richterlichen Tun teilnehmen läßt. Noch eine Fülle anderer Fragen wird erst beantwortbar, wenn Vorgänge auf der Hinterbühne des Prozesses berücksichtigt werden. So sind die Interaktionen der Richter untereinander im Gerichtssaal fast völlig zurückgenommen; sie geschehen hinter den Kulissen, nämlich im Beratungsraum, in den Arbeitszimmern und in der Kantine. Daten über diese Vorgänge lassen sich *nur* in teilnehmender Beobachtung erlan-

gen, und dafür sind ganz wenige Rollen vorhanden: Der Gerichtsassessor und der Gerichtsreferendar. Für die intensivste Form der
Teilnahme bedarf es mithin der Juristen, mit zweiter und/oder
erster Staatsprüfung. Bei der zunehmenden Zahl von Juristen-So-
ziologen mit Doppelausbildung und der sich anbahnenden Ver-
flechtung der beiden Ausbildungsgänge dürfte es zukünftig an
Interessenten nicht fehlen.

2. Beobachtung in Herrschaftsorganisationen

In der Justiz, wie in den anderen Instanzen der staatlichen Pro-
grammherstellung und Programmausführung, wird legitime gesellschaftliche Macht ausgeübt; die Justiz ist eine Herrschaftsorganisation. Bislang sind diese Organisationen für Außenseiter durchweg *geschlossen;* für Soziologen, die das Organisationsverhalten
untersuchen wollen, ist der Zugang schwierig. Die Organisationen
erwarten sich von soziologischen Analysen kaum Vorteile, sondern allenfalls Kritik. Da man auf stetige Legitimation des Herr-
schaftshandelns angewiesen ist, vermeidet man lieber Kritik,
schon gar von seiten der Wissenschaft. Die Soziologie steht im
Rufe, allzu kritische Untersuchungsberichte zu liefern, ja oft genug
zu einer ‚Diffamierungssoziologie' zu entarten (so *Schelsky* 1971);
angesichts der vielen braven funktionalistischen Analysen ist dieses Urteil sicherlich übertrieben, und angesichts der Erfordernisse
eines demokratischen Staatswesens ist es politisch schädlich. Doch
ist die Furcht vor ‚Diffamierungssoziologie' vorhanden und ver-
schließt Soziologen den Zugang zur Justiz. Ohne das Problem von
der Henne und dem Ei hier endgültig lösen zu wollen, kann man
feststellen: Die Justiz und andere Herrschaftsorganisationen wehr-
ten sich bereits gegen soziologische Einblicknahmen, als noch keine
‚diffamierenden' Analysen vorlagen. Das haben viele Soziologen
erfahren, die Akten aus abgeschlossenen Verfahren einsehen oder,
wie der Verfasser, als teilnehmender Beobachter eingestellt werden wollten. Indessen muß man gerechterweise sofort anfügen:
Gelegentlich öffnet die Justiz sich doch für soziologische Datensammlung. Nur war der Zutritt bislang so vielen Restriktionen
unterworfen, daß es nicht zu einer zufälligen, repräsentativen
Auswahl der Untersuchungseinheiten kam.

Die diversen Methoden empirischer Sozialforschung begegnen in
Herrschaftsorganisationen einem abgestuften *Mißtrauen.* Gegen
Interviews hat man am wenigsten einzuwenden; den Fragebogen
kann man sich vorlegen lassen und notfalls zensieren; zudem haben die meisten dieser Organisationen Mechanismen der Außen-
darstellung einstudiert, die bei der Beantwortung von Fragen zum
Einsatz kommen. Die Inhaltsanalyse mit Akten abgeschlossener

Vorgänge wird schon als gefährlicher empfunden; doch die meisten Behörden dürfen gewiß sein, daß in ihren Akten keine Leichen wesen. Eine teilnehmende Beobachtung erweckt das stärkste Mißtrauen; findet sie in den herrschaftsausübenden Positionen der Organisation statt, dann wird der Beobachter ungefiltert mit allen Entscheidungssituationen konfrontiert, auch mit den illegitimen Elementen darin. *Becker* hält es denn auch für unwahrscheinlich, daß die Richter in Amerika oder irgendwo anders bei ihren Beratungen einen Beobachter zulassen würden (1966, S. 134 f). In Deutschland scheint dies jedoch dann möglich zu sein, wenn die Leitung eines Gerichts den teilnehmenden Beobachter einer Kammer zuweist; diese Situation habe ich in einem Fall erlebt. Ein teilnehmender Beobachter dürfte akzeptiert werden, wenn wenigstens diese drei Bedingungen erfüllt sind: 1. die Organisationsspitze billigt die Anwesenheit des Beobachters; 2. der Beobachter erledigt die mit der Feldrolle verbundenen Aufgaben (so daß er als Arbeitskollege akzeptiert werden kann); 3. die Beobachteten halten den Beobachter für loyal.

Nun ist es riskant, von vornherein auf die Erfüllung aller dieser Bedingungen zu setzen. Außerdem bleibt die Frage offen, ob die Beobachteten ihr Verhalten nicht in Anwesenheit eines Beobachters ändern werden; die Justiz hält ihre Entscheidungsprozesse ja für so prekär, daß sie für die Urteilsberatung eine Geheimhaltung vorschreibt und strafrechtlich absichert. Es ist keineswegs auszuschließen, daß Richter — in Darstellungsproblemen ja professionell außerordentlich gewandt — ihr Verhalten auf den Beobachter und auf die ihm zugeschriebenen Erkenntnisabsichten einstellen würden. Für die Datensammlung in einer Richtergruppe empfiehlt es sich daher, *die Beobachterrolle verdeckt zu lassen.* Je nach Zugänglichkeit des zu beobachtenden Sozialsystems und nach Offenlegung der Beobachterrolle ergeben sich vier Typen teilnehmender Beobachtung (*Bell* 1969):

Tabelle 1

	Beobachtetes Sozialsystem:	
	offen	geschlossen
Beobachterrolle: offen	1	3
verdeckt	2	4

Teilnehmende Beobachtung kann in diesen vier Spielarten auftreten. Es gibt indessen wohl die Tendenz, entweder Typ 1 oder Typ 4 zu wählen: in offenen Organisationen — etwa einem Verein — kann die Beobachterrolle offengelegt werden; in geschlossenen Organisationen — etwa in Justiz oder psychiatrischer Klinik — muß die Beobachterrolle eher verdeckt bleiben. Die Verdeckung mag einerseits zur Validität der erhobenen Daten beitragen; sie wirft andererseits besondere Probleme, auch ethischer Art, auf. *Friedrichs* u. *Lüdtke* (1971, S. 158 f) fordern, die eigentliche wissenschaftliche Aufgabe des Beobachters müsse verdeckt bleiben, zumindest aber die Protokollierung und Auswertung von Beobachtungen. Da meine Beobachterposition in den von mir besuchten Strafkammern vermutlich verdeckt geblieben ist, gelten die folgenden Erörterungen nur für diesen Typus.

Überblickt man die in der Literatur mitgeteilten Fälle verdeckter teilnehmender Beobachtung in Herrschaftsorganisationen, so stellt sich folgendes heraus: Häufig sind es die *unterprivilegierten Organisationsmitglieder*, deren Verhalten erforscht wird. So wurden Daten erhoben über die Patienten eines psychiatrischen Krankenhauses — in der simulierten Rolle eines Patienten (*Caudill* u. a. 1952), oder über Militärrekruten — in der Rolle eines Rekruten, gespielt von einem Offizier der Air Force (*Sullivan* u. a. 1958). Die Soziologie untermauert den ihr vielfach angehängten Ruf, Herrschaftswissen zu beschaffen, wenn sie nicht mindestens ebenso intensiv bemüht ist, das Verhalten der Machtinhaber kritisch zu analysieren wie das Verhalten der Machtunterworfenen. Nun ist es natürlich schwierig, sich in eine elitäre Rolle hineinzuschmuggeln, wohingegen subalterne Rollen, vor allem in Behandlungsorganisationen, jedem offenstehen, der ein Minimum leicht schaffbarer Voraussetzungen erfüllt. Vermutlich liegt es auch nicht so sehr an der Zugänglichkeit von Feldrollen, wenn die Abhängigen eher zum Objekt teilnehmender Beobachtung gemacht werden. Dieser Umstand mag vielmehr auf eine teilweise unkritische Problemwahl der Forscher sowie auf die Interessen der Auftraggeber von Projekten zurückgehen. Eine herrschaftskritische Sozialforschung könnte sich von solchen Einflüssen leicht emanzipieren.

3. Konflikte bei Ausführung der Feldrolle

Die teilnehmende Beobachtung auf der Richterbank, insbesondere in der Strafjustiz, schafft eine Reihe von Rollenkonflikten, die vom Typus des *Person-Rolle-Konflikts* sind: Einige Bedürfnisse und Werte der Person widerstreiten den Anforderungen ihrer Rolle (nach *Kahn* u. a. 1964, S. 20). Man sollte annehmen, daß ein Soziologe, soweit er über das jeweilige (nicht aufwendige) juristische Wissen verfügt, die Rolle eines Strafrichters nicht schlecht ausfüllen könnte. Er weiß Bescheid über die Genese abweichenden Verhaltens und den Verlauf von krimineller Karriere. Im Felde stellt sich dann heraus, daß solches Wissen wenig handlungsrelevant ist; der Soziologe-Richter soll nicht ein Rollenverhalten zeigen,

wie es ihm aufgrund allgemeiner — idealrechtlicher und sozialpo-
litischer — Überlegungen adäquat erscheint. Vom Berufsrichter
wird vielmehr erwartet, daß er sich den organisationsintern gül-
tigen Erwartungen anpaßt. Die Erwartungen regeln das Richter-
verhalten zwar informell, doch recht präzise und auch sanktions-
bewehrt. Ob der Neuling das ihm hier konkret angesonnene Verhalten für partielle inadäquat und illegitim hält oder nicht — die
Organisation Justiz sozialisiert ihn zu einem Rollenspiel nach ihrer
Tradition. Der Gerichtsassessor ist in Verbleib und Fortkommen
stark abhängig: Er ist Beamter auf Widerruf, wird innerhalb der
Justiz öfters versetzt, wird häufig formell und noch häufiger informell beurteilt. So steht ausreichender Druck bereit, um ihn den
organisationsinternen Normen anzupassen. Der verdeckte Beobachter in der Rolle des Gerichtsassessors bekommt den Sozialisa-
tionsdruck um so härter zu spüren, je deutlicher er ein alternatives
Rollenbild des Richters entwickelt hatte. Einige Beispiele zeigen
die daraus resultierenden Person-Rolle-Konflikte.

Der Beobachter muß die *Arbeitsnormen* der Organisation erkennen und befolgen. Die meisten dieser Normen sind nicht verbali-
siert; daher werden sie erlernt tendenziell durch unreflektierte
Imitation. Der Richteranfänger stellt überrascht fest, daß *Arbeits-
investition* nicht nur dort geschieht, wo Entscheidungsgrundlagen
faktischer oder normativer Art beschafft werden. Arbeit wird vor
allem dort reichlich investiert, wo das Schauspiel ‚Legitimität der
Entscheidung' das zu erfordern scheint. So werden in der Hauptverhandlung die Fakten des strafrechtlichen Tatbestandes minu-
ziös nachkonstruiert, auch wenn sie klar und nicht bestritten sind.
Den sozialen und individualpsychischen Hintergründen dagegen
gelten in der Regel nur wenige Minuten mit unverbindlichen Fragen. Der soziologische Beobachter, wenn er diese Realitätskon-
struktion mitmachen soll, gerät in Schwierigkeiten.

Andererseits geschieht *Arbeitsersparnis* dort, wo ein soziologisch
vorgebildeter Entscheider gerade Arbeit investieren würde. Beispiel: Ein Jugendlicher hat gegen das Strafmaß Berufung einge-
legt, meines Erachtens aussichtsreich. Die Kammer ist zur Neuver-
handlung versammelt, als der Wachtmeister aus dem Sitzungssaal
die Nachricht bringt, der Verurteilte nehme das Rechtsmittel zurück. Die Berufsrichter akzeptieren die sofortige Beendigung des
Verfahrens, ohne auch nur zu überlegen, ob man nicht das Motiv
der Rücknahme hören solle. Der Vorsitzende bemerkt immerhin,
seiner Meinung nach sei das angefochtene Urteil falsch begründet
gewesen. Und dabei bleibt es.

Bei der *Ermittlung von Fakten* im Strafprozeß entsteht leicht ein
Konflikt zwischen den justizüblichen Verfahren und den Metho-

den, wie sie der Beobachter in der empirischen Sozialforschung kennengelernt hat. In die Suche nach bestimmten Tatbestandsmerkmalen geraten nämlich immer wieder fragwürdige normative Argumente hinein. Bei der Erörterung von Einzelheiten einer Notzuchthandlung an einem leichten Mädchen etwa halten Vorsitzender und Berichterstatter mir viermal als Argument entgegen: „Stellen Sie sich vor, *Ihre* Frau würde von diesem Burschen überfallen!" So mögen zwar gelungene Persuasionen ablaufen, nicht aber rationale Faktendiskussionen; doch vermag der Beobachter nur schwer auf Argumente solchen Niveaus zu erwidern. Es scheint so, als ob einige Angeklagte eher für schuldig erklärt werden als andere, und zwar mit Argumenten, die entweder eine Laientheorie über das Leben in der Unterschicht sind oder deren Angehörige abwerten. Eine Angeklagte behauptet, von dem ihr angelasteten Diebstahlsversuch *freiwillig* abgelassen zu haben, also zurückgetreten zu sein. Einer der Richter lehnt diese Einlassung ab: „Die Leute sind ja in einer Lage, wo ihnen gar nichts mehr anderes übrigbleibt" (d. h. als zu stehlen). Das Gewißheitserlebnis der Richter folgt nicht immer den Prinzipien, wie sie in der Sozialforschung gängig sind. Nach Erlaß eines Urteils scheinen Zweifel überhaupt unerwünscht zu sein. Ein Vorsitzender gibt mir den Rat: „Wenn Sie ein Strafurteil machen, dann müssen Sie auch den Mut haben zu sagen, ‚es war so'."

Die *Härte* der in der Strafjustiz üblichen Urteile erschreckt denjenigen, der sich sozialwissenschaftlich mit abweichendem Verhalten und Sanktionen befaßt hat. Schwer mitzumachen ist auch Art und Weise, auf die solche harten Strafmaße in der Diskussion durchgesetzt und begründet werden. Der Beobachter ist zunächst überrascht, wie wenig das Strafmaß erörtert wird. Am Ende einer dreitätigen Verhandlung, bei der Beratung des Strafmaßes, sagt der Berichterstatter nur vier Sätze, darunter diese beiden: „Rund heraus: Zwei Jahre! Die Tat steht so sehr im Vordergrund, daß das andere nicht so wichtig ist" (nämlich die Begleitumstände). Etwas wunderlich muten die Argumente an, mit denen mehrere Strafen für verschiedene Taten zueinander in Beziehung gesetzt werden. Ein Angeklagter wird wegen drei nacheinander begangener Delikte verurteilt. Für eines davon schlägt der Berichterstatter sechs Monate Freiheitsstrafe vor. Einer der Schöffen hält drei Monate für ausreichend. Der Berichterstatter versucht ihm das auszureden: „Wenn wir drei Monate nehmen, dann können wir ja gar nicht mehr ausdrücken, daß dieser Diebstahl die *mittelschwere* Tat ist." Ähnliche Maßstäbe vom Goldenen Schnitt der Strafmaße drängen zum Ausdruck in einem anderen Verfahren. Dort macht der Vorsitzende seinen harten Urteilsvorschlag den Schöffen so plausibel: „Man muß die Strafe mit den Vorstrafen in eine Linie bringen. Wir dürfen uns nicht lächerlich machen, indem wir jetzt eine zu geringe Strafe geben."

Der Beobachter gerät in scharfe *Konflikte mit den Berufsrichtern,* wenn er deren Strafvisionen anficht. Da wird ihm entgegengehalten: „Sie müssen auch mal unsere Erfahrung gelten lassen!" Und: „Wie lange sind Sie schon Richter? — Ich bin dreißig Jahre Strafrichter!" Leistet der Beobachter nicht äußerst behutsam Widerstand gegen ein hartes Strafmaß — bei geringer Erfahrung in der Feldrolle kann das leicht geschehen —, so bekommt er zu hören: „Sie haben mir doch selbst gesagt, daß Sie vom Strafrecht keine Ahnung haben!" Er wird angeherrscht: „Halten Sie Ihre soziologischen Vorträge nicht hier, sondern in Bonn!" Oder, die Neigung zur ‚weichen Welle' geißelnd: „Dann dürfen Sie nicht Strafrichter werden!" Der Beobachter mag sich in solchen Momenten versucht fühlen, die Rücksicht auf sein Forschungsprojekt fahren zu lassen, wenn er sieht, wie mit blinder Rücksichtslosigkeit sinnlose Freiheitsstrafen verhängt werden. Wenig hilfreich erscheint dann die Empfehlung von *Scott* (1963, S. 165 f), der soziologische Beobachter solle sich gegenüber sämtlichen Organisationsmitgliedern in Wort und Tat neutral verhalten (nicht so streng ist *Vidich* 1960, S. 358). Doch je mehr Kritik der Soziologe in der Feldrolle übt, desto größer wird seine Distanz zu den Rollenpartnern im Felde werden. Wenn daraufhin die Forschungs*daten* verzerrt werden oder ausbleiben, kann es wenig trösten, man habe immerhin *Aktions*forschung betrieben.

Noch andere Probleme für den Beobachter schafft das *Autoritätsgefüge* der Organisation. Der Anfänger muß etwa lernen, sich von manchem Kammervorsitzenden in der Rede unterbrechen zu lassen, ohne dies zu erwidern. Autorität will geachtet sein. Zu Anfang meines Aufenthalts vergaß ich das einmal: Für zwei Wochen war ich einer zweiten Kammer zur Aushilfe zugeteilt; statt alsbald beim dortigen Vorsitzenden mich vorzustellen, rief ich ihn lediglich an, wann ich wohl gebraucht würde. Dieser Fauxpas, verbunden mit einem zweiten, löste dann einen förmlichen Tadel aus.

Alle in diesem Abschnitt geschilderten Rollenkonflikte und Anpassungsschwierigkeiten bezeichnen typische Probleme von teilnehmender Beobachtung in machtausübenden Positionen einer Herrschaftsorganisation. Sie stellen manches Mal die Fortsetzung der Datensammlung infrage, weil sie die Unauffälligkeit des Beobachters und damit die Verdeckung der Beobachterrolle beeinträchtigen. Gerade die Unauffälligkeit indessen ermöglicht dem Beobachter die Anwesenheit auch dort, wo er formell gar nicht dabeizusein brauchte (etwa bei Beratung der Kollegen untereinander), sowie die Niederschrift von Beobachtungen bereits innerhalb der Aktion.

Während die Feldkonflikte die Datensammlung zum Thema des richterlichen Entscheidungsprozeß gefährden, ja vielleicht sogar den Abbruch herbei beschwören, liefern sie zugleich *Daten über andere Themen*. Der Beobachter erfährt etwa, wie soziologisches Wissen den Richter in actu (und nicht in den obligaten Fortbildungsakademien) beeinflußt. Ein erfahrener Landgerichtsdirektor sagt wegwerfend: „Ach, die Wissenschaft, damit kann man nicht viel machen." Und später: „Wir müssen uns damit abfinden, daß es einen Bodensatz der Gesellschaft gibt, der kriminell ist. Das lasse ich mir nicht nehmen." Natürlich sind nicht alle Richter so resistent gegen sozialwissenschaftliche Informationen.

Noch in einer zweiten Hinsicht sind Feldkonflikte der Schauplatz sinnvoller Aktion: Der Beobachter in der Rolle des beisitzenden Berufsrichters kann sich an die beiden Schöffen wenden und bei ihnen für *seine* Ansicht von den Ereignissen werben. Schöffen sind gewöhnlich die bei weitem passivsten Mitglieder in der Großen Strafkammer. Es scheint, als seien sie ihrer Gleichberechtigung mit den drei Berufsrichtern selten voll bewußt. Bei der Beratung adressieren Berichterstatter und Vorsitzender ihre Rede hauptsächlich an die Schöffen. In einem Fall reagiert ein Schöffe auf den Vortrag des Berichterstatters spontan so: „Sie haben gesprochen wie ein Staatsanwalt." Die Schöffen könnten zum Promoter einer Reform der strafgerichtlichen Entscheidungspraxis werden, wenn sie ein Bewußtsein ihrer Einflußchancen erhielten und den Stereotypien der Berufsrichter widersprächen. Meine vorsichtigen Versuche, eine liberale Koalition mit dem jeweiligen Schöffen einzugehen, waren nicht völlig erfolglos. Vermutlich kann man als teilnehmender Beobachter nicht alle diese Ziele nebeneinander verfolgen, wenngleich man dazu versucht ist. Immerhin zeigen die beiden angedeuteten positiven Handlungschancen bei Feldkonflikten — Prüfung der Überzeugungskraft soziologischer Information und Aktivierung von Laienrichtern — Rückzugslinien und Auffangfronten an, auf die eine scheiternde Beobachtung sich eventuell hinbewegen könnte.

Literatur

Becker, L.: Surveys and Judiciaries, or Who's Afraid of the Purple Curtain? Law and Society Review 1 (1966) 133

Bell, C.: A Note on Participant Observation. Sociology 3 (1969) 417

Caudill, W. C., F. Redlich, H. Gilmore, E. Brody: Social Structure and Interaction Processes an a Psychiatric Ward. Am. J. Orthopsychiatry 22 (1952) 314

Eckhoff, T.: Sociology of Law in Scandinavia. Scandinavian Studies in Law 4 (1960) 29

Friedrichs, J., H. Lüdtke: Teilnehmende Beobachtung. Weinheim — Berlin — Basel 1971

Green, E.: Judical Attitudes in Sentencing. London 1961

Kahn, R. L., D. M. Wolfe, R. P. Quinn, J. D. Snoek: Organizational Stress: Studies in Role Conflict and Ambiguity. New York 1964

Kalven, Jr., H., H. Zeisel: The American Jury. Boston 1966

Lautmann, R.: Justiz von innen betrachtet. Krim. J. 2 (1970) 141

Lautmann, R.: Justiz — die stille Gewalt. Teilnehmende Beobachtung und entscheidungssoziologische Analyse. 1972 (Im Druck)

Milewski, M.: Courtroom Encounters. Law and Society Review 5 (1971) 473

Opp, K.-D., P. Peuckert: Ideologie und Fakten in der Rechtssprechung. München 1971

Peters, D.: Die Genese richterlicher Urteilsbildung und die Schichtverteilung der Kriminalität. Krim. J. 2 (1970) 210

Quensel, S.: Wie wird man kriminell? Kritische Justiz 3 (1970) 375

Sack, F.: Der labeling-approach. Krim. J. 4 (1972) 2

Schelsky, H.: Die Strategie der ‚Systemüberwindung' Frankfurter Allgemeine Zeitung, Nr. 286 (1971)

Schubert, G.: Quantitative Analysis of Judical Behavior. Glencoe 1959

Schumann, K. F., G. Winter: Zur Analyse des Strafverfahrens. Krim. J. 3 (1971) 136; sowie in diesem Sammelband

Scott, W. R.: Field Work in a Formal Organization. Human Organization 22 (1963) 162

Somit, A., J. Tanenhaus, W. Wilke: Aspects of Judical Sentencing Behavior. In: G. Schubert (ed.): Judical Behavior. Chicago 1964

Strodtbeck, F. L.: Social Process, the Law, and Jury Functioning. In: W. M. Evan (ed.): Law and Sociology, New York 1962

Strodtbeck, F. L., R. M. James, C. Hawkins: Social Status in Jury Deliberations. Am. Soc. Rev. 22 (1957) 713

Sullivan, Jr., M. A., S. A. Queen, C. Patrick, Jr.: Participant Observation as Employed in the Study of a Military Training Program. Am. Soc. Rev. 23 (1958) 660

Vidich, A. J.: Participant Observation and the Collection and Interpretation of Data. Am. J. Soc. 60 (1960) 354

Zeisel, H.: Social Research on the Law. In: W. M. Evan (ed.): Law and Sociology, New York 1962

Erhard Blankenburg

Die Selektivität rechtlicher Sanktionen.
Eine empirische Untersuchung von Ladendiebstählen

1.1 Die Geltungsstruktur sozialer Normen

Im sozialen Leben sind wir darauf angewiesen, das Verhalten anderer vorherzusagen und uns „darauf einzurichten", ebenso wie sich andere auf unser Verhalten „einrichten" und „sich auf uns verlassen". Diese Orientierung des Handelns an den Reaktionen und dem Handeln anderer ist für Theodor *Geiger* eine so grundlegende Tatsache sozialen Zusammenlebens, daß er seinen Begriff der „Gesellschaft" hieran orientiert. „Der Begriff der menschlichen Gesellschaft bedeutet, auf seinen einfachsten Ausdruck gebracht, daß Menschen in ihrem Dasein aufeinander eingestellt und angewiesen sind." (*Geiger* 1964, S. 46). Theodor *Geiger* ordnet alle Erscheinungsformen gesellschaftlicher Ordnung von der losen gegenseitigen Bezogenheit sozialen Handelns bis zu den Gefügen rechtlicher Normen danach, durch welche Mechanismen diese Orientierungssicherheit gewährleistet wird. Der Begriff der „Norm" ist dabei beschränkt auf Verhaltensregelmäßigkeiten, bei denen im Falle des Abweichens eine Sanktion erfolgt.

Entscheidend ist an *Geigers* Definition, daß sie im Rahmen des Beobachtbaren bleibt. Sowohl die Regelmäßigkeit selbst als auch das Reaktionshandeln sind grundsätzlich sichtbares Verhalten. Wir brauchen also nicht unbedingt die Handelnden zu befragen, sondern wir können durch Beobachten entscheiden, ob die Definitionskriterien erfüllt sind. Allerdings müssen wir sehr oft lange warten, ehe wir wissen, ob eine beobachtete Verhaltensregelmäßigkeit auch wirklich eine Norm darstellt. Solange wir keine Abweichung von der Regelmäßigkeit feststellen können, wissen wir auch nicht, ob eine Sanktion erfolgen würde oder nicht. Zudem müssen wir eine größere Anzahl von Beobachtungen sammeln, ehe wir eine soziologische Tatsachenfeststellung machen können: In einigen Fällen kann eine Sanktion erfolgen, in anderen wiederum nicht. Gesetze des sozialen Verhaltens pflegen nur mit einer bestimmten Wahrscheinlichkeit einzutreffen. Ein guter Teil der Definitionsleistung steht also noch aus: Es müssen Schwellenwerte

Quelle: Für diesen Band überarbeitete und erweiterte Fassung des gleichnamigen Aufsatzes in der Kölner Zeitschrift für Soziologie und Sozialpsychologie 21 (1969) 805

bestimmt werden, Wahrscheinlichkeiten, ab denen wir von Verhaltensregelmäßigkeit sprechen können oder davon, daß „regelmäßig" eine Sanktion erfolgt. Auch wenn nur in 30 % aller Abweichungen eine Sanktion erfolgt, könnte dies genügen, um von einer Norm zu sprechen. Wir müssen die tatsächlichen Häufigkeiten normrelevanten Handelns erst einmal kennenlernen, um auf empirischer Basis sinnvolle Begriffsabgrenzungen festlegen zu können.

Diese Art der Begriffsbestimmung führt zu einem radikalen Abweichen von dem gewohnten Wortgebrauch der Juristen. Wenn für den Juristen eine Norm entweder gilt oder nicht gilt, so stellt *Geiger* (1964, S. 308) dem entgegen, daß eine Norm „auch in einem gewissen Ausmaß" gelten kann. „Die Verbindlichkeit (i. e. die Geltung) der Norm muß einem Tatsachenzusammenhang entsprechen — als ein „Gesolltes" ist sie leeres methaphysisches Phrasenwerk und wissenschaftlich ebenso undiskutabel wie interessenlos. Der mit dem Wort Verbindlichkeit ausgedrückte Tatsachenzusammenhang ist die alternative Ereignischance (je nachdem, ob die Norm befolgt wird oder ein Normbruch mit entsprechender Reaktion erfolgt) also eine grundsätzlich meßbare Größe".

Wie sieht eine solche empirische Bestimmung der Normverbindlichkeit aus? Zunächst müssen wir alle Situationen, die für eine bestimmte Norm relevant sind (d. h. alle Situationen, in denen man vor der Entscheidung steht, ob man eine bestimmte Norm befolgen wird oder nicht) erfassen.

Wir können an der Summe aller normrelevanten Situationen anteilmäßig bestimmen, wie oft eine Norm überhaupt befolgt wird, wie oft sie durchbrochen wird, wie oft dann eine Sanktion erfolgt, und wie oft und unter welchen Umständen dies nicht der Fall ist. Nehmen wir als Beispiel das Halteverbot an einer Vorfahrtstraße. Nehmen wir an, 80 % der Autofahrer halten dieses Gebot tatsächlich ein — die Verhaltensgeltung ist also 80 %. Nehmen wir an, von den 20 % der Normbrecher wird jeder vierte von einem Polizisten aufgeschrieben und bestraft — die Sanktionsgeltung beträgt also 5 %. Die Norm gilt also zu 85 %, ihre Nichtgeltung beträgt 15 %. Der größte Teil dieser 15 % werden Autofahrer sein, deren Normbruch niemand beobachtet hat: Wir wollen dies als Dunkelfeld bezeichnen. Nehmen wir aber an, daß in vier Fällen jemand beobachtet hat, daß ein Autofahrer das Stopschild überfuhr, aber er konnte die Nummer nicht erkennen, oder man kann die Strafe nicht vollziehen, weil es sich um einen ausländischen Autofahrer handelt, der bald danach über die Grenze verschwindet. Beide Fälle werden also von der Sanktionsinstanz nicht aufgeklärt. Und nehmen wir noch eine letzte Möglichkeit an: Der Polizist beobachtet den Normbruch, weiß, wer ihn begangen hat, schreibt aber kein Protokoll aus, da es seine eigene Frau ist. Hier wird also auf Sanktion „verzichtet".[1]

Die verschiedenen Möglichkeiten des Geschehenablaufes in diesem Beispiel bilden, was wir die „Geltungsstruktur einer Norm" nennen wollen.

Tabelle 1   Schema der Geltungsstruktur sozialer Normen[2]

a) Verhaltens-geltung	b) Sanktions-geltung	c) Sanktions-verzicht	d) Nicht aufgeklärte Normbrüche	e) Nicht entdeckte Normbrüche (Dunkelfeld)
Normkonformes Verhalten	Abweichendes Verhalten, Sanktion	Normbrecher bekannt, nicht sanktioniert	Normbrecher unbekannt, Normbruch bekannt	Normbrecher unbekannt, Normbruch unbekannt

Um Kenntnis über eine bestimmte Norm zu erlangen, müssen wir zunächst die quantitative Verteilung der verschiedenen Geschehensabläufe kennen. In wievielen Fällen wird die Norm eingehalten, in wievielen gebrochen? In wievielen Fällen wird die Sanktion vollzogen, in wievielen nicht? Welche Bedingungen führten dazu, daß nicht sanktioniert wurde, also zu einem Sanktionsverzicht? Hat man den Normbrecher nicht erwischt? Weiß man nicht einmal, wer er ist? Oder ist der Normbruch überhaupt nicht entdeckt worden?

Wenn wir uns genau prüfen, dann machen wir täglich gewisse Annahmen über die Geltungsstruktur von sozialen Normen. In der Regel werden wir unterschätzen, wie oft die Sollforderungen unserer Umgebung übertreten werden, und wie selten ihnen durch Sanktionen Nachdruck verholfen wird. Insbesondere aber bei „Rechtsnormen", d. h. Normen, deren Abweichung durch eine *Instanz* sanktioniert wird, scheint sich ein besonderes Vertrauensbedürfnis in die Sicherheit von rechtlichen Regelungen entwickelt zu haben. Eine „Instanz" nennen wir eine oder mehrere Personen, die vorher bestimmt sind, die mit Zwangsgewalt ausgestattet sind und die in der Ausführung ihrer Sanktion an bestimmte Regeln gebunden sind. Das Recht zur Sanktion ist dabei gleichzeitig eine Verpflichtung: Wird der Normbruch bemerkt („angezeigt"), so *„muß"* eine Sanktion erfolgen. Tatsächlich aber kennt dieses

„muß" viele Ausnahmen. Die Gründe für solche Ausnahmen können sehr einleuchtend sein, aber bisher hat die affektive Besetzung von Fragen der Rechtssicherheit uns daran gehindert, überhaupt die Tatsachen klar zu sehen.

1.2 *Methodische Schwierigkeiten der empirischen Erforschung normrelevanten Verhaltens*

Über alle Fälle, die im Dunkelfeld liegen, können wir in der Regel nur sehr wenig aussagen. Wenn die Sanktionsinstanz keine Informationen darüber erhält, wer hier die Norm bricht, wird auch der Sozialforscher nur schwer Informationen darüber bekommen können. *Schätzungen* über die Größe der Dunkelziffer sind also die Regel.

Die Aufklärungsziffer dagegen ist in der Regel durchaus bekannt, ebenso die Fälle des Sanktionsverzichts oder der Sanktionsgeltung. Die Verhaltensgeltung dagegen wirft einige Probleme bei ihrer quantitativen Erfassung auf: An unserer Stop-Straße konnten wir leicht feststellen, wieviele Autofahrer diese Stelle passieren, also überhaupt vor die Alternative: Einhalten der Norm oder Normbruch gestellt wurden. In vielen anderen Fällen aber läßt es sich gar nicht sagen, wieviele Situationen eintreten, in denen sich eine derartige Verhaltensalternative stellt. (Zum Beispiel: Welches ist die Verhaltensgeltung der Norm: „Du sollst nicht töten"?).

Die quantitative Bemessung der Fälle a und e (in unserem Schema) ist nur unter der Voraussetzung möglich, daß wir die Klasse aller Situationen eindeutig bestimmen können, in denen sich die Alternative der Normeinhaltung bzw. des Normbruchs stellt.

Wenn wir einige Normen unseres Alltagslebens beobachten und ihre Geltungsstruktur (d. h. also diese verschiedenen Quoten) bestimmen, sehen wir, daß keine Norm menschliches Verhalten determiniert, sondern jeweils einen Spielraum des Verhaltens offenläßt. Immer bleibt den Handelnden auch die Möglichkeit eines Normbruchs. Und auch die Normen, die bestimmen, wie sich andere auf einen Normbruch hin verhalten sollen, enthalten Möglichkeiten des Abschwächens und des Umgehens. Die Handelnden versuchen natürlich, Sanktionen auf ihren Normbruch mit allen möglichen Mitteln zu entgehen: durch strenge Geheimhaltung, durch Beeinflussung oder Korruption der Sanktionsinstanz, usw. Aus diesem Interesse der Handelnden entstehen die besonderen inhärenten Schwierigkeiten für empirische Untersuchungen über Normstrukturen: Wer eine Norm bricht, pflegt sich zu verstecken. Nicht nur die Polizisten und Detektive haben ihre Schwierigkeiten, Normbrecher zu entdecken. Für die Sozialforscher gilt dies im gleichen Maße, ob es sich hier um Sittennormen oder um strafrechtlich verfolgte Normen handelt, ist hier gleichgültig. Die am weitesten verbreitete Methode der Informationssammlung unter Soziologen, *die Befragung,* scheitert in der Regel vor der Aufgabe, wahrheitsgetreue Daten über normrelevantes Verhalten zu bekommen: Die Befragten geben nicht zu, daß oder wie oft sie Normen übertreten. Sie weichen in eine Meinungsantwort aus: Sie geben an, was man in einer Situation tun *sollte,* nicht, was sie in Wirklichkeit tun. Befragungen sind ein Mittel, etwas über Meinungen und Einstellungen zu erfahren. Von den Antworten in Interviews auf das Verhalten zurückzuschließen, ist immer fragwürdig, doppelt aber, wenn es sich um normrelevantes Verhalten handelt.

Als weitere Methode für die empirische Erforschung von Normstrukturen bleibt die *Beobachtung.* Auch hier muß der Sozialforscher die Tendenz zur Geheimhaltung überwinden: Der Normabweicher wird sein Verhalten vertuschen oder zu verheimlichen suchen, um Sanktionen zu vermeiden. Hierbei ergibt sich eine Klassifizierung verschiedener Arten von Normen, je nachdem, *vor wem* sich der potentielle Normbrecher hüten muß. Wer an einer Straßenkreuzung mit Haltegebot bei geringem Verkehr einfach durchfahren will, wird sich vorher vergewissern, daß keine Polizei in der Nähe ist. Der Autofahrer braucht vor anderen Verkehrsteilnehmern in der Regel keine Angst zu haben: Eine Sanktion droht ihm nur von der Polizei, also der mit der Überwachung beauftragten Instanz. Mit *Geigers* Begriffen handelt es sich hier um Verhaltensweisen, die zwar gegen Strafgesetze verstoßen, nicht aber gegen eine Sittennorm[3]. Im Bereich dieser sittlich indifferenten Normen kann ein Sozialforscher recht gut Beobachtungsstudien machen, da Normabweichungen vor ihm nicht geheimgehalten zu werden brauchen, solange er keine Uniform trägt.

Der größere Teil der Strafgesetze aber wird auch sittlich gestützt. Wenn man in einem Lebensmittelladen ein Pfund Kaffee stehlen will, muß man sich nicht nur vor dem Verkäufer oder einem Polizisten in acht nehmen, sondern auch vor allen anderen, unbeteiligten Personen. Man wird erst etwas stehlen, wenn man sich *wirklich* unbeobachtet glaubt. Hier versagt auch die Methode der Beobachtung, denn in der Regel wird es nicht möglich sein, sich so unauffällig aufzustellen, daß der Sozialforscher das Verhalten, das er ja völlig unvoreingenommen beobachten will, nicht durch seine Anwesenheit beeinflußt.

Aber wir brauchen wegen dieser grundsätzlichen methodischen Schwierigkeiten die empirische Untersuchung von Normstrukturen nicht völlig aufzugeben. Wir müssen unsere Fragestellung in

Teilfragen auflösen, die so begrenzt sind, daß eine Beantwortung möglich wird. Zu den Teilfragen können wir verschiedene Methoden der Datenerhebung: Befragung, (teilnehmende) Beobachtung und Experiment, sowie Aktenerhebungen zur Untersuchung heranziehen, die sich zu einem Gesamtbild der Sanktionsgeltung ergänzen. Wir trennen in der Folge die Frage nach der Verhaltensgeltung von der der Sanktionsgeltung. Zuerst untersuchen wir die Häufigkeit des Normbruches (a/a—e), getrennt davon die Bedingungen, unter denen ein Normbruch entdeckt wird (b—d/b—e) und schließlich, wie der Sanktionsvollzug abläuft in den Fällen, in denen ein Normbruch bekannt geworden ist (b/c).

2.1 *Ladendiebstahl — Empirische Untersuchung der Geltungsstruktur einer Norm*[4]

Wir sollten für eine empirische Untersuchung möglichst ein Delikt nehmen, das häufig vorkommt, damit wir eine statistische Signifikanz erreichen, und weiter eines, bei dem wir auf den verschiedenen Stufen des Sanktionsvollzuges unabhängig Informationen erhalten können. Es sollte möglichst ein Verhalten sein, das sowohl gegen eine Sittennorm verstößt, als auch gegen das Strafgesetz. Auf diese Weise können wir über die Interdependenz von sittlichen Sanktionen und durch Instanzen geregelten Sanktionen etwas aussagen. Als Normbruch, der diese Bedingungen erfüllt, haben wir uns den Ladendiebstahl ausgesucht. Hier haben wir ein häufig auftretendes Delikt, an seiner Verhinderung sind die Inhaber von Warenhäusern oder Einzelhandelsgeschäften selber interessiert, es wird allgemein als sittlich verwerflich beurteilt, und seine Sanktionierung ist Aufgabe der Strafvollzugsbehörden. Es bietet sich für eine Untersuchung deshalb besonders an, da — im Gegensatz zu den meisten anderen Verstößen gegen das Strafgesetzbuch — die Entdeckung der Tat und ihre Strafverfolgung institutionell getrennt sind. Die Instanz für die Entdeckung von Ladendiebstählen ist das Unternehmen selbst, die Sanktionierung aber muß den staatlichen Strafverfolgungsbehörden überlassen werden. Diese institutionelle Trennung macht es möglich, die Bedingungen der Entdeckung eines Normbruchs und die Bedingungen des Sanktionsvollzuges gesondert zu untersuchen.

2.2 *Die Verhaltensgeltung (a/a—e) — Befragung —*

Trotz aller methodischer Schwierigkeiten haben amerikanische (*Nye* u. *Short* 1956, 1958) und skandinavische Kriminologen (*Christie, Andenaes* u. *Skirbekk* 1965; *Elmhorn* 1965)[5] versucht, mit Fragebogen etwas über unentdeckte Kriminalität herauszubekommen. Sie haben hierfür schriftliche Fragebogen entwickelt, in denen verschiedene Delikte angegeben sind, angefangen mit solchen, die jeder schon einmal begangen hat: Schule schwänzen, oder bei rotem Licht über die Fahrbahn gehen, bis zu ernsteren Delikten wie Diebstahl, Raub oder Unterschlagung. Wenn es dem Befrager gelingt, das Vertrauen der Interviewten zu gewinnen, so z. B. ihnen glaubhaft zu machen, daß ihre Antworten wirklich anonym bleiben, dann kann eine solche Methode brauchbare Angaben über unentdeckte Kriminalität ergeben. Die erste Studie dieser Art in Deutschland wurde 1967 in Gießen unternommen. Hier wurden 220 Berufsschüler im Alter von 15 bis 18 Jahren befragt, „wie oft sie in einem Kaufhaus oder Selbstbedienungsladen schon einmal etwas weggenommen haben".

39 % der Befragten gaben zu, dies schon getan zu haben, davon 12 % dreimal oder öfter. Von den 89 Tätern wurden nur vier der Polizei bekannt, d. h. die Dunkelziffer bei diesen Berufsschülern liegt über 95 %.

Tabelle 2   Befragung von 220 Berufsschülern in Gießen[6]

Wie oft haben Sie in einem Kaufhaus oder Selbstbedienungsladen etwas weggenommen?

noch nie	60 %
ein- oder zweimal	27 %
drei- oder viermal	8 %
sehr oft	4 %
keine Angabe	1 %
	100 %
	N (220)

Bei 39 von 89 Tätern weiß niemand von der Tat

Bei 31 von 89 Tätern weiß nur der Freund von der Tat

Bei 6 von 89 Tätern weiß die Familie von der Tat

Bei 3 von 89 Tätern weiß die Schule von der Tat

Bei 4 von 89 Tätern weiß die Polizei von der Tat

Bei 6 keine Angabe

2.3 *Bedingungen der Entdeckung von Ladendiebstählen (b—d/b—e)*

Die Methode der Selbstbefragung gibt uns Aufschluß über das Dunkelfeld, soweit es auf *Täter* bezogen ist. Sie zeigt uns, wieviele unter hundert Personen ein bestimmtes Delikt je begangen haben und wieviele davon entdeckt wurden. Bei unseren Fragen an die Geltungsstruktur interessiert uns aber in erster Linie die auf die *Tat* bezogene Dunkelziffer: Wie groß ist das Risiko eines Ladendiebs, entdeckt zu werden, und von welchen Bedingungen hängt dies ab?

2.31 Experiment und Beobachtung

Wir haben im Rahmen unserer Untersuchung an normalen Werktagen nachmittags zwischen 15 und 18 Uhr in den Selbstbedienungsläden eines großen Einzelhandelsunternehmens in Freiburg eine Serie von vierzig Ladendiebstählen mit zwei „Dieben" und je einem Beobachter durchgeführt. Ziel des Experiments war, das Risiko kennenzulernen, mit dem ein Ladendieb bei „normalem" Vorgehen rechnen muß. Der „Diebstahl" sollte so ungeschickt ausgeführt werden, wie es von einem ungeübten Dieb zu erwarten wäre. Um die Quantifizierung zu ermöglichen, war das Vorgehen des „Diebes" und des Beobachters genau standardisiert. Der Beobachter sollte zuerst im Laden sein, mit einem Korb seine Waren aussuchen und unauffällig die Größe des Ladens, Anzahl der Personen und des Personals abschätzen und feststellen, wie diese beschäftigt sind. Dann sollte der Dieb eintreten, sollte einen Gegenstand in seinen Korb tun, dann einen zweiten, den er an einer ihm günstig erscheinenden Stelle in seine Tasche umpacken sollte, dann einen dritten Gegenstand nehmen, zur Kasse gehen, die zwei Gegenstände in seinem Korb bezahlen und den Laden verlassen.

Der Beobachter sollte das Verhalten der anderen Kunden während dieses Vorganges beobachten, nur am Rande aber das des Diebes, dem gegenüber er sich völlig neutral verhalten sollte. Wenn der Dieb bezahlt und den Laden verlassen hatte, konnte auch der Beobachter zur Kasse gehen. Die Waren, die eingekauft bzw. „gestohlen" werden sollten, waren vorgeschrieben. Die „Diebe" hatten 1 Pfd. Kaffee bzw. eine Dose mit Fleisch oder Gemüse zu „stehlen", also Gegenstände im Werte zwischen DM 3,— und DM 8,—, die groß genug waren, daß sie nicht in der Hand oder unter einem Ärmel verschwinden konnten. Sie hatten eine Aktentasche mitzuführen, sie sollten „ordentlich", aber nicht elegant angezogen sein. Unmittelbar anschließend sollten Dieb und Beobachter unabhängig voneinander ein standardisiertes Protokoll über den Vorgang ausfüllen. Das Protokoll des Diebes war mit Absicht kurz und allgemein gehalten, damit er sich im Laden auf den Kauf und Diebstahlsvorgang beschränken konnte und nicht durch Umherblicken und Beobachten zu einem anomalen Verhalten gezwungen war.

Zunächst müssen wir dazu das Vorgehen eines Diebes kennenlernen, der wahrscheinlich ähnliche strategische Überlegungen an-

Beobachter

Adresse: *Glühmerstraße*	Nr. des Diebstahls: *14*
Größe des Ladens: *6 x 8*	Dauer des Aufenthalts des Diebs:
Tag, Uhrzeit: *16. 10. 67*	*3 Minuten*

Personal:

Wieviele Personen? *6*
Wo?
*2 Frischfleisch, manchmal in den
Raum mit Sichtscheibe gehend.
Jung
2 Kasse, dort beschäftigt. 1 Ge-
hilfin sortiert Waren ein, Obst-
stand frei*
Wie beschäftigt?

Ansprechtest: wie lange?
*werde von Verkäuferin angespro-
chen, die offensichtlich darauf
erpicht, mir die gewünschte Ware
zu zeigen*

Aufbau:

Zahl der Kassen? *2*
Frischfleisch-Bedienung?
1 s. Skizze

Spiegel? *keine*

Bes. Beobachtungsmöglichkeit:
*Sichtscheibe von Büro aus, hinter
Frischfleischtheke. Meist niemand
dort zu sehen*

Kunden:

Zahl beim Kaufen: ≈ *10, vor
allem um Kasse und vorderen
Teil des Raumes*
Zahl an der Kasse:
*1, kann weder „Kauf" noch Um-
packen gesehen haben*

Allgem. Eindruck: *s. Rückseite*

Begründung:

Diebstahlsvorgang

Stand wo? *Mitte des Raumes,
weder von Frischfleisch, noch
Kasse her einsehbar, höchstens
durch Schaufenster von Straße
oder im Gang selbst*
Wie einsehbar?

Wer war in der Nähe? *niemand*
Personal?
Kunden?

Hat jemand Kauf beobachtet?
ja   **nein**
nicht zu beurteilen
Personal?
Kunde?

Umpacken wo? *An derselben
Stelle wie Kauf, gleiche Bedin-
gungen wie links aufgeführt*
Einsehbar?   *ja   nein*
Wer in der Nähe? *niemand*

Personal?
Kunden?
Hat jemand das Umpacken
beobachtet?
ja   **nein**
Nicht zu beurteilen
Personal?
Kunden?

Skizze umseitig

Skizze umseitig

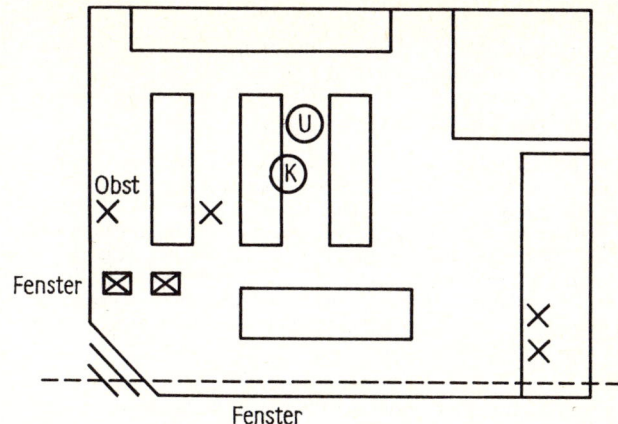

Frischfleisch mit Geschäftszimmer, das mit einer Beobachtungsscheibe verkleidet. Lage allerdings äußerst ungünstig, der größere Teil des Raumes von Regalen verdeckt. Raum sehr unübersichtlich.

Personal jung, ein Teil stark beschäftigt (Kasse, Frischfleisch, während Obst und eine Umpackerin Zeit zum Beobachten hätten). Sichtkabine nicht besetzt. Viele Kunden im vorderen Teil des Raumes, Nähe Ausgang, Kasse und Frischfleisch.

Ort des „Kaufs" und des Umpackens nur von der Straße her einsehbar, nach Kasse und Frischfleisch hin geschützt. U konnte deshalb sehr schnell vorgenommen werden, keine Kunden auf diesem Gang. Personal wirkt nicht aufmerksam, ich würde das als Normalfall betrachten.

16. 10. 67	**Dieb**	*Treiber (9)*
Zeit: *16.05 Uhr*	Filiale: *Zähringerstraße*	
Kleidung: *Jacke, Uniformhemd (blau/Post)*		

An welcher Stelle umgepackt — Beschreibung!
   Hinter einem Regal

Bei welcher Gelegenheit?

   Als die jüngste Verkäuferin, die sich mit einer Bekannten unterhielt, von einer Kundin angesprochen wurde

Beobachtet gefühlt?   <u>ja</u>   nein

Von Personal
   (am Fleischstand, Kassier)

9   Friedrichs, Teilnehmende Beobachtung

Von Kunden

> *mußte oft auf- und abgehen bis ich den günstigen Ort zum Umpacken fand*

Besondere Schwierigkeiten des Diebstahls

> *Übersichtlicher Laden mit Spiegeln (ähnlich Versailles!). Gänge äußerst gerade und einsehbar. Rechts (wenn man reinkommt) erhöhter Beobachtungsstand. Hatte ungutes Gefühl ähnlich Herrenstraße; sah als ‚schwachen Punkt' eine junge (unerfahrene?) Verkäuferin, die sich mit den Bekannten unterhielt (1. Ablenkung); 2. Ablenkung: mußte eine Kundin bedienen. Begab mich also außerhalb der Sichtweite des übrigen Verkaufspersonals direkt in die unmittelbare Nähe dieser jungen Verkäuferin; packte dort um!*

stellt, wie sie unsere Versuchspersonen nachträglich schildern. Zunächst die Schilderung eines Diebes:

„Mein Vorgehen: Da mehr Gefahr von seiten des Verkaufspersonals droht als von seiten der Kundschaft, war mein Bemühen immer darauf gerichtet, die Nähe der Kundschaft zu suchen und die des Verkaufspersonals zu meiden. Ferner war ich darauf aus, mich bei Betreten des Ladens nach Spiegeln etc. umzusehen. D. h.: Ich war bemüht, einen Platz zu finden, der in einem toten Winkel lag, also vom Verkaufspersonal nicht eingesehen werden konnte. Gleichzeitig war ich bestrebt, mich als „normaler Kunde" aufzuführen. Diese Rolle wollte ich dadurch noch glaubhafter machen, daß ich mich gerade in den Fällen, wo ich mich unsicher, d. h. beobachtet fühlte, um Auskunft nach irgendeiner Ware bemühte. Dies hatte zudem einen „Beruhigungseffekt" für mich selbst. Ferner war ich bemüht, eher positiv als negativ aufzufallen: Ich spielte den „höflichen, hilfsbereiten" jungen Mann, und dies mit dem Hintergedanken, daß, falls mein Diebstahl entdeckt wird, die in die Angelegenheit Verwickelten sich einzugestehen hätten, daß sie aufgrund meines Vorgehens den Diebstahl von mir nicht erwartet hätten. Auf diese Weise wollte ich mir auch eine günstige Ausgangsbasis für Verhandlungen mit dem Abteilungsleiter schaffen.

In jedem Laden befolgte ich folgende Verhaltensregeln: Bewege dich wie ein „echter" Kunde, suche einen „toten Winkel" zum Umpacken (außer Sichtweite des Verkaufspersonals), halte dich lieber in der Nähe von Kunden auf, versuche, plötzliche günstige Konstellationen auszunutzen: Etwa das Ablenken der Verkäuferin durch einen Kunden. Gerade was diesen letzten Punkt anbelangt, scheint mir der Hinweis wichtig, daß hier am ehesten ein Lernprozeß zu verzeichnen war: Nach und nach hatte ich „gelernt", mit einer gewissen Unverfrorenheit solche Konstellationen auszunutzen. So packte ich die zu stehlende Ware (eine größere Dose — Wert DM 3,-- bis 8,--) bei meinem ersten Diebstahl zwischen zwei Regalreihen in meine Aktentasche um, zu einem Zeitpunkt, als eine Kundin einen in der Nähe stehenden Verkäufer ablenkte. Beim Diebstahlsvorgang fühlte ich mich unbeobachtet."

Bei den Verhaltensregeln für die „Diebe" haben wir uns besonders bemüht, daß das Vorgehen nicht im Verlaufe der Serie geschickter wurde. Deshalb sollte der „Dieb" immer auf die gleiche Art und Weise die zu stehlende Ware in seine Tasche umpacken. Er stellte dabei Korb und Tasche auf den Boden, nahm dann die Konservendose aus dem Korb in die Tasche und hob beide wieder auf. Auch hätte der „Dieb" vorher in einem Warenhaus einen Probediebstahl durchgeführt. Dennoch ließ sich eine Erleichterung im Laufe der Diebstahlsserie durch die erworbene Routine nicht vermeiden. Die Nervosität, die bei den ersten Diebstählen beträchtlich gewesen war, ließ später nach, so daß er sich sicherer und unbefangener geben konnte. Auch konnte er sich sehr viel schneller orientieren: Mit etwas Erfahrung sah er auf den ersten Blick, wo Spiegel waren oder Beobachtungsmöglichkeiten vorlagen und konnte sehr viel schneller die „toten Winkel" ausmachen, in denen er am geschicktesten umpacken konnte. Ein Beobachter schildert die erworbene Routine so:

„Während an den ersten beiden Tagen der Diebstahlsvorgang noch als Testsituation erkennbar war (Erröten beim Umpacken, Erschöpfung nach den ersten drei Diebstählen, Hektik der Bewegungen), verschwanden diese Symptome nachher, wenn auch nicht gänzlich. Außer der zunehmenden Unempfindlichkeit für die ungewöhnliche Situation verbesserte sich auch die Diebstahlstechnik. Bestand sie in den ersten beiden Tagen vor allem darin, sich möglichst in dunkle Ecken zurückzuziehen, die Nähe anderer unter allen Umständen zu meiden — was, da die Bedingungen nicht immer gegeben waren, die Diebstahlsabsicht hätte signalisieren können — so bediente er sich nachher der Kunden direkt als Schutz gegen mögliche Blicke des Personals, vorausgesetzt, andere Möglichkeiten boten sich nicht an. Der Ablauf war in der Regel so, daß er sich neben oder im Rücken der Kunden postierte, die mit der Auswahl von Waren beschäftigt waren, und den Eindruck zu erwecken suchte, er beschäftige sich auf die gleiche Weise. Der Lernprozeß bestand vor allem im schnellen kognitiven Erfassen der Situation (Orientieren im Geschäft, Taxieren der Möglichkeiten), was kaum ausgeschaltet werden kann. Es kam der übliche Effekt hinzu, daß die Erfolgsquote sicher machte."

2.3.2 Ergebnis der teilnehmenden Beobachtung und nachfolgender Test durch Befragung

Warenhausleute selbst schätzen, daß sie etwa 10 % aller Diebe unter ihren Kunden entdecken. Belegt ist lediglich die Schätzung von *Stephani* (1968, S. 59 ff), der aufgrund der Inventurdifferenz in einer Migros-Filiale eine Dunkelziffer von 94 % errechnet. Auf bloßen Schätzungen beruhen sonstige Angaben, die sich in der kriminologischen Literatur finden (*Niggemeyer* u. a. 1967, S. 106 ff; *Suttinger* 1966, S. 132 f; *Tegel* 1962, S. 124; *Wehner* 1957, S. 62 ff).[7]

Wir rechneten bei unserem Vorgehen mit einer „normalen" Dunkelziffer von etwa 90 %, also 10 % Entdeckungen. Tatsächlich wurden unsere „Diebe" keinmal entdeckt. 39 „Diebstähle" wurden mit Erfolg ausgeführt, bei einem gab unser „Dieb" sein Vorhaben auf, da er sich beobachtet glaubte, — sein Diebstahl wurde also verhindert. Unsere Vorhersage war demnach zu hoch gegriffen: Bei diesem (nicht besonders geschickten) Vorgehen scheint die Rate der Entdeckung noch geringer zu sein, als wir angenommen hatten. Wir können jedoch aus den Angaben des Beobachtungsprotokolls zur jeweiligen Situation im Selbstbedienungsladen einige Schlußfolgerungen ziehen, warum der „Ladendieb" es so leicht hatte, nicht entdeckt zu werden.

Die Entdeckung von Ladendiebstählen ist von drei Faktoren abhängig:

1. dem Aufbau des Ladens,

2. dem Verhalten des Verkaufspersonals und

3. dem Verhalten der Kunden.

Ad 1. Es ist klar, daß ein übersichtlich aufgebauter Laden die Entdeckung leichter macht *und* potentielle Diebe eher abschreckt. (So hat unser „Dieb" sein Vorhaben in einem Laden nicht ausgeführt, weil er an keiner Stelle sicher war, ob er nicht beobachtet wurde). Manche unserer Erfahrungen sind jedoch weniger selbstverständlich: So machten beide „Diebe" übereinstimmend die Erfahrung, daß sie sich in kleinen Läden beim „Diebstahl" sicherer fühlten, da weniger Personen zu beobachten waren. Wir haben nicht feststellen können, daß kleine Läden grundsätzlich mehr oder weniger übersichtlich aufgebaut wären als große Läden, sondern Übersichtlichkeit und Unübersichtlichkeit variierten unabhängig von der Größe des Ladens. Aber in einem übersichtlich aufgebauten kleinen Laden ist es immer noch einfacher zu stehlen, weil weniger Personen an der Gesamtsituation beteiligt sind und der Dieb sehr schnell feststellen kann, ob diese wenigen Personen ihn beobachten können, oder ob sie gerade abgelenkt sind. In einem großen Laden kann er die Situation nicht mehr übersehen, er ist darauf angewiesen, einen toten Winkel auszumachen, in dem die Situation für ihn überschaubar ist. Wenn die Kriminalistik zeigt, daß Ladendiebstähle erst in großen Warenhäusern und großen Selbstbedienungsläden häufig geworden sind, dann könnte dies eine Reflexion der größeren Entdeckungschancen sein: Es könnte sein, daß in kleinen Läden genauso oft gestohlen wird, daß hier ein Diebstahl lediglich seltener entdeckt wird, und wenn er entdeckt wird, seltener angezeigt wird.

Ad 2. Entscheidend für die Verhinderung und auch Entdeckung von Ladendiebstählen scheint uns das Verhalten des Verkaufspersonals zu sein. Unseren „Dieben" ist es auch in übersichtlich aufgebauten Läden, die zudem mit Hohlspiegeln ausgerüstet waren, um auch tote Winkel einsehen zu können, gelungen, Waren zu entwenden. Die Beobachtungsprotokolle vermerken, warum: Ein Verkäufer, der in der Nähe stand, unterhielt sich mit einem anderen Kunden — die Kassiererin war vollbeschäftigt, das Wechselgeld zu suchen — dem Lehrjungen war gerade ein Stapel mit Dosen umgefallen, und er beeilte sich, möglichst schnell die Ordnung wieder herzustellen. Gerade ein höflicher Verkäufer ist besonders ungeeignet, Ladendiebe zu entdecken. Hierzu eine Illustration: Unser „Dieb" hatte seine zwei Gegenstände an der Kasse bezahlt und zu dem „Gestohlenen" in seine Tasche gelegt. Nun stellte er fest, daß er seinen Kassenzettel nicht hatte und reklamierte dies bei der Kassiererin. Bei dem nun anhebenden Suchen blickte die Kassiererin überraschend in seine Tasche, nahm die zwei gekauften Gegenstände und den „gestohlenen" Kaffee beiseite, um festzustellen, daß der Kassenzettel sich nicht schon in der Tasche befinde. Hätte sie nur ein geringes Mißtrauen gehabt, so wäre ihr aufgefallen, daß sie nur zwei der Gegenstände gerade zuvor abgerechnet hatte. Ihr gesamtes Verhalten war aber auf Höflichkeit und Zuvorkommenheit abgestellt, so daß sie gar nicht auf den Gedanken kam, diese Diskrepanz zu bemerken.

Hieraus ziehen wir den Schluß: Mit der Rolle des Verläufers verträgt es sich nicht, das Verhalten zu entwickeln, das zur Entdeckung von Diebstählen führen würde. Ein guter Verkäufer zeichnet sich dadurch aus, daß er seinen Kunden höflich und zuvorkommend begegnet. Mit dieser Rollenerwartung verträgt es sich nicht, daß er die Kunden ständig überwacht und beargwöhnt. Ein Verkäufer muß Vertrauen ausstrahlen, zum Entdecken von Ladendiebstählen bzw. Ladendieben bedarf es des Mißtrauens. Die Verhaltensweisen, die notwendig sind, um einen Dieb zu überführen, sind also genau diejenigen, die ein guter Verkäufer vermeiden wird.

Diese Schlußfolgerungen aus unseren Experimenten haben wir mit einer kleinen Befragung bei 21 zufällig ausgewählten Verkäuferinnen desselben Unternehmens getestet. 18 der 21 Verläuferinen, die alle mindestens zwei Jahre als Verkäuferin tätig waren, hatten schon Kunden dabei beobachtet, wie sie Waren wegsteckten, ohne sie zu bezahlen. Sie sind sich bewußt, daß dies sehr häufig geschieht: „Mehrmals in der Woche", „fast jeden Tag" geben sie auf eine Rückfrage an. Auch ist ihnen bewußt, daß die Dunkelziffer sehr hoch ist: Von 32 Filialen haben 11 in 15 Monaten keinen einzigen Ladendieb überführt, die restlichen 21 Filialen durchschnittlich alle 7 Wochen einen Dieb. Sehr oft sieht eine Verkäuferin etwas Verdächtiges, ohne sicher zu sein, ob der Kunde wirklich Ware unter seiner Kleidung oder in der Einkaufstasche versteckt hat. Befragt, was sie bei einer solchen Lage tun können, kommt die Antwort „Nichts" (13)[8], „Dann kann man nichts sagen, man muß warten, bis er wiederkommt. Dann habe ich schon einen Verdacht und kann aufpassen". (18)

Unser Verdacht, daß die Verkäuferinnen es nicht als Teil ihrer Rolle auffassen, ihre Kunden zu beargwöhnen, bestätigte sich bei 15 von 21. Auf die — absichtsvoll suggestiv gestellte — Frage: „Als Verkäuferin hat man ja so viel Verschiedenes zu tun; können Sie dann genügend aufpassen, daß Sie Ladendiebstähle wirklich verhindern können?" bestätigten 15, daß sie dazu nicht in der Lage sind. Eine „Entdeckung ist nur zufällig. Ist nicht speziell für mich. Darum kann ich mich ja nicht kümmern". (1) Oder sogar ausdrücklich: „Nur nebenbei mal. Es müßte eigentlich extra ein Aufpasser da sein." (16) Oder: „Nein, die Kundenbedienung geht vor." (15)

Charakteristisch ist, was einige Verkäuferinnen über ihr Verhalten sagen, wenn sie tatsächlich einen Dieb beobachtet haben. Sie gehen zur Kassiererin, damit diese aufpaßt, ob der Gegenstand unbezahlt durch die Kasse genommen wird. Die Kassiererin selbst aber gibt die Verantwortung wiederum weiter: Sie verständigt den Filialleiter, damit dieser den Kunden anspricht.

Ad 3. Wenn es schon für das Verkaufspersonal unangenehm ist, einen Ladendieb anzusprechen und zu überführen, so gilt dies *erst recht für den Kunden.* Bei unseren Testdiebstählen sind wir in zwei Fällen sicher, daß andere Kunden den „Diebstahl" beobachtet haben. Eine Kundin blickte unserem Dieb lange und strafend nach. Ein junger Mann bemerkte das Umpacken und ging eilig davon. *Keiner von beiden* zeigte unseren „Dieb" an.

Auch diese Beobachtung wollten wir überprüfen. Wir führten eine weitere standardisierte Diebstahlsserie durch, bei der unsere Versuchsperson unmittelbar neben anderen Kunden einen größeren Gegenstand in seine Innentasche stecken sollte. Die Auswahl erfolgte nach standardisierten Regeln, es wurden nur Frauen gewählt, die nach dem Eindruck des „Diebes" 30 Jahre oder öfter älter waren. Wenn er sicher war, daß die Kundin etwas bemerkt hatte, ging er langsam zur Kasse, zahlte die zwei Gegenstände in seinem Korb und verließ den Laden, ohne die „gestohlene" Ware bezahlt zu haben. Ein Beobachter verfolgte den Vorgang unauffällig und sprach nach einer Weile die Kundin in der Nähe des Ausgangs an, um sie zu interviewen. Bei 25 Versuchen erhielten wir

8 Interviewverweigerungen, von den verbleibenden 17 Interviews schieden wir drei aus, da der Beobachter nicht mit Sicherheit bestätigen konnte, daß die Kundin den „Diebstahl" bemerkt hatte. Das Interview begann mit einigen einleitenden Fragen, ob sie dieses Geschäft schon länger kenne und wie sie bedient werde. Dann kam es auf Ladendiebstähle im allgemeinen zu sprechen. Daraufhin folgten Fragen danach, ob die Kundin einen Diebstahl schon einmal selbst beobachtet habe, und was sie in einem solchen Fall tun würde. 11 der Kundinnen meinten, sie würden einen solchen Dieb bei der Kassiererin oder beim Filialleiter anzeigen. Zwei zweifelten, was sie tun könnten, und nur eine sagte: „Ich würde jemand was sagen, laufe aber nicht extra herum, das ist das Risiko des Geschäfts."

Verbal ist die Anzeigeneigung also recht groß. Tatsächlich angezeigt haben aber nur zwei der Kundinnen unseren „Dieb".

In der nächsten Frage des Interviews konfrontierten wir die Kundinnen mit der Verhaltensinformation, die wir hatten. Wir fragten zunächst, ob ihnen im Laden ein Student aufgefallen sei (es folgte eine kurze Beschreibung). Dann informierten wir die Kundin über unseren Versuch und fragten, ob ihr aufgefallen sei, daß dieser junge Mann etwas in seine Tasche gesteckt habe. Von den 12 Kundinnen, die keine Anzeige erstattet hatten, gaben 9 zu, daß ihnen das Verhalten unseres „Diebes" verdächtig vorgekommen sei. Drei der Kundinnen gaben an, nichts bemerkt zu haben, (obwohl unser „Dieb" und Beobachter sicher waren, daß sie den Diebstahl bemerkt hatten).

Der Gegensatz zwischen der verbalen Bereitschaft anzuzeigen und der tatsächlichen Passivität läßt sich nicht auflösen. Wenige der Hausfrauen sind bereit, für einen Ladendieb Entschuldigungen gelten zu lassen. Die Interviewer lasen einige Meinungen vor, um dies zu testen. Der Äußerung: „In einem großen Warenhaus ist es weniger schlimm, wenn man etwas stiehlt, als in einem kleinen Lebensmittelgeschäft" stimmten nur zwei der Kundinnen zu, 12 lehnten diese Äußerung ab. Die Hälfte der Befragten stimmte der Äußerung zu: „Auch wenn jemand nur eine Kleinigkeit stiehlt, sollte man ihn hart bestrafen, um andere abzuschrecken." (6 lehnten diese Äußerung ab, eine Kundin wollte sich nicht entscheiden). Allerdings meinten nur 4 der Befragten, ein Ladendieb sei in jedem Fall der Polizei zu übergeben, 9 zogen vor, daß der Filialleiter es zunächst „mit ihm selbst ausmachen" solle (eine Befragte meinte, „es käme darauf an").

Es fiel unseren Versuchspersonen nicht leicht, das Mißtrauen der Kundinnen soweit zu wecken, daß sie tatsächlich den „Diebstahl" bemerkten. Sie mußten ihren Versuch wiederholen, weil die Kundin oft zu sehr damit beschäftigt war, ihre Ware auszusuchen, um ihren Nachbarn zu beobachten. Aber selbst wenn sie den Diebstahl gesehen hatte, nahmen es die wenigsten auf sich, das Verkaufspersonal zu verständigen. Keine der Kundinnen erwog überhaupt die Möglichkeit, den „Dieb" selbst anzusprechen oder selbst für eine Sanktion zu sorgen. Wie bei den Verkäuferinnen, so scheint auch bei den Kundinnen die Tatsache, daß es eine Instanz gibt, die für die Sanktion zuständig ist, die eigene Handlungsbereitschaft zu lähmen.

Wir können die Situation einer Kundin, die einen Diebstahl beobachtet, als einen Konflikt zwischen Befolgung und Umgehung einer Sanktionsnorm interpretieren. Auf diese Weise läßt sich die psychologische Situation des Strafenden mit den gleichen Begriffen analysieren, die *Lewin* (1964) auf die psychologische Situation des Bestraften anwendet: Die Aufgabe des Strafens ist in der Regel von unangenehmen Umständen begleitet. Einen unbekannten jungen Mann anzusprechen, ihn offen und verblümt als Dieb zu entlarven, setzt schon eine kleine Portion Mut voraus. Aber selbst der Gang zum Filialleiter, der dann mit Hilfe des Anzeigestellers den Dieb überführen muß, ist noch unangenehm genug. Die Kundin muß als Zeugin auftreten, sie muß den Beweis führen können, indem sie möglicherweise dem Dieb die gestohlene Ware aus der Manteltasche hervorzieht. In keinem Fall ist eine Auseinandersetzung auszuschließen, ja sie muß damit rechnen, daß der Dieb aggressiv wird, oder zu flüchten versucht. Die Sanktionsnorm nicht zu befolgen, ist dagegen sehr viel angenehmer: Es ist sehr einfach, so zu tun, als hätte man nichts gesehen, und selbst, wenn dies nicht gelingt, besteht kaum Grund, für das Unterlassen einer Sanktionshandlung selbst wiederum eine Sanktion zu befürchten. Obwohl diese Kundinnen den Anspruch der Sanktionsnorm anerkannt haben, brauchen sie sich in ihrem Verhalten nicht mehr danach zu richten, da sie keine Sanktion zu befürchten haben.

Dennoch entsteht ein schlechtes Gewissen: Bei 25 Versuchen erhielten wir in 8 Fällen eine Interview-Verweigerung. Bei der Hälfte entstand dies dadurch, daß die Kundin durch ihre eigene Beobachtung sehr erregt wurde und eiliger, als nach ihrem bisherigen Verhalten zu erwarten war, dem Ausgang zustrebte. Teilweise brachen sie damit ihren bisher geruhsamen Einkauf plötzlich ab. In einem besonders deutlichen Fall (der zu der ersten Versuchsserie gehörte) hatte ein junger Mann unseren „Dieb" unmittelbar in einer Schlange von Wartenden vor der Kasse beobachtet. Er drehte sich daraufhin sofort wieder um, drängte sich eilig zur Kassiererin, bezahlte und verließ „fluchtartig" den Laden. Die Lösung eines unangenehmen Konfliktes zwischen der normativen Erwartung einer Sanktion und ihren unangenehmen Folgen wird durch die Flucht aus der Situation gelöst.

Um die Erwartung durchzusetzen, daß auch unbeteiligte Dritte einen Ladendieb anzeigen, fehlt es also an zwei Voraussetzungen: Es besteht kein Risiko, bei Nichtbefolgen der Sanktionsnorm selber sanktioniert zu werden, und es fehlen die Barrieren, die Drittpersonen hindern könnten, aus der normativ interpretierten Situation auszubrechen.

3.1 *Die Sanktionsgeltung (b/b—d)*

Da es beim Ladendiebstahl einen Geschädigten gibt, liegt es zunächst einmal in dessen eigenem Interesse, den Normbruch zu entdecken und den Täter festzuhalten. Einzelhändler und Warenhausunternehmen haben hierfür ihre eigenen (in der Praxis sehr unterschiedlichen) Methoden entwickelt, und da es ein sehr häufig vorkommendes Delikt ist, führen sie (teilweise) über die entdeckten Ladendiebe Buch. Sie dürfen jedoch den Sanktionsvollzug nicht in eigene Hände nehmen, sondern müssen den Fall den Strafverfolgungsbehörden weitergeben. In der Regel geschieht dies durch Anzeige bei der Polizei, die zunächst einmal ihre Ermittlungen durchführt, d. h. Zeugen und Täter zu vernehmen und gegebenenfalls Überführungsstücke sicherzustellen. Hier schon gabelt sich der Weg: Handelt es sich um einen Diebstahl von Lebensmitteln, die zum alsbaldigen Verbrauch bestimmt sind, dann kann dieser Ladendiebstahl als „Mundraub" (§ 370 StGB) beurteilt werden, es handelt sich also um eine Übertretung, die von den Polizeibehörden mit einem Vorschlag zum Strafmaß direkt dem Amtsgericht übersandt werden kann (§ 413 STPO). Die Polizeibehörge hat hier die Möglichkeit, auf eine Sanktion zu verzichten. In den von uns untersuchten Fällen machte sie von dieser Möglichkeit keinen Gebrauch, verzichtete jedoch faktisch dennoch auf Sanktionen, indem sie dem Amtsrichter vorschlug, das Verfahren wegen Geringfügigkeit einzustellen — ein Vorschlag, dem meist ohne weitere Prüfung nachgekommen wird. Handelt es sich jedoch nicht um Mundraub, so ist der Ladendiebstahl als ein Vergehen (§ 242 StGB) zu bestrafen. Der Fall muß an die Staatsanwaltschaft weitergeleitet werden, die dann dem Gericht ihren Vorschlag für das Strafmaß (auch hier ist wieder eine Einstellung möglich) weiterleiten muß.

Möglichkeiten des Sanktionsverzichts gibt es auf allen Stufen dieses Instanzenweges. Das Warenhaus kann auf eine Anzeige verzichten. Bei der Polizeibehörde kann das Delikt verjährt sein, bevor die Ermittlungen abgeschlossen sind, es kommt auch vor, daß der vernehmende Polizeibeamte dem Anzeigesteller nahelegt, daß es sich nicht lohne, eine Strafverfolgung einzuleiten, weil die Schuld nicht eindeutig bewiesen oder zu geringfügig ist. Auch kommt es vor, daß ein Warenhaus von sich aus zurückzieht, wobei dann in der Regel auch der Polizeibeamte das Verfahren einstellt. Die Möglichkeiten zu einem Sanktionsverzicht sind bei der Polizeibehörde am geringsten: Sie kann auf eine Anzeige hin lediglich bei Übertretungen die Einstellung des Verfahrens vorschlagen. Die Staatsanwaltschaft kann auch bei Vergehen — mit Zustimmung des Amtsrichters — das Verfahren einstellen. Sie hat zudem die Möglichkeit, sich für einen Antrag auf Ausstellung eines Strafbefehls oder die Erhebung der Anklage zu entscheiden. Da diese amtsrichterliche Zustimmung bei kleinen Delikten wie Ladendiebstahl in der Regel ohne weitere Prüfung gegeben wird, liegt die Entscheidung über Sanktionsverzicht oder Strafmaß hier faktisch in den Händen der Polizei bzw. der Staatsanwaltschaft. Nur in den wenigen Fällen, in denen wegen eines Ladendiebstahls tatsächlich ein Hauptverfahren eröffnet wird, gelangt die Entscheidung über Sanktionsverzicht oder Strafmaß faktisch in die Hand des Richters.

Bei der Frage nach der Struktur des Sanktionsvollzugs bei Ladendiebstählen interessieren wir uns zunächst einmal für quantitative Relationen: Wie groß ist der Anteil der Bestraften unter den bekannten Tätern? In wievielen Fällen wurde auf eine Sanktion verzichtet? Und vor allem: Bei welcher Instanz geschah dies und unter welchen Bedingungen?

3.2 *Aktenuntersuchung*

Um diese Fragen zu beantworten, haben wir alle Ladendiebstähle in dem größten Warenhaus Freiburgs und einem großen dortigen Lebensmittel-Einzelhandels-Unternehmen mit 32 Filialen untersucht. Beide Unternehmen führen über alle ihn bekannt gewordenen Ladendiebstähle Buch. Uns wurden also hierdurch etwa 400 Ladendiebe bekannt, die man gestellt hatte, und wir wußten auch, ob sie angezeigt wurden oder nicht. Wir haben dann bei dem zuständigen Polizeirevier in den Akten und im Tagebuch der „Vorkommnisse" jeden einzelnen dieser Fälle gesucht. Weiterhin verfolgten wir alle Fälle in den Unterlagen des „Amts für öffentliche Ordnung"[9] bzw. der Staatsanwaltschaft und des Gerichts. Das Ergebnis: 50 % aller Ladendiebe wurden bei den Strafverfolgungsbehörden angezeigt, bei 10 % verzichteten die Behörden auf Strafverfolgung, bei 38 % der bekannt gewordenen Ladendiebe wurde sanktioniert, davon etwa die Hälfte (20 %) auf dem Weg über die Staatsanwaltschaft zum Gericht, die andere Hälfte (18 %) auf dem Wege der amtsrichterlichen Strafverfügung.

Allerdings lassen sich diese Zahlen nicht verallgemeinern. Anzeigefreudigkeit und das Ausmaß des Sanktionsverzichts hängen von der Verfolgungspolitik der betroffenen Institutionen ab. Sie variieren sehr stark von Stadt zu Stadt und unterliegen insbesondere einem großen Stadt-Land-Gefälle. Manche Warenhäuser zeigen einen großen Teil der ertappten Ladendiebe an, manche nur besonders schwerwiegende Fälle. Manche Warenhäuser machen Ausnahmen: Sie zeigen keine Kinder an oder drücken bei ihren Stammkunden ein Auge zu. Kleinere Warenhäuser und Einzelhandelsläden zeigen weniger an und entscheiden öfter von Fall zu Fall als größere. Auch das Ausmaß von 10 % (also 20 % der zu ihnen gelangten Fälle) von Sanktionsverzicht bei Polizeibehörde und Staatsanwaltschaft dürfte typisch für eine Großstadt mit einer großen und gut durchorganisierten Strafverfolgungsbehörde sein. Warenhausleute berichten aus ihrer Erfahrung, daß eine Strafanzeige wegen Ladendiebstahls in kleineren Orten sehr viel seltener zur Sanktion führt.

Die Relation der uns interessierenden Ziffern ist also eine Frage der Organisation der Strafverfolgung und der von den betroffenen Instanzen verfolgten Politik. Wir können das mit unserer Untersuchung augenfällig belegen. Der Zeitraum von 1½ Jahr war gewählt worden, um die ersten drei Monate des Jahres 1966 mit denen von 1967 zu vergleichen. Im Laufe des Jahres 1966 änderten nämlich die Unternehmen ihre Politik: Man beschloß, gegen Ladendiebe schärfer vorzugehen und — auf Drängen der Polizei — ausnahmslos Anzeige zu erstatten. Die Quoten, die wir oben für den gesamten Berichtszeitraum angegeben haben, stellen also unechte Durchschnitte dar. Wenn wir die Ladendiebstähle, die von Januar bis März 1966 begangen wurden, mit denen von 1967 vergleichen, sehen wir, wie stark die neue Politik der verschiedenen Instanzen die Relationen verändert hat.

Eine Schlußfolgerung ergibt sich hieraus für die Interpretation von Kriminalstatistiken: Wenn wir uns die Zahl der Fälle in dem verglichenen Vierteljahr ansehen, dann ist die Häufigkeit von Ladendiebstählen von 89 Fällen 1966 auf 84 Fälle gesunken. Wir können unterstellen, daß die beiden Unternehmen die Intensität der Überwachung gleichgeblieben ist. Die Ladendiebstahlskriminalität ist hier also um 5 % gesunken. In der Kriminalstatistik aber erscheinen 1966: 29 Fälle, 1967: 57 Fälle — die übliche Interpretation von Kriminalstatistiken würde also lauten: „Eine alarmierende Zunahme von Ladendiebstählen: Von 1966 auf 1967 um etwa 100 % gestiegen!" Was tatsächlich passiert ist: Die Zahl der bekanntgewordenen Ladendiebstähle ist zurückgegangen, nur der Anteil der angezeigten Delikte ist von 31 auf 68 gestiegen, die Sanktionsgeltung ist von 26 % auf 55 % gestiegen.

Tabelle 3 Sanktionsgeltung vor und nach Änderung der Strafverfolgungspolitik

	Tatzeit	Januar bis März 1966	1967
Sanktionsverzicht des Unternehmers (keine Anzeige)		67 %/o	30 %/o
Sanktionsverzicht der Strafverfolgungsbehörden		5 %/o	13 %/o
darunter: gemäß § 170 StPO (Ermittl. geben nicht genügend Anlaß)		—	8
wegen Unmündigkeit		2	2
wegen Geringfügigkeit (§ 153 StPO)		3	2
wegen Verjährung		—	1
Sanktion:		26 %/o	55 %/o
darunter: in Jugendverfahren		8	2
durch amtsrichterl. Strafverfügung		6	30
durch Strafbefehl		12	19
durch Urteil		—	4
Keine Angaben		2 %/o	2 %/o
		100 %/o	100 %/o
	N[10]	(89)	(84)

3.3 *Kriterien des Sanktionsverzichts*

Ladendiebstahl mag ein sehr extremes Beispiel für den Toleranz-Spielraum sein, der sich bei der Strafverfolgung ergibt. Jedoch läßt sich der Verdacht gegenüber jeder Interpretation von Kriminal- oder Strafverfolgungsstatistiken verallgemeinern, daß aus dem Ansteigen oder Absinken von Kriminalitätsraten keine Schlüsse über das An- oder Absteigen der Kriminalität gezogen werden können, solange nicht Änderungen in der Intensität der Strafverfolgung in Betracht gezogen werden. Auch bei schweren Delikten kann das Ansteigen der Kriminalitätskurve darauf zurückgehen, daß die Polizeibehörde besondere Anstrengungen macht, bestimmte Delikte zu verfolgen oder daß sie ab einem bestimmten Zeitpunkt neue technische Mittel oder mehr Personal für den Streifendienst zur Verfügung hat.[11] Je größer der Toleranzspielraum bei der Entdeckung und je mehr Möglichkeiten des Sanktionsverzichts es bei einem Delikt gibt, desto stärker wird das Auf und Ab der Kriminalstatistik von administrativen Faktoren abhängig sein. Der Zweifel, den diese Erkenntnis begründet, richtet sich nicht nur gegen alle Behauptungen über Steigen oder Sinken der Kriminalitätsrate. Er ist ebenso angebracht gegenüber allen Aussagen über die sozialen Merkmale der Täter oder Ort und Zeit der Tat, soweit diese lediglich aus den Akten der Polizei oder der Staatsanwaltschaft gewonnen sind.[12]

Anzeigeneigung und Intensität der Strafverfolgung wirken nämlich oft entgegengesetzt der Häufigkeit von tatsächlich entdeckten Ladendiebstählen. So ergibt die Statistik der 398 von uns untersuchten Fälle, daß besonders viele Ladendiebe entdeckt werden, wenn ein starker Andrang herrscht: So zwischen 10 und 12 Uhr und nach 16 Uhr am Nachmittag oder auch allgemein an Samstagvormittagen. Die Anzeigeneigung ist aber gerade zu dieser Zeit besonders gering. Am geringsten ist sie abends nach 18 Uhr: kurz vor Geschäftsschluß werden besonders viele Ladendiebe ertappt, aber auch besonders wenige angezeigt.

Aber auch soziale Merkmale und die Art des Auftretens des Täters können die Anzeigenneigung beeinflussen. Von den 398 Ladendiebstählen wurden 8 % von Ausländern begangen. Unter den 156 Tätern, die bestraft wurden, sind jedoch 15 % Ausländer. Der Grund: Die Anzeigenneigung bei Ausländern ist sehr viel größer und zwar unabhängig von der Schwere des Delikts. (Dies zeigt sich daran, daß der Unterschied in der Anzeigenneigung auch bestehen bleibt, wenn wir nur die Fälle betrachten, bei denen der Wert der gestohlenen Ware unter DM 5,— liegt). Auch bei den folgenden Instanzen kann ein Deutscher eher mit einem Sanktionsverzicht rechnen als ein Ausländer.

Tabelle 4   Sanktionsgeltung bei Deutschen und Ausländern

	Deutsche	Ausländer
Von allen gestellten Dieben wurden angezeigt	55 % (311)	77 % (30)
Von allen gestellten Dieben, die Waren im Werte unter DM 5,— gestohlen haben, wurden angezeigt	44 % (142)	60 % (10)
Von den Anzeigen wurden eingestellt nach § 170 StPO	8	4
eingestellt aus anderen Gründen	10	4
sanktioniert	78	92
keine Angaben	4	—
	100	100
N	(172)	(23)

Auch das Alter kann die Chancen des Sanktionsverzichts erhöhen. Kinder und Jugendliche sowie alte Leute werden deutlich weniger häufig angezeigt. Bei Kindern (unter 14 Jahren) ist eine Bestrafung wegen Unmündigkeit überhaupt nicht möglich, so daß hier der Sanktionsverzicht der Strafverfolgungsbehörden 100 % beträgt. Aber auch bei 14—18jährigen und Tätern über 65 Jahren werden mehr Verfahren eingestellt als bei allen Altersgruppen zwischen 18 und 65 Jahren. Wenn wir eine Kriminal- und eine Verurteilungsstatistik der von uns erfaßten Fälle aufstellen und diese mit dem Anteil der Altersgruppen in der Bevölkerung der Stadt Freiburg vergleichen, dann scheinen die alten Leute bei den Ladendieben unterrepräsentiert zu sein. Stellen wir jedoch die Statistik der im Laden gestellten Täter daneben, dann zeigt sich, daß alte Leute ebenso oft stehlen wie alle anderen Erwachsenen. Jugendliche sind in der Statistik der gestellten Täter erheblich stärker überrepräsentiert als in der Kriminalistik (Angezeigte).

Tabelle 5   Statistik der gestellten Täter, Kriminalstatistik und Verurteilungsstatistik nach Altersgruppen im Vergleich zur Bevölkerung der Stadt Freiburg[13]

	Stadt Freiburg	Gestellte Täter	Ange-zeigte	Verur-teilte
6 bis unter 14 Jahre	10	7	4	—
14 bis unter 18 Jahre	6	12	9	10
18 bis unter 25 Jahre	15	13	14	14
25 bis unter 65 Jahre	56	56	65	68
65 Jahre und älter	13	12	8	8
	100	100	100	100
N	(141.326)	(380)	(195)	(151)

Leider sind die Angaben über weitere Sozialmerkmale bei den nicht angezeigten Tätern zu lückenhaft, um den Einfluß solcher Faktoren wie Beruf oder Einkommen auf die Anzeigenneigung zu untersuchen.[14] Jedoch lassen sich bei den Strafverfolgungsbehörden schichtspezifische Chancen des Sanktionsverzichts feststellen: Arbeiter werden häufiger bestraft als Angestellte, Hausfrauen häufiger als Rentner. Besonders niedrig ist die Sanktionsgeltung bei Tätern mit geringem Einkommen: hier wurden 35 % der angezeigten Fälle wegen Geringfügigkeit oder Verjährung eingestellt.

Die Chancen des Sanktionsverzichts sind schichtspezifisch verschieden. Von dieser Tatsache läßt sich jedoch nicht ohne weiteres auf einen Verstoß gegen die „Gleichheit der Behandlung vor dem Gesetz" schließen. Die subjektiven und objektiven Faktoren des Sanktionsverzichts sind uns zu wenig bekannt, um hierüber Aus-

Tabelle 6   Sanktionsgeltung unter den Angezeigten nach Beruf und Einkommen

	Alle	Schüler, Studenten (soweit über 14 Jahre)	Hausfrauen	Rentner	Erwerbstätige manuell	nicht manuell	Einkommen unter DM 250,—
Von den Anzeigen wurden eingestellt nach § 170 StPO	9	5	7	10	8	17	12
eingestellt aus anderen Gründen	11	14	2	10	8	17	35
sanktioniert	75	81	90	75	79	66	53
keine Angaben	5	—	1	5	5	—	—
	100	100	100	100	100	100	100
N	(184)	(21)	(76)	(27)	(40)	(18)	(17)

sagen machen zu können. Wir haben bisher lediglich eine Bilanz des Ausgangs eines Entscheidungsprozesses der Strafverfolgungsinstanzen — die Faktoren, die die einzelne Entscheidung bestimmen, kennen wir nicht.

Wichtig für die Chancen des Sanktionsverzichts ist der Gang der Instanzen, den ein Fall nimmt. Wird die Anzeige auf dem Polizeirevier als Mundraub (§ 370 StGB) zu Protokoll genommen, dann wird sie an das Amt für öffentliche Ordnung weitergeleitet und von dort ein Antrag auf amtsrichterliche Strafverfügung gestellt. Hier erfolgt die Sanktion in der Regel innerhalb von 3 Monaten (Danach müßte Verjährungsunterbrechung bewirkt sein. Allerdings werden nur 5 % dieser Fälle innerhalb von einem Monat sanktioniert). Hier sind die Strafen gering, die Sanktionsgeltung dagegen hoch. Ein Teil dieser Fälle wurde mit einem Strafbefehl sanktioniert. Bei 5 % der Fälle, die von der Polizei als Mundraub deklariert wurden, stellten sich auf dem „Amt für öffentliche Ordnung" Bedenken ein, so daß diese Fälle zur Staatsanwaltschaft weitergeleitet wurden.

Schlägt die Polizeibehörde eine Bestrafung als Diebstahl (§ 242 StGB) vor, dann nimmt die Anzeige ihren Weg über die Staatsanwaltschaft. Hier ist die Prüfung eingehender, nach einem Vierteljahr sind daher erst 70 %/0 der Täter sanktioniert. Dagegen sind die Strafen höher. Die Chance des Sanktionsverzichts jedoch ist ungleich größer, sei es, weil „die Ermittlungen nicht genügend Anlaß zur Anklage ergeben" (§ 170 StPO), sei es, weil das Verfahren wegen Geringfügigkeit (§ 153 StPO) eingestellt wird.

Bei etwa einem Drittel der Fälle ließ der aufnehmende Polizeibeamte die Entscheidung offen, ob es sich um Mundraub oder Diebstahl handle. Hier scheint die Prüfung ebenso gründlich vor sich gegangen zu sein, da die Höhe des Sanktionsverzichts etwa so hoch ist wie bei den eindeutigen Fällen von Diebstahl.

Tabelle 7 Sanktionsgeltung unter den Angezeigten nach Strafvorschlag der Polizei

| | Vorschlag der Polizei | | |
	§ 370 StGB	§ 370 StGB od. 242 StGB	§ 242 StGB
Von den Anzeigen wurden eingestellt nach § 170 StPO	3	9	9
eingestellt aus anderen Gründen	4	15	18
sanktioniert	90	73	73
darunter: im Jugendverfahren	4	13	11
durch amtsrichterl. Verfügung	81	13	—
durch Strafbefehl	5	45	49
durch Urteil	—	2	13
keine Angaben	3	3	—
	100	100	100
N	(79)	(55)	(45)

Die kleineren Delikte also, bei denen auf den ersten Blick ersichtlich ist, daß die gestohlene Ware „zum alsbaldigen Verbrauch" bestimmt ist, werden häufiger sanktioniert. Die größeren, bei denen aufgrund des Diebstahlsverdachts eine eingehende Prüfung durch die Ermittlungsbehörden vorgenommen wird, gehen häufiger straffrei aus.

Der Selektionsprozeß von der Entdeckung der Tat bis zur Sanktionierung wirkt auf allen seinen Stufen dahin, bestimmte Gruppen (Ausländer, Erwachsene, Arbeiter) überrepräsentiert erscheinen zu lassen, die in Wirklichkeit ebenso oft im Laden stehlen, wie man es bei der Zusammensetzung der Bevölkerung erwarten würde. Eine Ausnahme hiervon bildet die Kriminalität von Jugendlichen: Täter unter 18 Jahren sind schon in der Kriminalstatistik leicht überrepräsentiert, aber sie wären es noch viel mehr, wenn die Anzeigenhäufigkeit größer wäre. Insgesamt belegt die Überrepräsentierung bestimmter sozialer Gruppen in der Kriminal- und Strafverfolgungsstatistik keineswegs eine unterschiedliche kriminelle Anfälligkeit dieser Gruppen, sondern spiegelt nur die Selektion des Sanktionsvorganges.

4. Sanktionsgeltung und Normbegriff

„Normen" wollten wir nur solche Verhaltensregelmäßigkeiten nennen, „bei denen auf eine Abweichung mit einer gewissen Wahrscheinlichkeit eine Sanktion erfolgt". Die Ergebnisse unserer empirischen Erhebung zeigen uns, daß diese Wahrscheinlichkeit sehr gering sein kann: Unter 100 Ladendieben werden weniger als 5 entdeckt — unter 100 entdeckten Ladendieben werden weniger als 50 bei der Polizei angezeigt — unter 100 angezeigten werden 80 sanktioniert. Die Sanktionsgeltung (bezogen auf alle begangenen Normbrüche) beträgt demnach etwa 2 %. Trotzdem sprechen wir immer noch von einer „Norm".

Diese Begriffsbestimmung rechtfertigt sich ausdrücklich nicht durch Hinweis auf die — trotz allem — hohe Verhaltensgeltung: Zwar haben 40 % der befragten Berufsschüler schon einmal einen Ladendiebstahl begangen, aber diese Zahl bezieht sich auf eine Verhaltensbilanz über mehrere Jahre. Wenn wir die Berechnung auf die Gesamtheit aller normrelevanten Situationen beziehen (bei 100 Kunden in einem Laden — wieviel werden einen Diebstahlsversuch unternehmen?), dann beträgt die Verhaltensgeltung mehr als 99 % (nach *Stephani* 1968, S. 61, ist in der von ihm untersuchten Migros-Filiale unter je 430 Kunden ein Ladendieb). Das Merkmal der Verhaltensregelmäßigkeit ist also durchaus erfüllt. Aber nicht das Ausmaß der Verhaltenskonformität, sondern der Geschehensablauf im Falle der Abweichung entscheidet darüber, ob wir von einer Norm sprechen oder nicht.

Auch die Anzahl der unentdeckten Normbrüche ist für unsere Begriffsbestimmung wenig wichtig, obwohl sie für den potentiellen Dieb möglicherweise die entscheidende Frage ist. Für ihn wird — wenn er überhaupt rational kalkuliert — das Risiko des Entdecktwerdens entscheidend sein dafür, ob er den Normbruch wagt oder nicht. Allerdings läßt er sich hier auf ein Risiko ein, dessen Ausgang er nicht genau kennt. Der potentielle Dieb muß einschätzen, wie hoch das Risiko ist, entdeckt zu werden. Obwohl diese subjektive Schätzung aufgrund mangelnder Verhaltenstransparenz mit großer Unsicherheit belastet ist, wird er den Normbruch nur unternehmen, wenn er damit rechnet, daß „das nicht herauskommen kann" — die Höhe der Strafe oder die Möglichkeit eines Sanktionsverzichts muß ihm gleichgültig sein, solange er das Risiko des Entdecktwerdens gering einschätzt. Selbst das Wissen um die Tatsache, daß nur 50 % der gestellten Täter bei der Polizei angezeigt werden, wird an seinem Verhalten wenig ändern. Die Entdeckung selbst würde schon eine peinliche Situation herausbeschwören. Selbst wenn der Diebstahl sehr diskret behandelt wird und der Täter nicht öffentlich bloßgestellt wird, werden die Begleitumstände der Entdeckung schon unangenehm genug sein, um als (informelle) Sanktion wirken zu können. Die formale Sanktion wird für das Kalkül des potentiellen Diebes wenig bedeutend sein.

Es ist demnach nicht die verhaltenssteuernde Wirkung der Sanktion, die sie zum abgrenzenden Kriterium des Normbegriffs gemacht hat. Eine Norm, die nur durch Androhung von Sanktionen geschützt wäre, würde sehr bald zusammenbrechen.[15] Die Bestimmung des Normbegriffs rechtfertigt sich lediglich durch die klare Abgrenzung von anderen Verhaltensregelmäßigkeiten, bei denen auf eine Abweichung keine Sanktion erfolgt, und durch die Unterscheidungen, die sie ermöglicht, je nachdem wie und von wem die Sanktion vollzogen wird. Sanktionssubjekt und Art der Sanktion machen die Unterscheidung verschiedener Formen sozialer Verfestigung möglich: Brauch, Sitte und Recht und ihre gegenseitige Bedingtheit.

Der Ladendiebstahl verdient besonderes Interesse durch die eigentümliche Stellung zwischen Sittennorm, privatem Anspruch und Rechtsnorm, die er einnimmt. Obwohl der Eigentumsanspruch des Ladenbesitzers rechtlich geschützt ist (er ist damit in *Geigers* Terminologie Normbenefiziar -B), folgt aus seinem Interesse an der Normeinhaltung nicht notwendig ein Interesse an der Sanktionierung. Beim Ladendiebstahl bleibt es B in der Regel selbst überlassen, für die Entdeckung der Tat zu sorgen. Der Ladeninhaber hat ein Interesse an der Verhinderung des Normbruchs, zieht aber aus der weiteren Strafverfolgung keinen unmittelbaren Nutzen. Im Gegenteil, besonders in kleinen Geschäften oder bei Stammkunden konnte der Nachteil, der aus einer polizeilichen Anzeige erwüchse, sehr groß sein: Die guten Beziehungen zur Nachbarschaft wären getrübt, der Stammkunde würde künftig in einem anderen Geschäft kaufen, etc. Das Interesse am Weiterbestehen der sozialen Beziehung wiegt in solchen Fällen schwerer als das an der Sanktionierung eines Normbruchs. Wie stark die Tendenz zum Sanktionsverzicht ist, zeigt sich nach dem gemeinsamen Beschluß aller großen Freiburger Unternehmen im Jahre 1966, „ab jetzt alle

Ladendiebe ausnahmslos zur Anzeige zu bringen". „Alle" heißt faktisch 70 % — die anderen 30 % werden weiterhin nicht angezeigt.

Betrachten wir zuletzt die Sanktionsinstanz. Polizei und Staatsanwaltschaft beschränken sich bei Ladendiebstählen auf die pflichtgemäße Sanktionierung. Sie werden faktisch nur auf Anzeigen anderer hin tätig, sie unternehmen keine selbständigen Anstrengungen, Normbrecher zu entdecken oder Normbrüchen vorzubeugen. Im Gegensatz zu anderen Delikten (Einbruchdiebstähle werden oft von der Polizei selbst entdeckt) besteht für die Ladendiebstähle eine strenge Arbeitsteilung: B ist allein für die Verhütung und Entdeckung verantwortlich (es gibt auch keine besonderen Rechtsvorschriften, die B zwingen, gewisse Verhütungsmaßnahmen zu ergreifen, wie es sie z. B. für jeden Autofahrer gibt, der sich in Deutschland strafbar macht, wenn er seinen Wagen unverschlossen parkt oder kein Sicherheitsschloß zur Verhinderung eines Diebstahls anbringt); die rechtlichen Instanzen allein aber führen Sanktionen gegen die ihnen bekannt werdenden Ladendiebe durch.[16]

Durch diese Arbeitsteilung entsteht eine besondere Chance des Sanktionsverzichts. Die Geltungschance einer sittlichen Norm, die darauf beruht, daß B oder beliebige Drittpersonen T einen Normbruch (oft auch den bloßen Anschein eines Normbruchs) auf der Stelle sanktionieren, wird verringert, sobald eine Instanz ihren Anspruch auf das Sanktionsmonopol durchsetzen kann. Die besondere Geltungschance der Rechtsnorm, die darauf beruht, daß die Sanktionsinstanz einen Stab zur Überwachung der Normkonformität einsetzt, wird aufgehoben, wenn diese Überwachung B überlassen bleibt, der in vielen Fällen lieber auf eine Sanktion verzichtet.

Die Sicherung der Norm durch Verrechtlichung verhindert spontane Sanktionshandlungen durch den Geschädigten oder durch Dritte, kann jedoch auf der anderen Seite eine Normüberwachung nicht effektiv gewährleisten. Der Sanktionsprozeß ist so sehr abhängig von organisatorischen Bedingungen, daß Trends in amtlichen Statistiken ebenso gut administrative Veränderungen widerspiegeln können wie Entwicklungstendenzen der tatsächlichen Kriminalität. In der Lückenhaftigkeit des Sanktionsprozesses finden sich zudem sozialspezifische Chancen der Nichtentdeckung und des Sanktionsverzichts. Justitia ist bei Ladendieben meist blind, aber sie ist doch bei einigen blinder als bei anderen.

Anmerkungen

[1] „Sanktionsverzicht" werden hier in der Folge alle Fälle genannt, in denen eine Tat zur Kenntnis der Sanktionsinstanz gelangt, und der Täter greifbar ist, ohne daß eine Sanktion erfolgt — sei dies aus rechtlich begründeten oder wiederrechtlichen Gründen. Soweit möglich, werden wir im folgenden nach Gründen des Sanktionsverzichtes differenzieren.

[2] Diese Klassifikation wurde im Seminar von Prof. Popitz im SS 1965 erarbeitet. Vgl. Popitz 1968, S. 10.

[3] Die Amerikaner nennen solche Normbrüche, die faktisch nur von der zugeordneten Instanz sanktioniert werden, „folk crime". Dem entspricht im Deutschen die Bezeichnung „Kavaliersvergehen" — was nicht ganz glücklich ist, da in die Bezeichnung „Kavaliersvergehen" zu viele moralische Untertöne eingehen.

[4] Diese Untersuchung wäre nicht möglich gewesen ohne die Großzügigkeit der beiden Unternehmen, die uns ihre Unterlagen einsehen ließen, und die Bereitschaft des Justizministeriums von Baden-Württemberg, uns Akteneinsicht zu gewähren. Ich bin den Polizeibehörden, der Staatsanwaltschaft und dem Amtsgericht Freiburg für die Mühe dankbar, die sie sich für uns gemacht haben. Die Durchführung der empirischen Untersuchung war eine Team-Arbeit: Ohne die Mitarbeit und die Ideen von Johannes Doppstadt, Volker Schlegel, Rüdiger Spiegelberg, Hubert Treiber und Ekkehard Werner wäre sie nicht zustande gekommen.

[5] Über frühe, methodisch unvollkommene Versuche berichten: Wallerstein u. Wyle 1947; Porterfield 1943.

[6] Die Zahlen wurden mir freundlicherweise von Fräulein Trude Weyershäuser aus ihrer Dissertation bei Frau Prof. Dr. Brauneck, Universität Gießen, zur Verfügung gestellt.

[7] Die Zahlen eines Privatdetektives, allerdings wiederum mit ihrer eigenen Dunkelziffer, gibt Gegenfurtner 1961, S. 350.

[8] Die Zahlen in Klammern geben die Nummer des Interviews an.

[9] In Baden-Württemberg ist das „Amt für öffentliche Ordnung" bzw. das Landratsamt mit der polizeilichen Aufgabe betraut, Anträge für amtsrichterliche Strafverfügungen zu stellen.

[10] Bei allen Tabellen geben die Zahlen in Klammern die Basis an, aufgrund deren die Prozentzahlen errechnet wurden. Da Prozentzahlen bis zur Basis von 10 errechnet wurden, ermöglicht diese Angabe dem Leser, die Sicherheit der Angaben zu relativieren.

[11] Für ein besonders deutliches Beispiel siehe Gericke 1926. Kriminologische Einzelstudien scheinen die administrativen Faktoren der Kriminalstatistik immer wieder neu zu entdecken.

Siehe auch von Hentig 1964, S. 6 ff. Es bleibt rätselhaft, warum entgegen dieser einfachen Erkenntnis in Deutschland noch immer kriminologische Interpretationen von Statistiken vorgelegt werden, die diesen Faktoren nicht Rechnung tragen.

[12] Studien dieser Art hat Kriminalhauptkommissar Loitz (1965 a, S. 6, S. 11; 1965 b, S. 509 u. 583) vorgelegt. Eine Ausnahme bildet Peijster 1956, S. 106. Peijster versuchte, durch Vergleich von Polizeistatistik und Warenhausstatistik präzise Angaben über das Ausmaß des Sanktionsverzichts (P. zählt die nicht angezeigten Fälle zur „unbekannten Kriminalität") zu erhalten. Seine umfangreichen Statistiken der sozialen Merkmale der gestellten Warenhausdiebe stellt P. aufgrund der Warenhausstatistik auf, leider ohne sie mit der Statistik der polizeibekannten Fälle zu vergleichen. Für die Sorgfalt der Schlußfolgerungen von Peijster spricht seine Warnung, von den Sozialmerkmalen der gestellten Diebe auf die der Warenhausdiebe insgesamt zu schließen. Bei Stephani (1968, S. 55) findet sich m. W. die bisher einzige Aufgliederung der Anzeigenhäufigkeit nach Sozialmerkmalen. Insgesamt werden dort von 1481 Tätern 363 angezeigt (25 %). Besonders selten werden Männer (13 %) und ältere Leute (7 % der über 65-jährigen) angezeigt. Mit Ausnahme von Italienerinnen (40 %) ist bei allen anderen Ausländern die Anzeigequote nur wenig höher als bei Schweizern. Für summarische Angaben zur Anzeigenneigung s. Meyer 1941, S. 34 ff: ferner Tegel 1962.

[13] Stand vom 1. 1. 1966. Die Zahlen wurden mir freundlicherweise vom Statistischen Amt der Stadt Freiburg mitgeteilt.

[14] Angaben über den Beruf oder das Einkommen konnten wir zuverlässig nur aus den Akten der Strafverfolgungsbehörden entnehmen. Daher können wir hier nur die Sanktionsgeltung unter den Angezeigten errechnen.

[15] Eine ausführliche Begründung dieser These entwickelt Popitz 1968, S. 15

[16] Verschiedentlich unternehmen Einzelhändler den Versuch, eigene Sanktionen zu verhängen. Solche Versuche sind aber meist kurzlebig, da das Strafmonopol des Staates geschützt wird durch Art. 92 GG. S. Bauer 1965, S. 163 f. In der Schweiz hingegen werden geschäftsinterne Bußen häufig verhängt, s. Stephani 1968, S. 55 u. S. 64. Nach Falb (1964, S. 68 ff.) ist dies zulässig, solange hiermit nur eine „Umtriebsentschädigung" des geschädigten Ladeninhabers vorgenommen wird. Jedoch wird dabei die Grenze zur Erpressung oder Nötigung leicht überschritten. Für eine Diskussion der Problematik „hauseigener Sanktionen" s. Peijster 1956, S. 111 f. Ferner Mey 1966, S. 570.

Literatur

Bauer, F.: Betriebsjustiz. Juristen-Zeitung 65 (1965) 163

Christie, N., J. Adenaes, S. Skirbekk: A Study of Self-Reported Crime. Scandinavian Studies in Criminology 1 (1965) 86

Elmhorn, K.: Study in Self-Reported Delinquency amoung School-Children in Stockholm. Scandinavian Studies in Criminology 1 (1965) 117

Falb, F.: Das Vorgehen gegen die durch Private in flagranti erwischten Dieb in Selbstbedienungsläden. Schweiz. Z. f. Strafrecht 20 (1964) 68

Gegenfurtner, M.: Diebstahl in Warenhäusern. Kriminalistik 15 (1961) 350

Geiger, T.: Vorstudien zu einer Soziologie des Rechts. Neuwied 1964

Gericke, P.: Die Kuppelei-Betrachtungen der Ergebnisse der deutschen Kriminalstatistik. Diss. Berlin 1926

Hentig, H.: Die unbekannte Straftat. Berlin — Göttingen — Heidelberg 1964

Lewin, S. K.: Die psychologische Situation bei Lohn und Strafe. Darmstadt 1964

Loitz, R.: BAG-Nachrichten (Bundesarbeitsgemeinschaft der Mittel- und Großstadtbetriebe des Einzelhandels). Nr. 5 (1965a) 6, Nr. 6 (1965a) 11

Loitz, R.: Ladendiebstähle. Kriminalstatistik 19 (1965b) 509

Meier, O.: Dunkelziffer oder Dunkelfeld. Diss. Bonn 1956

Mey, K. D.: Die Selbstjustiz bei Ladendiebstählen. Kriminalistik (1966) 570

Meyer, K.: Die unbestraften Verbrechen. Leipzig 1941

Niggemeyer, B. u. a.: Kriminologie. Leitfaden für Kriminalbeamte. (BKA) Wiesbaden 1967

Nye, F. I., J. F. Short, Jr.: Scaling Delinquent Behavior. Am. Soc. Rev. 22 (1957) 326

Nye, F. I., J. F. Short Jr., V. J. Olson: Socio-Economic Status and Delinquent Behavior. Am. J. Soc. 63 (1958) 381

Peijster, C. N.: De onbekende Misdaad. Den Haag 1956

Popitz, H.: Über die Präventivwirkung des Nichtwissens. Tübingen 1968

Porterfield, A.-L.: Delinquency and its Outcome in Court and College. Am. J. Soc. 49 (1943) 119

Stephani, S. R.: Die Wegnahme von Waren in Selbstbedienungsgeschäften durch Kunden. Bern — Stuttgart 1968

Suttinger, G.: Diebstahl. In: R. Sieverts (Hrsg.): Handwörterbuch der Kriminologie. Berlin 1966

Tegel, H.: Der Ladendiebstahl als internationales Problem. Kriminalistik 16 (1962) 124

Wallerstein, J. S., C. J. Wyle: Our Law-Abiding Law Breakers. Probation (1947) 107

Wehner, B.: Die Latenz der Straftaten. (BKA) Wiesbaden 1957

Johannes Feest

Die Situation des Verdachts

Die folgende Darstellung beruht auf teilnehmender Beobachtung bei der Schutzpolizei einer deutschen Großstadt*. Der Autor nahm 1969 im Verlauf von fünf Monaten 280 Stunden lang an uniformierten Streifen in einem „Außenrevier" und einem „Innenrevier" teil. Ferner beteiligte er sich 50 Stunden lang an zivilen Schwerpunktstreifen und darüber hinaus an zahlreichen Revierwachen. Die Feldbeobachtung konzentrierte sich auf die Strafverfolgung im „ersten Zugriff". Dabei ergaben sich drei typische, wiederkehrende Situationen selektiver Strafverfolgung: Die der Bagatelle, des Konflikts und des Verdachts. Der folgende Text ist ein erster Versuch über das zuletztgenannte Thema.

Die Begehung einer strafbaren Handlung ist weder eine notwendige noch eine hinreichende Bedingung dafür, in den sozialen Status des „Kriminellen" rekrutiert zu werden. Notwendig, wenn auch nicht immer hinreichend dafür ist es jedoch, von den zuständigen Sanktionsinstanzen als „kriminell" definiert zu werden.[1]

Relativ selten kommen Polizisten in Situationen, in denen ein unbestreitbar seriöses Delikt auf frischer Tat zu verfolgen wäre. Nur Bagatellen liegen typischerweise derart offen zutage, daß zur Feststellung von Tat und Täter keine besonderen Fähigkeiten, Techniken und Spzialkenntnisse erforderlich sind. Bei schweren Delikten verwenden die Täter zumeist vergleichsweise große Mühe darauf, unerkannt zu sein und zu bleiben. Hier hat die Polizei ein Informationsproblem: Einerseits soll sie möglichst viele Delikte aufklären und d. h., Informationen sammeln, andererseits sind ihr durch Grundrechte und entsprechende Bestimmungen der Strafprozeßordnung viele Arten der Informationssammlung untersagt. Könnte die Polizei ohne weiteres beliebige Personen festhalten, deren Wohnungen durchsuchen, ihre Gespräche abhören etc., dann wäre die Aufklärungsquote bei vielen Delikten sehr viel höher als sie es heute ist.[2] Derartige Methoden hätten jedoch kaum eine Chance, von der Öffentlichkeit akzeptiert zu werden: Sie würden mit Recht als totalitär und polizeistaatlich abgelehnt.

Quelle: Johannes Feest, Die Situation des Verdachts. In: J. Feest u. R. Lautmann (Hgb.): Die Polizei. Opladen 1971. C Westdeutscher Verlag GmbH., Opladen. Abgedruckt mit Erlaubnis des Autors und des Verlages.

Die Polizeistreife ist vielmehr darauf angewiesen, aus äußeren Indikatoren Verdacht zu schöpfen und diesen dann so gut wie möglich zu überprüfen. Im folgenden soll gezeigt werden, wie die Polizei im ersten Zugriff bei der Definition von Personen als „kriminell" vorgeht. Zunächst wird das Konzept des Verdachts in seiner praktischen Verwendung durch die Polizei etwas ausführlicher dargestellt werden. Anschließend wird von den Bedingungen die Rede sein, unter denen die Polizei einem einmal geschöpften Verdacht nachgehen kann. Schließlich wird kurz zusammengefaßt werden, was sich daraus im Hinblick auf die soziale Selektivität des Verdachts ergibt.

1. Generalisierter Verdacht

Wenn von Polizisten erwartet wird, daß sie unabhängig von konkreten Straftaten Täter entdecken und festnehmen, dann müssen sie sich notwendigerweise ein Bild von diesen Tätern und ihrem Verhalten machen, um die derart „Verdächtigen" einer genaueren Überprüfung unterziehen zu können.

Die üblichen Polizeistreifen (Routinestreifen) sind nicht auf bestimmte Taten und Täter spezialisiert, und dem entspricht es auch, daß das Täterbild, von dem sie ausgehen, relativ vage ist. Es beruht im wesentlichen auf der Unterscheidung zwischen „anständigen Leuten" und „Verdächtigen" („Asoziale", „Gschwerl", „Grattler", „Wilde", „Halbseidene", „Ganoven").

1.1 *Verdächtige Gegend*

Das suburbane „Außenrevier" wird von den Beamten als „ruhige Gegend" mit einem „anständigen Publikum" betrachtet. Von dieser Regel gibt es nur wenige Ausnahmen: Die Anliegerfahrbahn einer großen Durchfahrtsstraße, wo allabendlich die aus der Innenstadt vertriebenen Dirnen ihre Freier erwarten. Ferner ein Häuserblock, in den nach Kriegsende Obdachlose eingewiesen wurden, und von dem es nach wie vor heißt: „Da wohnen richtige asoziale Elemente."

Während also im Außenrevier normalerweise die Anständigkeit der Bewohner unterstellt wird, gilt für das benachbarte Innenrevier das Gegenteil. Zu ihm gehört sowohl ein altes Arbeiterwohnviertel („da wohnts Gschwerl") als auch das Vergnügungsviertel um den Hauptbahnhof mit seinen zahlreichen Bars und Großgaststätten. Hier stellte ein Beamter den Beobachter seinem Partner mit den Worten vor: „Er fährt unsere Schicht mit, die schlimmste in der ganzen Stadt, mit dem ärgsten Grattlervolk." Ein anderer erklärte seine Abneigung gegen diese Gegend damit, daß es hier „zu viele Asoziale" gäbe.

In derart definierten verdächtigen Gegenden[3] werden Personen von der Polizei häufiger kontrolliert, in der Hoffnung, daß sie entweder zur Festnahme ausgeschrieben sind, oder daß sich bei ihnen Gegenstände finden, die auf strafbare Handlungen hindeuten. Kraftfahrzeuge werden Standkontrollen unterworfen, die weniger dem offiziellen Zweck dienen, die Verkehrssicherheit der Fahrzeuge zu überprüfen, als dem, einen Blick in das Innere des Fahrzeuges tun zu können. Man kann dabei auch ganz elegant von dem einen zum anderen Zweck übergehen: „Ihre Schlußleuchte wakkelt, vielleicht wollen Sie mal den Kofferraum aufmachen, damit man nachschauen kann." Ein leitender Revierbeamter, der dieses Beispiel anführte, meinte, man könne „gegen diesen Personenkreis" eben nur mit Hilfe solcher Tricks vorgehen. Entsprechend werden an bestimmten Orten kleine Verkehrsordnungswidrigkeiten besonders intensiv verfolgt und zu allgemeineren Überprüfungen benutzt. Im Außenrevier besteht etwa eine ständige Streifenanweisung, die Linksabbieger am Ende der Dirnenfahrbahn zu „überwachen". Tatsächlich biegen dort zahlreiche Besucher verbotswidrig ab, um so schnell wie möglich wieder zum Anfang der Dirnenfahrbahn zurückzukommen. Zweifellos gibt es gute verkehrspolizeiliche Gründe dafür, dieses Verhalten zu unterbinden, da es an dieser Stelle schon öfter zu Unfällen gekommen sein soll. Wenn man jedoch mit den Beamten die Möglichkeit diskutiert, die Unfallgefahr durch andere Mittel einzuschränken (etwa durch kleine bauliche Änderungen), dann wird die latente Funktion der Überwachung deutlich: „So wie es jetzt ist, ist es natürlich günstig. Da hat man einen Grund, daß man alles überprüfen kann."

1.2 *Verdächtiges Aussehen*

Unabhängig von der Gegend, in der sie sich aufhalten, werden Personen nach ihrem Aussehen als verdächtig oder unverdächtig klassifiziert.[4] Wie wichtig etwa die Kleidung als Indikator ist, zeigt sich daran, daß die Polizei abgerissen oder schmutzig gekleidete Personen auch dann verdächtigt, wenn sie als Zeugen oder Opfer auftreten:

9/9/16

Funkeinsatz: „Streit und Diebstahl. Sie werden auf der Straße erwartet." An der betreffenden Stelle finden wir nur Arbeitskollegen des Mitteilers vor. Sie beschreiben seine Kleidung: „Grüne Hose, braune, schmutzige Jacke", worauf die Streifenbeamten kommentieren: „Das klingt ja mehr so, als ob der was gestohlen hätte." Schließlich finden wir den Mitteiler, einen holländischen Hilfsarbeiter und bringen ihn auf das zuständige Revier, da er behauptet, Arbeitskollegen hätten ihm sein Radio und seine Geldbörse mit DM 110 weggenommen. Und als er einen von ihnen beschuldigt habe, sei er von diesem zusammengeschlagen worden. Tatsächlich hat er frische Wunden an den Händen und Blutflecken auf seiner Hose.

Als wir den Mann in das Wachlokal bringen, entsteht bei den dort anwesenden Beamten sofort der Eindruck, daß wir ihn festgenommen haben. Auf den Hinweis des Streifenführers, daß dies der Geschädigte sei, zeigen die Beamten ungläubiges Erstaunen. Bei der folgenden Vernehmung wird der Holländer immer wieder in die Defensive gedrängt, er muß immer wieder sagen: *„Ich* bin kein Verbrecher, man hat *„mich* beraubt"*; schließlich veranlaßt der Wachhabende einen jüngeren Beamten, die Anzeige aufzunehmen. Beim Einspannen der Formulare sagt dieser zu dem Holländer: „Das ist ja schade ums Papier. Das sind Sie ja gar nicht wert. Nachher überprüfen wir Sie und dann werden Sie eingeliefert, und dann können wir das ganze wegschmeißen."

Dies ist kein Einzelfall: Es ist Standardpraxis erfahrener Polizisten, alle merkwürdig gekleideten oder sonst von konventionellen Normen abweichenden Leute, die aufs Revier kommen, zunächst einmal selbst bei der Fahndung zu überprüfen, bevor sie sich ihre Wünsche anhören.

Gerade bei Jugendlichen kann aber auch die Tatsache besonders modischer Kleidung verdächtig wirken:

Zwei junge Männer gehen vor uns auf der Straße, stahlblaue Anzüge. „Zwei Halbseidene. Schade, daß man den Leuten nur von außen auf den Kopf sehen kann und nicht innen rein."

Soweit es sich nicht um sehr junge Leute handelt, die auf Grund des Gesetzes zum Schutz der Jugend in der Öffentlichkeit überprüft werden können, ist eine Kontrolle auch hier leichter, wenn sie als Verkehrskontrolle getarnt werden kann:

Auf der Dirnenfahrbahn stoppen wir einen Pkw mit zwei jugendlichen Insassen. S.[19] kontrolliert die Papiere und läßt sich den Kofferraum öffnen. Hinterher frage ich ihn, warum er den Pkw angehalten hat. „Weil die Insassen wild ausgeschaut haben." Über das Öffnen des Kofferraums sagt er: „Strenggenommen habe ich dazu gar keine rechtliche Handhabe, aber wenn er den Kofferraum nicht freiwillig aufmacht, dann besteht für mich ein dringender Tatverdacht."

Wichtiger noch als das Aussehen an sich sind die Widersprüche im äußeren Erscheinungsbild. So heißt es in einem Zeitungsbericht über die Festnahme von zwei Männern:

Der Polizist hatte auf seinem Kontrollgang im Bahnhof den E. bemerkt, als dieser, an eine Wand gelehnt, einen Scheck ausschrieb. Sein Äußeres paßte nicht zu einem Scheckbuchbesitzer (SZ 4. 11. 1969).

Aber auch die Tatsache, daß jemand nicht in eine bestimmte Gegend zu gehören scheint, kann Verdacht erregen. Ebenso die Tatsache, daß er ein Kraftfahrzeug besitzt, obwohl er offenbar nicht arbeitet:

22/4/8.30

In einer Villengegend sehen wir einen parkenden Opel-Kapitän älterer Bauart, in dem ein junger Mann sitzt und Zeitung liest. Der Fahrer der Streife, ein jüngerer Beamter, dem man viel „Fingerspitzengefühl" nachsagt, meint sofort: „Den überprüf ich." Während der Überprüfung der Fahrzeugpapiere und einer Funküberprüfung bei der Kraftfahrzeugfahndung sagt S. zu mir, er wundere sich, wie so jemand, der offenbar nicht arbeite, sich einen solchen Wagen leisten könne. Auf meinen Einwand, daß es ja ein ziemlich altes Fahrzeug sei, gibt es zu bedenken, daß die Benzinkosten hoch sind. Die Überprüfung bleibt ohne Ergebnis, man verabschiedet sich relativ freundlich, aber im Weiterfahren sagt F.[19]: „Der liest jetzt Zeitung, um zu schauen, ob sein Einbruch schon aufgekommen ist."

1.3 *Verdächtiges Benehmen*

Neben der Gegend und dem Aussehen kann auch das Benehmen verdächtig sein. Wie schon zu Beginn des Kapitels angedeutet, wird hier jedoch nicht von solchem Benehmen die Rede sein, das bereits mehr oder weniger offensichtlich den Tatbestand einer strafbaren Handlung erfüllt. Vielmehr wird wiederum nur von sehr allgemeinem Verdacht und sehr vagen Merkmalen die Rede sein.

Große Bedeutung wird der Reaktion von Personen auf das Erscheinen der Polizei beigemessen.[5]

16/5/23.05

Im Vorbeifahren sehen wir einen Pkw, der mit einem Rad auf dem Gehsteig parkt. „Den schau ich mir an, der steht da so komisch." Während wir zurücksetzen, schaut uns der am Steuer sitzende junge Mann etwas erschrocken entgegen. „Der schaut schon wie ein Singerl."

Nur selten kommen derartige Indikatoren in den schriftlichen Berichten über Festnahmen so klar zum Ausdruck wie in dem folgenden Exzerpt aus einer Vorführungsnote:

Um 13.30 Uhr ... kontrollierte ich in der Nähe der Toilette des Hauptbahnhofs eine Frau, da sie einen etwas heruntergekommenen Eindruck erweckte. Sie gab an, daß sie auf ihren Freund warte, der vor ca. 5 Minuten in die Toilette zum Austreten mußte ... Nach 15 Minuten kam dann ihr „Freund". Ich erklärte auch diesem, dem Vorgeführten, daß er kurz zur Personalienüberprüfung zur Wache ... mitkommen sollte, da auch er einen etwas geschreckten Eindruck hinterließ ...

2. Spezialisierter Verdacht

Nicht alle Polizeistreifen sind jedoch durch einen generalistischen Auftrag gezwungen, sich auf allgemeine Verdachtsmerkmale und ein vages Täterbild zu beschränken. Zusätzlich zu den Routinestreifen werden von Fall zu Fall auch „Sonder"- oder „Schwerpunkt"-Streifen durchgeführt. Die Unterschiede sollen im folgenden am Beispiel der Zivilstreifen gegen Kraftfahrzeugaufbrecher dargestellt werden.

Im Jahre 1968 wurden im Bereich der untersuchten Polizeiorganisation 9894 Diebstähle aus Kraftfahrzeugen, 3099 Diebstähle an Kraftfahrzeugen und 2681 Diebstähle von Kraftfahrzeugen der Polizei bekannt. Auch wenn man berücksichtigt, daß es sich bei einem unbekannten Prozentsatz dieser angezeigten Fälle um keine echten Diebstähle handelt (sondern etwa um Verluste, die aus Versicherungsgründen als Diebstähle angezeigt wurden), sind die Aufklärungsquoten überaus niedrig: Für die drei genannten Delikte betrugen sie im Jahre 1968 12,8 %, 17,9 % und 33,9 %, im Vergleich zu einer Aufklärungsquote für sämtliche Delikte von 50,9 %. Angesichts der Publizität, die dieser Sachverhalt in den Massenmedien gefunden hat, und angesichts der großen Zahl der Autobesitzer, die als Betroffene oder potentiell Betroffene von der Polizei effizientere Arbeit erwarten, ist es verständlich, daß die Aufklärung gerade dieser Straftaten innerhalb der Polizeiorganisation hohe Priorität hat. Aber obwohl nahezu alle beobachteten Streifenbeamten mit Hilfe der oben beschriebenen Methoden gerade auch Kraftfahrzeugaufbrecher zu fassen versuchen („So einen Autoaufbrecher festzunehmen, das wäre einmal eine Gaudi"), sind doch nur ganz wenige Beamte dabei erfolgreich. Und zwar im wesentlichen bei spezialisierten zivilen Schwerpunktstreifen: In 280 Beobachtungsstunden bei uniformierten Routinestreifen wurde kein einziger Kraftfahrzeugaufbrecher festgenommen; in knapp 40 Beobachtungsstunden bei zivilen Spezialstreifen kam es zu 8 derartigen Festnahmen.

Viele weniger erfolgreiche Beamte halten das für „Glück", andere sprechen davon, daß ihre erfolgreichen Kollegen „Fingerspitzengefühl" oder „Nase" haben. Die Analyse der Arbeitsweise dieser Spezialisten gibt einige Hinweise für eine noch zu schreibende „Soziologie des Fingerspitzengefühls".

2.1 *Organisation und Status der Zivilstreifen*

Während uniformierte Routinestreifen im allgemeinen mit wechselnden Partnern gefahren werden, so daß die Streifenbeamten einander unter Umständen nicht sehr gut kennen, sind die zivilge-

kleideten Spezialisten unter sich. Bis Mitte 1968 wurden Schwerpunkteinsätze gegen Kraftfahrzeugaufbrecher nur ausnahmsweise
durchgeführt; Kraftfahrzeugdiebstähle wurden im wesentlichen
durch Routinestreifen und durch „Verkehrskontrollen" verfolgt.
Solche Kontrollen erwiesen sich jedoch für die Streifen der Innenstadt mit ihrer großen Verkehrsfrequenz als inakzeptabel und wenig effektiv. Man begann daher mit der Zusammenstellung von
Gruppen für zivile Schwerpunkteinsätze. Auswahlgesichtspunkt
bei der Zusammenstellung dieser Gruppen war in erster Linie, daß
die betreffenden Beamten schon öfter bei der Festnahme von Kraft-
fahrzeugaufbrechern hervorgetreten waren. Im weiteren Verlauf
erfolgte die Ergänzung der Gruppen im wesentlichen durch Koop-
tation. Die Beamten, die etwa alle zwei Wochen jeweils zwei Näch-
te lang mit zivilen Fahrzeugen unterwegs sind, kennen einander
relativ gut, sind aufeinander eingespielt und dementsprechend ist
ihr Handlungsspielraum größer als der der uniformierten Streifen.
Weit mehr als ihre Kollegen stehen die Spezialisten unter Produktionsdruck.[6] Sie müssen Erfolge haben, und d. h. Festnahmen
bringen, sonst laufen sie Gefahr, ihren privilegierten Sonderstatus
zu verlieren. Privilegiert sind sie in mehrfacher Hinsicht: Einmal
sind sie weitgehend von unbeliebten Arbeiten freigestellt (Ver-
kehrsregelung, Fußstreifen etc.), ferner dürfen sie wie die Kriminalpolizei in Zivil und mit unmarkierten Wagen fahren, was nicht
nur ihre Erfolgschancen erhöht, sondern sie auch symbolisch über
die übrigen Schutzleute erhebt. Schließlich können sie sich eher als
andere Extravaganzen erlauben: Ihre Methoden werden zwar
manchmal kritisiert, aber solange sie damit Erfolg haben, läßt man
sie gewähren. Ein Revierleiter verglich ihren Status mit dem der
Radartechniker bei der Bundeswehr (über die er eine Fernsehsen-
dung gesehen hatte): Diese könnten es sich leisten, im Gegensatz
zu allen Vorschriften lange Haare und Bärte zu tragen. Da sie gebraucht würden, könne man ihnen letzlich nichts anhaben.

2.2 Spezielle Verdachtskriterien

Die oben dargestellten allgemeinen Verdachtsmerkmale sind auch
für die Spezialisten selbstverständlicher Ausgangspunkt. Ihre Aufgabe beschränkt sich jedoch darauf, aus der Population der auf der
Straße befindlichen Menschen diejenigen herauszusuchen, die entweder gerade ein Kraftfahrzeug aufgebrochen haben und dabei
sind, die Beute (das Kraftfahrzeug selbst oder einzelne Gegenstände) in Sicherheit zu bringen, oder die in der Absicht unterwegs
sind, Kraftfahrzeuge aufzubrechen.

Eine erste Auswahl erfolgt schon dadurch, daß diese Streifen meist
relativ spät angesetzt werden, so daß die meisten „anständigen"

Leute ohnehin schon zu Hause sind. Auch wenn die Streife formell um 23 Uhr beginnt, läßt man sich anfangs etwas Zeit und wartet, bis die Straßen leerer werden. Von den dann noch auf den Straßen befindlichen Personen werden einige als „unverdächtig" ausgeschieden: In erster Linie Frauen und „Liebespaare". Dies auf Grund der statistisch „fundierten" Theorie, daß Frauen als Täter dieses Delikts kaum in Frage kommen. Daß diese Theorie nicht immer zutreffen muß, ist vielen Beamten klar, sie scheuen aber auch aus anderen Gründen davor zurück, Frauen zu kontrollieren: es kann mißverstanden werden, kann bei Liebespaaren peinlich sein, und außerdem kann man Frauen ohnehin nicht in der gleichen Weise durchsuchen wie Männer.

Ferner scheiden solche Personen aus, die zielstrebig und schnellen Schrittes unterwegs sind. Dies gilt einmal für „bessere" Leute, die aus Kino oder Theater nach Hause kommen, aber auch für „einfache" Leute, wenn aus der Richtung, in der sie gehen und aus der Art ihrer Kleidung zu entnehmen ist, daß es sich um Schichtarbeiter handelt. Schließlich scheiden ältere Leute aus, die etwa vor ihrer Haustür eine Pfeife rauchen oder mit ihrem Hund unterwegs sind.

Der Verdacht konzentriert sich also von vornherein auf Männer zwischen etwa 14 und 40 Jahren, die langsam an Kraftfahrzeugen entlangschlendern oder sich in parkenden Kraftfahrzeugen aufhalten. In bestimmten Stadtteilen gilt jeder als verdächtig, der sich in den frühen Morgenstunden noch auf der Straße aufhält: „Wer jetzt noch herumläuft, das ist ein Grattler."

Es sind jedoch nicht so sehr die von ihnen verwendeten besonderen Verdachtsmerkmale, wodurch die Spezialisten sich von ihren uniformierten Kollegen unterscheiden, sondern die Möglichkeiten, einem einmal gefaßten Verdacht nachzugehen.

3. Konkretisierung des Verdachts

Jede Polizeistreife muß versuchen, den Verdacht durch Überwachung, Kontrolle und diverse Überprüfungen soweit zu konkretisieren, daß der Betroffene zur endgültigen Sanktionierung den dafür zuständigen Instanzen überantwortet werden kann. Dabei ergeben sich beträchtliche Unterschiede zwischen den Generalisten und den Spezialisten.

3.1 *Generalisten*

Polizeistreifen haben nur wenig legale Möglichkeiten, vagen Verdachtsmomenten nachzugehen. Strenggenommen dürfen sie allenfalls eine Personalienüberprüfung vornehmen, und auch diese muß sich auf bestimmte Täter oder auf bestimmte Straftaten beziehen:

Dagegen wird man eine Anhaltung auf Grund bloßen Verdachts ablehnen müssen. d. h. auf Grund des bloßen Verdachts, der Anzuhaltende könne vielleicht irgend etwas Unrechtes getan haben, nur weil etwa sein Äußeres keinen vertrauenerweckenden Eindruck macht, obwohl von einer mit Strafe bedrohten Handlung, die zu ermitteln oder aufzuklären wäre, überhaupt nichts bekannt ist[7].

Aber auch solche Beamte die geneigt sind, sich über legalistische Bedenken dieser Art hinwegzusetzen, in der Hoffnung, durch eingehendere Überprüfung doch eine Bestätigung ihres Verdachts zu finden, haben dafür bei Routinestreifen meist keine Möglichkeit. Sei es, daß sie durch konkrete Streifenanweisungen oder Funkeinsätze keine Zeit dazu haben, sei es, daß sie die Kritik eines legalistischer orientierten Partners fürchten: Sie müssen sich zumeist auf den „kurzen Zugriff" beschränken.

12/5/21.35

S. ruft plötzlich: „Was streifen denn die da herum?" Er zeigt auf zwei Gestalten, die etwa 50 Meter weit von uns entfernt in einer menschenleeren Gegend um die Ecke eines Gebäudes kommen: Zwei jüngere, einfach gekleidete Männer, von denen einer eine Plastiktüte trägt. „Was machts denn ihr da?" Es sind italienische Gastarbeiter, die kaum deutsch sprechen. S. fragt sie, wo sie hinwollen. Nach und nach verstehen wir, daß sie sich auf dem Weg von der Arbeit zu ihrem Wohnheim befinden. Der Streifenführer läßt sich noch den Inhalt des Plastikbeutels zeigen: Er enthält einen halben Laib Brot. Dennoch beginnt er, die Personalien der beiden aufzunehmen, was aber so stockend geht, daß er schließlich darauf verzichtet. Hinterher sagt er: „Die sind harmlos. Ich habe zuerst gedacht, die streifen da um das Gebäude herum." Als sein Kollege jedoch zu verstehen gibt, daß man diese Harmlosigkeit doch gleich sehen konnte, widerspricht er: „Da darfst dich nicht blenden lassen von den Burschen, sonst erwischst nie einen." Und dann erinnert er an einen älteren Kollegen, von dem er „angelernt" wurde: „Der hätte sich mit denen wieder eine Stunde unterhalten —, aber da mangelt's halt."

Nur im Ausnahmefall fühlen sich Beamte auf Routinestreifen sicher genug, um auf Grund allgemeiner Verdachtsmomente ausführlichere Überprüfungen vorzunehmen:

25/4/23.05

S. hat etwas gesehen, läßt zurückfahren. Auf einem Gehsteig hat sich bei unserem Vorbeifahren angeblich ein Mann hinter einem Schaltkasten versteckt. Er kommt uns entgegen, in der Hand ein Transistorradio. Der Streifenführer fragt ihn, woher er es habe. „Gekauft." Als der Mann nicht erklären will, warum er sich versteckt hat, stellt S. ihn an die Wand und durchsucht ihn. Dann läßt er ihn alle „spitzen Gegenstände" aus den Taschen nehmen und vorzeigen. Nichts Außergewöhnliches ist dabei. S. hat bisher nicht erklärt, welcher Tat er den Mann verdächtigt. Nun fragt er ihn, was er an dem danebenstehenden Pkw gemacht habe. Der junge Mann beteuert, daß er an dem Pkw gar nichts gemacht habe, er sei auf dem Heimweg, wohne gleich in der Nähe. Er hat auch einen Ausweis bei sich. Als er jedoch weiterhin keine rechte Erklärung für das Verstecken geben will, erklärt ihn der Streifenführer für vorläufig festgenommen und bringt ihn zum Revier, von wo aus er ihn bei der Fahndung überprüft. Die Auskunft ist negativ. Aber schon vorher läßt die Sicherheit von S. nach. In den Taschen des Festgenommenen hat er ein Rezept gefunden, aus dem er entnimmt: „Der spinnt ein bisserl." Er versucht, nochmals mit dem Radio weiterzukommen, fordert den Burschen auf, das Radio *schnell* zu bedienen. Als dieser dazu in der Lage ist, fragt S. ihn noch nach dem Geschäft, in dem er das Radio gekauft habe. Schließlich erklärt der Bursche, daß er Angst vor der Polizei habe und sich deshalb versteckt habe. Warum? Er sei schon einmal aufgefallen. Warum? Das wisse er nicht mehr. „Weils immer in die Fenster neinschaun?" schlägt einer der Beamten vor. Jetzt erinnert sich auch S., daß es sich um einen als Exhibitionisten bekannten Burschen handelt. Er wird entlassen, mit der Weisung, direkt nach Hause zu gehen. Hinterher ärgern sich beide Beamte darüber, daß sie den Burschen nicht einfach weiter beobachtet haben. Sie sind jetzt der Meinung, daß er einer in der nahen Telefonzelle telefonierenden Frau aufgelauert habe.

3.2 *Spezialisten*

Die Zivilstreifen haben, da sie unauffälliger sind, eher die Chance, einen Verdächtigen auf „frischer Tat" zu ertappen. So kommt es vor, daß sie einem Verdächtigen so lange folgen, bis er tatsächlich ein Auto aufbricht. Dies ist auch die von den meisten Vorgesetzten gewünschte Strategie; so hieß es bei einer Vorbesprechung: „Greifen Sie erst ein, wenn eine Überführung möglich ist, die dann auch gerichtlich standhält." D. h. also, abwarten, bis der Verdächtige „bricht". Daß auch dieses Vorgehen von vielen Juristen als problematisch angesehen würde, wegen der Verpflichtung der Polizei, strafbare Handlungen zu verhindern, sei hier nur am Rande erwähnt.

Ebenso kann es vorkommen, daß ein vager Indikator sich auf andere Weise rasch konkretisieren läßt:

8/7/0.10

Wir sehen einen unbeleuchteten Pkw ohne Kennzeichen langsam anfahren, dann mitten auf der Straße stehenbleiben. S. geht hin, fordert die beiden Insassen auf, auszusteigen. Ein älterer Mann mit Stoppelbart und ausländischem Akzent und ein jüngerer, beide ziemlich schäbig gekleidet. Als S. sieht, daß die beiden ohne Zündschlüssel gefahren sind, dirigiert er sie ohne weitere Überprüfung mit gezogener Pistole in den Streifenwagen. Der Ältere gibt an, daß sie den Pkw aus dem Parkplatz eines benachbarten Autohauses geholt hätten, behauptet aber, dazu beauftragt gewesen zu sein ... Vom Revier aus stellt S. durch einen Anruf beim Inhaber des Autohauses fest, daß das Tor des Parkplatzes versperrt gewesen und daß es offenbar aufgebrochen worden sei. Niemand sei beauftragt gewesen, ein Fahrzeug abzuholen. Die beiden Männer werden der Kriminalpolizei zur weiteren Behandlung übergeben.

Auch in solchen Fällen ist noch vieles „zur restlosen Klärung" des Falles zu tun. Es bleibt etwa festzustellen, ob es sich um einen Diebstahl im technischen Sinne (eventuell sogar einen schweren Diebstahl) oder nur um einen „unbefugten Gebrauch von Fahrzeugen" gehandelt hat. Die Konkretisierung des Verdachts ist jedoch ebenso legal wie unproblematisch. Eine so mühelose Bestätigung der Verdachtshypothese ist jedoch wahrscheinlich eher die Ausnahme als die Regel. Meistens muß die Polizei ihren ursprünglichen, vagen Verdacht entweder aufgeben (wenn auch widerwillig, wie in manchen der oben angeführten Beispiele), oder sie muß ihn unter mehr oder weniger offensichtlicher Verletzung formellen Rechts weiter zu konkretisieren versuchen. Im folgenden sollen einige der wichtigsten Bedingungen aufgezeigt werden, unter denen die letztere Strategie möglich und erfolgreich ist.

4. Verdacht und Definitionsmacht

Die Polizei ist verpflichtet, jedem Verdacht einer Verletzung materiellen Strafrechts nachzugehen. Ihre Macht bei der Sammlung der zur Konkretisierung des Verdachts nötigen Informationen ist jedoch durch formelles Strafrecht beschränkt. Die geringe Sichtbarkeit vieler Entscheidungen der Polizei im ersten Zugriff macht eine effektive Kontrolle durch Vorgesetzte oder Öffentlichkeit nahezu unmöglich. Da in den von uns zuletzt beschriebenen Verdachtssituationen auch die Kontrolle durch Kollegen gering ist, ist hier die faktische Macht der Polizei bei der Feststellung des Tatbestandes besonders groß. Da es sich dabei um die Macht handelt, die durch den Verdacht implizierte Definition der Situation durchzusetzen, sprechen wir hier von Definitionsmacht. Die wesentliche Schranke polizeilicher Definitionsmacht in solchen Situationen besteht in der Kontrolle durch die Betroffenen selbst. Die Kontrolle durch die Betroffenen ist in drei Fällen besonders gering und damit die Definitionsmacht der Polizei besonders groß: 1. Wenn Betroffene freiwillig darauf verzichten, von ihren Rechten gegenüber der Polizei Gebrauch zu machen, 2. wenn Betroffene über ihre Rechte nicht ausreichend informiert sind, und 3., wenn Betroffene sich zwar in ihren Rechten verletzt fühlen, ihre Beschwerdemacht jedoch gering ist.

4.1   Freiwillige Kooperation

Die bloße Tatsache, daß jemand eine größere Tasche bei sich trägt, genügt im allgemeinen nicht, um Personalienfeststellung oder gar Durchsuchung durch die Polizei zu rechtfertigen.

Dennoch gehört es zu der Standardpraxis der Zivilstreifen, Personen, die zu der oben beschriebenen Gruppe der Verdächtigen gehören und eine Tasche oder ähnliches bei sich haben, anzuhalten und zu überprüfen. Die Polizisten rechnen hier damit, daß ihre beschränkte Macht durch freiwillige Kooperation erweitert wird:

15/6/1.00

Ein Mann geht mit einem Bündel eine völlig menschenleere Straße entlang. Der Streifenführer beschließt, ihn zu kontrollieren. „Polizei, dürfte ich, bitte, Ihren Ausweis ansehen." Der Mann ist erschrocken, aber kooperativ. Er ist ca. 45 bis 50 Jahre alt, einfach gekleidet. Er fragt sofort, was er denn gemacht habe. Der Streifenführer vertröstet ihn auf später, kontrolliert zunächst den Ausweis, fragt den Mann dann, wo er wohne, was er hier mache (er gehe nach Hause), woher er komme (vom Bahnhof, wo er noch ein paar Sachen liegen hatte). Nun erklärt der Streifenführer ihm den Grund der Überprüfung: „Sie werden vielleicht schon gehört haben, daß hier bei uns sehr viele Autoaufbrüche sind, und da haben wir Zivilstreifen eingeführt, die alle Leute überprüfen, die um diese Zeit hier herumschleichen. Wenn Sie ein Auto hätten, wären Sie sicher froh darüber, etc." Der Mann stimmt zu, ist erleichtert und lobt die Polizei. Der Streifenführer läßt sich aber doch noch den Inhalt des mitgeführten Bündels zeigen: Arbeitskleidung.

Man mag hier zweifeln, ob die Kooperation tatsächlich freiwillig ist, oder nur darauf beruht, daß der Betroffene über sein Weigerungsrecht im Unklaren ist. Häufig hat man jedoch den Eindruck, daß kontrollierte Personen gerne bereit sind, ihre Unschuld zu demonstrieren, und daß sie jedenfalls die Legitimität des polizeilichen Vorgehens nicht in Frage stellen. Nur weil die Polizei damit rechnen kann, relativ viel freiwillige Kooperation dieser Art zu finden, kann sie es riskieren, verhältnismäßig viele Personen in dieser Weise zu überprüfen, ohne Beschwerden befürchten zu müssen.

4.2   Geringe Beschwerdemacht

Aber auch wenn die Kooperation nur widerwillig ist, wird das Risiko einer Beschwerde von den Polizeibeamten immer dann in Kauf genommen, wenn die Beschwerdemacht der Betroffenen als gering eingeschätzt wird:

25/6/2.30

Zwei jüngere Männer gehen mit einer größeren Tasche an parkenden Kraftfahrzeugen entlang. Sie werden angehalten, schauen sich genau den Polizeiausweis an, zeigen dann auf Verlangen auch ihre Ausweise. Aufgefordert, auch die Tasche zu öffnen, tut der eine dies, und zeigt, daß nur Toilettenartikel und ähnliches darin ist. Währenddessen beginnt der andere, nach dem Grund des Einschreitens zu fragen, und da er keine klare Auskunft bekommt, sich laut darüber zu ärgern. Die Beamten weisen ihn zurecht: „Sie sollten froh sein, daß die Polizei sich kümmert; glauben Sie, wir wären nicht auch lieber in der nächsten Kneipe, etc." Als der Mann daraufhin von Polizeistaat spricht, herrscht S. ihn an, er solle sich hier nicht „aufmandeln". Nachdem die beiden Männer schließlich noch nach ihrem Bestimmungsort und ihrer Adresse (eine billige Pension) gefragt wurden und S. sich ihre Personalien notiert hat, dürfen die beiden weitergehen. Sie kündigen an, daß sie sich beschweren werden und notieren die Nummer des Streifenwagens. Die Beamten warten dies mit großer Gelassenheit ab. Im Weiterfahren kommentieren sie: „Die sind uns nochmal davongekommen."

Am nächsten Abend erzählt einer der Beamten, er habe gehört, daß die beiden direkt zum Polizeipräsidium gegangen seien, um sich zu beschweren. Der diensttuende Beamte der Hauswache habe sich jedoch geweigert, die Beschwerde anzunehmen. Er habe die beiden aufgefordert, tagsüber wiederzukommen.

Die Polizeibeamten haben hier die Beschwerdemacht der beiden „Verdächtigen" zutreffend eingeschätzt. Zweifellos wären sie gegenüber jemandem, der sich etwa als Geschäftsmann oder Akademiker ausgewiesen hätte, beträchtlich vorsichtiger gewesen. Auch wenn die Beschwerde in dem oben geschilderten Fall angenommen worden wäre, hätten sie nach Ansicht der Polizisten keine sehr große Wirkung gehabt, da die Glaubwürdigkeit derartiger „Grattler" auch von den Dienstvorgesetzten nicht viel anders eingeschätzt worden wäre als von den Zugriffsbeamten selbst. S. kommentierte: „Wenn ich gewußt hätte, daß die sich tatsächlich beschweren gehen, wäre ich noch gscherter gewesen".

4.3 *Mangelnde Rechtskenntnisse*

Soweit die Streife jemanden als verdächtig klassifiziert, dessen Durchsuchung keinen Erfolg verspricht oder erfolglos verläuft, wird die Verdachtshypothese durch Überwachung überprüft. Geht der Mann langsam an parkenden Fahrzeugen vorbei, dann ist er bereits höchst verdächtig, schaut er ins Fahrzeuginnere oder beginnt er gar, sich an der Tür eines Fahrzeugs zu betätigen, dann besteht für die beobachtenden Beamten kein Zweifel mehr daran, daß sie einen „Brecher" vor sich haben. Wenn er lange genug in der Gegend herumwandert, werden sie ihn festnehmen, auch wenn sie ihn nicht beim Aufbrechen eines Fahrzeugs beobachtet haben. Sie werden dann versuchen, ihren Verdacht mittels Durchsuchungen und Vernehmungen zu konkretisieren und damit die Festnahme im nachhinein zu rechtfertigen. Wiederum bewegen sie sich dabei außerhalb der ihnen gesetzlich zugestandenen Machtbefugnisse und es ist nicht zuletzt eine Frage der juristischen Kenntnisse des Betroffenen, ob er dies zuläßt oder nicht. Solche juristischen Kenntnisse finden sich typischerweise eher bei Personen mit höherer Schulbildung. Solche Personen haben auch meist „ihren" Anwalt und werden typischerweise verlangen, mit ihm sprechen zu dürfen. Aber auch mit professionellen Kriminellen hat die Polizei ähnliche Mühe bei der Konkretisierung des Verdachts:

S. erzählt: Er habe neulich einen „alten Knastologen" laufen lassen müssen. Der sei ständig an einem Pkw drangesesen, habe aber dann einen der ihn beobachtenden Beamten gesehen und sich versteckt. Als man ihn daraufhin kontrolliert habe, habe er keinen Ausweis bei sich gehabt. S. wollte nun zu ihm nach Hause, um sich dort umzusehen. Aber der alte Knastologe habe ihn an der Tür aufgehalten und gesagt: „Sie kennen doch Ihre Gesetze. Zu mir in die Wohnung kommen Sie nicht."

Bei anderer Gelegenheit sagt S.: „Wenn ich einen Großen fange, der redt doch gar nicht mit mir. Der sagt nur: ‚Du schreib Deinen Schmarrn, ich red nicht mit Dir'. Der will nur seine Zigaretten und einen Anwalt."

Wieviel Spielraum dagegen die Polizei bei Jugendlichen, insbesondere solchen mit geringer Schulbildung hat, soll in der folgenden ausführlichen Beschreibung eines Falles gezeigt werden:

21/6/1.15

Zwei junge Burschen fallen uns auf, die mit einer großen Tasche umherziehen. S. sagt: „Da brauchen wir nur in die Tasche schauen." Personalienüberprüfung: Der eine ist Friseur, der andere Kfz-Mechaniker. Beide sind 18 Jahre alt. In der Tasche haben sie Werkzeug: Unter anderem einen Wagenheber, kleine Schraubenzieher, etc. S. sagt: „Mit *dem* Werkzeug, da glaub ich Euch, daß Ihr keine Autos aufbrecht." Er erklärt ihnen den Grund der Überprüfung und läßt sie laufen.

Der zunächst bestehende spezialisierte Verdacht scheint ausgeräumt. Aber F., ein jüngerer Beamter, den S. gerade anlernt, ist unzufrieden, meint, da wäre etwas nicht in Ordnung:

S. erklärt: „Ein großer Schraubenzieher, eine Bauklammer, *damit* bricht man Autos auf." F. widerspricht: Bei der Überprüfung des Werkzeugs seien die beiden defensiv gewesen. Der eine habe gleich gesagt, das Werkzeug habe er von seinem Vater. Außerdem habe der eine eine Art Fallschirmjägerjacke angehabt, vielleicht wollten die sich hinterher in die Büsche absetzen. S. gibt zu, es könne doch etwas daran sein, wir würden sie weiter überwachen. Wenn sie gleich zur Straßenbahn gingen und dann nach Hause führen, wäre alles in Ordnung. Da jedoch eine andere Sache dazwischenkommt, verlieren wir die Burschen aus den Augen.

Um 3.30 Uhr sagt S.: „Jetzt lad ich Euch auf Kaffee und Kuchen ein, jetzt geht doch nichts mehr. Wenn wir jetzt noch einen sehen, den müssen wir ja ins Narrenhaus einliefern, nicht ins Gefängnis." Er fährt aber doch noch einmal durch einige der „verdächtigen" Straßen. Plötzlich sehen wir den Friseur von vorhin. Wir halten ihn an, er sagt, sie seien in einem Lokal gewesen, dort sei sein Freund plötzlich verschwunden, so daß er schließlich die Zeche für beide bezahlen mußte. S. erteilt ihm einen formellen Platzverweis, wobei er ihm den Heimweg Straße für Straße genau vorschreibt.

Nun fährt der Streifenführer nochmals kreuz und quer durch die Gegend und plötzlich sehen wir die beiden gemeinsam vor uns gehen. Der Streifenführer läßt sich nochmals kurz die Tasche zeigen: Es sind immer noch die gleichen Gegenstände. Dann nimmt er beide kurzerhand fest, verbietet ihnen energisch jedes weitere Gespräch und bringt sie zur Revierwache. Dort werden die beiden genau untersucht, alle Sachen werden aus der Tasche ausgepackt, unter anderem eine Eisensäge, ein Glasschneider, eine Rolle Tesafilm.

Zu diesem Zeitpunkt ist S. bereits fest davon überzeugt, daß die beiden ein Kraftfahrzeug aufgebrochen haben oder doch aufbrechen wollten. Während er zunächst sich damit zufriedengegeben hatte, daß bei dem Werkzeug kein *großer* Schraubenzieher bzw. keine Bauklammer war, weist er jetzt darauf hin, daß Glasschneider und Tesafilm klassische Einbruchwerkzeuge sind. Bei der folgenden Vernehmung werden die vorgeschriebenen Hinweise darauf, „daß es ihnen nach dem Gesetz freistehe, sich zu der Beschuldigung zu äußern oder nicht zur Sache auszusagen und jederzeit . . . einen von ihnen zu wählenden Verteidiger zu befragen" (§ 136 StPO), nicht gegeben.

Nun beginnen Verhöre, mit jedem einzeln, die sich bis 8.30 Uhr hinziehen. Zwischendurch werden die beiden in zwei aneinandergrenzende Zellen gesperrt und von außen belauscht. Schließlich räumt der eine die Möglichkeit ein, daß sie in dieser Nacht auf der Suche nach einem geeigneten Objekt waren, aber keines gefunden hätten. Da aus ihm nichts weiter herauszubekommen ist, fahren wir zu den von ihnen angegebenen Adressen, um dort Haussuchungen vorzunehmen. In einem Fall wird uns die „Genehmigung" dazu von den etwa 8- bzw. 12jährigen Geschwistern erteilt. Die Haussuchungen bleiben ohne Ergebnis.

Schließlich wird nochmals der Geständnisfreudigere der beiden in die Zange genommen. Mit großer Ausführlichkeit wird ihm beschrieben, was aus ihm noch werden würde, wenn er so weitermache. Er solle jetzt alles sagen, sich völlig von „dem ganzen Schmutz" freimachen. Zwar beteuert er weiter, daß in dieser Nacht nichts Strafbares vorgefallen sei, er gibt jedoch plötzlich freiwillig zu, daß sie schon vor einer Woche versucht hätten, in ein Gasthaus einzubrechen. Die Fensterscheibe hätten sie schon eingeschlagen gehabt, aber dann wären sie doch nicht hineingekommen.

Nun entschließt sich S., die beiden persönlich bei der Kriminalpolizei vorzuführen. Es zeigt sich jedoch, daß dem dortigen Abteilungsleiter das bisherige Ermittlungsergebnis noch nicht genug ist: „Wo sind denn da die Straftatbestände, auf die Sie die Festnahme stützen wollen?" Bei einer weiteren ad hoc durchgeführten Vernehmung gibt der eine der Burschen nun insgesamt 4 Einbrüche bzw. Versuche zu, so daß die Festnahme nun auch von der Kriminalpolizei akzeptiert wird.

Bereits nach dem Geständnis auf der Revierwache hatte S. zu mir gesagt: „Wenn das mit mir einer machen würde, da tät ich eine Beschwerde loslassen, die sich richtig gewaschen hätte. Aber ich weiß eben mehr und es ist ja ein Glück, daß die es nicht wissen, denn so können wir verhindern, daß sie völlig zu Verbrechern werden."

Man kann die Normen des formellen Strafrechts als für die Organe der Strafrechtspflege verbindliche Regeln der Wirklichkeitskonstruktion ansehen. Diese gesetzlichen Regeln der Tatsachenfeststellung sind im Verlauf des oben geschilderten Falles an zahlreichen Stellen mißachtet worden: Schon die erste Anhaltung und Überprüfung war zumindest problematisch, der Platzverweis und die Festnahme ohne jede gesetzliche Grundlage; auf das Zeugnisverweigerungsrecht wurde nicht hingewiesen, die Haussuchungen hätte ein Richter vermutlich niemals angeordnet; schließlich würde jeder gute Anwalt die Ergebnisse einer mehr als fünfstündigen Vernehmung zur Nachtzeit mit Erfolg angefochten haben, aber es ist natürlich mehr als unwahrscheinlich, daß mittellose Jugendliche ohne rechte Ausbildung sich einen Anwalt nehmen, insbesondere, nachdem sie bereits ein Geständnis abgelegt haben. Hätte die Polizei sich an die gesetzlichen Regeln der Wirklichkeitskonstruktion gehalten, oder hätten die beiden Burschen genügend Kenntnisse und soziale Macht besessen, um sich gegen die Methoden polizeilicher Wirklichkeitskonstruktion zu wehren, dann hätten sie niemals festgenommen oder gar überführt werden können. Hier soll die Unwissenheit und Machtlosigkeit der beiden Protagonisten weder begrüßt noch bedauert werden (und auch nicht auf die Prognose eingegangen werden, daß durch ihre Überführung und voraussichtliche Verurteilung verhindert werden könne, daß sie „völlig zu Verbrechern werden"), es soll nur gezeigt werden, daß die Polizei einen faktisch begründeten, aber zunächst vagen Verdacht oft nur unter der Voraussetzung der Unwissenheit und Machtlosigkeit der Betroffenen konkretisieren kann. Die darin zum Ausdruck kommende Selektivität wird auch von vielen Polizisten gesehen: „Man sieht halt immer wieder, man erwischt keinen Fisch, immer nur Sprotten."

4.4 *Verdachtsgeleitete Wirklichkeitskonstruktion*

Im folgenden soll gezeigt werden, wie unter Leistungsdruck ein Sachverhalt mehr und mehr im Sinne des vom Verdacht antizipierten punitiven Resultates perzipiert und hingestellt werden kann:

14/6/2.15

Im Vorbeifahren bemerkt S. einen Mann, der in der Gegenrichtung langsam an parkenden Fahrzeugen entlang geht: „Was macht denn der an der rechten Autotür?" Wir beobachten den Mann im Rückspiegel: Er bleibt neben manchen Fahrzeugen stehen, geht dann weiter. Wir steigen aus und gehen ihm nach. Er wendet sich in eine Querstraße, wir verlieren ihn aus den Augen, später sehen wir ihn wieder, er scheint im Kreis zu wandern.

In der betreffenden Nacht war nicht viel los, und der Streifenführer „brauchte" möglicherweise eine Festnahme. Vielleicht wollte er auch nur sein „Fingerspitzengefühl" demonstrieren. Jedenfalls wechselte er nach einiger Zeit seine Taktik und entschloß sich zur Festnahme, in der Hoffnung, den Verdacht auf diese Weise konkretisieren zu können. Später sagte der Streifenführer: „Ein anderer hätte gewartet, bis der Mann einen aufgebrochen hätte."

Nachdem wir den Mann etwa eine halbe Stunde lang beobachtet haben, beschließt S., ihn festzunehmen. Er geht auf den Mann zu, sagt: „Polizei", legt ihm ohne weitere Befragung Handschellen an und bringt den nur leise Protestierenden zum Revier.

Später sagt der Streifenführer zu einem Kollegen: „Der ist bei der X-Straße um den Stock herumgegangen, bis es uns zu blöd geworden ist, dann haben wir ihn mitgenommen." Nachdem sich bei einer Durchsuchung keinerlei Werkzeug findet, stellt der Streifenführer den Sachverhalt in der Vorführungsnote wie folgt dar:

Am ... fuhr ich mit dem Dipl.-Soziologen Feest ... Zivilstreife. Gegen 02.00 Uhr beobachteten wir, daß der Vorgeführte durch die X-Straße in südlicher Richtung ging und dabei in sämtliche dort geparkten Pkw sah.

Auch faßte er an die Türgriffe, um feststellen zu können, ob diese Fahrzeuge versperrt sind ... Er wurde von mir nach etwa 30 Minuten angehalten und nach dem Personalausweis gefragt. Es stellte sich heraus, daß er jugoslawischer Staatsangehöriger ist und in Deutschland z. Z. lebt. Eine Aufenthltserlaubnis hat er jedoch nicht.

Dies ist eine legalistische Rekonstruktion[8] des Geschehensablaufs. Dazu gehört sowohl die Unterstellung, daß der Mann die Türgriffe angefaßt habe, *„um feststellen zu können"*, als auch die zeitliche Vorverlegung der Ausweiskontrolle. Diese fand in Wirklichkeit erst auf dem Revier statt. Hätte sie an Ort und Stelle stattgefunden, dann hätte sich zwar auch herausgestellt, daß die Aufenthaltserlaubnis am Vortage abgelaufen war, gleichzeitig aber, daß der Mann in der gleichen Straße wohnte, in der die Festnahme erfolgte. Dies hätte die (spätere) Behauptung des Mannes gestützt, er habe etwas getrunken und sei dann noch etwas spazierengegangen. Die Behauptung, er habe getrunken, ist noch unter einem anderen Gesichtspunkt für die Rekonstruktion wichtig: Ein auf so vage Indizien begründeter Verdacht könnte durch den Nachweis der Trunkenheit völlig unhaltbar werden. Denn wie will man beweisen, daß es sich bei dem beobachteten Verhalten nicht bloß um ein betrunkenes Herumtappen gehandelt hat? Aber der festnehmende Beamte verhinderte diese alternative Rekonstruktion:

Da bin ich gschert. Ich mach keine Blutprobe. Superkorrekt müßte man Blutprobe machen, aber ich glaube nicht, daß der betrunken ist. Wenn man Blutprobe machen läßt, und die ist positiv, dann wird er nicht verurteilt.

Es geht hier nicht um „Wahrheitsfindung", sondern um die Absicherung eines vorgefaßten Verdachts. Von einem Anwalt ist während der ganzen Vernehmung keine Rede, und als der Mann bittet, eine bestimmte Telefonnummer anrufen zu dürfen, tut dies der Streifenführer an seiner Stelle, einerseits, um dem Verdächtigen keine Möglichkeit zur „Verdunkelung" zu geben, andererseits, um vielleicht auf diese Weise selbst weiteres Beweismaterial sammeln zu können. In der Tasche des Festgenommenen findet sich schließlich das einzige „Beweismaterial": Eine Brieftasche mit Kontrollkarten einer Gebäudereinigungsfirma. Der Festgenommene behauptet, er habe diese Karten von einem anderen Jugoslawen, den er namentlich nennt, als Pfand für ein Darlehen erhalten. Dennoch heißt es in der Vorführungsnote: „Er konnte nicht angeben, woher er diese Brieftasche mit den Kontrollkarten hat. Da er sich jedoch an allen geparkten Pkw zu schaffen machte, dürfte er diese Brieftasche aus einem Pkw entwendet haben."

Nachdem auch noch eine erfolglose Hausdurchsuchung zur Nachtzeit („Er zeigt uns eben sein Zimmer") durchgeführt wurde, entschloß sich der Streifenführer, den Mann der Kriminalpolizei vorzuführen, „wegen Verdachts des Diebstahls aus Pkw und Verstoß gegen das Ausländergesetz". Er sagt:

Der Chef von der Abteilung drin will, daß wir ihm alle solche Sachen vorführen. Dann nehmen sie Fingerabdrücke und irgendwas kommt meistens raus.

Daß diese Rekonstruktion und ihr für den Betroffenen höchst nachteiliges Ergebnis (erkennungsdienstliche Behandlung, kriminalpolizeiliche Personenakte; eventuelle Verurteilung wegen versuchten Diebstahls; keine Verlängerung der Aufenthaltserlaubnis) unmittelbar mit dem Produktionsdruck zu tun hat, unter dem die Arbeit der Spezialisten steht, kann man aus folgenden Indizien entnehmen:

Nach der Ablieferung des Festgenommenen bei der Kriminalpolizei sagt S. zu mir: „Jetzt passens auf." Dann zelebriert er die Festnahme-

meldung an die Funkzentrale in vollem Bewußtsein der Tatsache, daß
etwa 20 Funkwagenbesatzungen neidisch zuhören, seine Stimme erkennen und sagen: „Der verfluchte Kerl, hat er denn gar nichts anderes
zu tun."

Am nächsten Tag kommt das Gespräch noch einmal auf den Fall: Ein
Kollege sagt etwas von „zweifelhaftem Fall". S. braust zunächst auf,
als der Kollege jedoch sagt: „Sei ehrlich, wenn Du schon zehn gehabt
hättest, hättest Du dann den auch festgenommen?", räumt er ein: „Ja,
wenn ich schon zehn gehabt hätte, dann hätte ich mir nur seine Personalien aufgeschrieben."

Und in einem anderen Zusammenhang sagt S. über einen besonders korrekten Kollegen, der gefunden hatte, daß nur eine Personalienfeststellung gerechtfertigt gewesen wäre:

Ich habe ja auch gar nichts dagegen, aber da soll er sich eine andere
Dienststelle suchen … hier in unserem Revier kann man sich das eben
nicht leisten. Da kann man nicht so viel Rechtsstaat haben und Rücksicht nehmen. Auch die Revierführung muß das einsehen, sonst wird
sie hier nämlich alle 14 Tage ausgewechselt, weil sie nichts leistet. So
wie es jetzt ist, werden alle befördert, weil hier eben viel geleistet wird.

Unter den geschilderten Bedingungen erlaubt die polizeiliche Definitionsmacht es nicht nur, formale Regeln juristischer Tatsachenfeststellung zu verletzen (dafür aber — wenn auch selektiv — so
etwas wie materielle Wahrheit zutage zu fördern), sondern auch
durch selektive Rezeption und Wiedergabe von Fakten, die „Wirklichkeit" dem Verdacht anzupassen.

5. Zusammenfassen: Selektivität des Verdachts

Zu Beginn dieses Kapitels ist davon die Rede gewesen, daß ein
„Krimineller" in erster Linie eine Person ist, die von den dafür zuständigen Sanktionsinstanzen als „kriminell" definiert worden ist.
Es wurde dann gezeigt, daß die Methode des Verdachts im wesentlichen auf einer Dichotomisierung der Bevölkerung in zwei Gruppen, die „Anständigen" und damit über jeden Verdacht Erhabenen
einerseits und die eigentlich „verdächtigen Subjekte" oder „Elemente" andererseits, hinausläuft. Aus unserer Beschreibung läßt
sich etwa folgendes Bild der Polizei von diesen beiden Gruppen
zusammensetzen:

Die anständigen Bürger haben einen festen Wohnsitz, gehen
einem regulären Beruf nach und sind schon nach außen hin bestrebt, ihre Anständigkeit zu demonstrieren: Ihr Äußeres und
ihre Kleidung ist „ordentlich", und sie halten sich nur zu legitimen Zwecken und zu legitimen Zeiten an legitimen Orten auf.
Wenn sie etwa auf der Straße gehen oder fahren, dann haben sie

konkrete Ziele und bewegen sich ohne Umschweife auf diese zu. Sie haben auch keinen Anlaß, die Polizei zu fürchten oder sich gar vor ihr zu verstecken. Im Gegenteil: Sie sind es, die als Opfer von Straftaten zur Polizei kommen.

Die Täter sind in der anderen Hälfte der Bevölkerung zu suchen: Unter denjenigen, die keinen geregelten Lebenswandel führen, nur gelegentlich arbeiten, keinen festen Wohnsitz haben oder (was für die Polizei auf das gleiche hinausläuft) in einer übel beleumundeten Gegend wohnen. Dem entsprechend halten sie sich viel auf der Straße auf, auch zu Zeiten, wo anständige Leute längst zu Hause sind. Sie treiben sich herum, insbesondere an solchen Orten, die kein anständiger Mensch aufsuchen würde.

Die beschriebene Unterscheidung erfolgt offenbar auf Grund solcher Merkmale, die von Soziologen zur Charakterisierung sozialer Schichtung verwendet werden. Die Grenze zwischen dem „anständigen" und dem „verdächtigen" Teil der Bevölkerung wird dabei von der Polizei auf einer relativ niedrigen Stufe der sozialen Hierarchie gezogen: „Es sind ja nur ein paar Wilde, das Volk ist ja anständig, aber vom Bauhilfsarbeiter abwärts . . ."

Methodischer Verdacht[9] dieser Art und seine Überprüfung im Rahmen der variablen Definitionsmacht der Polizei führt notwendigerweise dazu, daß Angehörige der unteren sozialen Schichten besonders häufig als „Kriminelle" entlarvt und sanktioniert werden. Wir haben dies dahin detailliert, daß Polizeistreifen im ersten Zugriff

1. sich darauf beschränken (müssen), solche Personen zu verdächtigen und zu überprüfen, die sich auf öffentlichen Straßen und Plätzen befinden. Schon darin liegt zweifellos eine soziale Auswahl, wenn man davon ausgeht, daß Angehörige verschiedener sozialer Schichten sich unterschiedlich oft und lange auf öffentlichen Straßen und Plätzen aufhalten;[10]

2. für Überprüfungs-, Kontroll- und Observationszwecke auf solche Personen konzentrieren, die sich in „verdächtigen" Gegenden aufhalten und/oder durch „verdächtiges" Aussehen und/oder „verdächtiges" Benehmen auffallen. Die Chancen eines Angehörigen einer sozial unterprivilegierten Schicht, in Verdacht zu geraten und überprüft zu werden, sind erheblich größer als die einer Person von höherem sozialem Status;[11]

3. bei der Überprüfung eines Verdachts weniger an die zum Schutze vor ungerechtfertigter Strafverfolgung erlassenen Normen halten müssen, wenn sie es mit unwissenden und/oder sozial machtlosen Personen zu tun haben.[12]

Es erhebt sich daher die Frage, ob es sich bei der neuerdings auch für die Bundesrepublik Deutschland empirisch erhärteten Tatsache, daß Angehörige der Unterschicht unter den von der Polizei aufgegriffenen Personen überrepräsentiert sind,[13] um eine Folge der in diesen Schichten tatsächlich größeren Häufigkeit strafbarer Handlungen oder ob es sich vielmehr um eine Folge sozial selektiver polizeilicher Strafverfolgung handelt. Die vorliegende Untersuchung kann letzteres zwar nicht beweisen, aber doch wohl plausibel machen.[14]

Das methodologische Problem des Streifenpolizisten ähnelt in mancher Hinsicht dem des Soziologen: „Beide müssen Individuen klassifizieren, indem sie nach denjenigen Akteuren suchen, die am besten in bestimmte soziale oder legale Kategorien passen. Und beide sind dabei typischerweise gezwungen, Indikatoren für die von ihnen gesuchten Kategorien zu gebrauchen, da echte Erkennungsmerkmale nur selten vorhanden sind. Kurzum: Streifenpolizisten sind gezwungen, sich wie Sozialwissenschaftler zu verhalten. Um ,verdächtige Personen' ausmachen zu können, müssen sie Indikatoren gebrauchen, die mit gewisser, aber keineswegs hundertprozentiger Wahrscheinlichkeit zur Entdeckung oder Verhinderung einer Straftat führen."[15]

Diese Analogie kann dazu benützt werden, die dargestellten Methoden der Polizei zu kritisieren, als ob es sich um Methoden der Sozialforschung handeln würde. Dabei wäre zunächst an den ideologiekritischen Einwand zu denken, daß die konkreten Verdachtsindikatoren und -theorien der Polizei auf Mittelklassenvorurteilen beruhen.[16] Auch die Tatsache, daß diese Theorien durch Überführungserfolge gewissermaßen bestätigt werden, ändert nichts an dieser Kritik, da neben den auf Grund dieser Theorien Verdächtigen kaum andere Personen („Kontrollgruppen") in ähnlicher Weise kontrolliert und überwacht werden. Die Theorien der Polizei werden aber nicht nur nicht ernsthaft an der Wirklichkeit korrigiert, es besteht aller Grund zur Annahme, daß die Wirklichkeit sich da und dort diesen Theorien fügen muß. Wenn die Definitionsmacht groß ist, kommt es zu dem, was man bei Soziologen als ein „den Daten Gewalt antun" (forcing of data) bezeichnet hat.[17] Die Methode des methodischen Verdachts hat daher alle Merkmale einer „sich selbst bestätigenden Prophetie".[18]

Anmerkungen

* Die Untersuchung wurde gemeinsam mit Erhard Blankenburg konzipiert (vgl.: Erhard Blankenburg und Johannes Feest, Selektive Strafverfolgung durch die Polizei, in: Kriminologisches Journal, Oktober

1969, S. 30 ff). Eine Veröffentlichung der gesamten Untersuchung wird gegenwärtig vorbereitet.

Der Autor dankt der Deutschen Forschungsgemeinschaft, welche seine Beteiligung an der Untersuchung durch einen Forschungsauftrag ermöglichte. Er dankt ferner den vielen Polizeibeamten, welche diese Untersuchung durch ihre Beratung, Unterstützung und Geduld ermöglicht haben.

[1] Diese These verdanken wir dem „labelling" oder „social reaction"-Ansatz der neueren Kriminalsoziologie. Vergleiche dazu insbesondere: Fritz Sack, Probleme der Kriminalsoziologie, in: René König, Hrsg., Handbuch der empirischen Sozialforschung, Bd. II, 1969, S. 996 ff.

[2] Aufklärungsquote in der Polizeistatistik ist der Prozentsatz der polizeilich „aufgeklärten" Delikte, bezogen auf die Gesamtzahl der der Polizei „bekanntgewordenen" Delikte.

[3] Carl Werthmann u. Irving Piliavin, Gang Members and the Police, in: David Bordua, Hrsg., The Police, New York 1967: „... residence in a neighborhood is the most general indicator used by the police to select a sample of potential law-violators" (S. 76).

[4] Werthman u. Piliavin, a. a. O., „Certain kinds of clothing, hair and walking styles seem intrinsically to trigger suspicion" (S. 80).

[6] Werthman u. Piliavin, a. a. O., „Finally, the police also use themselves as an instrument for locating suspicious people" (S. 80).

[6] Skolnick betrachtet die „constant pressure to appear efficient" als Teil der allgemeinen „working personality of the policeman" (Justice Without Trial, New York 1966, S. 44). Allerdings untersuchte er ein als besonders „effizient" bekanntes Police Department, und auch da wiederum in erster Linie die Kriminalpolizei.

[7] Rudolf Samper, Kommentar zum Bayerischen Polizeiaufgabengesetz, München 1965, Rand-Nr. 5 zu Art. 14 PAG.

[8] Fritz Sack, Neue Perspektiven in der Kriminologie, in: Fritz Sack u. René König, Hrsg., Kriminalsoziologie, Frankfurt 1969, diskutiert den Gegensatz von „rekonstruiertem Recht" und „angewandtem Recht" (S. 464).

[9] David Matza unterscheidet zwischen „incidental and methodic suspicion": „To fall under suspicion most members of society would have to go out of their way. They are subjected to police attention only under special circumstances ... The main bias of police operation has little to do with how policemen act when persons fall under incidental suspicion. Instead, it follows from how and where police look when *no one* has fallen under incidental suspicion. The main bias flows from the method of suspicion — a from of regular police practice that utilizes essential thieves and those resembling them as suspects." (Becoming Deviant, Englewood Cliffs 1969, S. 183).

[10] Arthur Stinchcombe, Institutions of Privacy in the Determination of Police Administrative Practice, American Journal of Sociology, 1963, S. 150 ff.

[11] Daniel H. Swett, Cultural Bias in the American Legal System, Law and Society Review, August 1969, S. 79 ff., demonstriert dies für die USA.

[12] Skolnick, a. a. O., S. 6 ff., betont, daß das Dilemma der Polizei auf die auseinanderklaffenden Erwartungen von „law" (formelles Strafrecht) und „order" (materielles Strafrecht) zurückgeführt werden kann. Während Skolnick jedoch annimmt, daß es in der Praxis zu einem Kompromiß zwischen diesen einander widersprechenden Normsystemen annimmt, hält Matza, a. a. O., es auf Grund Skolnicks eigener Beschreibung für wahrscheinlicher, daß die Polizei das Dilemma auf andere Weise löst: „The dilemma of law and order may be met by the ingenious device of being two-faced. In duplicity, both law and order may be pursued — though in different populations. It is in that sense that both horns of the dilemma point in the same direction: toward the method of suspicion. By adopting it, the police may satisfy everyone — or at least everyone who *counts*" (S. 189).

[13] Vgl. Dorothee Peters, Die soziale Herkunft der von der Polizei aufgegriffenen Täter. In: J. Feest u. R. Lautmann (Hrsg.): Die Polizei, Opladen 1971.

[14] Eine neuere Zusammenfassung der wichtigsten Studien zur sozialen Zusammensetzung der „wirklichen" (also nicht nur polizeilich festgestellten) Täterpopulation findet sich bei Trevis Hirschi, Causes of Delinquency, Berkeley 1969. In seiner eigenen Untersuchung kommt Hirschi zu dem Ergebnis, daß die tatsächliche Verteilung der Jugenddelinquenz keine schichtspezifischen Unterschiede aufweist. Dieser Ansicht, die auf Befragungen von Jugendlichen über die von ihnen begangenen Delikte beruht, widerspricht etwa James Q. Wilson, Varieties of Police Behavior, Cambridge, Mass 1968, S. 40 f.). Er führt einige Indikatoren dafür an, daß mindestens bestimmte Delikte, etwa Körperverletzungen und kleinere Diebstähle vermutlich häufiger in Unterschichtsgegenden und von Unterschichtspersonen begangen werden.

[15] Werthman u. Piliavin, a. a. O., S. 75.

[16] Swett, a. a. O., schreibt: „... the recruitment, enculturational, and value aspects of the police culture encourage its members to regard the culturally different with suspicion. In any encounter, the degree of suspicion will parallel the officer's perception of degree of cultural difference. Perception of cultural difference by the officer is ethnocentric, so that the greater the degree of the subject's departure from the officer's conception of the middle-class ... ideal, the greater his suspicion of the subject" (S. 92 f.).

[17] Barney Glaser u. Anselm Strauss, The Discovery of Grounded Theory, London 1967.

[18] Robert K. Merton, Social Theory and Social Structure, erweiterte Auflage, New York 1968, S. 475 ff.

[19] S = Streifenführer, F = Fahrer.

Karl F. Schumann und Gerd Winter

Zur Analyse der Hauptverhandlung im Strafprozeß *

„In their daily activity", schreibt *Blumberg* (1967, S. XI) über Richter, Staatsanwälte und Verteidiger, „they have learned a first principle from the clients the court serves, namely that too often the fact that he ‚talked too much' meant conviction for an accused person". Aus dieser Alltagserfahrung — so meint *Blumberg* — ist die Abwehrhaltung plausibel, die in Gerichten gegen Außenseiter besteht, besonders wenn jene sie selbst untersuchen wollen.

Unlängst hat *Lautmann* (1970), auf solche Abschirmungspolitik verweisend, die These vertreten, empirische Forschung in Gerichten könne gültig nur durch teilnehmende Beobachtung geleistet werden. Damit ist vor allem gemeint, daß Sozialforscher Rollen innerhalb der Gerichtsorganisation übernehmen, um durch ihre Tätigkeit in der Justiz diese selbst zu durchschauen. Insbesondere *Blumbergs* Arbeiten machen deutlich, daß ein Jurist, der 20 Jahre in der Justiz arbeitete und dann seine Erfahrungen unter soziologischer Perspektive niederschreibt, ein sehr informatives Bild des Organisationsgefüges und der Rollenstrukturen malen kann. Hinzuzufügen ist allerdings, daß *Blumbergs* Studie keine teilnehmende Beobachtung im klassischen Sinne ist. Er arbeitete nicht in der Justiz, um sie zu beobachten, sondern er verließ sie, um dann seine Erfahrungen unter organisationssoziologischer Perspektive niederzuschreiben. So bedeutsam sein Buch ist, es sticht nicht als Beweis für die Validität teilnehmender Beobachtung.

Quelle: Für diesen Band überarbeitete und erweiterte Fassung von: Karl F. Schumann und Gerd Winter, Zur Analyse des Strafverfahrens. Kriminologisches Journal 3 (1971) 136.

* Dieser Aufsatz stützt sich auf die Ergebnisse einer Vorstudie über die Organisation des Strafverfahrens, die innerhalb eines interdisziplinären Kolloquiums von Juristen und Soziologen geplant und durchgeführt wurde. Ein weiteres Projekt aus diesem Kolloquium, das unter der Leitung von Ekkehard Stein bearbeitet wurde, widmete sich Problemen des Ermittlungs- und Vorverfahrens. Wolfgang Herzog, Dorothee Kaeseler, Lutz R. Reuter, Hans-Gerd Walter und Sitha Winter von Gregory danken wir für ihre Mitarbeit in praktisch allen Phasen des Forschungsgeschehens. Walter Müller stellte uns freundlicherweise ein Programm zur Auswertung unserer Daten am TR 86 zur Verfügung.

1. Beobachtungen im Strafprozeß: amerikanische Erfahrungen

Nimmt man teilnehmende Beobachtung in ihrer klassischen Auffassung als Rollenspiel in einem Untersuchungsfeld ohne Deklaration des Forschungsinteresses gegenüber den Studienobjekten, so spricht möglicherweise mehr gegen als für die Verwendung dieses Verfahrens. Das diesem Vorgehen immanente Element des Betrugs kann auf die Dauer mehr zerstören als an Information einbringen. So verschieden das Beispiel von der deutschen Situation scheint: Die Kontroverse über die Tonbandaufzeichnungen der Jury-Beratungen in Wichita macht deutlich, daß sogar zu unrecht als Vertrauensbruch aufgefaßt Forschung gesetzgeberische Reaktionen hervorrufen kann, die künftige Forschung verhindern (vgl. *Kalven* u. *Zeisel*, 1966, S. XV).

Anders dagegen bei Beobachtungen mit offenem Visier: Hier haben verschiedene amerikanische Studien gezeigt, daß ein weites Spektrum von Techniken anwendbar und eine Vielzahl von Informationen auf unterschiedlichen Abstraktionsniveaus erwerbbar sind. Um den Überblick etwas zu erleichtern, seien diese Spektren in zwei Dichotomien reduziert. Es gibt Studien, die zum Gegenstand der Beobachtung das gesamte Rollenspiel einer Position oder

Tabelle 1

	Beobachtungen orientiert an	
	rechtlichen Konzepten	Begriffen soziologischer Theorie
Umfassende Rollen- bzw. Organisations- studie	American Bar Foundation Study (*Sherry* 1955 u. a.) *McIntyre* (1967)	*Skolnik* (1966, 1967) *Emerson* (1969)
	(A)	(B)
Rollensektor oder Teilfunktion	*Katz* (1968), *Bing & Rosenfeld* (1970)	*Cicourel* (1968), *Sudnow* (1965), *Mileski* (1971)
	(C)	(D)

innerhalb einer Organisation haben und andere, die sich auf einen Teilaspekt (Rollensektor oder eine ausgewählte Funktion) beschränken. Und es gibt Studien, deren Beobachtungskategorien überwiegend an Begriffen der Satzung bestimmter Organisationen oder an der professionellen Ethik bestimmter Rollen orientiert sind, ziologischen Theorie zur Orientierung der Beobachtungen herangezogen werden. Somit ergibt sich eine Vierfeldertafel, in der einige der bekannteren Studien lokalisiert werden können.

Für Beobachtungsstudien, die eine Bestandsaufnahme der Arbeitsweise der Justiz unter der Fragestellung liefern, ob die Justiz ihren eigenen Anspruch erfüllt, gibt es kaum ein besseres Beispiel als die Ergebnisse der fast 14jährigen Forschungen der American Bar Foundation unter dem programmatischen Titel „Survey of the Administration of Criminal Justice in the United States". Diese Studie, im Grunde eine Gerichtsreportage riesigen Ausmaßes, beschreibt sämtliche Ereignisse oder Entscheidungen, die zwischen dem Eingangsstadium, dem Bekanntwerden eines Rechtsbruchs bis zum Endpunkt, dem Entscheid des Richters über das Strafmaß, liegen, für verschiedene Gerichte in den drei Staaten Michigan, Kansas und Wisconsin. Wenn auch die empirische Arbeit schon fast 10 Jahre zurücklag, als die ersten Bände über die Ergebnisse publiziert wurden, so bieten die Forschungsberichte doch ein ungewöhnlich wertvolles Kompendium über die komplexe Entscheidungsstruktur innerhalb der Justiz, das auch bereits seine gewünschte Funktion, organisationsinternen Wandel durch Informiertheit möglich zu machen, zu erfüllen beginnt. Anders gesagt, auf die Einsichten dieser Studien wird in Entscheidungen des U.S. Supreme Court bereits Rücksicht genommen.[1]

Allerdings ist der Nutzen dieser Studien limitiert: Über Informationen über den Alltag der Justiz hinaus kann nichts geboten werden. Die gesamte Aufgabe der Analyse, nämlich herauszufinden, warum es so ist, wie es ist, bleibt übrig. Diese Bemerkung soll nicht unfair kritisieren, was expressis verbis von den Forschungsteams der ABF nie intendiert war. Sie soll nur pointieren, daß — wenn schon soziologische Methodologie gelegentlich guter Reportage unterlegt ist — die Verwendung soziologischer Theorien und Beobachtungen der Justizpraxis für die Initiation von Wandel geeigneter machen kann, weil zugleich Interpretationen über generelle soziale Kausalbeziehungen mitgeliefert werden.

Dies ist vor allem für *Skolnicks* Studie zutreffend. *Skolnik* begleitete Polizisten bei ihren Tätigkeiten und verbrachte viel Zeit in den Büros von Staatsanwälten und Verteidigern sowie im Gericht, um die Bedingungen zu studieren, unter denen diese Agenten der sozialen Kontrolle arbeiten, z. B. die Formen von Kooperation oder Konflikt, die vorherrschenden Ideologien sowie die Muster ihrer Routinetätigkeit. Die so gewonnenen Informationen erlaubten ihm, den Alltag der Justiz von Variablen der „behavioral sciences"

wie auch andere, in denen bestimmte theoretische Modelle der so-
her verständlich zu machen. So erlaubt beispielsweise das von
Skolnik (1967, S. 63) verwendete Einstellungskonzept der Kooperation auf seiten des Verteidigers („understanding of the require-
ments of the other functionaries in the system") die Erklärung, wie
bestimmte Anwälte den Rollenkonflikt beschreibbar als Kooperation mit dem Staatsanwalt in permaneter Gegnerschaft zu lösen
versuchen. Dies wiederum erlaubt ihm, die Vorgänge in der Strafjustiz als eine Serie von mixed-motivegames aufzufassen und auf
diese Weise die herrschende Ideologie des amerikanischen Strafprozesses (adversary system) empirisch zu spezifizieren. Ähnlich
(ohne in einem Satz das Buch würdigen zu wollen) gelingt es
Emerson, der von dem „societal reaction approach to deviance"
ausgeht, seine Beobachtungen in einem amerikanischen Jugendge-
richt zur Kritik der Ideologie, das Beste im Interesse des Kindes
tun zu wollen, heranzuziehen: Die Maßnahmen werden davon beeinflußt, ob es sich bei dem Jugendlichen um einen „troublemaker"
handelt; diesem Begriff immanent ist aber nicht das Beste im Interesse des Kindes, sondern das gesellschaftliche Interesse der
Prävention von Kriminalität.

Keine der genannten Studien verwendet Beobachtungskategorien,
die in irgendeiner Weise systematisiert wären, aber dies überrascht nicht angesichts des jeweils vielgestaltigen Untersuchungs-
objektes. Doch auch in den begrenzten Forschungsansätzen kommt
— obwohl möglich — die Systematisierung zu kurz. *Katz*, der Verhandlungen auf einer etwa dem Amtsgericht vergleichbaren Ebene
beobachtete, ging Fragen nach der Gleichheit vor dem Gericht
nach, z. B. ob Richter in ihrer Urteilspraxis Vorurteilen gegen
Nicht-Weiße folgen oder ob die Anwesenheit von Verteidigern
das Urteil beeinflußt. Hier, wie auch in der Studie von *Bing* u.
Rosenfeld ist das Design die Überprüfung rechtlicher Fiktionen
in der Realität mit Hilfe von Kategorien des Rechtssystems selbst.
Diese, stellvertretend für eine ganze Gruppe von Studien erwähnten Arbeiten kennzeichnet eine starke Tendenz, die Deskription
der Realität als Druckmittel zu verwenden, um die als herrschend
vorgegebenen Werte (z. B. Gleichheit) nun endlich durch Veränderung zu realisieren. Der Mangel an analytischen Beobachtungskategorien aber verhindert die Aufdeckung der Gründe für die
Diskrepanz zwischen Ideologien und Wirklichkeit.

Cicourel, *Sudnow* oder *Mileski* können das zwar auch nicht, aber
sie offerieren an Stelle dessen anderes. *Sudnow* benutzt seine Beobachtungen der Interaktionen zwischen Pflichtverteidigern und
Angeklagten, um zu zeigen, welche kognitiven Bedingungen Anwälte veranlassen, einen Fall als Routine (normal crime) oder als

außergewöhnliche Verbrechen anzusehen, und in wieweit diese Klassifizierung sein weiteres Verhalten kanalisiert. Im Ergebnis formuliert er aufgrund seiner Daten wohl einen der erfolgversprechendsten Ansätze zur Erklärung dessen, was so gerne als „Alltagstheorien der Richter" bezeichnet wird. Noch differenzierter ist *Cicourel*'s Analyse von Interaktionen zwischen Jugendlichen und Bewährungshelfern. Da es ihm vor allem darum geht, den Validitätsanspruch ethnomethodologischer Techniken zu beweisen, sind die Resultate seiner Forschung im Grunde deren methodischen Prämissen: In der Kommunikation zwischen dem Delinquenten und Agenten der sozialen Kontrolle verzerrt der letztere die Ausführungen des ersteren in einer Weise (d. h. er übersetzt sie in eine Sprache), die es ihm erlaubt, Entscheidungen im bürokratischen Kontext zu treffen. Hier werden u. a. also die Kommunikationsprobleme thematisiert, die sich beispielsweise aus den Protesten von Angeklagten gegen ihre eigenen Aussagen, laut Polizeiprotokoll („Der Angeschuldigte gab zu, daß er . . ."), erahnen lassen. *Cicourel* offeriert mit der Demonstration von Sprachbarrieren und Übersetzungsverzerrungen also wenigstens einen Ansatz zur Erklärung von ungleicher Justiz.

Die Beobachtungsstudie von *Mileski* gehört im Grunde in beide Klassen von Beobachtungen mit begrenztem Ansatz. Sie ähnelt stark den Arbeiten von *Katz* bzw. *Bing* u. *Rosenfeld*. Aber darüber hinaus versucht *Mileski,* soziologische Variablen wie Richtereinstellungen, Druck des Arbeitspensums und Formen der Routinisierung (z. B. Qualität der Rechtsbelehrungen) mitzuerfassen. Darin, daß *Mileski* keine zentrale Theorie hat, mithilfe derer sie ihre Beobachtungen organisiert und interpretiert (wie etwa *Sudnow, Cicourel* oder *Skolnik*) ähnelt ihre Untersuchung der unsrigen. Doch hebt sich die im folgenden referierte Forschung gegenüber den anderen dadurch ab, daß sie mit systematisierten Kategorien arbeitet. D. h., Beobachtung meint hier weder das Aufnehmen von Wortprotokollen (*Sudnow, Emerson, Cicourel*), noch kondensiertes Beschreiben von Ereignissen, die im Sinne des Strafprozeßrechts relevant sind (*ABF-Study, Katz, Bing* u. *Rosenfeld*) noch das Notieren einschlägiger Äußerungen oder Geschehnisse im Hinblick auf eine bestimmte theoretische Orientierung (*Skolnik*), sondern das Eintragen von Markierungen in ein standardisiertes Beobachtungsschema.

Ziel unserer Bemühungen war, ein systematisches Beobachtungsinstrument zu entwickeln. Die Aufgabe dieses Essays soll sein, es der Kritik zu stellen und einige Ergebnisse hinsichtlich ihrer theoretischen Relevanz zu diskutieren.

2. Ansatz und Methode

Beobachtungsinstrumente werden stets mit Blick auf bestimmte thematische Interessen konstruiert, sind also mehr oder weniger selektiv. *Bales'* Verfahren erfaßt z. B. 12 einzelne unterscheidbare Interaktionen mit 12 Kategorien. Vor allem bei Fragen nach der Führungsstruktur oder nach der Verteilung von Beiträgen zur Lösung von Gruppenproblemen vermag sein Verfahren einschlägige Informationen zu liefern. Zweifellos wäre es interessant, Beobachtungsprotokolle nach *Bales* von Hauptverhandlungen z. B. mit denen von Therapiegruppen zu vergleichen. Fraglich ist aber, ob der damit verbundene Arbeitsaufwand durch seine Ergebnisse gerechtfertigt würde.[2] Eine solche Interaktionsanalyse könnte zwar die empirische Realität des § 238 StPO („Die Leitung der Verhandlung, die Vernehmung des Angeklagten und die Aufnahme der Beweise erfolgt durch den Vorsitzenden") darstellen (Führerrolle, Lenkung der Informationssammlung und -verarbeitung); für verschiedene andere Fragen, z. B. nach der Funktion der Hauptverhandlung (Degradierung des Angeklagten oder/und Rationalisierung bereits aufgrund der Aktenlage getroffener Entscheidungen) würde sie keine einschlägigen Daten liefern.

Das hier diskutierte Beobachtungsverfahren ist so wenig selektiv wie möglich entworfen worden. Es versuchte, Informationen zu sammeln, die für folgende sechs theoretische „Ansätze" zur Erklärung des Strafurteils Relevanz besitzen:[3]

1. *Rechtspositivistisches Entscheidungsmodell:*

   Das Urteil wird aufgrund der Vorwerfbarkeit einer rechtswidrigen Handlung, die wenigstens einen Straftatbestand erfüllt, mit Rücksicht auf das bisherige soziale Verhalten des Angeklagten ausgesprochen;

2. *These schichtdiskriminierender Rechtssprechung:*

   Das Urteil hängt vor allem von der sozialen Stellung des Angeklagten ab, die obere Mittelschicht wird von der Strafjustiz begünstigt, die Unterschicht degradiert;

3. *Gruppendynamische bzw. Rollenanalyse:*

   Welche Art Rollenspiel die am Verfahren beteiligten Juristen (Richter, Verteidiger, Staatsanwalt) innerhalb der Hauptverhandlung und im Kontext der gegebenen Justizorganisation zeigen, ist entscheidend für das resultierende Urteil;

4. *„labeling"-Ansatz:*

   Das Strafverfahren dient der systematischen Abwertung des Angeklagten und gipfelt in einem Urteil, das die angestrebte Degradierung zum Kriminellen demonstriert und festlegt;

5. *Richter-Einstellungs-Ansatz:*

das Urteil hängt weitgehend davon ab, welche Einstellungen der Richter zu bestimmten Bereichen der sozialen Wirklichkeit (Politik, „law- and -order-Problem" etc.) hat;

6. *Problem-Lösungs-Modell:*

In den Debatten der Hauptverhandlung wird das Verhalten des Angeklagten beim Tathergang rekonstruiert und rechtlich gewürdigt. Das Urteil hängt davon ab, wieviel von dem zur Entscheidung stehenden sozialen und psychischen Konfliktstoff aufgearbeitet wird.

Nahezu alle Hauptverhandlungen in Verkehrssachen, die zwischen dem 15. März und dem 15. Juni 1970 an drei Amtsgerichten und dem Landgericht eines süddeutschen Landgerichtsbezirks stattfanden, wurden protokolliert. Die somit erfaßten 30 Verhandlungen betrafen Delikte, die in der Schwere zwischen Ordnungswidrigkeiten und fahrlässiger Tötung variierten. Jeweils zwei Beobachter arbeiteten in wechselnden Paaren zusammen, überwiegend einer der Autoren und ein Student. Die Beobachter sammelten Daten aus der Vernehmung des Angeklagten zur Person, der Vernehmung des Angeklagten, der Zeugen und Sachverständigen zur Sache, aus den Plädoyers und der mündlichen Urteilsbegründung. In der Pause vor der Urteilsbegründung, während der Beratung des Gerichts, wurde der Angeklagte befragt. Nach Abschluß der Beobachtung erstellten die beiden Beobachter ein gemeinsames Schlußprotokoll aufgrund ihrer unabhängigen Notizen, wobei nur die von beiden wahrgenommenen Beobachtungen berücksichtigt wurden. Ferner einigten sie sich auf Einstellungsbeurteilungen über Richter und Angeklagten.

Der Beobachtungsleitfaden betraf Informationen über folgende Variablen:[4]

I. **Variablen der Prozeßbeteiligten**

Angeklagter

Alter, Geschlecht, Familienstand

1. *Schicht* (nach Informationen über Berufstätigkeit und Einkommen)

   1 Mittelschicht (entspricht „non-manual")
   2 Unterschicht (entspricht „manual")

2. *Vorstrafen* (soweit vom Richter verlesen)

   1 eine oder mehrere Vorstrafen für Delikte der Kategorie 1 des Codes für Delikt
   2 eine oder mehrere Vorstrafen für Delikte anderer Kategorien des Codes für Delikt
   3 nicht vorbestraft

3. *Fahrpraxis* (nach Darstellungen des Angeklagten oder Verteidigers)

   1 für den Richter erkennbar gering (Führerschein kürzlich erworben)

   2 mittlere Fahrpraxis (weder 1 noch 3)

   3 für den Richter erkennbar große Praxis (z. B. jährlich 30 000 km)

   Beurteilung des Angeklagten (Likert-Skala mit den Extremen bei —2 bzw. +2 und dem Mittelwert bei 0)

4. Sprechfähigkeit (—2 = sehr wenig redegewandt, +2 = sehr redegewandt)

5. Haltung zur Verhandlung (—2 = sehr betroffen, +2 = völlig unberührt, darüberstehend)

6. Haltung zum Gericht (—2 = sehr devot, +2 = sehr „aufsässig")

7. Mitarbeit in der Verhandlung (—2 = völlig passiv, +2 = stark kooperativ)

Richter

Alter, Sprache (Hochdeutsch oder Dialekt) (nach Einstufung durch die Beobachter)

Einstellungen des Richters (*Likert*-Skala mit den Extremen bei —2 bzw. +2 und dem neutralen Wert bei 0; nach Einstufung durch die Beobachter)

8. Emotionalität (—2 = sehr emotional, +2 = sehr sachlich)

9. Distanziertheit (—2 = sehr unnahbar, +2 = nicht auf Distanz bedacht, sehr zugänglich, absolut nicht unnahbar)

10. Vorbereitung (—2 = ausgesprochen unvorbereitet, +2 = sehr gut vorbereitet)

11. Vorentschiedenheit (—2 = sehr vorentschieden, +2 = sehr offen, absolut nicht vorentschieden)

12. Dominanz (—2 = sehr dominant, +2 = stark auf Kooperation bedacht, absolut nicht dominant)

13. Aus den fünf Werten wurde durch Addition ein Autoritarismusscore für jeden Richter pro Verhandlung errechnet, wobei negative Werte starken Autoritarismus andeuten

Verteidiger, Staatsanwalt

Alter (durch Beobachter geschätzt)

II. **Verfahrensvariablen**

Organisation:

14. Gerichtstyp (Amtsgericht, Landgericht)

15. Verhandlungsebene (Erstverhandlung, Berufung) Zahl und Herkunft der Zeugen

16. *Delikt* (nach Anklageschrift)

    1 fahrlässige Tötung, schwere Körperverletzung, Verkehrsgefährdung (Paragraph 315 c)
    2 Fahrlässige Körperverletzung, Unfallflucht, Trunkenheit am Steuer und andere Delikte
    3 Ordnungswidrigkeiten

17. *Fragestil* (overall-rating des vom Richter im Verlauf der Verhandlung bevorzugten Fragestils durch die Beobachter)

    1 mehr offene Fragen
    2 nicht entscheidbar
    3 mehr geschlossene Fragen

Interaktionen:

Die folgenden Beobachtungsereignisse wurden, wenn sie in einer Verhandlung auftraten, mit Angabe von Sender und Empfänger vermerkt. Das fertige Beobachtungsprotokoll bestand also aus einer Zahl von Eintragungen in bestimmten Kategorien unter Angabe der Beteiligung (z. B. S-A unter Verhaltenskritik bedeutet, der Staatsanwalt macht dem Angeklagten wegen eines bestimmten Verhaltens Vorwürfe). In der Auswertung wurde zunächst die Häufigkeit als absolute Zahl notiert, mit der Ereignisse jeder einzelnen Kategorie in einer Verhandlung vorkamen. Neben diesen Summen wurden ferner notiert, wie oft die an der Hauptverhandlung Beteiligten an solchen Ereignissen pro Kategorie als Sender oder Empfänger beteiligt waren, und an wieviel Interaktionen — gleich welcher Kategorie zugehörig — sie insgesamt aktiv oder passiv beteiligt waren. Diese absoluten Zahlen wurden in Prozentwerte umgerechnet, wobei die Summe aller Interaktionen einer Verhandlung als Basis diente.

Einbringen neuer Themen (vom Richter nicht erwähnte oder nur kursorisch gestreifte Verhandlungsgesichtspunkte oder Informationen werden in die Verhandlung eingebracht)

18. Summe

19. Angeklagter bringt neue Themen ein

    Verhinderung von Ausführungen Unterbrechungen (das Einbringen neuer Gesichtspunkte oder sonstige Ausführungen oder Fragen werden verhindert oder abgeschnitten)

20. Richter verhindert Ausführungen

    Verhaltenskritik (Kritik gegenüber dem Verhalten von Personen, z. B. im Zusammenhang mit der Straftat oder im sonstigen Privatleben; ebenso (in der Auswertung zusammengefaßt) Kritik des Verhaltens im Gerichtssaal)

21. Richter kritisiert

22. Staatsanwalt kritisiert

23. Angeklagter wird kritisiert

24. Summe aller Verhaltenskritik

   Suggestivfragen (An den Angeklagten oder an Zeugen gerichtete Fragen, die die Zustimmung zu einer unausgesprochenen Behauptung implizieren, sowie Fragen, die die Wahl einer Antwortalternativen extrem erschweren)

25. Summe

   Auftreten von Mißverständnissen (Ausführungen eines Prozeßbeteiligten werden inhaltlich falsch oder gar nicht verstanden)

26. Summe

   Rechtliche Erörterungen (Äußerungen von Hypothesen über den Sachverhalt oder zur rechtlichen Würdigung bestimmter Verhaltensweisen oder Verhaltenskomponenten)

27. Summe

28. durch Verteidiger

   Zweckentbehrende Fragen (Fragen mit einkleidender Belehrung über die juristische Relevanz von Sachverhaltsalternativen)

   Verfahrensangebote (prozessualer Vorschlag unter Anbieten einer Gegenleistung)

   Gesamtaktivität (Summe aller registrierten Interaktionen, an denen ein Prozeßbeteiligter als Sender auftrat)

29. Richter

30. Staatsanwalt

31. Verteidiger

32. Angeklagter

III. Resultatvariablen

Urteil und Strafmaß:

33. *Urteil* (nach Urteilsverkündung)

   1 Freispruch, Einstellung des Verfahrens, Aussprechen einer Buße von bis zu DM 20,— (Strafmaßkategorien 1 und 2)
   2 Verurteilung zu Geld- oder Freiheitsstrafe (Strafmaßkategorien 3 bis 8)

34. *Strafmaß* (nach Urteilsverkündung)

   1 Freispruch, Einstellung
   2 bis DM 20,— Geldbuße
   3 bis DM 500,— Geldstrafe
   4 über DM 500,— Geldstrafe
   5 über DM 500,— Geldstrafe und Führerscheinentzug
   6 Freiheitsstrafe mit Bewährung
   7 Freiheitsstrafe mit Bewährung und Führerscheinentzug
   8 Freiheitsstrafe ohne Bewährung

Bewertung durch den Angeklagten:

Antworten des Angeklagten auf die folgenden drei Fragen, die ihm während der Beratung des Gerichts vor der Urteilsverkündung gestellt wurden:

35. *Information des Richters* (Sinngemäß: hat der Richter alle Informationen, die er für ein Urteil benötigt?)

    1 Richter schlecht informiert
    2 Richter gut informiert
    0 Frage nicht gestellt, k. A.

36. *Verhandlungsklima* (Sinngemäß: wie fanden Sie das Klima, die Atmosphäre der Verhandlung?)

    1 zufrieden (ähnliche Bewertungen)
    2 nicht zufrieden, nennt Mängel, hat etwas auszusetzen
    0 Frage nicht gestellt, k. A.

37. *Erwartetes Urteil* (Sinngemäß: welches Urteil und gegebenenfalls welches Strafmaß erwarten Sie?)

    1 erwartet geringere Strafe als vom Richter ausgesprochen
    2 erwartet etwa gleiche Strafe, wie Richter ausspricht
    3 erwartet größere Strafe, als Richter ausspricht
    4 weiß nicht
    0 Frage nicht gestellt

Annäherung der Standpunkte von Richter, Staatsanwalt und Verteidiger:

Vergleich der Ausführungen von Verteidiger und Staatsanwalt mit der mündlichen Urteilsbegründung des Richters unter den Aspekten Rekonstruktion vom Tathergang, Bezeichnung welchen Verhaltens als „fahrlässig" und gefordertes bzw. ausgesprochenes Urteil

38. *Tathergang*

    1 Richter und Verteidiger und Staatsanwalt stimmen überein
    2 Richter und Staatsanwalt stimmen überein (gegen Verteidiger)
    3 Richter und Verteidiger stimmen überein (gegen Staatsanwalt)
    4 nicht klassifizierbar

39. Fahrlässigkeit (wie Tathergang)

40. Urteil (wie Tathergang)

Die Auswertung galt der Feststellung von Zusammenhängen zwischen bestimmten Variablen, bestand also hauptsächlich in der Berechnung von Korrelationskoeffizienten. Hierbei ging es nicht darum, Kausalzusammenhänge zu beweisen, selbst wenn manche der nachfolgenden Figuren den Anschein von pfadanalytischen Modellen erwecken, sondern solche nur zu hypostasieren. Die An-

wendung moderner Kausalmodelle schien uns vor allem aus meß-
technischen Gründen zu gewagt. Wie die gelegentliche Diskussion
unserer Meßinstrumente unterstreicht — und wie bei der Erstan-
wendung eines Beobachtungsinstrumentes nicht anders zu erwarten — lassen sich verschiedene Meßfehler vermuten, die eine Kau-
salanalyse beeinträchtigen würden.[5] Die Ziele der hier referierten
Studie lagen in methodischer Exploration und dem Versuch, die
soziale Dynamik von Gerichtsverhandlungen an Hand von standardisierten Beobachtungen zu erhellen.

3. Ergebnisse

3.1 *Der rechtspositivistische Ansatz*

Jeder wird erwarten, daß die Schwere des Delikts, das Gegenstand
eines Strafverfahrens ist, bei der Bestimmung des Strafmaßes den
Ausschlag gibt. Ebenso selbstverständlich ist es jedem Juristen,
zwischen dem sozialen Verhalten des Angeklagten, gemessen an
den Vorstrafen und der Schwere seiner Bestrafung, einen Zusammenhang zu sehen. Delikt und Vorstrafen können im Sinne eines
rechtspositivistischen Ansatzes als unabhängige Variablen angesehen werden, die die abhängige Variable „Strafmaß" hinlänglich
determinieren. Ob dieser Ansatz grundsätzlich zutrifft oder nicht,
lassen die Daten unserer Studie nicht erkennen; eine auf sehr großer Stichprobe beruhende Aktenanalyse wäre das geeignete Über-
prüfungsinstrument. So darf man etwa die Studie von *Green*
(1960), der 1.437 Fälle eines Stadtgerichts in Philadelphia auswert-
tete, als Prototyp solcher Validitätsstudien auffassen, wenn auch
das Sampling und die Auswertung nicht gerade hohe Ansprüche
befriedigen. *Green* interpretierte seine Daten dahingehend, daß
für Unterschiede im Strafmaß vor allem das Delikt und die Zahl
der Anklagepunkte, ferner das Vorstrafenregister und schließlich
— allerdings nicht entscheidend — die unterschiedliche Milde der
Richter verantwortlich sind. Außer-legale Faktoren, wie etwa die
soziale Schicht des Angeklagten, hält *Green* für bedeutungslos.
Zwar fand er, daß Angeklagte aus der Unterschicht oder Farbige
häufig härter bestraft werden, zugleich aber auch gefährlichere
Delikte begehen. *Green* (1960, S. 437) schließt seinen Bericht:

„The criteria for sentencing recognized in the law, the nature of the
offense and the offender's prior criminal record make a decisive con-
tribution to the determination of the weight of the penalties; and in
applying these criteria, the judges display a sensibility for the relative
importance of each. The marked variations in sentences according to
sex, age and race are due to differences in criminal behavior patterns
associated with these biosocial variables, *not to hidden prejudice*".

Obwohl das Design unserer Studie (teilnehmende Beobachtung) für diese Fragestellung nicht besonders angezeigt ist, haben wir doch Ergebnisse gesammelt, die von Bedeutung sein dürften. Delikt korreliert mit Strafmaß in einer Höhe von $r = -.380$[6] (das Delikt erklärt also kaum mehr als 15 %/o der Urteilsvarianz). Höher ist dagegen die Korrelation zwischen Vorstrafen und Strafmaß: $r = -.467$. Im Rahmen der Erklärung von *Green* würde man also vermuten, daß die Richter der Tatsache des Rückfalls stärkere Bedeutung beimessen als der Schwere der Ersttat.

Nun besteht allerdings ein bedeutender Zusammenhang zwischen Vorstrafe und Delikt: $r = .550$. Wer wegen eines schweren Delikts früher verurteilt wurde, steht mit größerer Wahrscheinlichkeit heute wegen eines schweren Delikts vor Gericht als wegen einer Bagatelle. Und wer nie bisher verurteilt wurde, hat sich eher wegen einer Bagatelle zu verantworten als wegen einer gefährlichen Verkehrsverletzung. Dieser Zusammenhang läßt verschiedene Interpretationen zu:

a) Bestimmte Personen verwickeln sich wiederkehrend in gefährdende Verkehrssituationen und andere nicht, oder

b) wer sich nach Ansicht der Strafverfolgungsinstanzen bisher keiner oder nur geringfügiger Verkehrsverletzungen schuldig gemacht hat, wird seltener oder wegen geringfügigerer Delikte angeklagt.

Beide Erklärungen haben ihre Meriten. Im Rahmen unserer Untersuchung ist es nicht möglich, die kriminologische „Unfaller"-Hypothese zu überprüfen.[7] Ohne also über ihren Erklärungswert irgendeine Aussage machen zu wollen, geben wir der gerichtsorganisatorischen „bias"-Hypothese den Vorzug: Ebenso wie der Richter den Vorbestraften stärker bestraft, klagt der Staatsanwalt den Vorbestraften stärkerer Delikte an. Eine solche Hypothese wirft nun allerdings mehr Fragen auf, als sie beantwortet. Zunächst kann sie nur so verstanden werden: Geringe Vorstrafen erlauben Minderung der Anklage. Über die nach Lage der Dinge mögliche Höchstanklage hinaus kann nicht gegangen werden, wohl aber kann darunter geblieben werden. Ferner: Wenn Richter sich mehr an Vorstrafen als am zur Verhandlung anstehenden Delikt orientierten,[8] kann diese Priorität der Anklagebehörde bekannt sein, so daß sie sich darauf einstellt. Oder schlichter: Gerichtsjuristen, d. h. Richter, Staatsanwälte und Verteidiger, haben etwa gleiche Einstellungen (oder Vorurteile) gegenüber Vorbestraften. Hierfür kann aus unseren Beobachtungsdaten zusätzliche Evidenz angeboten werden.

Aus den Skizzen, die von den Plädoyers des Verteidigers und des Staatsanwaltes sowie von der mündlichen Urteilsbegründung des Richters vorlagen, ließen sich drei Konkordanzurteile extrahieren, die den Tathergang, die Klärung der Fahrlässigkeitsfrage und das angemessene Urteil betreffen (Variablen 39—40). Richter, Staatsanwalt und Verteidiger stimmen in Verfahren gegen Vorbestrafte häufiger überein in der Tatrekonstruktion und der Fahrlässigkeitsfrage als in Verfahren gegen Nichtvorbestrafte. Die Koeffizienten sind für Übereinstimmung hinsichtlich des Tathergangs und Vorstrafen: phi = .585 und für Übereinstimmung über Fahrlässigkeit und Vorstrafen immerhin noch: phi = .438. Vorstrafen und Übereinstimmung der Strafanträge mit dem Urteil korrelieren nicht signifikant. Man kann nun nicht annehmen, daß der Sachverhalt und die Fahrlässigkeitsfrage bei Vergehen von Vorbestraften einfacher zu klären sind, so daß leichter Übereinstimmung erzielt werden kann. Vielmehr muß man annehmen, daß die Vorbestraften, die beteiligten Juristen die Schuldfrage (Tathergang, Fahrlässigkeit) eher schematisch entscheiden. Und dies könnte dann ebenso für die Anklageerhebung, wie für die Plädoyers gelten.

Mit den letzten Bemerkungen haben wir den rechtspositivistischen Ansatz längst verlassen, sind vielmehr zu seiner Kritik übergegangen, allerdings ohne besonders sichere Basis. Eine umfassende Studie, die auch schwer meßbare Variablen wie „Kompliziertheit der Tatrekonstruktion", „Differenz zwischen möglicher, faktisch erhobener und dem Urteil zugrunde gelegter Anklage" und „Proportion des Schuldanteils des Angeklagten" berücksichtigen würde, wäre nötig, um die hier vorgelegten Hypothesen zu prüfen. Ungeachtet dieser Lücken in unseren gegenwärtigen Daten können wir aber sagen, daß die Deliktschwere wenig und die Vorstrafen (gemessen an der Schwere des sie begründenden Delikts) kaum mehr dazu beiträgt, das Urteil zu determinieren. Verschiedene Faktoren intervenieren, ebenso rechtliche wie soziale. Den letzteren wenden wir uns nun zu.

3.2 *Schichtdiskriminierung*

Ebenso bedeutsam wie das Delikt scheint die soziale Herkunft des Angeklagten zu sein. Sozialstatus korreliert mit der Verurteilung (Variable 33) in gleicher Höhe wie Delikt mit Strafmaß, nämlich phi = .378 (df = 28). Schichtjustiz wird in unseren Daten deutlich.

Wir sprechen nicht von Klassenjustiz, da wir vorerst auf der Ebene empirischer Hypothesenbildung bleiben.[9] Hier enthält der Ansatz wenigstens zwei Fragestellungen:

1. Sind die Straftatbestände so bestimmt, daß normales Verhalten bestimmter Schichten als kriminell definiert wird, d. h. diskriminiert das Strafgesetzbuch bestimmte Schichten?

2. Werden bei gleichem Tatbestand Angehörige bestimmter Schichten mit größerer Wahrscheinlichkeit milder bestraft?

1. Auf den ersten Aspekt sind Kriminologen und Strafrechtskritiker in jüngster Zeit mehr und mehr aufmerksam geworden. So wird hervorgehoben:[10] Eigentumsdelikte werden überwiegend von den Armen und Chancenlosen begangen, den Personen, denen mangelnde Ausbildung gute Arbeitsmöglichkeiten vorenthält; Gewalttätigkeit ist demjenigen, der seinen Lebensunterhalt mit seiner Körperkraft verdient, weit selbstverständlicher als dem Angehörigen der Mittelschicht; Widerstand gegen die Staatsgewalt und andere Vergehen gegen die öffentliche Ordnung sind wahrscheinlich Delikte für Personen, die aus ihrer armseligen Wohnung in freundlichere, allerdings öffentliche Plätze fliehen müssen, auf die Straße oder in Lokale. Insofern solche Plätze zur Lebenssphäre gehören, sind sie einsehbarer Schauplatz aller Verhaltensweisen, die auch in der Privatheit einer Mittelschichtwohnung vorkommen: Streit, Prügelei, Betrunkenheit. Zu dieser größeren Kontrollierbarkeit kommt noch, daß Polizisten Wohngegenden der Armen als Brutstätten der Kriminalität verstehen und gründlicher überwachen. Insofern der Durchsetzung des Strafgesetzbuches stärker ausgesetzt, erklärt sich die statistische Häufung von Kriminalität in der Unterschicht. *Greens* Erklärung, nicht seine soziale Stellung, sondern das Delikt führe zur stärkeren Bestrafung des Unterschichtsangehörigen, ist erkennbar vordergründig, weil Tatbestände und Schichtverhalten nicht neutral aufeinander bezogen sind.

2. Dies gilt nicht für das Verkehrsstrafrecht. Wegen des dort häufigen Autobesitzes gibt es bei Mittelschichtangehörigen sogar eine größere Wahrscheinlichkeit zum Normbruch. Bezeichnend sind daher die Versuche, das Verkehrsstrafrecht mit der allgemeinen Kriminalität ungleich zu setzen, es zu entkriminalisieren und dem Verkehrssünder den Anstrich sozialer Verruchtheit zu ersparen: Es könnte ja die falschen treffen. Wenn eine schichtspezifische Bevorzugung durch die Gerichtsbarkeit überhaupt nachgewiesen werden kann, dann müßte dies im Verkehrsstrafrecht am leichtesten sein. Hier konnten wir nun feststellen, daß Angeklagte aus der Mittelschicht mit größerer Wahrscheinlichkeit mit einer Einstellung des Verfahrens oder einem Freispruch rechnen können als Unterschichtsangeklagte. Unsere Ergebnisse sind des kleinen Samples wegen nicht besonders überzeugend, aber sie stimmen völlig mit den Resultaten aus Deutschland und den U.S.A. überein.

Nagel fand diese Unterschiede bei einem Sample von ca. 1.500 Fällen allgemeiner Kriminalität (*Nagel* 1970) ebenso wie *Cameron* (1964) bei 110 Fällen von Ladendiebstahl.[11] *Lewrenz* u. a. stellten fest, daß Angeklagte mit höherem Einkommen für Verkehrsdelikte seltener mit Gefängnisstrafen oder Führerscheinentzug bestraft, und daß ihnen mildernde Umstände und die Mitschuld anderer eher zugebilligt wurden (*Lewrenz* u. a. 1968, S. 35, Tab. 19).

Aus der soziologischen Theorie sozialpsychologischer Forschung lassen sich zwei theoretische Ansätze entwickeln, mit denen schichtdiskriminierende Rechtssprechung erklärt werden kann: Ein rollentheoretisches und ein gruppendynamisches Modell. Mit Hilfe *rollentheoretischer* Annahmen können folgende Hypothesen formuliert werden: Die den Gerichtsprozeß tragenden Personen (Richter, Staatsanwalt und Verteidiger) machen sich ein Bild vom Angeklagten aufgrund bestimmter Stereotypen, die sie über sein Rollenbündel haben. Diese Stereotypen orientieren sich an den Attributen, die Inhaber bestimmter Rollen typischerweise besitzen, die sogar die Voraussetzung für den Rollenerwerb sind.[12]

Von diesen Attributen her schließen die Richter in der Beweiswürdigung auf andere, für den verhandelten Tatbestand relevante Attribute, wie z. B. Fahrlässigkeit, Genauigkeit der Aussagen und der Erinnerung, Risikobereitschaft, technisches Verständnis, Verantwortlichkeit etc. Von der Vertrautheit der Richter mit den Rollen hängt es ab, ob solche Analogieschlüsse falsch, stereotyp oder einigermaßen korrekt sind.

So muß beispielsweise im Sinne der Prinzipien der sozialen Schichtung bei Inhabern von sozial höherstehenden Rollen darauf geschlossen werden, daß sie positivere Attribute, also etwa größere Verantwortlichkeit, größere Zielstrebigkeit, größere Opferbereitschaft, geringere Neigung zur Fahrlässigkeit, bessere Unterdrückung der Einstellung „es kommt ja nicht darauf an" etc. aufweisen. Insofern ist ihnen gegenüber weniger Mißtrauen am Platze. Nur bei erdrückender Gegenevidenz muß der Richter davon ausgehen, daß der Betreffende offensichtlich in seiner Rolle nicht konform sich verhält, also Analogieschlüsse von den nun nicht mehr zu unterstellenden Attributen entfallen müssen.[13]

Die Überprüfung dieses Hypothesenbündels war mit unserer Untersuchung nur sehr grob möglich. Die größere Wahrscheinlichkeit, mit denen Verfahren von Mittelschichtangehörigen mit Freispruch oder Einstellung enden, könnte darauf deuten, daß die von der Staatsanwaltschaft vorgelegte Evidenz weniger leicht geglaubt wird, da sie den Ergebnissen von Schlüssen aus Rollenattributen der Beamten, Angestellten oder Lehrer stärker widerspricht. Aber zu beweisen wäre dies nur, wenn man in allen Fällen die Überzeugungsfähigkeit der Beweise, die der Staatsanwalt vorbringt, kontrolliert hätte. Dies war uns unmöglich, da uns bisher ein Maß für den Grad, in dem die wichtigen Elemente eines Falles widerspruchsfrei aufgeklärt sind, fehlt.[14] Ferner war es in der Beobachtungsstudie unmöglich, wichtige Daten über Berufskarriere, Familienstand, Bildungsgrad und andere Teile des role-sets der Angeklagten zu sammeln, die möglicherweise in den Akten enthalten sind, aber im Gerichtssaal nicht zur Sprache kamen. Aus diesen Variablen hätte man Informationen gewinnen können, wie wohl der Richter (und die übrigen Juristen) die Verantwortlichkeit des Beschuldigten einschätzen könnten. Wir konnten also nicht nachweisen, daß die Interpretation der Beweise mit dem Blick auf die Rollenattribute des Angeklagten erfolgt. Immerhin haben wir aber Anhaltspunkte dafür, daß der Rollenansatz eine gründliche Untersuchung lohnt. Das Grundprinzip des Modells, daß nämlich bestimmte verhaltensrelevante Attribute schuldhaftes Verhalten mehr oder weniger wahrscheinlich erscheinen lassen, läßt sich an dem für Verkehrsteilnehmer zentralen Attribut „Fahrpraxis" nachweisen.

Zwischen dieser Variablen und dem ausgesprochenen Strafmaß besteht eine Korrelation von $r = -240$, die zwar nicht signifikant ist, aber im Sinne der Theorie das richtige Vorzeichen hat: Dem Richter erkennbar größere Fahrpraxis läßt ihn in der Straffestsetzung tendentielle zurückhaltender werden. Dieser Zusammenhang wird klarer, wenn die hohe Korrelation ($r = .466$) zwischen Fahrpraxis und der Vorentschiedenheit des Richters (z. B. seiner Neigung, Fragen mit einseitiger Tendenz zu stellen oder offen Verdächtigungen des Angeklagten auszusprechen) zur Interpretation herangezogen wird. Ist die Fahrpraxis erkennbar gering, glaubt der Richter sehr schnell, die Schuldfrage entscheiden zu können. Bei erfahrenen Kraftfahrern bleibt er über die Verhandlung hin offen für klärende Zusatzinformationen, jedenfalls soweit dies der Beobachter erkennen kann. Man könnte den rollentheoretischen Erklärungsansatz folgendermaßen pointieren: Der Richter beurteilt die vom Staatsanwalt präsentierte Evidenz danach, ob bestimmte unterstellbare Attribute des Angeklagten ein solches Verhalten glaubhaft erscheinen lassen. Trifft dies zu, fällt die Entscheidung leicht.[15] Interessanterweise korrelieren Schicht und Fahrpraxis signifikant: $r = -.390$, so daß sich beide Variablen überschneiden. Die relative Bedeutung jeder einzelnen Variablen herauszuarbeiten, bleibt einer vollständigeren Analyse des rollentheoretischen Ansatzes vorbehalten, als wir sie hier vorlegen können. Allerdings kann der Sachverhalt auch von einer anderen Perspektive her aufgehellt werden.

3.3 *Gruppendynamik und Rollenspiel*

Dies ist besonders mit Daten über die Interaktion im Gerichtssaal möglich, wenn einige gruppendynamische Überlegungen die Analyse stützen. Zu diesem Zweck fassen wir die an einer Hauptverhandlung Beteiligten als Gruppe (von begrenzter Existenz) auf, deren hauptsächliche Betätigung in verbaler Interaktion beruht. Seit den fünfziger Jahren haben neben *Bales* u. *Homans* viele Forscher auf den Zusammenhang hingewiesen, der zwischen Beteiligung an den Gruppenaktivitäten und Macht besteht:[16] Der Gruppenführer steht im Zentrum der Interaktion, er redet (handelt) am meisten und auf ihn sind am häufigsten Interaktionen gerichtet. Der insofern Mächtige in der Hauptverhandlung ist der Richter, das Prozeßrecht weist ihm die Rolle als Leiter des Geschehens zu. Wie steht es aber mit den anderen Prozeßbeteiligten? Um die Analyse zu beschränken, sei die Frage nur für den Angeklagten gestellt: Führt die Steigerung seiner Aktivität auch zu einer Steigerung seines Einflusses auf das Resultat der Gruppenaktivität, auf das Urteil? In der Tat, nach unseren Daten fällt die Strafe geringer aus, je aktiver der Angeklagte in der Hauptverhandlung wird. Der Korrelationskoeffizient verfehlt zwar die Signifikanzgrenze knapp ($r = -.331$), läßt aber nur diese Interpretation zu, wenn er im Zusammenhang mit anderen Korrelationen gesehen wird.

Bekanntlich korrelieren Schicht und Strafe signifikant. Schichtzugehörigkeit eines Angeklagten und Ausmaß seiner Aktivität sind noch enger aufeinander bezogen ($r = -.494$): Wer aus der Unterschicht kommt, ist im Gerichtssaal passiver. Dies wiederum läßt sich erklären, wenn man die Ausdrucksfähigkeit des Angeklagten (Variable 4) mit berücksichtigt: Wer aus der Unterschicht kommt, kann sich weniger gut zu den diskutierten Fragen äußern ($r = -.380$), und wer sich nicht gut ausdrücken kann, hält sich von der verbalen Aktivität in der Gruppe eher zurück ($r = .366$). Die gruppendynamische Erklärung schichtdiskriminierender Rechtsprechung lautet also unter Einführung der Variablen Ausdrucksvermögen und Aktivität: Je besser der Angeklagte mit dem Medium der Hauptverhandlung, nämlich der differenzierten Sprache, umgehen kann, desto mehr kann er eingreifen und seine Aussichten auf ein mildes Urteil bessern (Abb. 1)

Wir glauben, daß dieses Modell charakteristisch für die Situation des Angeklagten in der Hauptverhandlung schlechthin ist. Allerdings wäre weiter zu analysieren, von welchen anderen Variablen seine Aktivität abhängt. Zunächst kann sie durch das Rollenspiel der anderen Prozeßbeteiligten mitbestimmt sein. In unseren Daten korreliert die Aktivität des Angeklagten nicht mit der des

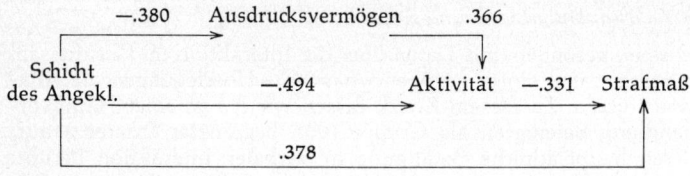

Abb. 1   *Relevanz der Sprache*

Staatsanwalts oder Verteidigers, aber mit der Aktivität des Richters (r = -.361).[17] Andere Maße für das Rollenverhalten haben wir nicht, so daß weitere Erörterung unterbleiben muß. Ausschlaggebender als Gruppenvariablen scheint aber die Fahrpraxis des Angeklagten für seine Aktivität zu sein. In der Sprache des gruppendynamischen Modells ist Fahrpraxis als Grad der Expertise zur Beteiligung an der Gruppenaktivität aufzufassen, während Ausdrucksvermögen Voraussetzung zur Beteiligung überhaupt ist. Analog zu Abb. 1 läßt sich die gleiche Faktorenkette mit dieser neuen Variablen nachweisen:

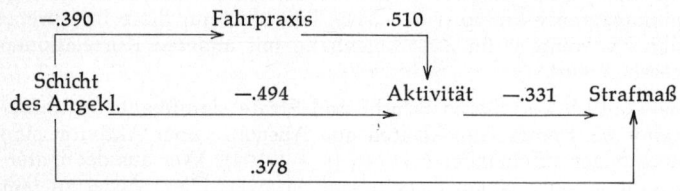

Abb. 2   *Relevanz der Expertise*

Der Vergleich mit Figur 1 macht deutlich, daß Aktivität des Schuldigen stärker von der Fahrpraxis als von seinem Ausdrucksvermögen abzuhängen scheint, doch wäre dies noch varianzanalytisch zu untersuchen. Fest steht, daß Schichtherkunft und Aktivität in der Hauptverhandlung miteinander hoch korrelieren und daß dieser Zusammenhang dadurch zu erklären ist, daß Unterschichtsangehörige typischerweise über ein der Hauptverhandlung weniger angemessenes Ausdrucksvermögen und seltener über dem Richter erkennbare Fahrpraxis verfügen. Wer nicht die differenzierte Sprache des Gerichtssaals spricht, muß sich zurückhalten, auch wenn er zur Sache, um die es geht, fachmännisch Stellung nehmen könnte. Fachmann ist in den Augen des Richters jemand mit großer Fahrpraxis: Diesem gegenüber bleibt er offen, ist er nicht vorentschieden (r = .466, s. o.), und nicht vorentschiedene Richter billigen den Angeklagten viel Aktivität zu (r = .495).

Allgemeiner gesagt: Zur Teilnahme an den Gruppenaktivitäten der Hauptverhandlung ist der Angeklagte aus der Mittelschicht durch sein differenzierteres Ausdrucksvermögen besser qualifiziert; sie wird ihm ferner durch den Richter erleichtert, der bei ihm häufiger Fähigkeiten vermutet, die es geraten erscheinen lassen, seinen Standpunkt anzuhören: Die Aktivität des Angeklagten besteht regelmäßig auch im Einbringen neuer Gesichtspunkte (r = .654). Der aktive Angeklagte aber hat einen gewisse Chance, seine Bestrafung abzuwenden oder zu mindern. Dieser Zusammenhang wird aus unseren Daten deutlich; er wäre an einem Sample zu überprüfen, das multivariate Analyse erlaubt, um den Einfluß der Variablen schichtgebundenes Sprachverhalten von dem anderer zu trennen. Ferner wäre es zweckmäßig, differenzierte Aktivitätsmaße für das Verhalten der aufeinander bezogenen Rollen Richter und Angeklagter, sowie für die intervenierenden Rollen Staatsanwalt und Verteidiger zu verwenden.

Der gruppendynamische Ansatz wurde hier nur zur Erklärung schichtorientierter Justiz verwendet. Damit ist seine Fruchtbarkeit keineswegs erschöpft. Verschiedene Fragestellungen, die etwa in den sozialpsychologisch orientierten Studien des Jury-Projekts der University of Chicago Law School über die Entscheidungsfindung bei Juroren untersucht wurden,[18] lassen sich modifiziert auch für die Hauptverhandlung stellen, inclusive der Frage nach gruppendynamischen Ursachen von Fehlurteilen (Würdigung von Expertenurteilen). Wir werden unten einen differenzierteren Ansatz behandeln.

3.4 Der „Labeling"-Ansatz

In den letzten Jahren hat sich vor allem in der amerikanischen Kriminologie eine Strömung durchgesetzt, die Kriminalität als direkte Konsequenz der gesellschaftlichen Reaktion auf Abweichung auffaßt. Die Grundthese dieser „labeling perspective" lautet: Durch selektive Mechanismen werden auffällige (im strafrechtlichen Sinne) Menschen in Kontakt mit Rechtspflegeinstitutionen gebracht, die diese absondern und als auffällig oder kriminell etikettieren und somit einerseits die Verhaltenschancen der Personen beschneiden und andererseits bei ihnen einen Identitätswandel herbeiführen, der sie fortan im Sinne des Etiketts handeln läßt.[19] Die Anhänger dieser Theorie berufen sich auf einen frühen Ansatz von *Garfinkel* (1956), in dem acht Voraussetzungen für eine erfolgreiche Degradierung beschrieben werden. Das Verhalten der betreffenden Person muß

1   als außergewöhnlich und nicht üblich dargestellt und

2a als typische Form von Andersartigkeit verallgemeinert werden, wie auch der Täter als Vertreter einer Klasse bestimmter Andersartiger gewertet werden muß.

2b Tat und Täter sind während der Beschuldigung mit ihrem positiven Gegenteil wiederholt zu konfrontieren. Der Ankläger des Verhaltens muß sich als

3   Sachwalter öffentlichen Interesses darstellen,

4   auf die gemeinsamen höheren Werte verweisen,

5   sich nach außen als Verteidiger dieser Werte zu erkennen geben.

7   Schließlich müssen die Zuschauer sich mit dem Ankläger identifizieren und sich vom Angeklagten distanzieren, der

8   danach von den übrigen separiert werden muß und von nun an als Außenseiter gilt.

Garfinkel glaubt, daß diese Phänomene allesamt in Gerichtsverhandlungen gegeben sind: „The court and its officers have something like a fair monopoly over such ceremonies, and there they have become an occupational routine" (*Garfinkel* 1956, S. 424). Ob dies zutrifft, dafür können die Daten unserer Studie einige Anhaltspunkte geben. Allerdings war es nicht möglich, alle ableitbaren Fragen zu stellen. Wir haben die Existenz der Bedingungen 1, 2 a und b unter der Beobachtungskategorie: „Kritik des Verhaltens von Prozeßbeteiligten innerhalb und außerhalb des Gerichtssaals" registriert. Die Vermengung von Kritik des angeklagten Verhaltens mit Kritik des Verhaltens im Gerichtssaal ist etwas unglücklich, aber im Hinblick auf die Theorie nicht gefährlich. Solche Kritik resultiert ebenso in der Zerstörung des Selbstbewußtseins einer Person, der die Atmosphäre im Gerichtssaal fremd ist. Einige Beispiele für registrierte Beobachtungen:

„Stehen Sie auf", „sprechen Sie lauter", „so genau wollen wir das gar nicht wissen" (ironisch), „so, daran können Sie sich nicht mehr erinnern? Ab wann können Sie sich denn wieder erinnern?" „Schweigen Sie, jetzt bin ich dran!"

Im Sinne von *Garfinkels* Bedingungen sind alle Wertungen des Verhaltens der angeklagten Tat selbst einschlägig, wie einige Beispiele zeigen:

„Das ist aber sehr ungewöhnlich, das Warndreieck im Kofferraum zu haben, jeder gute Fahrer hat es griffbereit unter seinem Sitz" (1 und 2 b).

„Wenn man einen Prall hört, vergewissert man sich doch, ob es passiert ist. Man geht doch nicht einfach weg!" (2 b und 1) „Und dann sind Sie natürlich geschlichen und waren überrascht, daß jemand schnell angefahren kam" (2 a).

Tatsächlich sind die Bewertungen, die im Verlauf von Verkehrsstrafverhandlungen fallen, nicht so stark degradierend wie in Verhandlungen über andere Kriminalität, doch gibt es auch hier sehr herabsetzende Äußerungen. Die Bedingungen 3 bis 6 sind in der Rolle des Staatsanwalts verankert. Wir haben ihre Existenz nicht überprüft, ebensowenig wie die Bedingungen 7 und 8, die — auf Öffentlichkeit und Strafvollzug bezogen — außerhalb unseres Untersuchungsansatzes liegen. Somit beziehen sich unsere Daten weniger auf den Erfolg einer Degradierung als auf Ausmaß und Urheber solcher Akte gegenüber Personen, deren Schuld erst noch festgestellt werden muß.

Erfolgreiche Degradierung zu messen ist ein schwieriges Unterfangen, weil man sich wenigstens drei Ebenen der Messung vorstellen kann, für die allesamt gilt, daß man im Grunde „vollzogene" Degradierung erfaßt, was möglicherweise *Garfinkels* Konzept nicht voll entspricht. Die Messung kann erfassen, ob der Betroffene sich subjektiv degradiert fühlt, ob er in den Augen einer relevanten Öffentlichkeit herabgesetzt ist, oder ob seine soziale Situation, d. h. seine künftigen Teilnahmechancen, verschlechtert wurden.[20] Wir haben vier verschiedene Versuche gemacht, Degradierung subjektiv zu messen: Die Beobachter beurteilten

a) den Grad der „Betroffenheit" (Variable 5) und
b) den Grad der Subalternität, der aus dem Verhalten des Angeklagten zu erkennen war (Variable 6).

Diese Beurteilungen korrelierten nicht mit dem Ausmaß erlebter Verhaltenskritik. Beide Maße sind recht unspezifisch und galten für das Verhalten während der gesamten Verhandlung. Es wäre sinnvoller gewesen, nur ein Rating für eine besser spezifizierte Dimension und auf die Zeit nach der Vernehmung zur Sache beschränkt vornehmen zu lassen. Die beiden anderen Maße trugen dem Aspekt Rechnung, daß Degradierung erst nach Ablauf der Verhandlung gemessen werden kann; es sind die Fragen an den Angeklagten während der Beratung des Gerichts (Variablen 36 und 31).

Von *Garfinkels* Theorie läßt sich keine Prognose darüber ableiten, ob häufig kritisierte Personen sich degradiert fühlen müssen oder ob sie kritiklos die Behandlung akzeptieren, eben weil sie erfolgreich degradiert sind, also die Rechtmäßigkeit der Behandlung einsehen. In unseren Daten ergab sich keine Korrelation zwischen Ausmaß der erfahrenen Herabwürdigung und Kritik des Verhandlungsklimas; eine Interpretation fällt leicht, wenn man die Korrelation zwischen Verhaltenskritik und Urteilsprognose heranzieht (phi = -.458). Je stärker ein Angeklagter während der Verhandlung kritisiert wird, desto eher erwartet er ein geringeres Urteil, als der Richter später tatsächlich ausspricht. Dieses Ergebnis widerspricht augenfällig der Degradierungsthese: Ein erfolgreich Herabgesetzter würde eher schwärzer sehen, seine Situation für aussichtsloser halten. Daraus ist zu schließen, daß Verhaltenskritik wenigstens in Hauptverhandlungen über Verkehrsstrafsachen keine subjektiv erlebte Degradierung bewirkt.

Aber sie ist dennoch nicht wirkungslos, objektiv gesehen. Zwischen dem Ausmaß der Kritik des Verhaltens des Angeklagten und der resultierenden Strafe besteht ein Zusammenhang von r = .467! Je mehr jemand während der Verhandlung kritisiert wird, desto schlechter fällt das Urteil aus. Die Erklärung dafür ist: Nicht der Staatsanwalt setzt das Verhalten des Angeklagten herab, sondern der Richter selbst (r = .475), und je mehr er den Beschuldigten kritisiert, desto schärfer fällt sein Urteilsspruch aus (r = .247), nicht signifikant. Das Degradierungsmodell sieht also wie folgt aus:

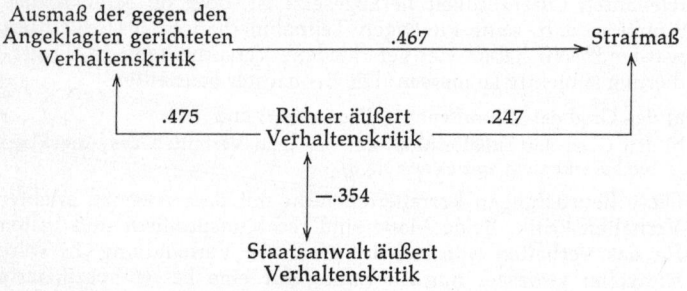

Abb. 3 Degradierung und Strafe

Richter und Staatsanwalt scheinen sich die Rolle des „Anklägers" zu teilen, sie ersetzen sich gewissermaßen, wie die negative Korrelation zwischen der Kritik durch Richter und Staatsanwalt zeigt. Der Staatsanwalt ist übrigens besonders herabsetzend gegenüber Angehörigen der Mittelschicht (r = -.379), vielleicht weil er bei ihnen (den Angehörigen seiner eigenen Schicht) keinen Normbruch erwartet, vielleicht weil er mit Kritik während der Verhandlung spätere Konzilianz bei seinem Strafantrag kompensieren will, vielleicht — und einzig diese Erklärung läßt sich mit unseren Daten bestätigen — weil Mittelschichtsangehörige sich besser verteidigen und daher den Erfolg der Anklage stärker gefährden.

Ob ein Richter den Angeklagten während der Verhandlung kritisiert, sein Verhalten bei dem zur Verhandlung stehenden Verkehrsunfall herabwertet, oder sein Verhalten im Gerichtssaal bemängelt, hängt weitgehend von seiner Persönlichkeit ab, oder besser: von bestimmten Einstellungen, die sich aus seinem Verhalten erschließen lassen. Da die Richterpersönlichkeit in der Justizforschung bereits als ein prominenter Faktor gelten kann, sei dieser Aspekt etwas genereller behandelt.

3.5 Richter-Einstellungen und Richter-Verhalten

Einer der bekanntesten Ansätze sozialwissenschaftlicher Gerichtsforschung ist der „behavioral approach", in dem Variablen der Richterpersönlichkeit als Predikatoren für das Urteil verwendet werden, wobei man sich überwiegend sehr anspruchsvoller mathematischer Modelle bedient. In verschiedenen Büchern, die *Glendon Schubert* herausgegeben oder verfaßt hat, ist diese Forschungsrichtung gut dokumentiert (z. B. *Schubert* 1964). Die dabei entwickelten Typologien basieren oft auf Meßwerten der Liberalismus-Skalen von *Eysenck* oder auf Entscheidungstrends, die aus früheren Fallentscheidungen extrahiert werden können. Diese Studien beweisen, daß zwischen bestimmten Politischen und generellen Einstellungen und der Entscheidungstendenz in — überwiegend verfassungsrechtlichen — Fällen bedeutsame Zusammenhänge bestehen. Die Kritik dieses Ansatzes richtet sich besonders auf die Klassifikation der Urteile, üblicherweise Dichotomien wie „zugunsten oder zu ungunsten des Angeklagten" „Status quo versus Reformorientierung" oder „Schutz der Bürgerrechte vs. Staatsinteressen". Solche Klassen enthalten dann oft sehr divergente Fälle, so daß die Etikettierung sinnentleert werden kann: Eine Entscheidung (z. B. gegen eine Gewerkschaft) kann durchaus von einem Verfechter der Gewerkschaft getroffen werden, der illegale Praktiken in ihr um so schärfer verfolgt.[21] Besonders die von Supreme Courts entschiedenen Rechtsfälle, fast ausschließlich ihrer leichten Greifbarkeit in Bibliotheken wegen Materialquelle der Behavioristen, sind offenbar zu komplex, um ihr Resultat nur auf einer Dimension zu messen.

Dies gilt ebenso für Strafrechtsfälle. *Nagels* Studie ist eine passende Illustration. *Nagel* (1962) analysierte Daten über 298 Richter an Supreme Courts der amerikanischen Bundesstaaten, um herauszufinden, von welchen Variablen die Neigung abhängt, zugunsten des Angeklagten zu entscheiden. Er fand, daß Zugehörigkeit zur Demokratischen Partei und zur katholischen Kirche diese Neigung ebenso fördern, wie höhere Testwerte auf zwei Liberalismusskalen. Frühere Tätigkeit als Staatsanwalt und Mitgliedschaft in der Standesorganisation der amerikanischen Rechtsanwälte (American Bar Association) bewirkten hingegen für den Angeklagten ungünstigere Urteile. Es cheint offenkundig, daß die Allgemeinheit dieser Aussagen die Untersuchungsergebnisse abwertet. Wenn ein Gefängnisaufseher, der der Brutalität angeklagt ist, freigesprochen, oder wenn ein Student der Anstiftung zum Aufruhr für schuldig befunden wird — sind dies keine wirklich gegensätzlichen Entscheidungen. Es ist also problematisch, Einstellungen gegen eindimensionale Einschätzungen der Urteile zu validieren.

In unserer Studie wurde die Persönlichkeit des Richters in fünf Dimensionen gemessen, von denen keine mit dem Strafmaß korrelierte. Diese Dimensionen waren: Emotionalität, Distanziertheit, Informiertheit, Prädisposition und Dominanz.

Da die Dimensionen recht hohe Interkorrelationen miteinander aufwiesen (entweder wegen eines halo-effects beim Rating oder wegen der Verwandtschaft der Dimensionen), wurden alle Bewertungen für jeden Richter zu einem Summenwert addiert, der als Maß für den Autoritarismus in der Verhandlungsführung verstanden werden kann (Variable 13). Dieses Maß ist mit 6 Variablen korreliert, die essentiell für die Beschreibung von Gerichtsverhandlungen sind: Aktivität des Richters und des Beschuldigten, Degradierungsaktionen des Richters und Staatsanwalts, Anteil der von anderen Prozeßbeteiligten in die Verhandlung eingebrachten Gesichtspunkte und Einschätzung der Informiertheit des Richters durch den Angeklagten. Die Zusammenhänge zeigt Abb. 4. Ein autoritärer Richter ist sehr aktiv (und bringt damit den Angeklagten zum Verstummen), sanktioniert und kritisiert gern (und ent-

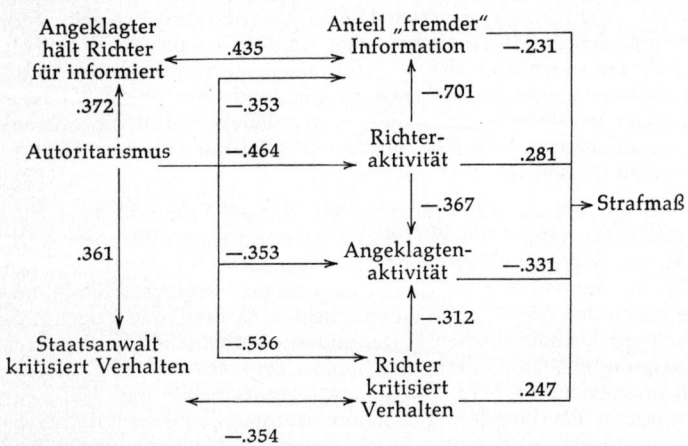

Abb. 4   *Auswirkungen des richterlichen Autoritarismus auf Verfahren und Urteil*

lastet damit den Staatsanwalt) und zeichnet für das Informations-
input der Verhandlung allein verantwortlich, woraufhin der Angeklagte dem Richter eine angemessene Informiertheit bestreitet.
Es mag manchen beruhigen, daß Persönlichkeitszüge des Richters
sich in unseren Daten nachweislich nicht signifikant auf das Urteil
auswirken, doch ist dies ein etwas vordergründiger Schluß. Die
Haltungen des Richters schlagen sich in seiner Bereitschaft nieder,
Prozeßbeteiligte und besonders den Angeklagten zu kritisieren
oder abzuwerten und sie beeinflussen den Grad, in dem neben Ansichten des Richters auch alternative Sichtweisen und vor allem
vom Richter unbeachtet gelassene Informationen im Verlauf der
Hauptverhandlung zur Sprache kommen können.

Beide Aspekte, Degradierung und Anteil fremder Information, stehen in einem gewissen Zusammenhang mit dem Urteil. Und wenn
es auch nicht sinnvoll erscheint, das Urteil im Hinblick auf die
Interessenlage des Beschuldigten zu bewerten, so scheint es doch
vertretbar, die zwei von uns herausgehobenen Aspekte zu gewich-
ten. Eine Verhandlung voller Kritik und mit geringem Informa-
tionsinput durch andere Prozeßbeteiligte erbringt unserer Meinung nach keine optimalen, d. h. „gerechten" Ergebnisse. Dies ist
eine schlichte Wertung, die aber auf einer empirischen Orientierung beruht. Analysiert man nämlich zwei der fünf Dimensionen
der Richtereinschätzung, den Grad seiner Präparation für die Verhandlung, d. h. seine Aktenkenntnis, und die Emotionalität seiner
Verhandlungsführung, die beide übrigens nicht miteinander korrelieren, so stellt man folgendes fest: Je emotionaler ein Richter die
Verhandlung führt und je weniger vorbereitet er ist, desto mehr
kritisiert er den Angeklagten ($r = .601$, $r = .495$) und desto weniger erlaubt er die Erörterung von Zusatzgesichtspunkten, die
andere als er einbringen ($r = .464$, $r = .383$), indem er das Wort
abschneidet ($r = .399$, $r = .414$).[22] Wenn mangelnde Vorbereitung und emotionale Verhandlungsführung aber das Informa-
tionsvolumen auf das Niveau verringern, das der Richter selber
einbringt, kann keine angemessene Erörterung des Falles erfolgen.
Dies bringt uns dazu, die Bedeutung der Persönlichkeit des Richters hervorzuheben, soweit sie seine Haltung zur Hauptverhandlung betrifft. Wir glauben, daß die Hauptverhandlung nicht als
Bühnenbild für einen monologisierenden Richter sondern als kollektiver Problemlösungsversuch aufgefaßt werden sollte, ein Aspekt, der abschließend erörtert werden soll.[23]

3.6 *Die Problemlösungs-Perspektive*

Die Hauptverhandlung wird veranstaltet, um dem Richter die Beantwortung zweier Fragen zu erlauben:

1. Liegt eine Normverletzung vor und ist der Angeklagte dafür strafrechtlich verantwortlich zu machen?
2. Welche Bestrafung ist seiner Verantwortung angemessen?

Beide Fragen betreffen komplexe Probleme. Die Ermittlung der Verantwortung setzt eine möglichst vollständige Rekonstruktion des Geschehensverlaufs anläßlich der Straftat voraus. Der Geschehensverlauf ist selten dokumentarisch festgehalten. Die Staatsanwaltschaft und die Verteidigung bieten spekulative, im Hinblick auf bestimmte Informationen konstruierte Versionen an, und der Angeklagte und die Zeugen offerieren geschrumpfe und durch mehrfache Interpretation verzerrte Erinnerungen. Aus dieser Varietät der Versionen muß sich der Richter ein Bild machen. Dies ist ein Prozeß der Umstrukturierung, der einzelnen Versionen zu einer Grundstruktur, die sich Teile aller Versionen zunutze macht, und also teilweise mit allen Versionen übereinstimmt, anderen Teilen aber widerspricht, und diese Widersprüche auf interessenbedingte Verzerrungen in den Versionen zurückführt.

Wir wollen keine Erörterung der Konstruktionsversuche im Gehirn der Richter versuchen, sondern nur darauf hinweisen, daß der Richter offen oder für sich die veschiedenen Versionen untereinander verhandelt. Die Frage nach der strafrechtlichen Verantwortlichkeit ist eng hiermit verwoben, denn natürlich sind alle Versionen mit Bezug auf Verantwortlichkeit (auch in vulgärem Rechtsverständnis) konstruiert oder rekonstruiert. So hat es der Richter nicht mit verschiedenen Definitionen der Verantwortlichkeit zu tun.

Der Richter versteht seine Aufgabe falsch, wenn er dem Angeklagten die absolute Verantwortlichkeit oktroyieren will, die in der Anklageschrift üblicherweise enthalten ist. Vielmehr muß er die Version des Staatsanwalts mit der Realität, wie sie der Beschuldigte sieht, verhandeln und diese Verhandlung zu einem Resultat führen, daß nicht jenseits der Realität des Beschuldigten liegt, sondern aus dessen Konstruktion der Wirklichkeit noch verstanden werden kann. Oder mit den Worten *Scheffs* (1968, S. 4): „Die Bestimmung der Verantwortlichkeit schließt immer einen Prozeß von Verhandlung ein. In diesem Prozeß wird die Verantwortung teilweise konstruiert durch die verhandelnden Parteien".

Aus der Analyse von zwei Beispielen hat *Scheff* einige Bedingungen für den Ablauf solcher Verhandlungen destilliert, von denen drei hier von besonderem Interesse sind.

a) Diejenige Partei, die über Annahme oder Ablehnung von Interpretationsangeboten entscheidet, hat größere Kontrolle über das spätere Ergebnis.

b) Sie kann die Kontrolle vergrößern, wenn sie eigene Gegenangebote macht.

c) „Je direkter (enger) die Fragen des Fragestellers, und je direkter (enger) die Antworten, die er verlangt und erhält, desto mehr Kontrolle hat er über die resultierende Definition der Situation". (*Scheff* 1968, S. 16)

Diese drei Bedingungen lassen sich verwenden, um zwei verschiedene Strategien der Verhandlungsführung zu pointieren. Die Strategie direkter Kontrolle besteht darin, daß der Richter die Version der Anklage benutzt, um die Realität des Angeklagten herauszufragen, diesem dabei aber nur sowenig Raum zur Darstellung läßt, wie mit der Version der Anklage verträglich ist. Die indirekte Kontrollstrategie würde darin bestehen, daß der Richter den Angeklagten veranlaßt, seine Realität ausführlich darzustellen, daß er dabei gegen einige Details Gegenofferten (basiert auf die Anklageschrift) vorbringt, die er auf den Kontext der Realität des Angeklagten abstimmt, bis es gelingt, eine relative Verantwortung zu konstruieren, die ebenso der Wirklichkeit, wie sie vom Angeklagten erlebt wurde, Rechnung trägt wie der Anklageschrift. Während die direkte Kontrollstrategie zu einem Schuldvorwurf führt, die dem Angeklagten unverständlich (d. h. unverträglich mit seinen Erlebnissen) sein muß, bewirkt die indirekte Kontrollstrategie eine Rekonstruktion der Situation, die auch der Angeklagte akzeptiert.

Diese Zusammenhänge sind kaum untersucht und unsere Studie macht nur einen sehr bescheidenen Anfang.

Wir haben die Hauptverhandlungen danach analysiert, ob in ihnen offene oder geschlossene Fragen („ja — nein"-Antwort) vorherrschen, ob Darstellungen verboten werden, ob Suggestivfragen vorkommen und Mißverständnisse auftauchen. Diese Daten erlauben, den Typ der Verhandlungsstrategie zu bestimmen. Ferner wurde das Äußern rechtlicher Interpretationen registriert, z. B. wenn die Darstellung eines Beschuldigten aus der Sicht der strafrechtlichen Definition von Körperverletzung interpretiert wurde, oder wenn am Beispiel des geschilderten Fahrverhaltens der Begriff der Fahrlässigkeit erörtert wurde. Solche Darstellungen, gewissermaßen Gegenofferten, erlauben dem Angeklagten, seine Realitätsauffassung spezifischer auf den strafrechtlichen Vorwurf abzustimmen. Der Vergleich der Häufigkeit von rechtlichen Erörterungen mit der Frequenz von Sugestivfragen etc. gibt Auskunft darüber, durch welche Strategie eine Verhandlung geprägt wurde. Korreliert man diese Werte, so muß sich ein negativer Zusammenhang ergeben, was in der Tat der Fall ist. Rechtliche Erörterungen sind selten, wenn der Anteil der Suggestivfragen steigt (r = -.423). Ein Vorherrschen von suggestiven Fragen behindert rechtliche Erörterungen, weil beide zwei gegenläufigen Strategien der Verhandlungsführung entsprechen.

Nun ist das Problemlösungsgruppen-Modell aber anspruchsvoller. Nach ihm läßt sich die Hauptverhandlung so beschreiben: Zwei Untergruppen mit konfligierenden Interessen (Richter, Staatsanwalt versus Angeklagter, Verteidiger) treffen sich, um den Interessenkonflikt auf für beide Seiten akzeptable Weise zu lösen. Ein akzeptables Ergebnis ist erreicht, wenn die bei Eröffnung der Verhandlung existente Diskrepanz der Sichtweisen beider Untergruppen durch geeignete Aktionen, nämlich Erörterrungen über den Tathergang und über die rechtliche Würdigung der Verhaltensweisen, verringert wird, also im Ergebnis eine Rekonstruktion des Tatverlaufs erreicht ist, die beiden Sichtweisen Rechnung trägt. Die Überprüfung dieses Idealmodells setzt Informationen über die Eingangsdiskrepanz, Bereitschaft zur Verhandlung auf Seiten beider Untergruppen, geeignete Verhandlungsakte, schließlich Kongruenz oder Annäherung und die negative Einstellung zur Berufung voraus. In unserer Studie haben wir nur in einigen dieser Aspekte Daten gesammelt und dabei gelegentlich wenig geeignete Meßinstrumente verwendet. Zunächst haben wir keine Verlaufsmessungen der Reduktion der Diskrepanz durchgeführt, sondern nur die faktische Annäherung nach Abschluß der Verhandlung erfaßt, indem die Plädoyers des Staatsanwalts und des Verteidigers mit der mündlichen Urteilsbegründung des Richters nach Divergenzen hinsichtlich der Tatbestandsrekontruktion, der Interpretation der Verantwortung (Fahrlässigkeit) des Beschuldigten und des wünschbaren Urteils (Strafmaß) miteinander verglichen wurden. Ferner haben wir nur die Kooperationsbereitschaft des Angeklagten und die autoritäre Neigung des Richters über Beobachter-Rating erfaßt, nicht aber ähnliche Informationen über Staatsanwalt und Verteidiger gesammelt. Verhandlungsakte hingegen wurden erfaßt, ebenso wie die ihnen gegenläufigen Strategien (Suggestivfragen etc.).

Schließlich kann die Urteilserwartung des Angeklagten während der Beratung des Gerichts als ein sehr grober Indikator der Appellationswahrscheinlichkeit herangezogen werden. Obgleich Appellationsbemühungen außerhalb unseres Untersuchungsansatzes liegen, weil sie nach der Hauptverhandlung stattfinden, gehört die durch das Ergebnis der Verhandlung bestimmte Chance zum Appell hinein: Je gründlicher im Sinne des Problemlösungsansatzes die Diskrepanz der Sichtweisen reduziert wurde, desto unnötiger wird ein Appell.

Abb. 5 zeigt einige aufschlußreiche Zusammenhänge zwischen den genannten Variablen:

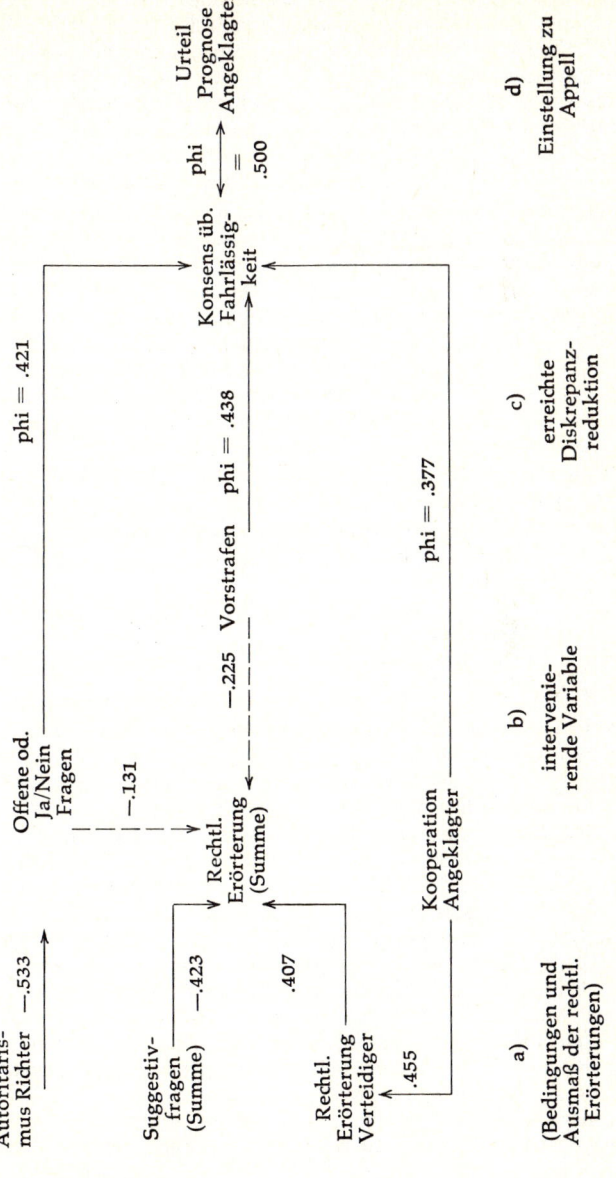

Abb. 5 *Einige Bedingungen der Verhandlung von Verantwortlichkeit*

Auf der linken Seite der Figur sind die Bedingungen für rechtliche Erörterungen und deren Ausmaß miteinander korreliert. Nicht überall ließen sich Zusammenhänge nachweisen, aber das Bild entspricht den Erwartungen. Autoritäre Richter stellen vorwiegend geschlossene Fragen und behindern rechtliche Erörterungen durch Suggestivfragen. Kooperation des Angeklagten korreliert mit der Neigung des Verteidigers, rechtliche Erörterungen anzustellen; dies wiederum erleichtert solche Verhandlungen generell.

Hervorzuheben ist nun aber, daß entgegen der Theorie zwischen dem Umfang rechtlicher Erörterungen und dem Ausmaß an Konsens über die Fahrlässigkeitsfrage (also den Schuldvorwurf) kein statistischer Zusammenhang besteht. Da aber Kooperation des Angeklagten und das Überwiegen offener Fragen den Konsens erleichtern, vermuten wir, daß die spezielle Beziehung zwischen Verhandlungen rechtlicher Natur und Konsens entweder durch eine intervenierende Variable gestört wird, oder daß die Messung des Konsensus ungenau erfolgte. Wie aus der Skizze ersichtlich, korreliert Vorbestraftheit des Angeklagten hoch mit dem Konsens. Konsens wurde in Ermanglung besserer Verfahren als Vorkommen eines von drei Typen gemessen:

n = 8	1	Richter, Verteidiger und Staatsanwalt stimmen überein
n = 13	2	Richter stimmt mit Staatsanwalt überein, Verteidiger weicht ab
n = 4	3	Richter stimmt mit Verteidiger überein, Staatsanwalt weicht ab
n = 5	4	nicht klassifizierbar

N = 30 Fälle

Unter dem Aspekt der Verhandlung von Sichtweisen ist allein interessant, ob der Richter, der bei Beginn der Verhandlung von dem Aktenbild, das die Staatsanwaltschaft erarbeitet hat, ausgeht, später mit dem Verteidiger übereinstimmt, oder ob er auf der Sichtweise des Staatsanwalts verharrt. Man muß also Kategorien 1 und 3 gegen Kategorie 2 halten. Kategorie 1 macht aber keinen Unterschied zwischen den Möglichkeiten „Verteidiger gleicht sich der Position des Staatsanwalts an" und „Staatsanwalt nähert sich der Position des Verteidigers". Ganz überwiegend sind in Kategorie 1 Fälle, in denen der Verteidiger seine Sichtweise ändert, und in 6 von ihnen ist der Angeklagte vorbestraft. Oben war bereits vermutet worden, daß die hohe Korrelation zwischen Konsens und Vorstrafen auf ein gemeinschaftliches Vorurteil der Juristen zurückgehen kann. Wie immer, bei Vorbestraften werden seltener rechtliche Erörterungen angestellt, und dennoch ein hoher Konsensus hergestellt, und dieser Zusammenhang scheint den theoretisch erwartbaren Einfluß von rechtlichen Erörterungen und Konsens zu neutralisieren. Zugunsten einer sauberen Analyse wäre es nötig, Konsens exakter und unter Berücksichtigung der Anpassungsbewegungen welcher Seite zu bestimmen und ferner den Faktor Vorstrafen zu kontrollieren.

Schließlich zeigt die Figur 5 eine hohe Korrelation zwischen Konsens über die Fahrlässigkeit und Urteilserwartung des Angeklagten. Sie bedeutet, daß in Fällen, in denen Verteidiger und Richter gleicher Meinung sind, der Angeklagte das Urteil vor seiner Verkündigung richtig voraussagen kann, während seine Prognose falsch ist, wenn der Richter die Auffassung des Staatsanwalts teilt. Hieraus wird klar, daß der Angeklagte auf die Frage nach dem zu erwartenden Urteil den Standpunkt des Verteidigers referiert, in Ermangelung anderer Orientierungen über richterliches Verhalten. Trifft die Prognose des Angeklagten zu, ist mit großer Wahrscheinlichkeit von seiner Seite kein Appellationsbemühen zu erwarten, auch dann nicht, wenn der Verteidiger sich dem Standpunkt des Staatsanwalts annäherte (Kategorie 1) und der Angeklagte auf diese Entwicklung in seiner Urteilsvorhersage Rücksicht nehmen muß, obwohl er sie möglicherweise nicht teilt. Ein Berufungsansinnen würde der Verteidiger zurückweisen, entsprechend seiner Aufgabe, den Beschuldigten zu „befriedigen", ihm seine Kritik an der Justiz ausreden, wie man mit *Blumberg* (1967, S. 68) sagen könnte, der *Goffman*'s Metapher von der „cooling the mark out"-Funktion auf den Verteidiger anwendet (*Goffman* 1962). Nur wenn Angeklagter und sein Anwalt ein anderes Urteil erwarten, wird Appellation wahrscheinlich.[24] In diesem Fall kann man sagen, daß die Problemlösung gescheitert ist und erneut versucht werden muß.

Somit wird der Problemlösungsansatz auch unter dem Effizienzaspekt relevant. Wenn Richter und Verteidiger kooperativ sind, werden rechtliche Erörterungen häufiger und ein Konsensus wahrscheinlicher, der Urteilskritik verringert und damit Appellation spart. Das diesem Ansatz zugrundeliegende Modell der Verhandlung von Sichtweisen ist dem deutschen Strafverfahren nicht so fern, wie man meinen möchte; es ist in Landgerichten nur häufiger praktiziert als in Amtsgerichten (r = .330), obgleich es dort zugunsten einer effizienteren Justiz eigentlich vorrangig anzusiedeln wäre.

4. Zusammenfassung

Es wurden verschiedene Theoriestücke aus den Sozialwissenschaften im Zusammenhang mit Daten diskutiert, die mit einem Beobachtungsschema in Hauptverhandlungen gewonnen wurden. Dies geschah aus zweifachem Interesse. Zunächst sollte geprüft werden, ob mit der Methode der standardisierten Beobachtung Informationen gewonnen werden können, die den sozialen Prozeß der Rechtssprechung zu analysieren erlauben. Es scheint, daß für nahezu alle Fragestellungen, die in irgendeiner Weise mit dem Zustandekommen des Urteils zu tun haben, Beobachtungsdaten bedeutungsvoll, wenn nicht unerläßlich sind. Allerdings wäre es gelegentlich wichtig, Zusatzinformationen durch Dokumentenanalyse (Aktenstudium) zu gewinnen.

Daneben bestand das theoretische Interesse, sozialwissenschaftliche Hypothesen zu sammeln, die relevante Variablen verknüpfen und deren Operationalisierung in der empirischen Strafverfahrensforschung geleistet werden muß. Die Zusammenfassung der bisherigen Erörterungen ergibt eine Variablentafel (Abb. 6) für die Analyse von Hauptverhandlungen. Wir vermuten, daß sie generelle Bedeutung hat, auch wenn sie an Hand der Untersuchung von Verkehrsstrafprozessen gewonnen wurde.[25]

Abb. 6   *Das Variablensystem der Hauptverhandlung*

Richter	*Problemlösung*
Persönlichkeit	Kooperation der Prozeßparteien
Autoritarismus	Umfang rechtlicher Erörterungen
Informiertheit	Umfang von Suggestion
Aktivität in der Verhandlung	Offenheit für neue Informationen
Neigung zur Verhaltenskritik	(Quellen)
	Gründlichkeit der Erörterung

Degradierung des Angeklagten	Urteil Strafe	Konsens über: Tathergang, Schuld, Bestrafung, Bestrafung Appellationschance

Angeklagter	*Rechtsaspekte*
Biographie	Delikt
Schicht	Komplexität des Falles
Ausdrucksvermögen	Vorstrafen
Kompetenz	Urteilspolitik des Gerichtes
Kooperation	

Einzuräumen ist, daß diese Variablen sich nur auf den abschließenden Teil des Strafverfahrens, auf die Hauptverhandlung, beziehen und auch in diesem verengten Bezugsrahmen gelegentlich der Modifikation als theoretische und operationale Konzepte bedürfen, wie mehrfach festgestellt wurde. Inwiefern die Hauptverhandlung von den anderen Abschnitten des Strafverfahrens vorbestimmt ist, haben wir an dieser Stelle nicht behandelt und auch mit unserem Instrument nicht untersuchen können.

Diese Einschränkung ist allerdings nicht so problematisch, wie es auf den ersten Blick scheint. Die Hauptverhandlung bietet — neben den Gesprächen mit seinem Verteidiger — dem Angeklagten die einzige Erfahrungschance darüber, wie die Justiz es bewerkstelligt, zu einem Urteil zu kommen. Was er bei der Veranstaltung der Hauptverhandlung erlebt, wird ihm dazu dienen, das Zustandekommen des schließlich ausgesprochenen Urteils zu erklären. Ist ihm das Urteil unverständlich, so wird er bestimmte Ereignisse in der Hauptverhandlung dafür verantwortlich machen: Einen „voreingenommenen" Richter, einen „scharfen" Staatsanwalt, eine Zeugenaussage, die zu starke Beachtung fand, einen Verteidiger, der ihn „im Stich ließ" oder anderes. Die Justiz stellt sich in der Hauptverhandlung dem Angeklagten dar, und von dieser Selbstdarstellung hängt es ab, ob der Angeklagte ihren Anspruch, Gerechtigkeit zu üben, für legitim hält oder nicht. Falls nicht, wird er kaum das Urteil akzeptieren und in eine Gegnerschaft zur Justiz gebracht, die seine Resozialisierung — milde ausgedrückt — behindert. Dann würde die Justiz durch ihre eigene Tätigkeit ihr Ziel der Prävention verfehlen. Sofern aber die Hauptverhandlung und das Urteil dem Angeklagten sinnvoll, ausgewogen und verständlich erscheinen, leistet die Justiz einen eigenen Beitrag zur Resozialisierung. Dann übt sie Gerechtigkeit im Namen eines Volkes, zu dem sich auch der Angeklagte rechnen kann.

Anmerkungen

[1] Das Hauptergebnis der Study ist in den Bänden W. R. LaFave: Arrest (1965), D. J. Newman: Conviction (1966), McIntyre Jr., L. P. Tiffany and D. L. Rosenberg: Detection of Crime (1967), F. W. Miller: Prosecution (1969) und R. O. Dawson: Sentencing (1969) niedergelegt worden. McIntyre's Zusammenfassung unter dem Titel: Law Enforcement in the Metropolis, (ed. by D. M. McIntyre Jr. 1967) betrifft nur Beobachtungen in einem Gerichtsbezirk (Detroit's Recorder Court), gibt aber dafür im Längsschnitt Auskunft über den Zusammenhang der Prozesse, die in den fünf Bänden separat behandelt wurden.

[2] Gemeint ist hier die Interaction Process Analysis (Bales 1950). Sein neuestes Verfahren, das der Persönlichkeit der Gruppenmitglieder sehr viel mehr Aufmerksamkeit widmet (Bales 1970), könnte dagegen in Untersuchungen über die Einflüsse verschiedener Richterpersönlichkeiten auf die Verhandlungsführung brauchbar sein.

[3] Diese Ansätze geben keinen „repräsentativen" Überblick über die Justizforschung. Es handelt sich gelegentlich um aus Theorien hergeleitete Perspektiven, die noch nicht in Forschungsroutine umgesetzt

wurden, wie der Leser mangels Referenzen feststellen wird. Der Sinn dieser Untergliederung liegt darin, daß jeweils Teilaspekte des Verfahrens hervorgehoben werden. Dabei handelt es sich um generelle Eigenschaften des Angeklagten (2) oder des Richters (5) sowie aller Beteiligten zum Zeitpunkt der Hauptverhandlung im Hinblick auf ihr konkretes Rollenspiel (3). Hier liegt der Blickpunkt also auf den Aktionen und Eigenarten der in dieser sozialen Situation relevanten Personen. In anderen Ansätzen wird hervorgehoben — jeweils aus unterschiedlicher theoretischer Perspektive — worum es in der Hauptverhandlung geht: Um die Ahndung eines Delikts (1) ebenso wie um die Etablierung der Verantwortung des Angeklagten (6), sowie um die Demonstration des Strafanspruchs der Gesellschaft (4).

[4] Variablen, die in diesem Essay diskutiert werden, sind numeriert worden. Auf manche (nicht numerierte Variablen) konnte aus Mangel an theoretischem Anlaß (z. B. Alter der Beteiligten), meßtechnischer Ungenauigkeit (z. B. Schicht der Zeugen) oder geringer Varianz wegen seltenen Auftretens z. B. (Verfahrensangebote) nicht eingegangen werden.

[5] Solche Meßfehler implizieren wachsende Komplexität der Modelle, da Schätzwerte für nicht gemessene Variablen, die in den Messungen intervenieren, Berücksichtigung verdienen (vgl. Blalock 1968). Eine gewisse Zurückhaltung in der Auswertungsintensität legt auch die geringe Fallzahl nahe. Wenn man die beobachteten Verhandlungen als Zufallsstichprobe der Verhandlungen im Jahre 1970 an den betreffenden Gerichten auffaßt, wird die Verallgemeinerung der Ergebnisse stark beschränkt; bei der Unterstellung größerer Populationen muß der sampling error aber als beträchtlich gelten.

[6] Die Signifikanzniveaus ($p < .05$) für Pearsons Koeffizienten liegt bei 30 Fällen (df = 28) bei r = .361 und für den phi-Koeffizienten, der nicht immer (wegen Lücken in den Daten) für alle 30 Verhandlungen errechnet werden konnte, maximal (df = 20) bei phi = .435 (zur Berechnung vgl. Blalock 1960, S. 304). Die Vorzeichen der Koeffizienten, die manchmal im Widerspruch zu der Argumentation zu stehen scheinen, ergeben sich aus dem Aufbau der Meßinstrumente, z. B. hat nach der additiven Autoritarismusskala starker Autoritarismus einen niedrigen Wert. Oder die Korrelation zwischen Delikt und Strafmaß ist negativ, weil stärkere Delikte in Rangklassen mit niedrigem Zahlenwert erfaßt sind.

[7] Hierauf hat G. Kaiser in der Kritik einer früheren Fassung dankenswerter Weise aufmerksam gemacht; vgl. auch seine Studie über Verkehrsdelinquenz (Kaiser 1970).

[8] Besonders kraß kam die Orientierung des Richters an Vorstrafen während einer Verhandlung zum Vorschein, die ohne Beisein von Angeklagtem und Verteidiger stattfand (und deshalb nicht ausgewertet wurde).

Delikt: Trunkenheit am Steuer, Fahren ohne Führerschein. Tathergang (laut Anklage): Betrunken und ohne Führerschein fuhr A nachts einen

PKW quer über einen Bürgersteig in einen Fabrikzaun (Schaden DM 1000,—), fuhr ein Stück weiter und stellte den Wagen dann ab. A hatte zwei Jahre zuvor, ebenfalls ohne Führerschein angetrunken fahrend, einen 10-jährigen Jungen angefahren und getötet. Nachdem er zwei Drittel seiner Gefängnisstrafe abgesessen hatte (1½ Jahre) war er auf Bewährung entlassen worden. Das jetzt angeklagte Delikt war während der Bewährungszeit begangen worden. Der Richter verlas das Urteil, das seinerzeit erging. Er veruteilt dann A zu 8 Monaten Freiheitsentzug ohne Bewährung und Fahrverbot für 4 Jahre, und begründet dieses harte Urteil: A habe sich bereits an Freiheitsstrafen gewöhnt, man könne mit geringen Strafen ihn nicht abschrecken, weder seine verbüßte Strafe noch das sie auslösende Delikt (fahrlässige Tötung) würden A beeindrucken. „man kann ja nicht mehr tun, als einen Menschen totfahren, deshalb muß die Höchststrafe ausgesprochen werden". Erkennbar verurteilt der Richter den Täter (den er als jemanden kennzeichnet, der gerne den „wilden Mann spielt") und nicht die angeklagte Tat.

[9] Zur Theorie siehe Rottleutner (1969)

[10] Zu diesem und dem folgenden Punkt gibt Wald (1967) gute Illustrationen; zu schichtspezifischen Verhaltensneigungen vergleiche auch Fannin u. Clinard (1965).

[11] Für weitere Informationen über Diskriminierung in der amerikanischen Rechtssprechung siehe den Allen Report (1963). Mit Daten aus dem Jahre 1968 hat Cannavale (1971) die einzelnen Gelegenheiten für Diskriminierung im Strafprozeß analysiert; danach ist bei Angehörigen nichtweißer Minoritäten die Wahrscheinlichkeit erheblich geringer, daß die Anklage zurückgenommen oder reduziert wird. (S. 101)

[12] Die rollentheoretischen Annahmen gehen auf die Arbeiten von Nadel (1962) und Dahrendorf (1958) zurück sowie auf die Diskussionen in verschiedenen Seminaren von R. Dahrendorf. Ersichtlich wird hier versucht, den sogenannten „Alltagstheorien" von Richtern den Mantel der Erfahrung, in den sie sich so gerne kleiden, zu entreißen. Indem das Mysterium ‚Menschenkenntnis' als Rollenwissen aufgefaßt wird, haben wir es nicht mehr mit einer idiosynkratischen Größe zu tun, sondern mit einer Variablen, die zur Prognose verwendet werden kann. Und damit wird die Rollentheorie zugleich wieder in die Nähe ihres phänomenologischen Ausgangspunkts, den alltäglichen Kategorisierungen von Menschen aufgrund bestimmter Merkmale gebracht, der über den Mathematisierungen so leicht in Vergessenheit geriet. Für einen verwandten Zugang zu „Alltagstheorien" vgl. Sudnow (1965).

[13] Dagegen bestärken ihn Informationen über gutes Rollenspiel im Vertrauen auf Analogieschlüsse. Dies ist etwa im Fall Windt zu unterstellen, wo ein Staatsanwalt von der Anklage des Ladendiebstahls freigesprochen wurde aufgrund mangelnder Zurechnungsfähigkeit zur Zeit der Tat (nach *Der Spiegel*, 4 (1971) 64. Da Windt vor dem Urteil zum Oberstaatsanwalt befördert wurde, lag eine aktuelle positive Bewertung seines juristischen Pflichtbewußtseins vor, die nur den Analogieschluß zuließ, daß er nicht schuldhaft rechtswidrig gehandelt haben kann, als er den Ladendiebstahl „beging".

[14] Einer der wenigen Ansätze in dieser Richtung, nämlich der von Schreiber (1968) räumt zunächst nur mit dem Objektivitätsglauben auf und gibt im übrigen eine Taxonomie der Wahrscheinlichkeit, jedoch kein empirisches Meßinstrument.

[15] Juristisch heißt dies, daß der strafprozessual unzulässige Anscheinsbeweis de facto praktiziert wird, und zwar in Bereichen, die bereits zivilprozessual zweifelhaft sind, nämlich solchen der Schlußfolgerung von Berufsrollen statt von situationsgebundenen Verhaltensschemata („Situationsrollen").

[16] Vgl. Bales (1958), Homans (1960, 1961); gute Zusammenfassungen geben auch Collins u. Raven (1969) sowie Gibb (1969).

[17] Die Rollenaktivitäten des Richters und der anderen Prozeßbeteiligten sind Summenmaße, in denen alle Aktionen enthalten sind, die für unsere Beobachtungskategorien einschlägig sind, also nicht alle Aktionen überhaupt. Somit sind die Maße selektiv, aber auch inhomogen, weil restriktive und dialogische Interaktionen einfach addiert wurden. Wir hoffen, daß trotz allem hier ein brauchbarer Indiaktor für den Interaktionsumfang der Prozeßbeteiligten vorliegt, aber genau dies wäre erst durch unabhängige alternative Meßversuche zu überprüfen.

[18] Siehe dazu die Bibliographie in Kalven u. Zeisel (1966), S. 541 ff.

[19] Eine gute Dokumentation dieses Ansatzes geben Rubington u. Weinberg (1968) und Lovland (1969); vielfache Diskussionen mit Carola Schumann haben unser Verständnis dieser Theorie sehr gefördert.

[20] Zum objektiven und subjektiven Sanktions- und Degradierungserlebnis sowie zum Konzept der Teilnahmechancen vgl. Schumann (1968), S. 26 f., S. 40 ff. und Kap. 6 und 7.

[21] So argumentieren z. B. Mendelson (1963) und Schur (1968, Kap. 4).

[22] Die erstgenannte Korrelation betrifft den Zusammenhang von Emotionalität und der jeweils genannten Variablen, die zweite deren Zusammenhang mit Vorbereitung.

[23] An anderer Stelle haben wir versucht, die Konsequenzen verschiedener Kommunikationsstile in ihren sozialen und rechtlichen Implikationen darzustellen, vgl. Winter u. Schumann (1971).

[24] Hier und im folgenden werden die Entscheidungen über Berufung und Revision auf die verbliebene Diskrepanz bei Prozeßende bezogen, wobei allerdings nicht gemeint ist, sie sei hauptsächlicher Bestimmungsgrund für Appellation. Dies ist zweifellos das vom Angeklagten verfügbare Geld.

[25] Dagegen werden wahrscheinlich die Zusammenhänge zwischen den Variablen unterschiedlich ausfallen, wenn Verhandlungen über Delikte der allgemeinen Kriminalität untersucht werden.

Literatur

Allen, F. A.: Report of the Attorney General's Committee on Poverty and the Administration of Federal Criminal Justice. Washington D. C.: US. Government Printing Office 1963

Bales,· R. F.: Interaction Process Analysis. Reading 1950

Bales, R. F.: Task-Roles and Social Roles in Problem-Solving Groups. In: E. E. Maccoby, T. M. Newcomb und E. L. Hartley (eds.): Readings in Social Psychology, New York, 3rd ed. 1958

Bales, R. F.: Personality and Interpersonal Behavior. New York 1970

Bing, R., S. Rosenfeld: The Quality of Justice in the Lower Criminal Courts of Metropolitan Boston. Boston: Lawyers Committee for Civil Rights under Law 1970

Blalock, H. M.: Social Statistics. New York 1960

Blalock, H. M.: The Measurement Problem: A Gap Between the Languages of Theory and Research. In: H. M. Blalock und A. B. Blalock (eds.): Methodology in Social Research. New York 1968

Blumberg, A. S.: Criminal Justice. Chicago 1967

Cameron, M. O.: The Booster and the Snitch. New York 1964

Cannavale, Jr., F. J.: Criminal Career Contingencies: The Exploration of Discriminate Factors in the Process of Administering Criminal Justice. Philos. Diss. Philadelphia: University of Pennsylvania 1972

Cicourel, A. V.: The Social Organization of Juvenile Justice. New York 1968

Collins, B. W., B. H. Raven: Group Structure: Attraction, Coalitions, Communication, and Power. In: G. Lindzey U.A. Aronson (eds.): Handbook of Social Psychology. Vol. 4. Reading, 2nd ed. 1969

Dahrendorf, R.: Homo Sociologicus. Köln. Z. Soz. u. Sozialpsychol. 10, Heft 2 und 3 (1958)

Emerson, R. M.: Judging Delinquents — Context and Process in Juvenile Court. Chicago 1969

Fannin, L. F., M. B. Clinard: Differences in the Conception of Self as a Male among Lower and Middle Class Delinquents. Social Problems, 13 (1965) 205

Garfinkel, H.: Conditions of Successful Degradation Ceremonies. Am. J. Soc. 61 (1956) 420

Gibb, C. A.: Leadership. In: G. Lindzey und E. Aronson (eds.): Handbook of Social Psychology. Vol. 4. Reading, 2nd ed. 1969

Goffman, E.: On Cooling the Mark Out: Some Aspects of Adaptation to Failure. In: A. Rose (ed.): Human Behavior and Social Processes. Boston 1962

Green, E.: Sentencing Patterns of Criminal Court Judges. In: American Journal of Correction (hier zitiert nach dem Abdruck in R. Quinney (ed.): Crime and Justice in Society. Boston 1960

Homans, G. C.: Theorie der sozialen Gruppe. Köln-Opladen 1960

Homans, G. C.: Social Behavior: Its Elementary Forms. New York 1961

Kaiser, G.: Verkehrsdelinquenz und Generalprävention. Untersuchungen zur Kriminologie der Verkehrsdelikte und zum Verkehrsstrafrecht. Tübingen 1970

Kalven, Jr., H., H. Zeisel: The American Jury. Chicago 1966

Katz, R.: Municipal Courts — Another Urban Ill. Case Western Law Review, 20 (1968) 87

Lautmann, R.: Justiz, von innen betrachtet. Krim. J. 2 (1970) 141

Lewrenz u. a.: Die Strafzumessungspraxis bei Verkehrsdelikten in der BRD. Hamburg 1968

Lovland, J.: Deviance and Identity. Englewood Cliffs 1969

McIntyre Jr., D. M.: Law Enforcement in the Metropolis. Chicago 1967

Mendelson, W.: The Neo-Behavioral Approach to the Judical Process: A Critique. Am. Political Sci. Rev. 57 (1963) 593

Mileski, M.: Courtroom Encounters — An Observation Study of a Lower Criminal Court. Law and Society Review 5 (1971) 473

Nadel, S. F.: The Theory of Social Structure. London 1962

Nagel, S.: Judical Backgrounds and Criminal Cases. J. of Criminal Law, Criminology and Police Science 53 (1962) 333

Nagel, S.: The Tipped Scales of American Justice. In: A. Blumberg (ed.): The Scales of Justice. Chicago 1970

Rottleutner, H.: Klassenjustiz? In: U. Sonnemann fragt: Wie frei ist unsere Justiz? München 1969

Rubington, E., M. S. Weinberg (eds.): Deviance — The Interactionist Perspective. New York 1968

Scheff, T. J.: Negotiating Reality: Notes on Power in the Assessment of Responsibility. Social Problems 16 (1968) 8

Schreiber, R.: Theorie des Beweiswertes für Beweismaterial im Zivilprozeß. Berlin 1968

Schubert, G.: The Judical Mind. Evanston 1965

Schumann, K. F.: Zeichen der Unfreiheit: Zur Theorie und Messung sozialer Sanktionen. Freiburg 1968

Schur, E. M.: Law and Society. New York 1968

Sherry, A. H.: The Administration of Criminal Justice — Plan for Survey. Chicago 1955

Skolnik, J. H.: Justice without Trial. New York 1966

Skolnik, J. H.: Social Control in the Adversary System. J. Conflict Resolution 11 (1967) 52

Sudnow, D.: Normal Crimes: Sociological Features of the Penal Code in a Public Defender Office. Social Problems 12 (1965) 255

Wald, P.: Poverty and Criminal Justice. In: The President's Commission on Law Enforcement and Administration of Justice, Task Force Report: The Courts, Washington: US. Government Printing Office 1967

Winter, G., K. F. Schumann: Verzerrte Kommunikation: Sozialisation und Legitimierung des Rechts in der strafgerichtlichen Hauptverhandlung. Konstanz (im Druck) 1971

Jürgen Friedrichs, Gabriele Dehm, Helmut Giegler,
Knut Schäfer und Wolfgang Wurm

Resozialisierungsziele und Organisationsstruktur.
Teilnehmende Beobachtung in einer Strafanstalt

Im Rahmen eines Seminars an der Universität Hamburg wurde im
Sommer 1970 eine Untersuchung durchgeführt, die eine kleine Anstalt
des Hamburger Strafvollzuges zum Gegenstand hatte.

Einige Hypothesen über Zusammenhänge von Resozialisierungszielen,
Organisationsstruktur und deren Auswirkungen auf die Insassen wurden geprüft. Zugleich sollte ein Beobachtungsschema für standardisierte teilnehmende Beobachtung entwickelt werden. Die Untersuchung
hat ergeben, daß die betreffende Anstalt im Vergleich zum traditionellen Strafvollzug ein Fortschritt ist. Allerdings hat sie auch gezeigt, daß
zwischen therapeutischer und kustodial-punitiver Zielsetzung ein Ziel-
konflikt bestand, der sich auf formelle wie informelle Organisationsstruktur und Rollenhandeln derart auswirkte, daß eine erfolgreiche Resozialisierung der Probanden wahrscheinlich erschwert wurde.

1. Problem

Traditionelle Gefängnisse — und das sind fast alle in der BRD —
zeichnen sich durch die Ziele Bewahrung und Ordnung, Isolierung
eines Aggressionspotentials und Sicherung herrschender Normen
aus, legitimiert durch den versteckten oder offenen Wunsch der
Gesellschaft, zu bestrafen. Den Bemühungen um eine veränderte
Form des Strafvollzuges, die sich vielfach an schwedischen Vorbil-
dern orientieren, steht das Mißtrauen von Bevölkerung, Politikern
und Justiz entgegen; ein Mißtrauen, das auch Beamte des Vollzugs
teilen. Indessen zeigt die Analyse von Rückfallquoten (in Hamburg 1969 rd. 80 %), wie wenig der herkömmliche Strafvollzug
zur Integration der Delinquenten in die Gesellschaft leistet. Die
Gründe hierfür lassen sich in folgenden Annahmen zusammenfassen:

1. Deviantes Verhalten ist mitverursacht durch defizitäre Sozialisationsprozesse und differentielle Ziel-Mittel-Chancen, die
   selbst Resultat gesellschaftlicher Konflikte und Ungleichheiten
   sind.

Quelle: Für diesen Band überarbeitete und erweiterte Fassung des
gleichnamigen Aufsatzes der Verfasser in: Kriminologisches Journal 3
(1971) 204.

2. Die Sozialisationsdefizite werden in den Strafanstalten nicht kompensiert sondern verstärkt.

3. Die Anstalt liefert Verhaltensmodelle, die nicht dem Leben außerhalb der Anstalt entsprechen. Sie sozialisiert, aber mit unrealistischen Verhaltensmodellen und institutionsspezifischen Situationen (z. B. Tageslauf, Arbeitsprozeß, Bezahlung, mangelnde Information, Sexualität). Sie stabilisiert damit die Insassen anhand von Normen, Werten und Erwartungen, die fast ausschließlich innerhalb der Anstalt zu stabilen und akzeptierten Interaktionen führen.

4. Die Kompensation des Defizits durch solche subkulturellen Modelle läßt wahrscheinlich dem Insassen nach seiner Entlassung das Leben in der Anstalt als den einzigen Bereich erscheinen, in dem er sich optimal zurechtfindet, während das Leben „draußen" von ihm noch mehr als vor der ersten Straffälligkeit als Verunsicherung erfahren wird.

Die Zielsetzung von Anstalten, die derartige Formen eines soziologischen Hospitalismus verhindern und stattdessen den Delinquenten mit sinnvollen Verhaltensmodellen bei der Integration helfen sollen, wird bislang mit „Resozialisierung" bezeichnet. Es dürfte sich dabei bis heute mehr um ein allgemeines Programm als um eine schon in Organisationsstrukturen umgesetzte Reihe von Zielen handeln. Dies belegt die gesetzliche Regelung und z. B. die Diskussion um die Aufgaben der „sozialtherapeutischen Anstalt" im Krim. J. (*Haag* u. *Pongratz* 1970, *Hohmeier* 1971 a, *Peters* u. *Peters* 1970, *Rasch* 1970, *Wolff* 1970). Gerade die Umsetzung eines speziellen kompensatorischen Sozialisationsprozesses in die Organisationsstruktur neuer Anstalten dürfte das zentrale Problem der Resozialisierung sein; therapeutische Maßnahmen allein, etwa Gruppentherapie und Sensibilisierungstraining, sind nur isolierte psychologische Hilfen, die möglicherweise auf die Insassen als zusätzliche, nämlich kognitive Diskriminierung wirken.

Die nachfolgende dargestellte Untersuchung ist ein bescheidener Versuch, Probleme der Organisationsstruktur derartiger Institutionen zu analysieren. Die Untersuchung hatte zwei Ziele:

1. Einige Hypothesen über die Zusammenhänge von Resozialisierungszielen, Organisationsstruktur und deren Auswirkungen auf die Insassen zu prüfen.

2. Ein Beobachtungsschema für eine standardisierte teilnehmende Beobachtung in einer neuen Strafanstalt zu entwickeln: Hypothesenprüfung und Beobachtungsschema waren als Unterlagen für ein größeres Forschungsprojekt gedacht. Jenes von L. *Pon-*

gratz geleitete Projekt soll in einer Synthese von Forschung und Beratung den Aufbau einer neuen Anstalt des Übergangsvollzuges in Hamburg begleiten. (*Haag* u. *Pongratz* 1970, vgl. *Quensel* u. *Quensel* 1971). Über ein ähnliches Projekt berichtet *Hohmeier* (1970 b).

Die Untersuchung war Teil eines Universitätsseminars im Sommersemester 1970, in dem es um die Vermittlung der Methode der teilnehmenden Beobachtung anhand von empirischen Projekten ging. Es sollte zugleich eine an anderer Stelle entwickelte Methodologie (*Friedrichs* u. *Lüdtke* 1971) angewendet und verfeinert werden.

Es sei vorweg betont, daß die methodische Qualität der mitgeteilten Prüfung der Hypothesen noch unzureichend ist; eine Kritik, die auch auf die Untersuchung von *Hoppensack* (1970) zutrifft. Die Gründe hierfür werden weiter unten dargestellt. Dennoch erscheinen uns die Ergebnisse wichtig genug, weil sie methodische Fortschritte bedeuten und sozialpolitische Hilfen geben können. Dies, obgleich gerade methodisch exakte Studien für den auf dem Gebiet des Strafvollzuges so notwendigen politischen Einfluß der Sozialwissenschaftler erforderlich sind.

2. Hypothesen

Der nachstehende Hypothesenkatalog wurde schrittweise anhand der vorliegenden Literatur, aufgrund zweimaliger Besichtigung der Anstalt und Gesprächen mit Insassen und dem Stab entwickelt. Hinzu kam eine Besichtigung der Anstalt Fuhlsbüttel, die den modalen kustodialen Regelvollzug repräsentiert.

Ausgangspunkt der Untersuchung war die Annahme, daß zwischen dem Organisationsziel (Resozialisierung) der Anstalt und ihrer formellen wie informellen Organisationsstruktur ein Zusammenhang besteht.

Wenngleich sich das Ziel „Resozialisierung" bis heute nicht anhand eindeutiger Kriterien bestimmen läßt, so kann man doch die Arbeit von Anstalten, die dieses Ziel verfolgen, danach beurteilen, inwieweit in ihnen Elemente, die kustodiale Anstalten kennzeichnen, nicht auftreten. Die Indikatoren für kustodiale Anstalten wurden der vorliegenden Literatur entnommen.

1. Je mehr und je ausgeprägter sich die nachfolgenden Indikatoren der Anstalt zuschreiben lassen, desto weniger kann sie kustodial genannt werden. Als Indikatoren einer nicht-kustodialen Anstalt sollen gelten:
   1.1 kooperative Insassenkultur
   1.2 kooperatives Verhalten der informellen Führer

1.3 keine eindeutige (multisituational stabile) Hierarchie unter I.*
1.4 viele Kontakte zu A.
1.5 viele, spontane Gruppen
1.6 geringe oppositionelle Insassenkultur
1.7 geringe Routine

2. Es bestehen keine deliktspezifischen Untergruppen
2.1 Sexualdelinquenten werden nicht isoliert.

3. In den Gesprächsthemen sind die Themen: Tat/Delikt, Schuld, Selbstmitleid verhältnismäßig selten.
3.1 Gesprächsthemen mit Zukunftsorientierung sind verhältnismäßig häufig.

4. Die soziale Distanz zwischen I. und A. ist gering.

5. Sind in einer Anstalt kustodiale und therapeutische Ziele gleichzeitig vertreten, tritt ein Rollenkonflikt bei A. auf.

6. Informelle Führer kooperieren mehr mit A. und S. als Nicht-Führer (*Grusky* 1959)

7. Die soziale Kontrolle beruht mehr auf Affekten als auf physischer Disziplin (*Grusky* 1959)

8. Intensive und/oder häufige Kontakte eines I. zu A. führen nicht zu seiner Isolation gegenüber anderen I.

9. Es treten mehr Konflikte zwischen I. als zwischen I. und A. auf.

10. Mit der Länge des Aufenthaltes in der Anstalt wird die Einstellung zu den A. positiver. (Entweder U-Verteilung mit Tiefpunkt bei 4—7 Monate oder lineare Zunahme der positiven Einstellung). (*Wheeler* 1961, *Berk* 1966).
10.1 Das gleiche gilt für die Einstellung zur Anstalt und ihren Zielen (*Berk* 1966).

11. Mit der Zahl der Vorstrafen nimmt die positive Einstellung zur Anstalt zu (*Berk* 1966).

12. Es tritt keine Polarisierung der I. in prisonierte (= an oppositioneller Insassenkultur-Orientierte) und isolierte I. auf. (*Wheeler* 1961).

3. Methode

Um die Hypothesen zu prüfen, war die Methode der teilnehmenden Beobachtung am besten geeignet. Da sich die Auswirkungen der Organisationsstruktur nur verzerrt in einer Befragung von Insassen, Beamten und Stab erfassen lassen, muß die Untersuchung die alltäglichen Situationen als Ausgangspunkt wählen.

3.1 *Das Beobachtungsobjekt*

Beobachtungsobjekt war eine kleine Strafanstalt des hamburgischen Strafvollzuges mit 34 Plätzen. Sie besteht seit Anfang 1969.

---

* Abkürzungen: A = Aufsichtsbeamter, B = Beobachter, I = Insasse, S = Stab.

Neben dem Leiter und einem ärztlichen Leiter gibt es einen Stab von einem Psychologen, zwei Psychiatern. 23 Aufsichtsbeamte machen im Wechsel Dienst. Die Insassen kommen aus anderen Anstalten, zumeist, weil sie dort ein von der Norm abweichendes Verhalten zeigten. Für die Insassen stellt der Aufenthalt in dieser Anstalt die letzte Station ihrer Strafzeit dar. Es handelt sich um ehemalige „Zuchthäusler", Gefangene und Sicherungsverwahrte; ein Drittel sind Sexualdelinquenten. Zum Untersuchungszeitpunkt (Sommer 1970) war das Durchschnittsalter der Insassen 35 Jahre (Schwankungsbreite 24—58 Jahre), die Haftzeit schwankte zwischen 7 Monaten und 20 Jahren (Durchschnitt 8,5 Jahre), die durchschnittliche Aufenthaltslänge in dieser Anstalt betrug 7 Monate (Schwankungsbreite: 1—18 Monate).

Die Aufsichtsbeamten hatten keine spezielle Ausbildung für diese Anstalt, sie lernten an Fällen und den wöchentlichen Dienstbesprechungen die Besonderheiten ihrer Arbeit in der Anstalt. Zuvor hatten sie zumeist im Untersuchungsgefängnis gearbeitet, dort an den psychiatrischen Sprechstunden teilgenommen.

Als Hauptziele der Anstalt wurden genannt: Integration der Insassen in die Gesellschaft und Absehen vom Ziel Bestrafung. Hierzu werden im wesentlichen folgende Mittel angewendet: Milieutherapie, Gesprächstherapie, Gruppenarbeit, Kontaktförderung zur Außenwelt (z. B. Urlaub), Integrationsmaßnahmen (Freigänger), Betreuung nach Entlassung, sowie die medizinisch-psychiatrische Behandlung von Sexualdelinquenten.

Alltägliche Kennzeichen des Sondervollzuges in dieser Anstalt sind:

einige Insassen sind Freigänger, es gibt keine Dienstgrade beim Aufsichtspersonal, es gibt im begrenzten Maße Privateigentum (Radio, Schreibmaschine, Schuhe), die Kleidung ist nicht festgelegt, es besteht eine freie Zeiteinteilung und individuelles Lichtausmachen abends, es ist erlaubt, überall zu rauchen, tagsüber zu schlafen und die Zellen frei auszugestalten, die Anstaltsräume sind tagsüber offen. Die Insassen werden mit „Sie" und „Herr" angeredet. Es gibt Elemente von Mitbestimmung (Verteilung der Arbeitsplätze, Rundfunk- und Fernsehrat). Einmal wöchentlich findet ein offenes Gespräch zwischen Insassen und Stab statt. — Es stehen ungenügend Arbeitsplätze zur Verfügung; die Entlohnung beträgt etwa DM 2,50/Tag.

3.2 Beobachterrolle

Da der teilnehmende Beobachter — in viel stärkerem Maße als der Interviewer — Teil der Methode ist, hing viel von der möglichen Position und damit seiner Rolle ab, die er in der Anstalt einnehmen konnte. Hierzu bot es sich an, die Beobachter als Praktikanten des Psychologen einzuführen, weil diese Position in der sozialen Struktur der Anstalt vorgesehen und bekannt ist. Mit ihr verbinden sich keine Erwartungen, die die Beobachter als Agenten der Insassen, des Stabes oder des Aufsichtspersonals erscheinen lassen. Neben dieser Neutralität, die prinzipiell die Möglichkeit bot, sich als Beobachter zurückzuziehen, zeichnete sich diese Position auch durch die Möglichkeit aus, unbefangene Fragen zu stellen.

Um die Untersuchungsergebnisse reliabler werden zu lassen, waren immer zwei Beobachter gleichzeitig in der Anstalt. Das versetzte sie in die Lage, mehr zu beobachten, so daß sich die Zahl der Protokolle erhöhte. Zudem konnten sie sich in schwierigen Situationen helfen, also auftretende Rollenkonflikte verringern. Diese Aufgabe wäre sonst allein der Supervision zugefallen. Insgesamt waren dreimal je zwei Beobachter für den Zeitraum von jeweils einer Woche in der Anstalt.

3.3 *Beobachtungseinheiten*

Beobachtungseinheiten sind mehr oder minder komplexe Bestandteile des Interaktionsprozesses in einem Beobachtungsfeld. Es bieten sich generell zwei Arten von Beobachtungseinheiten an: Personen/Gruppen oder Situationen (*Friedrichs* u. *Lüdtke* 1971, S. 44 ff, 93 ff). Da es uns auf die Struktur der Anstalt als analytischem Bezugspunkt der Untersuchung ankam, wählten wir *Situationen als Beobachtungseinheiten*, d. h. räumlich-zeitlich abgrenzbare Handlungskomplexe.

Hierzu wurde eine Matrix erstellt, in die als eine Dimension der zeitliche Wochentags-Tagesablauf der Anstalt eingetragen war und als zweite Dimension die Räume der Anstalt. Die resultierende Matrix enthielt zunächst 154 Einheiten, von denen einige außer Betracht gelassen werden konnten, da nicht in allen Räumen zu jeder Tageszeit Aktivitäten möglich waren. Nach dieser Bereinigung erhielten wir 111 für die Untersuchung relevante Einheiten, die als das Universum der zur Prüfung unserer Hypothesen wichtigen Beobachtungseinheiten (Situationen) gelten durften. Einige davon (36) erschienen uns besonders bedeutsam, weil in ihnen die meisten Aktivitäten zu erwarten waren (vgl. Tab. 1).

In einer streng standardisierten teilnehmenden Beobachtung von längerer Beobachtungsdauer hätte man die 111 oder zumindest die 36 Beobachtungseinheiten stichprobentheoretisch auswählen müssen, d. h. zufallsmäßig auf die Tage verteilen und in adäquaten Intervallen von beiden Beobachtern jeweils getrennt beobachten lassen. Das war im Rahmen dieser kleinen Untersuchung nicht

Tabelle 1 Beobachtungseinheiten (Situationen) des Beobachtungsobjektes Sonderanstalt

Zeit / Ort	6.00 – 6.29	6.30 – 6.59	7.00 – 11.29	11.30 – 11.59	12.00 – 12.29	12.30 – 12.59	13.00 – 16.29	16.30 – 16.59	17.00 – 17.29	17.30 – 20.14	20.15 – ca. 22.00
Zelle		*7*	*14*	*26*	*39*	*50*	*61*	*73*	*85*	*97*	*108*
I. Arbeitsraum			*15*	27			62	74	86		
II. Arbeitsraum			16	28			63	75	87		
Kasino				29	40	51					
Halle	1	8	17	30	41	52	64	76	88	98	109
Zentrale	2	9	18	31	42	53	65	77	89	99	110
Flure A	3	10	19	32	43	54	66	78	90	100	
Flure B	4	11	20	33	44	55	67	79	91	101	
Flure C	5	12	21	34	45	56	68	80	92	102	
Höfe „Garten"			22	35	*46*	*57*	69	81	93	103	
Höfe „Sport"			23	36	47	58	70	82	94	104	
Küche	6	13	24	37	48	*59*	71	83	*95*	*105*	
Tischtennisraum			25	38	49	60	72	84	96	106	
Freizeitraum										107	111

kursive Ziffern = besonders wichtig

möglich. Wie sich später herausstellte, wäre es auch sonst schwierig gewesen; die Gründe hierfür sind im Abschnitt 4.1 dargestellt. So mußten wir uns darauf beschränken, nur die Nummer der Situation im Beobachtungsschema festzuhalten, um zumindest bei der Auswertung die Art der Stichprobe bestimmen zu können, die durch die teilnehmenden Beobachter faktisch entstanden war.

3.4 Beobachtungsschema

Das Beobachtungsschema als zentraler Bestandteil der standardisierten teilnehmenden Beobachtung hatte die dreifache Aufgabe, „die Beobachtung sprachlich wie inhaltlich zu lenken und darüber hinaus auch die Aufzeichnung zu erleichtern." (*Friedrichs* u. *Lüdtke* 1971, S. 61). Das Schema enthält die sinnlich wahrnehmbaren Indikatoren der in den Hypothesen verwendeten Variablen. Oftmals war es erforderlich, für eine Variable mehrere Operationalisierungen zu finden, da bislang für teilnehmende Beobachtungen fast keine bewährten Operationalisierungen von Variablen vorhanden sind. Methodisch dürften hieraus resultierende arbiträre Operationalisierungen für einige Zeit noch eine Schwäche der Methode sein, didaktisch sind sie in einem Lehrforschungsprojekt wie dem unseren nützlich, weil hieran die Schwierigkeiten exakten wissenschaftlichen Forschens erkennbar werden.

Nachstehend einige Beispiele für die gewählten Operationalisierungen, in Klammern jeweils die Nummer der Hypothese:

Isolation von I. (Hyp. 2.1, 8., 12.): Nicht in die Zelle von anderen gehen, ohne Gespräch (Worte) aneinander vorbeigehen, Distanz bei Sitzordnung im TV-Raum, Nicht-Partizipation am offenen Gespräch, allein in TV-Raum gehen, räumliche Distanz bei Stehkonventen, Fortgehen aus Gruppe zuerst, ohne daß andere folgen.

Soziale Kontrolle durch A. (Hyp. 7.): Nicht-Beobachtung des I. durch A./S.: Dauer (Min.), Zahl der Orte, Zellentür herangezogen, I./mehrere I. in einer Zelle, Benutzung von Strafzelle/Beruhigungszelle, Materialausgabe: Ist A. erforderlich bei Ausgabe, Zugang zum Hof offen, bei Konflikten I — I: Greift A. ein? Wann? Wird Konflikt durch I. gelöst?

Hierarchie (I) (Hyp. 1.2., 1.3., 6.): Zahlreichste Augenkontakte bei Gruppengespräch, redet öfter, wird nicht unterbrochen, besondere Fertigkeiten, mittlere Position im Raum bei Stehkonvent in Gruppe, besonders guten Platz bei TV/Filmen, Vergünstigungen, Mitglied des TV/Rundfunkrates, Flursprecher, bei Konflikten I. — I.: Wird durch Eingreifen umstehender I. gelöst oder ein I. *herbeigeholt?*

Kooperation (I—A) (Hyp. 1.1., 1.4., 4., 6., 8): A. nimmt Briefe mit, A/I bieten sich Zigaretten an, Interaktion: häufig, lang, Interaktion: Lautstärke, Inhalt, Gespräche zwischen I. verstummen nicht, wenn A. hinzukommt.

Die Beobachter sollten für jede Situation je einen Bogen des Beobachtungsschemas ausfüllen (vgl. Abbildungen). Dies sollte auch dann geschehen, wenn einige Punkte nicht auftraten, um bei der Auswertung quantitativ belegen zu können, innerhalb welcher Stichprobe von Situationen was wie oft aufgetreten war. Die Fehlerquelle selektiver Perzeption sollte damit verringert werden.

Neben dem Beobachtungsschema führten alle Beobachter ein Tagebuch, in dem sie im Schema nicht erfaßte komplexe Handlungsabläufe, ihnen aber wichtig erscheinende Vorfälle und Punkte sowie Selbstbeobachtungen (z. B. ihrer Rolle) niederlegen konnten.

3.5 Erhebung

Die teilnehmende Beobachtung wurde von sechs Beobachtern durchgeführt, je zwei arbeiteten je eine Woche in der Anstalt. Zwischen dem ersten und dem zweiten Beobachtungsintervall lagen 14 Tage, in denen die ersten Erfahrungen diskutiert, insbesonders weitere Ratschläge für die Beobachterrolle entwickelt wurden. Das dritte Intervall schloß unmittelbar an das zweite an. Die Untersuchung wurde im Sommer 1970 durchgeführt. Die Beobacher teilten sich jeweils den Tag etwas, so daß der eine früh kam und am späten Nachmittag ging, der andere im Laufe des Vormittags kam und spät abends (nach dem Einschluß) ging. Das erste und dritte Beobachterpaar waren eine Studentin und ein Student, das zweite zwei Studenten. Die letzte Beobachterin fiel leider aus, der mit ihr zusammenarbeitende Beobachter hatte seine Protokolle nicht transkribiert, so daß dieser Bericht sich nur auf die Ergebnisse von zwei Paaren, also einen Beobachtungszeitraum von 14 Tagen stützt.

4. Ergebnisse

Die nachfolgenden Ergebnisse gelten nur für den Zeitraum Sommer 1970, sie dürften dennoch generalisierbar sein, soweit es sich um vergleichbare Anstaltsstrukturen handelt.[1] Ihr Mangel ist weniger in dem kurzen Beobachtungszeitraum zu sehen als in der unzureichenden quantitativen Basis, die zugleich die Exaktheit von Auswertung und damit der Hypothesenprüfung impliziert. *Wir können daher nur tentative Schlüsse ziehen.*

4.1 Methode

Der enge Zusammenhang von Methode und Hypothesenprüfung erfordert es gerade bei der teilnehmenden Beobachtung, mit der Darstellung der methodischen Probleme und Ergebnisse zu beginnen.

Beobachtungsschema „Sonderanstalt"

Beobachter: Datum:

     I:

Personen A: Situation Nr.:

     S:

1. Gesprächs-themen	I.—I.		I.—A.		A.—A.	
	Thema trat auf (Hfg)	nicht auf	Thema trat auf (Hfg)	nicht auf	Thema trat auf (Hfg)	nicht auf
Aktuelle Momente						
Alltagsthemen						
Privatbereich						
gemeinsame Interaktionen						
Klatsch über Dritte						
Sprechen über Dritte						
Konflikte						
Expressive Äußerungen						
Tat, Delikt, Urteil, Schuld						
Entlassungs-termin						
Pläne nach Entlassung						
Verwandten-besuch						
Berufspläne						
Sonstiges (was?)						

Beobachter: Datum: Situation Nr.:

2. Bewertung des Urteils
(Zahl d. I.):
.... keine
.... gerecht
.... ungerecht

3. Rechtfertigung (Zahl d. I.):
.... keine
.... Gesellschaft, Staat,
Gesetze
.... Umstände, Familie, Sozia-
lisation, Notlage, Alkohol
.... Trieb

4. Gang in Zelle anderer I.
.... nicht beobachtet (= n. b.)
.... beobachtet .... Zahl d. I.

5. Passieren, aneinander vorbeigehen I.—I.
.... n. b.
.... mit kurzem Gespräch,
Worte
.... ohne kurzes Gespräch,
Worte

6. Allein im TV sitzen (abends,
Veranstaltungen)
.... n. b.
.... Zahl der I.

7. Räumliche Distanz bei Steh-/
Sitzkonventen
.... keine St. K. beobachtet
.... kam nicht vor

o	o	o	$\times$ = Beobachter
o	o	o	$\rightarrow$ = Kontakt-
o	o	o	richtung

8. Verlassen von Gruppe als
erster
.... n. b.
.... es folgen   .... Zahl der
andere   Vorfälle
.... es folgt   .... Zahl der
keiner   Vorfälle

9. Hatte A. oder S. Augenkontakt zu I. in Situation?
.... n. b.
.... nein (= .... Min.)
.... ja, bis halbe Zeit
(= .... Min.)
.... ja, fast ganze/ ganze
Zeit (.......... Min.)

10. Zellen
.... n. b.
.... beobachtete Zellen
(Zahl)
.... mehr als I. i. Zelle

11. Konflikt I.—I.
.... n. b.
.... Zahl der Konflikte
.... Eingreifen v. A.
(nach .... Min.)
.... Eingreifen v. S.
(nach .... Min.)
.... Eingreifen von
umstehenden I.
.... Eingreifen von
geholtem I.
.... Lösung durch
Gruppe

12. Zusammensetzung der
Gruppe v. I.
.... n. b.
.... nur Sexualtäter
.... nur andere T.
.... gemischt

13. Vorbeigehendes S.-Mitglied
.... n. b.
.... nicht von I. angesprochen
.... von I. angesprochen

14. Gespräch I.—A.
.... n. b.
.... Zahl der Beobachtungen
Initiation durch
(z. B. Zugehen)
.... I
.... A
.... Beobachter

Beobachter:	Datum:	Situation Nr.:
15. Gruppe von I.:	n. b.	Name des I.

häufigste Augenkontakte
Nicht-Unterbrechen
besondere Fertigkeiten
mittlere Position im Raum
Mitglied im TV/Rundfunkrat
Flursprecher
„Kalfaktor"

16. Interaktion I.—A.

.... n. b.
.... Zahl der beob. Anweisungen von A.
.... davon ohne Begründung durch A.
.... davon mit Begründung durch A.
.... inhaltliche Gründe
.... Rekurs auf Vollzugsordnung
.... Zigaretten angeboten (Zahl der Vorfälle)
.... I. an A. .... von A. an I.
.... A. kommt zu Gruppe / Dyade von I. hinzu

(Zahl der Vorfälle):
.... Gespräch verstummt
.... Gespräch verstummt nicht

17. Aufenthalt des A.
.... n. b.
.... Min. beobachtet, davon
.... Min. im Glaskasten

Thema / Inhalt des Gesprächs:

A) *Aktuelle Momente, Probleme, Umstände der Arbeit:*

z. B. Behandlung, Organisation, Aufträge von Vorgesetzten, Verhalten der I. Zusammenhang mit Anstaltsorganisation I., A., S., Routine etc.

B) *Nicht-arbeitsbezogene Alltagsthemen:* z. B. Wetter, Politik, Sport, Freizeit, Familie.

C) *Intimer Privatbereich:* persönliche Probleme und Konflikte, die über B) hinaus die private Sphäre besonders berühren, z. B. Sex, Familie, Vorgesetzte, Geldprobleme etc., die man eher persönlichen Freunden als anderen anvertraut.

D) *Gemeinsame Interaktionen:* Verabredungen, gemeinsame Pläne, gemeinsame Erlebnisse etc.

E)$_1$ *Klatsch über nicht anwesende Dritte:* z. B. I., A., S., (Herabsetzung, Sensation, Diskriminierung, Denunziation, Selbstrechtfertigung etc.).

E)$_2$ *Sprechen über nicht anwesende Dritte:* Erwähnung des Dritten ohne Herabsetzung u. a.

F) *Aggressionen und Konflikte:* Streit, Auseinandersetzungen, aggressive Zurückweisungen, Drohungen, „Meckern" etc.

G) *Expressive Äußerungen:* Emotional bestätigende kurze Interaktionen wie Witze, Blödeleien, Scherze, Flüche über äußere Anlässe etc.

Beobachterrolle. Es dürfte kein Beobachtungsfeld geben, das größere Anforderungen an die teilnehmenden Beobachter stellt, ihrer doppelten Aufgabe: Interaktion und Registrieren der Interaktion (Distanz) gerecht zu werden. Zwar ist die hier untersuchte Institution nicht durch einen so eingeengten Handlungsablauf wie andere Strafanstalten gekennzeichnet, doch begrenzt genug, um notwendig jeden Neuling zu einem begehrten Kommunikationspartner der unter künstlichen Bedingungen gehaltenen Insassen werden zu lassen. Auch die Position des Praktikanten, die sich in der Untersuchung sehr bewährt hat, macht darin keine Ausnahme, wie folgendes Zitat aus dem Tagebuch eines Beobachters belegt: „Man verlangt vom Assistenten (des Psychologen) vor allem die Bereitschaft zu Gesprächen, was aber wiederum nicht heißt, daß sie nur einen passiven Zuhörer haben wollen; es ist vielmehr häufig so, daß man aufgefordert wird, aktiv Stellung zu beziehen." (B 3)[2]

Aus diesem grundsätzlichen Problem resultierten alle anderen Schwierigkeiten von Beobachtern und standardisierter Beobachtung:

1. Das Interaktionsbedürfnis der Insassen kam dem sozialpolitischen Engagement der Beobachter für die Insassen entgegen, so
daß die Gefahr des „going native" entstand, d. h. undistanzier-
te Übernahme der Perspektive der Insassen. Hierzu notierte
ein Beobachter: „Die Relativierbarkeit der Aussagen von Aufsichtsbeamten und Stab finde ich leichter durchschaubar, da mir
diese Standpunkte weitgehend aus der Literatur etc. vertraut
sind und da Äußerungen aus dieser Richtung demnach eher
den Wissenschaftler in mir, die Ausagen der Insassen dagegen
eher den ‚Menschen' ansprechen." (B 2)

2. Mit Distanzverlusten ging einher, in Gesprächen das relevante
Material der Untersuchung zu finden. Die Beobachter tendierten dazu, in Fortsetzung alltäglichen Verhaltens a) auf Personen statt auf komplexe Interaktionen zu achten, b) die affektive Integration in das Feld für eine Zunahme an Verständnis
zu halten, also Empathie mit Validität zu verwechseln.

3. Sich Interaktionen zu entziehen oder sie abzubrechen, war nur
schwer möglich, was dazu führte, oftmals nicht kurz nach den
Beobachtungen das Schema ausfüllen zu können. Hinzu kam,
daß es keine gute Lösung gab, die Schemata in einem Raum zu
deponieren, der sowohl nur den Beobachtern wie ohne große
Verzögerung zugänglich war.

Diese Probleme waren bereits bei der Schulung der Beobachter berücksichtigt worden, doch reichte offenbar die Schulung nicht aus,
alle Beobachter angemessen auf ihre ungewöhnlich schwierige
Aufgabe vorzubereiten. Ein Training jedes Beobachters während
eines kurzen Pretests in der Anstalt wäre gerade in einem Beobachtungsfeld wie diesem vorteilhafter gewesen.

Beobachtungsschema. Das Beobachten nach einem vorgegebenen,
die Perzeption lenkenden Schema machte allen Beobachtern, zum
Teil nur anfänglich, Schwierigkeiten. Das hat zu einem guten Teil
in unserer alltäglichen Form der Interaktion seinen Grund: Sie ist
von persönlichen Interessen gesteuert und wir berichten meistens
anderen weniger unsere Beobachtungen als vielmehr Interpretationen und Bewertungen von Beobachtungen. Hinzu kommt, daß
nicht Personen, auf die sich sonst die Perzeption konzentriert, sondern komplexe Interaktionen beobachtet werden sollten.

Die Analyse von Strukturen verlangte es, strukturelle Elemente
des Feldes zu beobachten: Situationen. Eine solche Analyse kann
nur erfolgreich sein, wenn sehr viele Protokolle über beobachtete
Einheiten vorliegen. Notwendig schränkte auch dadurch das Schema den Spielraum der Beobachter ein, es verlangte zum Teil eine

Segmentierung von Interaktionen. Analyse und Synthese des Materials werden nicht vom Beobachter, sondern wie bei anderen Methoden auch, erst ex post vom Untersuchungsleiter oder Untersuchungsteam anhand der vorherigen Hypothesen geleistet.

Dieses bei anderen Methoden der Sozialforschung selbstverständliche Vorgehen machte den Beobachtern erhebliche Schwierigkeiten. Dies gibt treffend folgendes Zitat wieder:

„Sagt uns eine isoliert aufgezeichnete Hnadlung nicht viel weniger oder gar etwas völlig anderes als dieselbe Handlung, verstanden als Teil einer Handlungssequenz, bezogen auf einen Stimulus und mit möglicherweise intendierter Wirkung auf eine sich anschließende Reaktion? Habe das Gefühl, das Wesentliche zu verpassen, nicht nur, weil ich nur wenige Situationen beobachten kann, sondern auch aufgrund der vermuteten Unzulänglichkeit des Schemas" (B 2).

(Diese Kritik weist auch auf einen Mangel bisheriger Schemata hin: Ganze Handlungsabläufe standardisiert zu protokollieren).

Die Operationalisierungen der Variablen haben sich mit wenigen Ausnahmen generell bewährt. Zu den unzureichenden gehörte z. B. „Abbruch des Gespräches": Hierbei wurde das Gespräch oft abgebrochen, als ein Beobachter hinzukam, weil die Insassen dann ihre Aufmerksamkeit auf diesen richteten. Oft zieht er alle Augenkontakte auf sich, so daß dieser Indikator wenig brauchbar erscheint. Die Operationalisierung der Variable „Beziehungen zwischen Stab und Insassen" mittels „Verhalten gegenüber vorbeigehendem Stabs-Mitglied" erbrachte nur sehr wenige beobachtete Fälle. Wir wissen nicht, ob dieses auf die Operationalisierung zurückzuführen ist oder aber auf die Tatsache, daß sich tatsächlich Mitglieder des Stabes sehr wenig auf den Gängen befinden. Allerdings war zum Zeitpunkt der Beobachtung auch ein Mitglied des Stabes verreist. Die Operationalisierung „Verlassen der Gruppe" war unergiebig, hier hätten namentliche Nennungen protokolliert werden müssen. Weiterhin erbrachte die Protokollierung der räumlichen Distanzen bei Stehkonventen nicht viel, da in der Pretest-Phase aufgrund des mangelhaften Schemas nur wenig Protokolle vorlagen. Die Verbesserung des Schemas in der Hauptphase schloß aber leider nicht die namentliche Eintragung der beteiligten Insassen ein. Erst dann wäre mit diesen Protokollen zu arbeiten gewesen. Schließlich stellt es sich als außerordentlich schwierig heraus, Konflikte zwischen Insassen oder Insassen und Aufsichtsbeamten festzuhalten: In den 47 Protokollen wurden nur dreimal Konflikte zwischen Insassen und Insassen notiert. Es ist anzunehmen, daß die Operationalisierung der Variable „Konflikte" noch unzureichend ist. Bereits während der Konstruktion des Schemas hatten wir hiermit erhebliche Schwierigkeiten.

Bei aller Vorläufigkeit dürfte dennoch das Schema ein relativ brauchbares Instrument sein, standardisiert zu beobachten. Man sollte zudem bedenken, daß in der Literatur nur wenige Studien in Strafanstalten mit der Methode der teilnehmenden Beobachtung durchgeführt wurden; wo dieses geschah (z. B. *Galtung* 1958, *Hoppensack* 1969), wurden keine standardisierten Schemata verwendet, außerdem waren Forscher und Beobachter identisch.

Die nachfolgenden Ergebnisse beziehen sich auf 47 Beobachtungseinheiten (= Situationsprotokolle) und vier Tagebücher. Die Stichprobe der einbezogenen Einheiten konnte nicht ermittelt werden, da ein Beobachter die Nummern der Situation in seinen Beobachtungsschemata nicht vermerkt hatte.

Die Auswertungsdimension (vgl. *Friedrichs* u. *Lüdtke* 1971, S. 69) ist: Merkmalsausprägungen in den Beobachtungseinheiten, der Zeitpunkt der Beobachtung bleibt unberücksichtigt.

Die Inter-Beobachter-Reliabilität konnte quantitativ nicht berechnet werden; es wurden allerdings nur Ergebnisse einbezogen, die dem Trend nach (Schemata) oder in der Beschreibung (Tagebücher) bei mindestens zwei Beobachtern ähnlich waren.

4.2 *Hypothesenprüfung*

4.2.1 *Insassenkultur.* Mehrere Untersuchungen haben aus der Analyse der Insassenkultur das Ausmaß der Strenge der Anstalt und damit auch die subkulturellen Elemente der Organisationsstruktur entwickelt. Seit der bahnbrechenden Unersuchung von *Clemmer* (1940) hat vor allem *Wheeler* (1961) den Grad der Prisonisierung und seine Korrelate dargestellt. Die von ihm als Kennzeichen der kustodialen Anstalt gefundene Polarisierung der Insassen in oppositionelle und konforme ist durch unsere Beobachtungen nicht aufweisbar. Aus Protokollen und Tagebüchern ist nur erkennbar, daß die Einstellung der Insassen zur Anstalt insgesamt positiv ist, und zwar positiv aufgrund des Vergleichs mit der traditionell-kustodialen Anstalt Fuhlsbüttel, aus der die meisten Insassen kommen. Diese relative Erleichterung wird vermutlich zu Anfang und zu Ende des Aufenthaltes am stärksten wahrgenommen. Wahrscheinlich gilt auch hier die von *Wheeler* gefundene U-Verteilung der Konformität mit den Anstaltsnormen, analog auch für die Einstellung zur Anstalt.

Allerdings läßt sich auch aus den Tagebüchern erkennen, daß die Einstellung zur Anstalt vom Delikt abhängt. Sexualdelinquenten zeigen tendentiell eine positivere Einstellung als die restlichen Insassen, dies dürfte auf die intensiveren Bemühungen seitens des Stabes um diese Gruppe zurückgehen. In welcher Beziehung die Zahl der Vorstrafen zur Einstellung steht, war nicht zu prüfen.

4.2.2 *Deliktspezifische Untergruppen* bestehen in der Anstalt generell nicht, hierbei muß man berücksichtigen, daß die Anstalt sehr klein ist, soziale Differenzierung hingegen nach aller soziologischer Erfahrung eine Funktion der Größe einer Gruppe ist. Erst in größeren Anstalten gleicher Zielsetzung wäre eine adäquate Prüfung der Hypothese möglich. Deutlich erkennbar ist indessen eine Trennung von Sexualtätern und Nicht-Sexualtätern. Ein Beleg hierfür ist die Zusammensetzung von Gruppen in den beobachteten Situationen (Tab. 2). Da segregierte Gruppen 19mal, gemischte nur 23mal auftraten, kann man wohl nur von einer partiellen Integration sprechen. Die Aufhebung dieser Segregation ist in der Anstalt nicht gelungen, wofür sich drei Gründe angeben lassen:

1. Insassen und Aufsichtsbeamte kommen aus Anstalten, in denen Sexualdelinquenten diskriminiert werden und auf der untersten Stufe der Insassenhierarchie stehen.

2. Das Ziel der Integration wird u. a. durch den Stab selbst unterlaufen, in dem Tendenzen zur Diskriminierung von Sexualdelinquenten beobachtet wurden. Unseren Tagebüchern zufolge spricht ein einflußreiches Mitglied des Stabes herablassend über Sexualdelinquenten und behandelt sie auch so bei den Dienstbesprechungen in Gegenwart der Aufsichtsbeamten. Bei einem Aufsichtsbeamten, der von den Beobachtern als für viele Insassen zentrales Bindeglied zu den anderen Aufsichtsbeamten charakterisiert wurde, war eine negative Einstellung gegenüber den Sexualdelinquenten festzustellen. In den Tagebüchern findet sich eine ganze Reihe von abfälligen Äußerungen von Insassen gegenüber den Sexualtätern protokolliert.

3. Die notwendige Kontrolle solcher und anderer mit den Anstaltszielen in Widerspruch stehenden Tendenzen durch die Einrichtung der Stabs- und Dienstbesprechungen scheint aufgrund der hierarchischen Struktur dieser Gremien nicht leistbar.

Vielleicht ist für dieses Problem auch relevant, daß die Sexualdelinquenten in *einem* Flur untergebracht sind, also bereits institutionell nicht jeweils zwischen Insassen anderer Delikte ihre Zelle haben.

Tabelle 2   Zusammensetzung von Insassengruppen

keine Beobachtung	2
nur Sexualtäter	10
nur andere	9
gemischt	23
unklar	3
N (Zahl der Protokolle)	47

Entsprechend dieser fortbestehenden relativen, vielfach nur latent vorhandenen Segregation der Sexualdelinquenten gibt es unter den Insassen zwei Hierarchien: Die Gruppe der Sexualdelinquenten hat sehr wahrscheinlich nur einen informellen Führer (I 17), die restliche Gruppe mindestens drei (I 2, I 1, I 5). Diese vier Insassen erfüllten am häufigsten die von uns gewählten Status-Indikatoren (Tab. 3).

Tabelle 3   Verteilung der Statusindikatoren auf informelle Führer (in %)

Indikator	Insasse						
	I 2	I 1	I 5	I 17	I 7	and. I	Summe
häufigste Augenkontakte	23	14	14	9	9	31	100 %
Nicht-Unterbrechen	36	7	0	0	14	43	100 %
Mitglied im TV- u. Rundfunkrat	ja	ja	ja	ja	nein		
Kalfaktor	nein	nein	nein	nein	ja		

Sie hatten auch häufig die mittlere Position im Raum bei Stehkonventen; wohl nicht zufällig sind die Insassen 2, 1, 5 und 17 auch Mitglieder des TV- und Rundfunkrates. Der etwas periphere informelle Führer 7 verdankt seinen Status wahrscheinlich seiner Position als Kalfaktor. Es besteht zudem Anlaß zu der Vermutung, daß I 2 ebenfalls eine negative Einstellung gegenüber den Sexualtätern hat.

Die Daten lassen wenig Aufschlüsse darüber zu, ob die informellen Führer kooperativ sind. Wir sind hierbei auf die Evidenz aus den Tagebüchern angewiesen, in denen zu wenige Berichte zu diesem Problem vorliegen. Mit allen Vorbehalten kann von einer grundsätzlichen Kooperationsbereitschaft der Insassen gesprochen werden, wobei die informellen Führer, entsprechend ihrer doppelten Rolle (vgl. *Mitchell* 1966) sowohl kooperativ wie in speziellen Situationen Oppositionsführer sind. Das Verhalten ist zudem abhängig von dem der Aufsichtsbeamten.

4.2.3 *Die Aufsichtsbeamten.* Die Gruppe der Aufsichtsbeamten ist, nach allen Protokollen und Tagebüchern zu urteilen, recht heterogen in ihrem Verhalten. Einige versehen relativ unauffällig ihren Dienst, andere halten an den Zielen „Bewahren und Ordnung" fest, nur wenige sind in der Lage, Beliebtheit und Sachautorität sowie Kooperation zu verbinden. Nicht die individuelle sondern die kollektive Ambivalenz im Verhalten der Aufsichtsbeamten ist Indikator der mangelnden Eindeutigkeit der Anstaltsziele: Für viele Beamte ist es offenbar eine Überforderung, mit nur sehr geringer spezieller Ausbildung Verhaltensmodelle zu entwickeln, die einer resozialisierenden Zielsetzung adäquat wären. Mehrere Tagebücher belegen die Unsicherheit der Beamten.

Erschwerend kommt hinzu, daß die Beamten sich ihrer Aufgabe nicht entsprechend bezahlt fühlen, d. h. für den Dienst in einer solchen Anstalt auch höhere Bezahlung als ihre Kollegen in kustodialen Anstalten erwarten. Die hieraus resultierende Unzufriedenheit wirkt sich als Motivationsmangel aus, sich für die Anstalt einzusetzen; so bleibt es vielfach bei einem resignierenden Verhalten, das zentral auf Konfliktvermeidung ausgerichtet ist.

Der Entwicklung neuer Verhaltensmodelle steht auch entgegen, daß sich noch viele Insassen und Beamte vom traditionellen Strafvollzug her kennen. Man kann sich aus diesem Grunde schwer vorstellen, wie es nun in der anderen Anstalt zu ganz verändertem Verhalten kommen soll. „Eingeschliffene Verhaltensmuster werden hier einfach in die neue Örtlichkeit herübergenommen, in ihrer Ausprägung vielleicht abgeschwächt und mit positiveren Elementen angereichert, nicht aber radikal neu definiert". (B 2) Diese Probleme müssen allerdings vor dem Hintergrund des grundsätzlich geringen Spielraumes gesehen werden, den man der Anstalt überhaupt zugestanden hat.

4.2.4 *Das Verhältnis Aufsichtsbeamte — Insassen.* Entsprechend der unterschiedlichen Interpretation ihrer Aufgabe ist das Verhältnis von Aufsichtsbeamten zu den Insassen recht verschieden. Am negativen, restriktiven Ende dieses Verhaltenskontinuums steht A 3, der nach den Tagebuchnotizen aller Beobachter das schlechteste Verhältnis zu den Insassen hat. Es ist daher gerechtfertigt, ihn durch folgenden Vorfall zu charakterisieren:

„Der Kalfaktor I 21 kommt und bringt A 3 ein eisgekühltes Getränk. A 3 spielt sich als starker Mann auf. Auf meine Frage, was für Aufgaben der Kalfaktor habe, erfahre ich von A 3, daß er auch u. a. dafür zu sorgen habe, daß alles sauber sei. Im gleichen Moment schnippte er die Asche von seiner Zigarette auf den Boden. I 21 sieht etwas später zufällig die Asche, weiß aber nicht, daß sie von A 3's Zigarette kommt. „Sehen Sie", sagt er auf die Asche deutend, „so rücksichtslos sind die Leute hier". „Die Asche ist von meiner Zigarette", sagt A 3, in dem Ton, der bedeutet: „Willst Du etwa was?" — „Er weiß schon, woher der Wind hier bläst", sagt er dann zu mir gewandt, „wenn er nicht hört, trete ich ihn mal ganz kurz zwischen die Beine" — zu A 21 gewandt: „Nicht wahr, wir verstehen uns — nicht?" I 21 lächelt unterwürfig und verlegen." (B 3)

Am anderen Ende stehen die Beamten A 1 und A 8. A 1 dürfte den größten Einfluß unter den Beamten haben, ein Ansehen, das nicht zuletzt auf seine Leistungen beim Sport mit den Insassen zurückgeht. A 8 hingegen tritt am eindeutigsten für die Insassen ein, selbst wenn er sich dadurch gegen seine Kollegen stellt:

Am Nachmittag war es zu einer körperlichen Auseinandersetzung zwischen einem A. und einem I. gekommen. Am Abend kommt A 8 in die Küche, wo sich etwa 8 Insassen aufhalten. Er begrüßt die Insassen und schlägt ihnen kräftig auf die Schultern. „Na, Peter, wie geht's?" Doch dieser will nichts von ihm wissen und stiert auf den Tisch. „Ich nehm dir das nicht weiter übel — man kann ja mal die Nerven verlieren", fährt der A. fort. Der I. fängt wieder an zu schimpfen „in den Magen hat er mich geschlagen, dieses Schwein . . .". Der A. versucht, ihn zu besänftigen, indem er ihn darauf aufmerksam macht, daß er wütend gewesen sei, und es vielleicht ja auch anders gewesen sein könnte. Der I. will seine Meinung aber nicht ändern. (Dieser A. bleibt, wie ich erst später erfahre, an diesem Tag aus eigenem Antrieb zwei Stunden länger im Dienst).

Das ist der Startschuß für eine heftige Diskussion um den genauen Hergang des Vorfalles. A 8 behauptet, nichts beurteilen zu können, da er mit dem I. beschäftigt war und nicht gesehen habe, in welcher Haltung (Handstellung) der andere A. auf den I. zugegangen sei.

Von einem der I. fällt der Vorwurf: „Eine Krähe hackt der anderen kein Auge aus" und „Ihr haltet ja doch alle zusammen!"

A 8 wird sehr wütend, haut mit dem Lineal so fest auf den Tisch, daß ich zusammenzucke: „Ich habe es nicht gesehen, aber ich decke keinen Beamten, wenn er sich schweinig gegenüber einem von euch verhält!" (B 3).

Diese einzelnen Beispiele müssen allerdings im Zusammenhang mit dem Verhalten aller Beamten gesehen werden. Nach den Beobachtungsschemata konnten nur selten Anweisungen der Aufsichtsbeamten an die Insassen beobachtet werden, hiervon erfolgten die meisten ohne Begründung. Dafür liegen 22 Beobachtungen vor, die auf das Gesprächsverhalten einer Dyade oder Gruppe von Insassen zielen, wenn ein Beamter hinzukommt.

In 18 der 22 Fälle verstummte das Gespräch nicht. Dies spricht für ein im Vergleich zur kustodialen Anstalt relativ gutes Verhältnis zwischen Insassen und Aufsichtsbeamten. Kennzeichnend dafür sind auch mehrere Zusätze in den Schemata und Tagebuchberichte, denen zufolge scherzhaft gegebene „strenge" Anweisungen und unernste Rangeleien zwischen Insassen und Aufsichtsbeamten vorkamen.

Insgesamt kann die soziale Distanz zwischen Insassen und Aufsichtsbeamten als relativ gering angesehen werden. Die Tatsache, daß bei 43 beobachteten Gesprächen zwischen diesen beiden Gruppen 26mal das Gespräch von den Insassen initiiert wurde (entsprechend 17mal von den Beamten), führt zu der Hypothese, daß die Insassen die Kommunikation mit den Beamten suchen (und erreichen), während die Beamen sie zumindest dulden, einige sogar von sich aus suchen.

Ob die Zahl der Konflikte unter den Insassen größer ist als die zwischen Insassen und Beamten, war leider nicht zu prüfen. Zu vermuten ist, daß die Zahl der Konflikte unter den Insassen nicht viel geringer ist als die unter den Beamten (relativiert auf die Zahl der Personen und damit der möglichen Konflikte).

4.2.5 Die *soziale Kontrolle* in der Anstalt ist nach unseren Indikatoren im Vergleich zu kustodialen Anstalten niedrig. 53 % aller beobachteten Zellentüren (N = 83) waren geöffnet; andere Insassen waren nur selten in den Zellen der anderen. Ein weiterer Beleg hierfür ist der geringe Blickkontakt, den Aufsichtsbeamte oder Stabsmitglieder zu den Insassen hatten (Tab. 4).

Tabelle 4 Blickkontakt von Aufsichtsbeamten und Stab zu Insassen, in Minuten

Blickkontakt	abs.	%
keiner	739	65
halbe Zeit	35	3
ganze Zeit	363	32
Summe	1137	100

In 38 Situationen bestand in 21 (= 55 %) die ganze Zeit über kein Blickkontakt, in 7 (= 18 %) nur die halbe Zeit über.

Ein weiterer Indikator ist der Aufenthalt des Aufsichtsbeamten, wobei wir den Aufenthalt im Glaskasten, der einen Überblick über den gesamten Flur bietet, als Indiz für soziale Kontrolle werteten. Von den protokollierten 431 Minuten hielt sich der diensttuende Beamte nur 225 Minuten (= 52 %) dort auf.

Worauf die soziale Kontrolle beruhte, ist nach unserem Material nur schwer zu ermitteln. Allen Belegen zufolge ist die Sanktionsbasis nicht physischer Art, etwa durch Anwendung körperlicher Gewalt oder eines Kataloges umfangreicher Strafen (Entzug von Essen und Vergünstigungen, hartes Lager etc.). Die in der Hypothese 7 von *Grusky* übernommene Alternative, die Kontrolle und damit die Sanktionen seien affektiver Art, konnte nicht geprüft werden. Das liegt zum einen an der Schwierigkeit, „affektive Kontrolle" zu operationalisieren, da neben Affekten und physischen Maßnahmen noch andere Formen von Kontrolle und Sanktionen einbezogen werden sollten. Eine nicht-physische Sanktion (wenngleich mit gravierenden Konsequenzen) steht der Anstalts-leitung z. B. dadurch zur Verfügung, Insassen in eine kustodiale Anstalt zurückzustufen.

Weitere Indikatoren einer im Vergleich zur kustodialen Anstalt geringeren sozialen Kontrolle sind: Der Zugang zum Hof ist je-derzeit möglich; die Gruppenbildung wird erleichtert, da Insas-sen (s. o.) sich in den Zellen anderer Insassen aufhalten können, womit sie der unmittelbaren Kontrolle entzogen sind. Der Ein-schluß geht ruhig, schnell, widerspruchslos und unaufgefordert, mit kurzem Wortwechsel zwischen Insassen und Aufsichtsbeamten vonstatten (Protokoll B 2). Immanent betrachtet, zeigt das ein Ak-zeptieren der formalen Organisationsnorm, die selbst repressiv ist: Sie demonstriert und verstärkt die Unmündigkeit der In-sassen.

4.2.6 *Gesprächsthemen.* In den Protokollen der 47 Situationen sind recht umfangreiche und sehr exakte Notierungen der Ge-sprächsthemen enthalten. Da in einer Situation mehr als eine Gruppe und deren Themen protokolliert wurden, ist die Zahl der Protokolle von Gesprächen größer als die Zahl der Situationen. Die folgenden Ergebnisse beziehen sich auf 53 Protokolle von Ge-sprächen zwischen Insassen, 6 zwischen Aufsichtsbeamten (Dienst-besprechungen ausgenommen) und 16 zwischen Insassen und Aufsichtsbeamten.

In den Gesprächen zwischen *Insassen* überwiegen aktuelle Mo-mente und Alltagsthemen, d. h. Themen wie Behandlung, Orga-nisation, Routine, Wetter, Sport etc. Es folgen Gespräche über nicht in der Gruppe anwesende Dritte, oftmals in Form des Klat-sches. Am seltensten sind Gespräche über Konflikte oder genauer: verbale aggressive Auseinandersetzungen sowie expressive Äuße-rungen (Witze, Flüche u. a.). Die Gespräche unter den *Aufsichts-beamten* haben eine etwas andere Struktur, hier überwiegen ein-deutig aktuelle Momente und Alltagsthemen, alle anderen The-men treten sehr selten auf.

Bei einer vorsichtigen Interpretation dieses Ergebnisses muß man vorab berücksichtigen, daß wir nur die Verteilung der Themen innerhalb der Anstalt erhoben haben und daher nicht wissen, ob auch bei ganz anderen Gruppen außerhalb der Anstalt ähnliche Verteilungen auftreten, so daß wir also relativ allgemeingültige Verteilungen vor uns haben, die wenig speziell über die Gruppen in der Anstalt aussagen. Auch sind die einzelnen Kategorien rela-tiv umfassend, sie erlauben nur eine grobe Klassifikation. Vorbe-haltlich dieser Einschränkungen läßt sich die verbale Interaktion der Insassen als sachlich, frei von großen Konflikten und Emotionen kennzeichnen. Unter den Aufsichtsbeamten dürfte eine rege, sachbezogene Kommunikation vorherrschen — soweit man überhaupt aus der kleinen Zahl von Protokollen Schlüsse ziehen darf.

Aufschlußreich ist nun, daß in den Gesprächen zwischen *Insassen und Aufsichtsbeamten* zwar auch aktuelle Momente und Alltagsthemen am häufigsten auftreten (35 %, aller Themen), an zweiter Stelle dann aber expressive Äußerungen stehen (22 %), an dritter Sprechen/Klatsch über abwesende Dritte (18 %). Die restlichen 25 % entfallen auf alle anderen Themen. Daran läßt nochmals der relativ freundliche und nur indirekt aggressive Interaktionsstil zwischen Insassen und Aufsichtsbeamten sich belegen, der sich schon bei der Analyse der Anordnungen abzeichnete.

Wichtiger als solche allgemeinen Klassifikationen war für die Prüfung der Hypothesen die Häufigkeit von Themen wie Delikt und Strafe einerseits, Entlassungstermin und Zukunftspläne andererseits. Diese Ergebnisse, basierend auf den 53 Protokollen von Insassengesprächen mit insgesamt 166 Themen gibt Tab. 5 wieder.

Tabelle 5   Spezielle Themenstruktur von Insassengesprächen

Tat, Delikt, Urteil, Schuld		34 %
Entlassungstermin		22 %
Pläne nach Entlassung	21 %	
Berufspläne	15 %	36 %
Verwandtenbesuch		8 %
Summe		100 %
N (Anzahl der Themen)		166

Nach dieser Verteilung zu urteilen, spielen Außenkontakte zu Verwandten aufgrund der geringen Besuchshäufigkeit nur eine untergeordnete Rolle. Wenngleich die Zukunftsorientierung insgesamt größer ist als die Vergangenheitsorientierung (Tat etc.), so halten sich doch Beschäftigung mit der Tat und Pläne nach der Entlassung die Waage. Wir betrachten die letztgenannten Themen als einen jener wenigen Indikatoren erfolgreicher Resozialisierungsbemühungen, die sich bei Analysen innerhalb der Institution verwenden lassen. Anhand dieses Indikators beurteilt, steht die Anstalt wohl in der Mitte zwischen kustodialer und resozialisierender Institution. Allerdings muß man bei der Interpretation der Häufigkeitsverteilung der einzelnen Themen berücksichtigen, daß Delikt-Strafe-Themen wahrscheinlich etwas zu häufig auftraten, da man mit dem Beobachter häufiger darüber sprach, als die Insassen es unter sich tun. Umgekehrt wirkte sich der Einfluß des

Beobachters auf das Thema Sexualität aus: Obgleich es von großer Bedeutung ist, wurde selten in Anwesenheit der Beobachter darüber gesprochen.

Wo eine Bewertung des Urteils im Gespräch erfolgte (nur in 29 %o der Gespräche), wurde es fast immer als ungerecht bezeichnet. Selten traten Rechtfertigungen der Tat auf, wo dies geschah, waren es überwiegend Sexualtäter, die dann „Trieb" als Ursache der Tat anführten.

5. Diskussion und sozialpolitische Konsequenzen

Die Ergebnisse der teilnehmenden Beobachtung lassen mit den genannten Vorbehalten folgende Schlüsse zu: In der Anstalt besteht eine relativ kooperative Insassenkultur, eine relativ geringe oppositionelle Insassenkultur, eine relativ geringe Routine; die Insassen haben zu den Aufsichtsbeamten viele Kontakte. Die soziale Distanz zwischen Insassen und Aufsichtsbeamten ist relativ niedrig (Hypothese 4), von den Insassen zu den Aufsichtsbeamten niedriger als umgekehrt. Ob eine Isolation von Insassen, die intensive Kontakte zu Beamten haben, eintritt (Hypothese 8), war nicht zuverlässig zu ermitteln. Wohl aber ist die Kontaktdichte der informellen Insassen-Führer zu den Aufsichtsbeamten höher als die anderer Insassen — ein Sachverhalt, den *Grusky* (1959) als Indikator einer nicht-kustodialen Anstalt wertet. Treffender erscheint demgegenüber die entgegengesetzte Interpretation, häufige Interaktion und Kooperation zwischen Aufsichtsbeamten und informellen Führern als Indikator einer kustodialen Anstalt anzusehen. Aufgrund der Ergebnisse von *McCleery* (vgl. *Barton* u. *Anderson* 1967) und *Mitchell* (1966) liegt solche Kooperation im Interesse beider Gruppen: Die Aufsichtsbeamten können mit Hilfe der informellen Führer ihre Ordnungsziele durchsetzen, indem sie den Führern Privilegien einräumen, die deren Machtposition gegenüber den Insassen stärkt.

Eine Polarisierung der Insassen ließ sich im strengen Sinne der Klassifikation von *Wheeler* (1961) nicht feststellen; die Einstellung der Insassen zur Anstalt ist relativ positiv, zumindest zu Anfang und Ende der Haftzeit (Hypothesen 10, 10.1, 11 und 12).

In den Gesprächsthemen treten zukunftsorientierte Themen relativ häufig auf, allerdings spricht das gleiche häufige Auftreten deliktbezogener Themen für eine mangelnde resozialisierende Zieldurchsetzung der Anstalt.

Die ungenaue Zielsetzung ist strukturell noch deutlicher an dem Verhalten der Aufsichtsbeamten erkennbar. Hier scheint es weniger zu individuellen Rollenkonflikten zu kommen als zu einer innerhalb der Gruppe der Beamten recht unterschiedlichen Interpretation ihrer Aufgabe: Einige sind therapeutisch orientiert, viele unsicher und — wenn auch subtiler als in traditionellen Anstalten — auf kustodiale Ziele hin orientiert. Es kommt stärker zu Inter-Rollenkonflikten als zu Intra-Rollenkonflikten. Das liegt nicht zuletzt daran, daß sich „die kustodialen Tätigkeiten . . . leichter und eindeutiger in detaillierte Rollenvorschriften umsetzen (lassen) als die Aufgaben im Sozialisationsbereich". (*Hohmeier* 1970 a, S. 24). Dennoch beruht die soziale Kontrolle nur zu einem geringen Teil auf physischer Disziplin (Hypothesen 5 und 7). Wir vermuten aufgrund des Materials mindestens gleichviele Konflikte unter den Aufsichtsbeamten wie unter den Insassen.

Die noch unzureichende Erfüllung der Ziele der Anstalt hat demnach als strukturelle Konsequenz: Konkurrenz um Arbeitsplätze, uneinheitliches Beamtenverhalten, relative Segregation der Sexualtäter, deutliche Insassenhierarchie in beiden Deliktgruppen, Konflikte im Stab (siehe weiter unten).

Resozialisierung beschränkt sich hier noch zu sehr auf therapeutische Elemente: Gruppengespräche, intensivere medizinisch-psychiatrische Betreuung, Medikamente. Dies kommt jenen Insassen zugute, die tendentiell auch positivste Einstellung gegenüber der Anstalt haben: den Sexualdelinquenten. Ferner unterscheidet sich die Anstalt in Umgangston, Bewegungsfreiheit innerhalb der Anstalt und erweiterten individuellen Spielräumen (Privatbesitz, Sport außerhalb der Anstalt) von einer kustodialen Anstalt. Die Untersuchungsergebnisse belegen die positiven Auswirkungen solcher Erleichterungen.

Dennoch sind zumindest vier der fünf von *Sykes* u. *Messinger* (1969, S. 15) beschriebenen Deprivationen von Insassen vorhanden: Der abgelehnte Insassenstatus, materielle Deprivation, sexuelle Deprivation, Anwesenheit von anderen Straftätern. Die konstante soziale Kontrolle als fünfte Deprivation ist nur im Vergleich zur kustodialen Anstalt geringer. Es fehlt an Arbeitsplätzen, die Arbeit ist teilweise stumpfsinnig, die Bezahlung sehr gering. Das Anstaltsleben liefert fast keine Lernprozesse für das Leben außerhalb, weil sie nur dort erlernbar wären. Dies wäre nur möglich, wenn alle Insassen Freigänger wären, statt wie jetzt nur wenige. Erst aus solcher Konfrontation könnten die Gruppengespräche in der Anstalt die Bedeutung gewinnen, Sozialisationsdefizite zu kompensieren.

Es wäre indessen falsch, diese Fehler der Anstaltsleitung und dem Stab oder der unzureichenden Ausbildung der Aufsichtsbeamten anzulasten. Interpretation der Ziele durch den Stab, seine Zusammensetzung und sein Verhaltensspielraum können nicht wettmachen, was der Anstalt trotz ihrer Zielsetzung als Sonderanstalt als Begrenzung von außen auferlegt ist: Sie ist das Produkt einer halben Reform, in der Bürger, Parlament und Behörde glauben, schon das Äußerste an Humanisierung des traditionellen Strafvollzuges geleistet zu haben.

Genau das ist die Ursache der Zielambivalenzen der Anstalt und erzeugt für den Stab ein permanentes Dilemma: Einerseits muß man den eigenen Verhaltensspielraum immer wieder zu erweitern versuchen, um den Insassen zu helfen, sich also über die juristischen und bürokratischen Beschränkungen hinwegzusetzen suchen; andererseits darf die Anstalt nur Erfolge vorweisen, weil jede Unruhe (wozu auch Selbstmorde gehören) als Beleg des Mißerfolges der Anstaltsstruktur gewertet wird, also zur Zurücknahme der ohnehin halben Reform führen würde. Mißtrauisch wacht man über dem als „Zigarettenvollzug" diskriminierten Reformmodell. Dies führt zu Schwierigkeiten bei den Aufsichtsbeamten und beim Stab. Letztere wurden am ehesten an zwei Problemen deutlich: Einmal der Autoritätsstruktur, die eine Teamarbeit erschwert, und zum anderen der unterschiedlichen Ausbildung der Mitglieder.

Das oben bezeichnete Dilemma hat zwei gravierende Konsequenzen, durch die sich noch dieses Modell gegen sich selbst zu verkehren droht:

1. Reformziele und extern auferlegtes Erfolgsziel sind bei der gegebenen Organisationsstruktur unverträglich, da das Erfolgsziel erneut zu Bemühungen um Ruhe und Konfliktvermeidung führt. Diese Annahme machte bereits *Waldmann* (1968, S. 6).

2. Zwar schafft die Bemühung des Stabes, d. h. genauer der Versuch, ein Reformmodell zu realisieren, einen Konsensus zwischen Insassen, Aufsichtsbeamten und Stab, der auch aus den relativ positiven Einstellungen zur Anstalt erkennbar wurde. Dieser Zielkonsensus ist jedoch anfällig: Die Insassen haben darin ein Sanktionsmittel, da sie wissen, daß jeder von einem oder wenigen erzeugte Krach oder ungewöhnliche Vorfall nicht — wie in der kustodialen Anstalt — ihnen, sondern der Anstaltsstruktur angelastet wird, woran der reformorientierte und -bemühte Stab (wie Teile der Aufsichtsbeamten) nicht interessiert ist. Tendentiell kann so jede größere Verletzung der Anstaltsordnung durch Insassen (oder auch Aufsichtsbeamte) dazu benutzt werden, jene Reformerleichterungen beim Stab durchzusetzen, die die formelle Anstaltsorganisation nicht zuläßt aufgrund vorgegebener Beschränkungen. Andererseits hat

die Anstaltsleitung ein Sanktionsmittel in der Androhung, Insassen nach Fuhlsbüttel, d. h. in den Regelvollzug, zurückzuversetzen. Sie setzt es allerdings nicht als Mittel ein.

3. Jedes Bemühen um Resozialisierung dürfte eine sinnvolle Organisation der Arbeit einschließen. Darauf weist auch die DVollzO hin. Die Anstalten des Strafvollzuges bieten jedoch kaum Arbeitsplätze an, die denen „draußen" entsprechen, nicht einmal in der Ausstattung der traditionellen handwerklichen Betriebe. Vielfach müssen monotone Arbeiten mit wenigen verschiedenen Handgriffen verrichtet werden (z. B. Salzstreuer oder Verschlüsse zusammensetzen). Auch den Insassen ist klar, daß sie hier mit Arbeiten beschäftigt werden, die nur deshalb noch nicht von einer Maschine gemacht werden, weil es die billige Arbeitskraft von Strafgefangenen gibt. Im Falle der hier untersuchten Sonderanstalt stellt sich zusätzlich das Problem, für eine so kleine Anstalt keine Arbeitsbetriebe einrichten zu können. Die Lösung kann also nur darin liegen, die Insassen außerhalb der Anstalt arbeiten zu lassen.

4. Die Arbeit außerhalb der Anstalt hat zudem sehr wahrscheinlich eine wichtige Konsequenz für die Interaktionen der Insassen. Das Leben in der Anstalt ist eine „totale Situation", d. h. die Insassen begegnen sich dauernd und *müssen* mit den gleichen Menschen zurechtkommen. (Vgl. auch *Harbordt* 1967, S. 28). Die einzige Rückzugsmöglichkeit ist die Zelle (vgl. *Waldmann* 1968, S. 116)[3] — und auch hier trifft man noch auf die Mitbewohner, im Falle von Anstalten, die zur Hauptsache Gemeinschaftszellen haben. Durch die Arbeit außerhalb werden neue Interaktionspartner gewonnen, neue Kommunikationsinhalte möglich und die internen Interaktionen potentiell entlasteter.

Die halbe Reform führt zu Zielwidersprüchen, die wiederum zu Widersprüchen innerhalb der Organisationsstruktur der Anstalt führen. Alle Gruppen: Insassen, Aufsichtsbeamte und Stab bleiben Gefangene einer bürokratischen Ordnung, die ihnen, insbesondere aber dem Stab, das Risiko neuer Sozialisationsmodelle aufbürdet, ohne sie vorgängig hinreichend in Ziel und Spielraum der Organisationsstruktur zu verankern. Schließlich kommen die Insassen nicht direkt in diese Anstalt sondern aus dem kustodialen Regelvollzug, so daß die Sonderanstalt erst einmal jene dort entstandenen Defizite aufzuarbeiten hat.

Die Ergebnisse der teilnehmenden Beobachtung belegen, daß diese Anstalt im Vergleich zur kustodialen Anstalt ein Fortschritt ist. Sie belegen nach unserer Ansicht aber auch, daß dieser Typ von

Institution a) noch zu viele Elemente einer Zwangsorganisation und entsprechend zu wenige einer normativen Organisation (*Hohmeier* 1970 a, S. 21) enthält, b) aufgrund mangelnder Ausbildung, unzureichender Bezahlung und widersprüchlichen Organisationszielen zu stark ungleichen Verhaltensmustern unter den Aufsichtsbeamten führt und c) daher Resozialisierungserfolge nur als Risiko des Stabes möglich sind. Es ist letztlich Reform nur innerhalb von Straf- und Bewahrungsdenken.

Die Ergebnisse dieser Untersuchung — und die von Studien über den traditionellen Vollzug — führen zu einer grundsätzlichen Überlegung: Müssen nicht Anstalten, in denen Defizite von Mitgliedern der Gesellschaft aufgearbeitet werden sollen, in ihrer Struktur *fortgeschrittener* sein als die Struktur der sie umgebenden Gesellschaft? Muß nicht jeder Versuch der Integration vergeblich sein, wenn nicht Personal, Ausstattung und Methoden besser sind als in anderen Bereichen der Gesellschaft?

Anmerkungen

Wir möchten denen, die uns diese Untersuchung ermöglichten, sie unterstützten und uns berieten, für ihre Hilfe danken.

1. Seit der Untersuchung sind eine ganze Reihe von Veränderungen in der Anstalt vorgenommen worden. Die wichtigsten sind: Die Zahl der Freigänger wurde erhöht, die räumliche Trennung von Sexualdelinquenten von den restlichen Insassen wurde aufgehoben, „offene" Gespräche zwischen Insassen unter der Leitung eines Aufsichtsbeamten wurden eingeführt. Wir selbst haben in zwei Sitzungen mit dem Stab und einigen Aufsichtsbeamten unsere Ergebnisse der Kritik gestellt und Vorschläge zur Veränderung der Anstalt gemacht.

2. In Klammern jeweils die Nummer des Beobachters.

3. Die Stelle lautet: „Von über zwei Dritteln der bestraften Gefangenen wurde die Zelle als der Ort genannt, wo sie sich am freiesten fühlen. ‚Wenn die Tür zufällt, habe ich meine Ruh', sagt einer, und so scheinen die meisten Gefangenen zu denken.

Literatur

Barton, A. H., B. Anderson: Wandel in einer Organisation: Formalisierung einer qualitativen Studie. In: R. Mayntz (Hrsg.) Formalisierte Modelle in der Soziologie. Neuwied — Berlin 1967

Berk, B. C.: Organizational Goals and Inmate Organization. Am. J. Soc. 71 (1966) 522

Clemmer, D.: The Prison Community. New York, 2nd. ed. 1958

Friedrichs, J., H. Lüdtke: Teilnehmende Beobachtung. Weinheim — Berlin — Basel 1971

Galtung, J.: The Social Functions of a Prison. Social Problems 6 (1958) 127

Grusky, O.: Organizational Goals and the Behavior of Informal Leaders. Am. J. Soc. 65 (1959) 59

Haag, F., L. Pongratz: Forschungsstrategien für sozialtherapeutische Anstalten. Krim. J. 2 (1970) 10

Harbordt, S.: Die Subkultur des Gefängnisses. Stuttgart 1967

Hohmeier, J.: Sicherung oder Sozialisierung. Zur Organisationsstruktur der sozialtherapeutischen Anstalt. Krim. J. 2 (1970a) 15

Hohmeier, J.: Die sozialen Beziehungen zwischen Aufsichtspersonal und Insassen im Hinblick auf die Resozialisierungsmöglichkeiten im Strafvollzug. Krim. J. 2 1 (1970b) 50

Hoppensack, H.-C.: Über die Strafanstalt und ihre Wirkungen auf Einstellungen und Verhalten von Gefangenen. Göttingen 1969

Mitchell, J.: Cons, Square-Johns, and Rehabilitation. In: B. J. Biddle und E. J. Thomas (eds.): Role Theory. New York 1966

Peters, D., H. Peters: Therapie ohne Diagnose. Krim. J. 2 (1970) 114

Quensel, S., E. Quensel: Behandlungsforschungsprojekt Rockenberg. Krim. J. 3 (1971) 26

Rasch, W.: Die sozialtherapeutische Aufgabe: Stellung und Einstellung der Psychiatrie. Krim. J. 2 (1970) 34

Street, D. P., R. D. Vinter, C. Perrow: Organization for Treatment. New York 1967

Sykes, G. J., S. L. Messinger: The Inmate Social System. In: R. A. Cloward, D. R. Cressey, G. H. Grosser, R. McCleery, L. E. Ohlin, G. M. Sykes, S. L. Messinger: Theoretical Studies in Social Organization of the Prison. New York 1960

Waldmann, P.: Zielkonflikte in einer Strafanstalt. Stuttgart 1968

Wheeler, S.: Socialization in Correctional Communities. Am. Soc. Rev. 26 (1961) 697

Wolff, J.: Therapie ohne Diagnose? Krim. J. 2 (1970) 197

Martin S. Weinberg

Sexuelle Schamhaftigkeit im F.K.K.-Lager

Abweichende Subsysteme haben selber auch Normen, die abweichendes Verhalten erlauben, organisieren und kontrollieren.

Ein gutes Beispiel eines solchen Subsystems ist das F.K.K.-Lager. Die F.K.K.-Anhänger werden von der Gesellschaft nicht akzeptiert oder doch für anders gehalten, weil sie Kleidung lästig finden und sie nicht gern tragen. Das gilt besonders, wenn dies in Gegenwart des anderen Geschlechts praktiziert wird.

Diese Arbeit will die Normen eines F.K.K.-Lagers beschreiben. Sie will aber auch die Konsequenzen aufzeigen, die sich aus der für alle Mitglieder gemeinsamen Definition der Situation ergeben. Außerdem will sie die Methode zeigen, durch die das Subsystem den Kontakt mit der Gesellschaft aufrechterhält.

Der allgemeine soziologische Bezugsrahmen, der hier benutzt wird, betont besonders die Untersuchung der sozialen „Bedeutung" als einem auffälligen Merkmal für das Verständnis des Gesamtbereichs sozialer Organisation.

Diese Art des Vorgehens wurde von *Weber* vorgeschlagen.[1] Um eine soziale Organisation zu verstehen, genügt es keineswegs, nur stabile und sich wiederholende Muster sozialen Verhaltens zu betrachten, man muß auch die mit ihnen verbundenen subjektiven „Bedeutungen" nach denen sich soziales Handeln überhaupt richtet, aufzeigen.

Diesem Modell liegt die Annahme zugrunde, daß feststehende soziale Bedeutungen das Ergebnis eines langen Prozesses der Vereinheitlichung sind und daß sie durch ein Leitbild kontrolliert werden, das die Vergesellschaftung den menschlichen Beziehungen aufprägt.[2]

Die institutionalisierten Muster sozialer Schamhaftigkeit werden als eine Erscheinung der sozialen Organisation betrachtet, wobei die sozialen „Bedeutungen" im Zusammenhang mit der Verletzung der Normen (z. B. Unanständigkeit) besondere Aufmerksamkeit verdienen. Bei der Untersuchung des abweichenden Verhal-

Quelle: Martin S. Weinberg, Sexual Modesty and the Nudist Camp. Social Problems 12 (1965, Winter) 311. Copyright C by Social Problems. Abgedruckt mit Erlaubnis des Verlages und des Verfassers. Ins Deutsche übersetzt von Nancy E. Derr

tens der F.K.K.-Anhänger soll dann erläutert werden, wie sie wegen ihrer Schamlosigkeit hinsichtlich der Nacktheit wieder der Integration bedürfen.

Es ist zu hoffen, daß diese Studie zu einem besseren Verständnis der Natur und des Wesens sexueller Schamhaftigkeit sowie der allgemeinen Prozesse sozialer Organisation beitragen wird.

Sexuelle Schamhaftigkeit und ihre Bedeutung

Sexuelle Schamhaftigkeit ist eine besondere Form der Zurückhaltung. (Sie signalisiert, daß man an sexuellen Kontakten nicht interessiert ist). Diese Qualität entsteht dadurch, daß der Handelnde die sexuellen Anstandsformen streng beachtet, also die allgemein anerkannten Regeln „anständigen" Verhaltens befolgt.

Aus der Sicht dieser Arbeit wird sexuelles Schamgefühl definiert als ein institutionalisiertes Verhaltensmuster für zwischenmenschliche Beziehungen.[3] Zur sozialen Kontrolle über die bei jeder heterosexuellen Begegnung latent vorhandenen sexuellen Interessen werden strenge Verhaltensregeln aufgestellt.

Im sexuellen Bereich nehmen unanständige Handlungen die folgenden Grundformen an, denen eine Art Kühnheit oder Hemmungslosigkeit gemeinsam ist:

1. mündliche Mitteilungen
2. wortloses Verhalten,[4] wobei man (a) zwischen dem Zeigen des Körpers oder körperlicher Funktionen und (b) anderen Arten erotischen Vorspiels unterscheidet — z. B. der Art, wie jemand einen anderen anblickt.

Alle Alltags-Bezeichnungen setzen eine Wechselbeziehung zwischen den wörtlichen und wortlosen Formen der Unanständigkeit voraus. Ob richtig oder falsch, die meisten Männer glauben, daß eine Frau, die in ihrer Gegenwart die bekannten „Vier-Buchstaben-Wörter" in den Mund nimmt, sie auch in die Tat umsetzen will.[5] Es gab Zeiten, in denen diese Unterstellung so weit ging, daß eine Frau unverzüglich für schamlos und ungebildet gehalten wurde, wenn sie nur von Tisch*beinen* oder einer Hühner*brust* sprach.[6]

Diese Beispiele zeigen jeweils zwei Bedeutungen, die gewöhnlich für unanständiges Verhalten gelten:

1. es wird als Signal der sexuellen Bereitwilligkeit und
2. es wird als Folge schlechter Erziehung
verstanden.

244 Martin S. Weinberg

Diese beiden Arten schließen sich nicht gegenseitig aus, unterscheiden sich aber typisch nach der Auffälligkeit des Verhaltens.

Unanständiges Verhalten kann auch analytisch nach „Begehen — Unterlassen"[7] unterschieden werden, d. h. es wird als unanständig klassifiziert, weil man etwas tut oder aber weil man es unterläßt, sich von dem unanständigen Verhalten eines anderen gebührend zu distanzieren. So gilt ein Mädchen, das einen nackten Mann anstarrt für genauso unanständig wie ein Mädchen, das sich selbst nackt zeigt. Ein Mädchen, das sich schmutzige Witze anhört — und, wenn es sich von der Gruppe nicht entfernen kann — es unterläßt, sein Desinteresse zu bekunden, ist genauso unanständig wie ein Mädchen, das derartige Witze selbst erzählt. Ein Mädchen, das sich betasten läßt, ist genauso unanständig, wie ein Mädchen, das dies selbst tut. Es mag widersprüchlich erscheinen, Passivität mit der aktiven Aufgabe der Zurückhaltung gleichzusetzen, dies erklärt sich aber vielleicht daraus, daß solch eine Unterlassung den Eindruck der Anständigkeit, d. h. des Nicht-Bereitseins zu einer sexuellen Begegnung, verwischt.

Hypothese und Methode

Die manifeste Funktion sexuellen Schamgefühls (d. h. jene Folgen, die nach dem gesunden Menschenverstand abgewogen werden) ist die Kontrolle der latent vorhandenen sexuellen Wünsche. Diese, vom gesunden Menschenverstand bestimmten Vorstellungen von der sexuellen Schamhaftigkeit legen den größten Wert auf einen bedeckten Körper, wenn man sich in Gesellschaft des anderen Geschlechts befindet.[8]

Die Vorstellung, daß diese Kleiderschranke plötzlich nicht mehr existiert, läßt sofort Bilder von zügellosen sexuellen Wünschen, Promiskuität, Verlegenheit, Eifersucht und Schamgefühl entstehen.

Anhänger der Freikörperkultur, die Nacktheit in einem F.K.K.-Lager praktizieren, gelten wegen ihrer Abneigung gegen Kleidung als Abweichler. Sie gehören in Spalte 1—1 der Tab. 1.

Tabelle 1   Typologie sexuell unanständigen Verhaltens

Akte des:	Zeigen des Körpers	Mündliche Äußerungen	Übrige erotische Vorspiele
Begehens	zeigt 1—1	sagt etwas 1—2	tut etwas 1—3
Unterlassens	betrachtet 2—1	hört zu 2—2	erlaubt etwas 2—3

Der Aufsatz stellt im weiteren eine empirische Untersuchung dieser Gruppe[9] dar. Die folgende allgemeine Hypothese bildet hierfür die Basis:

Wenn Anhänger der Nacktkultur die gesellschaftliche Definition der Nacktheit ändern und auch fähig sind, die Normen sexueller Anständigkeit, die in den übrigen Spalten der Tab. 1 erläutert sind, voll aufrechtzuerhalten, dann wird auch die soziale Kontrolle über die latent vorhandenen sexuellen Wünsche erhalten bleiben. Setzen wir voraus, daß das F.K.K.-Lager die Definition der Situation nur einer der Zellen von sexueller Unanständigkeit ändert, dann stellt eine Nicht-Beachtung der restlichen Formen von Schamhaftigkeit auch jene Definition der Situation (d. h. die Nacktheit) in Frage.[10]

Zur Untersuchung dieser Hypothese wurde mit drei F.K.K.-Lagern in der Nähe von Chicago Kontakt aufgenommen. Sie erklärten sich sofort bereit, als Untersuchungsobjekte zu dienen. Die Feldforschung wurde während des Sommers durchgeführt. Während der Beobachtungen an Ort und Stelle wurden die Mitglieder gebeten, ihren Namen und ihre Anschriften auf Karten zu schreiben, um sie dann später interviewen zu können. Diese formellen Interviews bildeten eine Ergänzung zu der mehr explorativen Feldbeobachtung, um systematisch noch genauere Informationen zu erhalten.

Obwohl man meistens nur ungern solche Informationen wie Name und Anschrift preisgibt, war das Ergebnis doch sehr gut. Nachdem die Vertraulichkeit zugesichert worden war, verweigerten es nur sehr wenige, die Karte auszufüllen.

Nachdem die Beobachtungsdaten vorlagen, wurden Bögen für die Interviews entwickelt. Es wurden nur Leute befragt, die innerhalb von 100 Meilen um Chicago wohnten. Im ganzen wurden 101 Interviews angefertigt.[11]

Das F.K.K.-Lager

Aus der Ideologie des F.K.K.-Lagers ergibt sich eine neue Definition der Nacktheitssituation, die etwa lautet:

1. Nacktheit und Sexualität haben keine Beziehung,
2. ein nackter Körper hat nichts Anstößiges.
3. Der Verzicht auf Kleidung kann zu einem Gefühl der Freiheit und der Lebensfreude führen.
4. Betätigungen in einem F.K.K.-Lager, ganz besonders das Sonnen des nackten Körpers, erzeugt körperliches, geistiges und seelisches Wohlbefinden.

Diese vier Überzeugungen werden von F.K.K.-Anhängern in bemerkenswertem Ausmaß geteilt. Das zeigt, wieweit die Sozialisation von Erwachsenen dazu dienen kann, lange aufrechterhaltene Ansichten zu ändern — in unserem Falle hinsichtlich der Entblößung des Körpers in heterosexueller Gesellschaft. Die Tatsache jedoch, daß die Außenwelt sehr großen Wert auf die Bedeckung der Geschlechtsteile legt und für sie eine Beziehung zwischen Nacktheit und Sexualität existiert, läßt vermuten, daß die Ansicht der F.K.K.-Anhänger gelegentlich sehr leicht in Frage gestellt wird. Die Ergebnisse der Feldforschung und der Interviews zeigen, wie die soziale Organisation eines F.K.K.-Lagers ein Normensystem entwickelt hat, das zur Aufrechterhalten der offiziellen Definition der Situation beiträgt. Weil diese Arbeit sich vor allem mit der Schamhaftigkeit beschäftigt, wollen wir die Diskussion auf die beiden ersten Punkte der F.K.K.-Ideologie beschränken, darauf nämlich, daß Nacktheit und Sexualität in keiner Weise in Beziehung zueinander stehen und daß der nackte Körper nichts Anstößiges hat. Gerade diese beiden Punkte führen ja dazu, F.K.K.-Anhänger als deviant zu bezeichnen. Die normativen Vorschriften, die zur Aufrechterhaltung dieser Definition der Situation führen, sollen im Folgenden beschrieben werden.

Organisatorische Vorsichtsmaßnahmen

Sie beginnen schon damit, daß man bestimmte Bedingungen für den Zutritt zu einem Lager erfüllen muß. Die meisten Lager nehmen keine Ledigen auf, besonders keine ledigen Männer, oder sie lassen sie nur in geringer Zahl zu. Diejenigen Lager, die Ledige aufnehmen, fordern von ihnen bis zu 35 % höhere Aufnahmegebühren als für ganze Familien. Hierdurch sollen Ledige ferngehalten werden. Da aber die Kosten im Vergleich zu anderen Erholungsarten relativ niedrig sind, ist diese Maßnahme nicht sehr wirkungsvoll. Sie verärgert nur die Ledigen. Daß man sie mittels organisatorischer Maßnahmen als nicht besonders erwünscht erklärt, könnte auch der Grund für die offensichtliche Abkapselung von Ledigen und Verheirateten im Lager sein.

Ein Überfluß an ledigen Männern wird von der Organisation als Gefahr für die F.K.K.-Ideologie angesehen, denn man befürchtet, daß ledige Männer aus Gründen, die mit der F.K.K.-Ideologie nichts gemein haben, Mitglied werden wollen, z. B. um nackte Frauen anzuschauen. Diese Auffassung ist geeignet, die These von der Nichtexistenz einer Verbindung zwischen Nacktheit und Sex wieder in Frage zu stellen.

Bevor man das Lager betreten kann, wird auch eine Bescheinigung des Lagerbesitzers verlangt. Öfters werden zusätzlich drei Empfehlungsbriefe über die Person des Antragstellers beigelegt. Diese Vorsichtsmaßnahmen sollen verhindern, daß „unerwünschte Typen" möglicherweise die Ideologie der F.K.K. in Mißkredit bringen.

Zuweilen wird auch die Zahl der Probebesuche, die man, ohne Mitglied zu sein, im Lager machen darf, begrenzt. Ebenso wird auch die Zeit, während der man sich angezogen im Lager bewegen darf, beschränkt. Auch diese Maßnahmen dienen dazu, Gäste, an deren ehrlicher Übernahme der „nudistischen Definition der Situation" man zweifelt, auszuschließen.

Regeln für zwischenmenschliches Verhalten

Auch die Normen für zwischenmenschliche Beziehungen haben die Aufgabe, das eigene System von Bedeutungen der Organisation aufrechtzuerhalten. Daß es solcher Regeln bedarf, beweist, daß die F.K.K.-Ideologie ohne derartige Vorsichtsmaßnahmen leicht problematisch werden könnte.

Kein Anstarren. Diese Regel soll jegliche offene Andeutung einer möglichen zu engen Beziehung verhindern oder, in den Worten eines Mannes, der sich, ohne F.K.K.-Mitglied zu sein, in eine F.K.K.-Zeitschrift vertieft hat: „Alle gucken in den Himmel, nicht einer guckt nach unten". Besonders die Frauen übertreiben diese Nicht-Aufmerksamkeit,[12] sie geben sich betont unbekümmert und tun so, als merkten sie überhaupt nicht, daß die Männer unbekleidet herumlaufen. Frauen schildern auch öfters eingehend, wie sie erwartet hatten, daß alle sie anstarren würden, wenn sie nackt seien, um dann festzustellen, daß, als sie endlich den Mut gefaßt hatten, sich auszuziehen, niemand davon Notiz nahm. Eine Frau erzählte dem Verfasser: „Ich wurde so wütend, weil mein Mann mich aufforderte, mich vor den anderen Männern auszuziehen, daß ich meine Kleider in dem Gedanken, daß mich jetzt alle anstarren würden, einfach wegriß". Sie war überrascht (und etwas enttäuscht), als keiner sie anschaute. So sind F.K.K.-Anhänger zwar „unanständig" indem sie ihre Körper zeigen, (Spalte 1—1 der Tab.) aber nicht „unanständig" im Sinne der Spalte 2—1. Das Hinschauen wird kontrolliert: Äußerer Zwang verhindert das Hinschauen.

(Haben Sie jemals jemand gesehen oder von jemand gehört, der den Körper eines anderen im Lager anschaute?)[13] Ich habe schon Geschichten gehört, besonders über Männer, die hinschauten. Seitdem versuche ich, überhaupt nicht hinzuschauen. Ich setze sogar meine Sonnenbrille nicht mehr auf, seitdem jemand — halb im Spaß — meinte, ich versteckte mich wohl hinter meiner Brille, um hinzuschauen. Zum Sommerende hörte ich auf, die Brille zu tragen. Und wissen Sie was? Es war ein Kind, das mir dies sagte).

Gespräche über Sex sind verboten. Sex-Gespräche oder schmutzige Witze sind im F.K.K.-Lager nicht üblich. Der Besitzer eines sehr bekannten Lagers im Mittelwesten erzählte dem Verfasser: „Es wird allgemein erwartet, daß Mitglieder eines F.K.K.-Lagers keine Gespräche über Sex, Politik und Religion führen". Oder mit den Worten eines ledigen Mannes: „Es ist hier tabu, irgendwelche Bemerkungen über Sex zu machen". Verbale Unanständigkeit wurde von dem Verfasser während der Feldforschung nicht beobachtet. Bei den Interviews stellte sich heraus, daß, wenn überhaupt von Sex gesprochen wurde, dies nur unter sehr guten Freunden vorkam, oder wenn es sich um „wissenschaftliche" Gespräche handelte, allenfalls fiel ein „netter" Witz. Verbale Unanständigkeit, wie in der zweiten Spalte der Typologie, ist ungewöhnlich in einem F.K.K.-Lager. Befragt, wie sie auf ein Mitglied reagieren würden, das diese Norm verletzen sollte, erklärten die Befragten, daß solches Verhalten Zweifel daran wecken müßte, daß die F.K.K.-Definition der Situation wirklich akzeptiert würde:

Man erwartet, daß man solche Sachen weniger im Lager hören würde als außerhalb. (Warum das?) Weil man annimmt, daß die Mitglieder hinsichtlich ihrer Einstellung gegenüber der F.K.K. durchleuchtet werden. Und hierzu passen nun einmal keine sexuellen Zweideutigkeiten. Wahrscheinlich gehören derartige Menschen nicht dahin. Sind sie da, um zu sehen, was man da beobachten kann. (Was meinen Sie?) Also, sie sind nicht darauf aus, F.K.K.-Mitglieder zu sein, sondern jemand nackt zu sehen.

Körperliche Berührung ist tabu. Obwohl diese Regel in den verschiedenen Lagern unterschiedlich stark durchgesetzt wird, gibt es hierfür zumindest einige informelle Unterstützung. F.K.K.-Mitglieder erwähnen, daß man besonders bemüht ist, leichte Berührung sowie jeglichen körperlichen Kontakt zu vermeiden, weil es falsch interpretiert werden könnte. Das folgende Zitat zeigt, wie vorsichtig man ist:

Ich meide grundsätzlich das andere Geschlecht. Sie sind so empfindlich. Sie stellen sich manchmal Sachen vor!

Ein Mitglied meinte, dieses Tabu sei einfach eine Form der Anständigkeit, die auf gesundem Menschenverstand beruht:

Nemen wir an, jemand hätte Lust zum Bummsen oder seine Frau abzutasten; sein Schamgefühl oder seine Gebundenheit an die Vorschriften verhindern so etwas.

Auf die Bitte, sich eine solche Norm-Verletzung vorzustellen, reagierten die Mitglieder gewöhnlich so:

Sie sind an der falschen Stelle. (Wieso?) Das gehört nicht zur F.K.K.- (Würden Sie mehr darüber sagen?) Ich glaube, sie sind nur hier, um irgendein Sex-Erlebnis zu haben. Sie sind bestimmt nicht hier, um die Sonne zu genießen.

Falls Fotos zur Veröffentlichung in einer F.K.K.-Zeitschrift gemacht werden, sind bei der Aufnahme nur geringe körperliche Kontakte erlaubt. Ein weibliches Mitglied erklärte es so: „Wir wollen nicht, daß die Leute denken, wir seien unmoralisch." Die Interpretation eines Außenstehenden würde Zweifel an der F.K.K.-Ideologie oder der Lebensweise der F.K.K.-Anhänger erwecken.

In enger Beziehung zum Kontakt-Tabu steht das Verbot, nackt zu tanzen. Dieses Verbot wird als besondere Regel erwähnt, ist öfters das Hauptthema lustiger Gespräche unter den Mitgliedern. Diese Andeutung „struktureller" Spannung kann als Beispiel dafür angesehen werden, daß die Existenz einer solchen Regel selbst die F.K.K.-Ideologie in Frage stellt, wonach zwischen Nacktheit und Sexualität keine Beziehung bestehe. In der folgenden Bemerkung wird dies anerkannt: „Dieses spiegelt einen Widerspruch in unseren Überzeugungen. Es ist aber Selbstverteidigung. Nur ein Vorfall und man würde das Lager schließen." Andere beschreiben Nackttanzen als erotisches Vorspiel, das sexuelle Erregung verursachen würde. Solche rationalen Erklärungen sind in der Gruppe üblich.

Um wieder zu unserer Typologie der Schamhaftigkeit zurückzukehren, so kann festgestellt werden, daß Aufregungen, die das latent vorhandene sexuelle Interesse steigern könnten, also in Spalte 3 der Tab. („Tun") fallen, zu einem gewissen Grade durch das Verbot der körperlichen Berührung unter Kontrolle gehalten werden.

Alkoholische Getränke sind in amerikanischen Lagern nicht erlaubt. Auch diese Regel bewirkt, daß die Zurückhaltung, deren Zusammenbruch zu aggressiv-erotischem Vorspiel führen könnte (Spalte 3 der Tab.), aufrechterhalten wird. Auch die Mitglieder, die zugaben, daß sie doch mal ein Bier trinken, bevor sie ins Bett gehen, fügten gleich hinzu, daß sie dieser Regel völlig zustimmen. Das folgende Zitat ist repräsentativ für die Meinung der Mitglieder:

Jeder, der im Lager trinkt, gefährdet seine Mitgliedschaft und sollte es daher nicht tun. Jemand der im Lager trinkt, könnte gefährlich werden. (Wieso das?) Naja, wenn Jungs und Mädchen trinken, werden sie viel kühner; sie könnten gegenüber dem Mädchen eines anderen frech werden. Deswegen wird es nicht erlaubt, nehme ich an.

Regeln, die das Photographieren betreffen. Das Photographieren im F.K.K.-Lager ist eine sehr heikle Sache. Wenn es sich nicht um einen offziellen Photographen handelt, der z. B. für F.K.K.-Zeitschriften photographiert, ist die Definition der Situation durch den Photographen manchmal verdächtig, besonders wenn man Bemerkungen wie die folgende hört: „Könnten Sie nicht bitte die Beine ein bißchen mehr öffnen?"

Es dürfte eine allgemeine Einschränkung im Gebrauch von Kameras geben. Wenn Kameras erlaubt sind, wird erwartet, daß keine Bilder ohne Einwilligung des Betroffenen gemacht werden. Die Mitglieder neigen besonders dazu, den Mißbrauch von Fotoapparaten ledigen Mitgliedern vorzuwerfen. So sagt einer: „Man sieht immer die Ledigen, wie sie aus dem Nichts plötzlich hereinplatzen und Bilder knipsen." Im allgemeinen wird jedoch eine Kontrolle ausgeübt, und wenn es Verletzungen dieser Regel gibt, sind sie nicht kraß oder offensichtlich. Jegliche Übertreibung beim Photographieren würde die Schwierigkeiten, die sich aus Nacktheit der Anderen ergeben, anzeigen. Das Ergebnis würde die Leugnung einer Beziehung zwischen Nacktheit und Sexualität in Frage stellen. Das Photographieren gehört, wie das Hinschauen, in Spalte 2—1 der Tab. und wird genau wie das Hinschauen von den Normen des F.K.K.-Lagers kontrolliert.

Die offiziellen Photographen, die Bilder für F.K.K.-Zeitschriften machen, erkennen sogar, wenn eine andere Unanständigkeit über die Nacktheit hinaus in die Aufnahme eingeht. Hinsichtlich erotischer Vorspiele ist die folgende Aussage eines offiziellen Photographens bezeichnend: „Ich lasse ein Mädchen nie direkt in die Kamera schauen, es wirkt zu suggestiv. Sie soll immer etwas zur Seite schauen."

Die Betonung des Körpers wird als unvereinbar mit der Ideologie der F.K.K. betrachtet. Die Internalisierung der vorher diskutierten Hauptpunkte der F.K.K.-Ideologie wäre durch eine Betonung des Körpers in Frage gestellt. So wurde eine Frau, die ihre Schamhaare abrasiert hatte, von allen Mitgliedern, die mit dem Verfasser darüber sprachen, als abstoßend bezeichnet. Frauen, die in einer kraß undamenhaften Position sitzen, werden ebenfalls verurteilt. Um es mit den Worten einer F.K.K.-Anhängerin zu sagen:

Es ist gleich unschön, ob man nackt oder angezogen ist. Ich würde vermuten, sie haben eine Absicht. (Welche wäre das?) Ja, vielleicht um jemand sexuell zu reizen. Ich würde es für schlechtes Benehmen halten; so etwas soll man nicht tun, schon gar nicht in einem F.K.K.-Lager. (Warum?) Weil es zu Ärger oder zu einem Unglück führen könnte. (Könnten Sie etwas Näheres darüber sagen?) Es könnte irgendwelchen Ärger oder Störungen unter denen, die es gesehen haben, aufkommen lassen. Es wäre unter den „echten" Anhängern nicht geschätzt.

Unnatürliche Versuche, Teile des Körpers zu verdecken, werden ähnlich verspottet, denn sie stellen den Glauben des so Handeln-

den, kein Teil des menschlichen Körpers habe etwas Anstößiges, in Frage. Kommt solches Verhalten am Anfang der Mitgliedschaft vor, wird es jedoch nur mit einem Lächeln quittiert. Man meint, daß es eben noch nicht ganz gelungen sei, die Anfangsschwierigkeiten bei der Umstellung von der Moral der Außenwelt zu überwinden.

Auch Gemeinschaftstoiletten werden unter dem Gesichtspunkt betrachtet, daß weder der menschliche Körper noch seine Funktionen anstößig sind. Obwohl nicht alle Lager Gemeinschaftstoiletten haben, hatte das große Lager, in dem der Verfasser die meiste Zeit verbrachte, eine solche Einrichtung. Sie trug die Beschriftung: „Für kleine Mädchen ebenso wie für kleine Jungen". Die Kabinen waren mit Türen versehen, die ungefähr drei Viertel bedeckten. Auch diese gemeinsame Einrichtung half, die F.K.K.-Ideologie aufrechtzuerhalten: Wenn man sich seines Körpers und seiner Funktionen nicht schämt, warum braucht man dann separate Toiletten? So wird auch das Verhältnis zur physikalischen Umwelt des Lagers auf eine Weise geplant, die mit den Vorstellungen dieser Organisation über Schamhaftigkeit übereinstimmt.

Die Folgen einer Verletzung der Schamgefühle hinsichtlich der Kleidung. In der Einleitung dieses Artikels wurde festgestellt, daß Leute mit gesundem Menschenverstand erwarten, das Fehlen der Bekleidung müsse zügellose sexuelle Wünsche, Promiskuität, Verlegenheit, Eifersucht und Schamgefühle hervorrufen. Die Ergebnisse der Feldforschung und der Interviews zeigen jedoch, daß solche Vorkommnisse in einem F.K.K.-Lager ungewöhnlich sind. Die soziale Organisation des F.K.K.-Lagers liefert ein System von Bedeutungen und Normen, das solche Folgen verhindert.

Schlußfolgerungen

Unsere Ergebnisse ermöglichen einige allgemeine Schlüsse in bezug auf Schamhaftigkeit: 1. Es ist für ein Modell von Sittlichkeit nicht notwendig, den Körper zu bekleiden, noch ist dies für die Beherrschung sexueller Spannungen oder die soziale Kontrolle latenter sexueller Wünsche erforderlich. Sexuelle Wünsche werden in einem F.K.K.-Lager ausreichend kontrolliert; Leute, die F.K.K.-Lager besucht haben, stimmen darin überein, daß die Kontrolle sexueller Wünsche in einem Lager strenger ist als außerhalb. Kleidung ist auch keine ausreichende Bedingung für ein Modell der Sittlichkeit. Daß Kleidung und die Mode dazu benutzt werden, sexuelle Wünsche anzuregen, ist weit und breit bekannt. 2. Außer der einen Form der Unanständigkeit, keine Kleidung zu tragen, werden alle anderen Formen der Anständigkeit (z. B. Nicht-Hin-

schauen, nichts Anstößiges sagen, keine Aufforderung zu erotischen Vorspielen) in einem F.K.K.-Lager eingehalten. Das läßt
vermuten, daß die oben genannten Vorschriften völlig ausreichen,
um die Funktion der Anständigkeit aufrechtzuerhalten, wenn die
Vorstellungen über die Entblößung des Körpers geändert werden[3]. Wenn die Abweichung von den institutionalisierten Mustern
des Anstandes auf *eine* Spalte der Typologie (z. B. das Ablegen
von Kleidern) beschränkt bleibt und die Definition der Situation
entsprechend geändert wird, treten die für typisch gehaltenen Folgen einer solchen Verletzung des Normen-Musters nicht ein. Zü-
gelloses sexuelles Verhalten, Promiskuität, Verlegenheit, Eifersucht und Schamgefühle sind für ein F.K.K.-Lager nicht typisch.

Anmerkungen

[1] Max Weber, The Theory of Social and Economic Organization.
Glencoe 1947, S. 88 ff. Siehe auch Alfred Schütz, Collected Papers. The
Problem of Social Reality. The Hague 1962, S. 59. Schütz betont, daß
der Soziologe, indem er diese sozialen Bedeutungen berücksichtigt,
„Konstrukte zweiter Ordnung" aus jenen Konstrukten entwickelt, die
typischerweise das Handeln von Akteuren lenken. Der Soziologie soll
also sein generelles Modell der sozialen Ordnung aus der „Ordnung"
entwickeln, die das Verhalten der Akteure steuert.

[2] Cf. Harold Garfinkel, The Routine Grounds of Everyday Activities.
Social Problems 3 (1964) 237

[3] Das „institutionalisierte Muster zwischenmenschlicher Beziehungen"
wird als eine organisierte Art, wie etwas getan wird, definiert: Die Erwartung, daß ein Handeln auf eine formelle legitimierte, anerkannte,
festgelegte, stabile Weise abläuft. Cf. Robert Bierstedt, The Social
Order. New York 1957, S. 299 ff.

Schamgefühle können auch als eine Art Respekt betrachtet werden.
Wenn man sich höflich benimmt, zeigt man, daß man die anwesenden
Personen respektiert. (Cf. Erving Goffman, The Nature of Deference
and Demeanor. American Anthropologist 58 (1956) 492. Man könnte
es „Respekt durch Nicht-Einleiten" sexueller Vorspiele nennen. Diese
Interpretation von Schamhaftigkeit führt uns auf die Ungleichheiten
in der sozialen Struktur, denn „Respekt" weist auf unterschiedliche
Positionen von Handelnden und seinem Gegenüber in der sozialen
Hierarchie hin. Infolgedessen kann erwartet werden, daß indem Frauen
mehr Gleichheit in der Gesellschaft gewinnen, die „doppelte Moral"
der Anständigkeit verschwindet, d. h. die Frauen mehr berechtigt werden, respektvolles oder respektloses Verhalten einzuleiten.

Wenn aber ein extremer Grad des Respekts verlangt wird, wird das
Ergebnis stärkere Unanständigkeit und nicht mehr Schamgefühl sein.
Es wird „Respekt durch Unterwerfen" sein. So können Frauen, die sich
unanständig anziehen, nur um die Männer zu beeindrucken, auch Respekt zeigen. Beide o. g. Arten des Respektzeigens dürften mit der Ver-
ringerung sozialer Ungleichheit verschwinden.

[4] Siehe Erving Goffman, The Presentation of Self in Everyday Life. New York 1959.

[5] Shailer Upton Lawton and Jules Archer, Sexual Conduct of the Teen-ager. New York 1951, S. 111

[6] Alexander M. Gow, Good Morals and Gentle Manners for Schools and Families. New York 1873

[7] Weber, op. cit. S. 88; Schütz, op. cit. S. 66 ff.

[8] Siehe Lawrence Langner, The Importance of Wearing Clothes. New York 1959; Rene Guyon, The Ethics of Sexual Acts. New York 1941; Havelock Ellis, Studies in the Psychology of Sex. Band 1. Philadelphia 1930

[9] Für eine Diskussion über den Begriff „systematische Devianz" siehe Edwin Lement, Social Pathology. New York 1951, S. 44

[10] Siehe Schütz, op. cit. S. 94—95 für eine Zusammenfassung der Diskussionen des Prozesses, durch den Annahmen infrage gestellt werden.

[11] Viele der interviewten F.K.K.-Mitglieder hatten andere Lager besucht oder waren dort Mitglied. Die Erfahrungen aus mindestens 20 Lagern liefern daher die Daten für unsere Schlüsse.

[12] Siehe Erving Goffman, Behavior in Public Places. New York 1963, S. 84

[13] Fragen und Bemerkungen des Interviewers wurden in Klammern gesetzt.

Laud Humphreys

Toiletten-Geschäfte. Teilnehmende Beobachtung homosexueller Akte

1. Methoden: Der Soziologe als Voyeur

Akzeptierung als Abweichender

Wie jede andere Gruppe mit abweichendem Verhalten haben auch die Homosexuellen Verteidigungsmechanismen gegenüber ihrer Umwelt entwickelt: Das Verbergen ihrer wahren Identität, symbolische Gesten, Verständigung mit Hilfe der Augen, die Weigerung, ihre Treffpunkte preiszugeben, außerordentliche Vorsicht gegenüber Fremden und Zulassung zu bestimmten Veranstaltungen nur in Gesellschaft eines identifizierten Gruppenmitgliedes. Da ich zuvor keinerlei Kontakte zu Homosexuellen hatte, und meinen beruflichen Hintergrund nicht offenbaren wollte, mußte ich Eingang in die Subkultur suchen wie jeder andere Neuling auch, d. h. ich mußte unter dem Vorwand, selbst ein „Homo" zu sein, den Kontakt mit den Probanden suchen.[1]

Es ist allerdings nicht schwierig, Eingang zu finden. Fast alle Taxifahrer können ihren Kunden sagen, wo sie eine homosexuelle Bar finden. Für $ 5,— gibt es sogar ein Handbuch, das die Treffs aufzählt und beschreibt.[2] Das eigentliche Problem liegt nicht darin, den Kontakt mit der Subkultur aufzunehmen, sondern ihn „haltbar" zu machen. Es ist nicht leicht, akzeptiert zu werden, und die Hauptschwierigeit liegt darin, über den oberflächlichen Kontakt an öffentlichen Treffpunkten hinaus von der Gruppe so weit akzeptiert zu werden, daß man zu privaten und halbprivaten Parties eingeladen wird. Dieses Problem ist von einem Team der University of Michigan, das sich mit Untersuchungen über Homosexualität befaßt, sehr treffend wie folgt formuliert worden:

Jeder Außenseiter — sei er ein Neuling in einer Gruppe von Abweichenden, Polizeibeamter oder Soziologe — wird es alsbald notwendig finden, sich durch jenen doppelten Schutzwall hindurchzuarbeiten, der viele Arten abweichenden Verhaltens in Subkulturen umgibt.

Quelle: Laud Humphreys, Tearoom Trade. (Chicago: Aldine Publishing Company, 1970), S. 26—35, 45—46, 48—50, 60—80
Copyright C 1970 by Laud Humphreys. Abgedruckt mit Erlaubnis des Autors und des Verlages Aldine. Atherton Inc.
Ins Deutsche übersetzt von Barbara Uecker

Um es deutlicher auszudrücken: Man gewinnt Einlaß in eine bestimmte Gruppe Abweichender nur, wenn man schon zuvor Verbindungen mit ihr hat, kann diese Verbindungen aber nur herstellen, wenn man sie bereits hat.[3]

Einmal wurden z. B. dem Mann neben mir an einer Bar Karten für eine Feier nach Geschäftsschluß verkauft. Als ich ebenfalls um eine bat, sagte man mir, sie seien bereits „besetzt". Als ich, dem Rat eines anderen Kunden folgend, trotzdem hinging und einfach in die Gesellschaft hineinplatzte, fragte mich niemand nach den Gründen meiner Anwesenheit. Da es mir zu jenem Zeitpunkt in meiner Felduntersuchung einzig darauf ankam, „ein Gefühl für die Gruppe" zu entwickeln, und ich noch nicht so sehr nach Methoden suchte, ihre Abgrenzungen zu durchbrechen, wurde ich schließlich dieses langwierigen Unternehmens müde und offenbarte einem freundlichen offiziellen Probanden, wer ich war und was ich vorhatte. Der besorgte mir daraufhin Einladungen zu Cocktail-Parties vor dem jährlichen großen „Homo-Ball" und so näherte sich meine einleitende Untersuchung der Subkultur ihrem Abschluß.

Während jener ersten Monate machte ich die Runde durch 10 Homosexuellen-Bars, die es damals in der Innenstadt gab, besuchte Treffen im privaten Rahmen und den einmal im Jahr stattfindenden Ball. Außerdem führten mich meine Beobachtungen zu einem Café, das männlichen Prostituierten als Ausgangsbasis für ihr Gewerbe dient. Ich war Zeuge schneller Kontakte in Parks und auf Straßen und machte Dutzende informeller Interviews mit Mitgliedern der homosexuellen Gesellschaft. Ich besuchte aber auch jene Lokalitäten, wo man „Sex auf die Schnelle" haben kann: Das öffentliche Badehaus, bestimmte Filmtheater und die öffentlichen Toiletten.

Es war von Beginn an meine Intention gewesen, im ganzen Verlauf der Felduntersuchung mich als ein Abweichender auszugeben. Obgleich hier Fragen der wissenschaftlichen Ethik ins Spiel kommen, über die noch zu sprechen sein wird, gibt es einleuchtende Gründe für die Anwendung dieser Methode der teilnehmenden Beobachtung.

Erstens bin ich davon überzeugt, daß es nur *eine* Möglichkeit gibt, Zeuge unter Strafe stehenden Verhaltens zu werden, nämlich vorzugeben, daß man mit den Betroffenen in einem Boot sitzt. In eine öffentliche Toilette zu kommen mit einem button am Aufschlag, auf dem steht „Ich bin ein Spitzel und bespitzele Dich", würde natürlich zum sofortigen Abbruch aller Aktivitäten führen, man würde nur noch das Spülen der Toiletten hören und dann wären alle verschwunden. Wir verdanken *Polsky* exzellente Beobachtungen über „pool hustlers", — einer bestimmten Art von Betrügern beim Billardspiel — denn ihnen ist ein erfahrener und guter Mitspieler in der Gruppe willkommen. Sie akzeptieren ihn als einen der ihren. Wie er selbst meint, könnte er wohl auch recht gut einen Juwelendieb oder Hehler in seiner Stammkneipe interviewen. Man beachte jedoch, daß *Polsky* nicht so weit geht, vorzuschlagen, man solle beim Stehlen zusehen, wohingegen meine Untersuchung die Beobachtung von Straftaten notwendig machte.[4]

Der zweite Grund liegt darin, daß es gilt, Verzerrungen zu vermeiden. Lassen Sie uns einmal hypothetisch annehmen, daß einige wenige Männer gefunden werden könnten, die ihre sexuellen Aktivitäten auch unter Beobachtung fortsetzen würden. Wie „normal" könnten solche Aktivitäten wohl sein? Wie könnte der Forscher „show" und „Täuschung" vom Regelverhalten bei Begegnungen dieser Art unterscheiden? *Masters* u. *Johnson* können wohl in einer klinischen Umgebung klinische Daten ohne Verzerrung sammeln, doch ist die Bühne eben nur für solche ein geeigneter Forschungshintergrund, die das „Bühnenverhalten" der Akteure untersuchen wollen.

Dienste als Aufpasser

In dem Buch „Unobtrusive Measures" nennen die Autoren die Methode der teilnehmenden Beobachtung „einfache Beobachtung".[5] Dies scheint mir für Untersuchungen sexuell-abweichenden Verhaltens nicht ganz der passende Begriff zu sein. Die Beobachtung von sexuellen Begegnungen in öffentlichen Toiletten — die alles andere als einfach ist — wurde zuweilen fast unüberwindbar komplex.

Die Beobachtung ist doppelt schwer, wenn der Beobachtende selbst verdächtig erscheint. Ein jeder Mann, der länger als 5 Minuten in einer öffentlichen Toilette verweilt, könnte entweder ein Beamter der Sittenpolizei sein, oder einem Verdächtigen auf der Spur. Zunächst ist er noch nicht verdächtig, ein Sozialwissenschaftler zu sein. Der Forscher, der natürlich an Informationen interessiert ist, findet sich unweigerlich im Gegensatz zu den geheimen und geheimgehaltenen Interessen der abweichenden Population. Denn weil ihr Verhalten sowohl unter Strafandrohung steht[6] als auch von der Gesellschaft im allgemeinen scharf verurteilt wird, sind die regelmäßigen Besucher von öffentlichen Toiletten beim Eindringen von Fremden in höchstem Maße vorsichtig und mißtrauisch.

Bruyn zeigt drei Schwierigkeiten auf, die der teilnehmenden Beobachtung eigen sind: „Wie wird man ein normaler Bestandteil im

Leben des Beobachteten", „Wie erhält man die wissenschaftliche Integrität" und „Probleme der ethischen Integrität".[7] Bei der Beobachtung homosexueller Aktivitäten werden alle diese Probleme noch schwieriger. Wenn der Zweck einer Begegnung eindeutig sexueller Natur ist, wird es für den Beobachtenden sehr schwierig, „normalen Anteil" am Geschehen zu nehmen, ohne sich ebenfalls tatsächlich an sexuellen Aktivitäten zu beteiligen. Andererseits würde die praktische Beteiligung für den Forscher ernsthafte Probleme der wissenschaftlichen und ethischen Integrität schaffen. Es ist demnach das Grundproblem des Forschers, zugleich die Ziele der Objektivität und der Teilnahme zu verwirklichen (die alte theologische Frage, wie es möglich ist, zwar *in* dieser Welt zu sein, aber nicht *von* ihr).

In ihrer ausgezeichneten und gründlichen Untersuchung darüber, wie man selbst als Abweichender von der Gruppe akzeptiert werden kann, zeigen *Black* u. *Mileski* Ansätze auf, „mithilfe derer der Forscher die spezifische gesellschaftliche Gruppe selbst im Interesse seiner Forschung mobilisieren kann".[8] Bedauerlicherweise lag, als ich sie gebraucht hätte, diese Veröffentlichung noch nicht vor; dennoch verhalfen mir meine ersten Beobachtungen von Begegnungen in öffentlichen Toiletten zur Entdeckung einer wichtigen Strategie — dem entscheidenden methodischen Durchbruch dieser Untersuchung — die mit der tatsächlichen Mobilisierung der Gruppe, um die es ging, zu tun hatte.

Es ist eben jene Angst und jenes Mißtrauen, die man in den öffentlichen Toiletten antrifft, die zugleich eine teilnehmende Rolle produzieren, deren Sexualität beliebig ist. Es ist dies die Rolle des Aufpassers (im Argot „watchqueen" genannt), ein Mann nämlich, der an der Tür oder am Fenster postiert ist und von dort die Umgebung und die Wege zum Gebäude überschauen kann. Wenn sich jemand nähert, hustet er. Er nickt, wenn die Luft rein ist oder er den sich Nähernden als regelmäßigen Besucher erkennt.

Bei den Aufpassern gibt es wiederum drei wichtige Gruppierungen. Die größte Gruppe ist die der „Warter", die auf andere warten, mit denen sie verabredet sind oder die sie hier anzutreffen hoffen, weil sie sich von ihnen einen ganz besonderen „Trick" versprechen, oder um in das Geschehen einzutreten. Die zweite Gruppe ist die der Masturbanten, die bei der Beobachtung sexueller Akte autoerotisch aktiv werden (entweder offen oder unter ihrer Kleidung) und die dritte Gruppe schließlich ist jene der Voyeure, die offenbar sexuelle Stimulation und Lust aus der Beobachtung der anderen ziehen. Die Warter masturbieren zuweilen während sie warten — und ich konnte nicht mit Sicherheit sagen, daß einige von ihnen zugleich Voyeure sind. Der Unterschied liegt darin, daß

der wichtigste Zweck ihres Daseins von dem des reinen Masturbanten oder Voyeurs sich unterscheidet: Die Warter wollen
schließlich selbst Mitspieler werden. Gewissermaßen sind alle Masturbanten Voyeure, während das Gegenteil nicht zutrifft.

Nach außen hin spielte ich die Rolle des Voyeurs, eine Rolle, die
für Soziologen hervorragend geeignet ist und die einzige Aufpas-
ser-Rolle, die nicht manifest sexueller Natur ist. Bei den Gelegenheiten, zu denen sich außer mir nur noch ein weiterer Mann im
Raum befand, spielte ich jene Rolle, die noch weniger sexuell ist als
die des Aufpasser — Voyeurs: die des ganz normalen Besuchers,
der die Toilette zu ihrem eigentlichen Zweck aufsucht. Obgleich bei
dieser Rolle der sexuelle Druck wegfällt, ist sie für den Forscher
problematisch: Sie ist kurzlebig und unterbricht unweigerlich jene
Aktivitäten, die er ja beobachten will [vgl. Kap. 3, das eine Untersuchung dieser und anderer Rollen enthält].

Bevor mich einer meiner eingeweihten und kooperierenden Probanden auf die Rolle des Aufpassers aufmerksam machte, hatte
ich zunächst die Rolle des normalen Besuchers und dann die des
Warters ausprobiert. In der Rolle des ersteren bewirkte ich den
Abbruch jeglicher Aktivität und behinderte so meine eigene Untersuchung. In der Rolle des Warters — der immer wieder auf die
Uhr schaut, nervös zwischen Fenster und Tür hin- und herläuft
und hinausschaut — konnte ich nicht lange bleiben, ohne zur Teilnahme aufgefordert zu werden, und konnte die stattfindenden Begegnungen nur flüchtig beobachten. Es wurde mir dabei klar, daß
sich die Rollen des Warters und des Voyeurs leicht vermischen
und ich wurde des öfteren für einen Warter gehalten.

In der Rolle des Aufpasser-Voyeurs konnte ich mich frei im Raum
bewegen, von Fenster zu Fenster gehen und alles beobachten, ohne
den Verdacht meiner Probanden zu wecken oder die Aktivitäten
sonstwie zu stören. Ich fand diese Rolle viel sympathischer und
aufschlußreicher als jene anderen, die ich früher in meiner Untersuchung gespielt hatte. Denn als Aufpasser war es mir nicht nur
möglich, Daten über Verhaltensmuster zu sammeln, ich konnte
auch feststellen, welche der Akteure in den homosexuellen Begegnungen welche Autos fuhren.

Im ersten Jahr meiner Beobachtungen — von April 1966 bis April
1967 — nahm ich meine Felduntersuchungsnotizen mithilfe eines
Koffertonbandgerätes auf, das unter einem Karton auf der vorderen Sitzbank meines Wagens verborgen war. Zu jener Zeit war
das Ziel meiner Forschungsbemühungen ein möglichst breites
Beobachtungsspektrum. Ich versuchte, alle öffentlichen Toiletten
in einer Stadt einzubeziehen und, wenn möglich, meine Beobach-

tungen auch auf andere Städte außerhalb auszudehnen. Es ging mir um die Beobachtung dieser bestimmten Aktivitäten innerhalb einer repräsentativen Auswahl von Zeitpunkten und Orten.

Die erste Welle sexueller Aktivität in öffentlichen Toiletten in Parks liegt zwischen 7.30 Uhr und 8.30 Uhr morgens, wenn die Wächter aufschließen. Die frühen Besucher sind Männer auf dem Weg zu ihrem Arbeitsplatz. Nach 9 Uhr bis zur Mittagszeit ist ein scharfer Abfall der Aktivität zu beobachten. Während der ersten beiden Nachmittagsstunden kommt es wieder zu einem abrupten Ansteigen, denn dann kommen jene, die ihre Mittagspause im Park verbringen. Die Kurve flacht bis etwa 4 Uhr allmählich ab. Von 4 Uhr bis 7 Uhr abends kommt die größte Zahl der Besucher, wenn die Männer auf dem Nachhauseweg eine Pause einlegen, um an den Aktivitäten in den Toiletten teilzunehmen. Wie ein Proband es formulierte, versucht er, „fast jeden Abend um halb sechs herum ein kurzes Abenteuer auf dem Nachhauseweg mitzunehmen".

Einige der Toiletten bleiben bis 9 Uhr abends geöffnet, die meisten aber werden etwa um halb 8 Uhr geschlossen. An Samstagen und Sonntagen ist das Gesamtvolumen der Aktivitäten viel größer und erreicht zwischen 4 Uhr und $^1/_2$5 Uhr seinen Höhepunkt. Ich habe beobachtet, daß die Aktivität in öffentlichen Toiletten an Wochenenden um die Mittagszeit erheblich nachläßt, und zwar ist das darauf zurückzuführen, daß um diese Zeit die meisten Picknick-Ausflüge stattfinden. Im großen und ganzen verläuft die Kurve glockenförmig und steigt zum Höchstwert am späten Nachmittag hin an. Es gibt in diesem Muster natürlich Variationen zwischen den verschiedenen Parks und Jahreszeiten. [Eine Beschreibung der „Jagdsaison" findet sich in Kap. 1], es ist jedoch meiner Ansicht nach so, daß Juli bis einschließlich Oktober die Monate mit der lebhaftesten sexuellen Aktivität in öffentlichen Toiletten in Parks sind.

Mein nächstes Forschungsziel war es, die Beobachtung über die Zeiträume wechselnder Aktivität in verschiedenen Parks und zu verschiedenen Zeiten des Jahres zu verteilen. Im ganzen beobachtete ich während dieses ersten Jahres etwa 120 sexuelle Begegnungen in 19 Toiletten in 5 Parks der Stadt. Nicht eingeschlossen die Zeit, die ich im Freien, autofahrend oder bei informellen Interviews mit den Teilnehmern an sexuellen Begegnungen verbrachte, hielt ich mich während der ersten Phase meiner Beobachtungen fast 60 Stunden in öffentlichen Toiletten auf. Diese Gesamtstundenzahl ist zu unterteilen in Abschnitte von 1 Stunde und weniger (im Durchschnitt etwa 20 Minuten). Zwischendurch fuhr ich dann zu anderen Toiletten oder Parks, saß im Auto, sprach mit

Männern, die ich außerhalb der Toiletten in ein Gespräch verwikkeln konnte oder stand einfach draußen herum.

Der folgende Auszug aus einem Tonbandprotokoll vom Oktober 1966 mag dem Leser einen Eindruck von meinen Beobachtungsmethoden in jener Phase meiner Untersuchung vermitteln:

Ich hielt mich etwa 5 Minuten in dieser Toilette auf. Während der ganzen Zeit stand der Neger, der den Ford fährt, in den 30-igern und gepflegt gekleidet ist, am Urinal und masturbierte. Er machte auch keinen Versuch, zu verbergen, was er tat. Zur gleichen Zeit war da auch ein junger Neger — sehr gepflegt, sehr gut gekleidet, 18 bis 20 Jahre alt, würde ich sagen — mit Brille, vielleicht Student dem Typ nach. Er stand während der ganzen Zeit am Fenster und sagte nichts. Ich stand ganz in seiner Nähe am Fenster, aber er machte keinen Annäherungsversuch. Ich ging zum anderen Fenster, während er blieb, wo er war. Als ich den Raum verließ, stieg der Mann mit dem weißen Chevrolet aus seinem Auto und ging hinein . . . Jetzt, wo ich die beiden Neger beschreibe, weiß ich, daß der Mann allein in seinem Wagen saß. Der jüngere Mann war offenbar zu Fuß gekommen. Nun gut — weiter zu einigen anderen Plätzen. Es ist jetzt 4.47 Uhr, der Verkehr ist sehr dicht, viel Ablenkung . . . Ich nähere mich jetzt wieder der Toilette, aber es wird wohl nicht viel bringen hineinzugehen, denn es sind keine Autos davor geparkt — ich fahre also weiter nach Hillside.

Es war meine Absicht, durch diese „Ort-Zeit-Auswahl" jene Fehler zu vermeiden, die *Webb* u. a. beschrieben haben — insbesondere die Gefahr, „daß die zeitliche Terminierung der Datensammlung eine solche ist, daß der Beobachtende immer wieder in regelmäßigen Abständen mit der gleichen selektiven Gruppe zusammentrifft, daß aber andere, ebenfalls in regelmäßigen Zeitabständen das gleiche Verhalten zeigen, jedoch immer dann, wenn der Forscher nicht anwesend ist. Zudem kann das Verhalten einer Person zu verschiedenen Zeiten des Tages oder der Woche variieren."[9]

Auswahl versteckt Abweichender

Hooker hat einmal gesagt, daß man die Gruppe der heimlich Homosexuellen nur dann untersuchen kann, „wenn sie in die Gesetzesmaschinerie geraten, d. h. von den Vollzugsorganen der Justiz gefaßt werden oder den Beistand eines Psychiaters suchen."[10] Soviel ich weiß, hat bisher noch niemand den Versuch unternommen, eine *repräsentative* Auswahl *versteckt* Abweichender zu untersuchen. *Polsky*'s Bemühungen, an einer repräsentativen Auswahl von „Ausgeflippten" (Beats) eine Untersuchung über den Drogengebrauch in jener Gruppe durchzuführen, ist möglicherweise eine Ausnahme von dieser verallgemeinerten Regel, obgleich ich bezweifle, daß man die „Beats" des Greenwich Village *versteckt* Abweichende nennen kann.

Der Empfehlung von *Rainwater* folgend, traf ich eine Auswahl
von regelmäßigen Besuchern öffentlicher Toiletten, indem ich Namen und Adresse anhand der Nummernschilder ihrer Autos aus-
findig machte. Ich habe schon an früherer Stelle auf die möglichen
Aufschlüsse hingewiesen, die Autos auf die Aktionen ihrer Fahrer
geben können [vgl. Kap. 1]. Der Umgang mit dem Automobil ist
eine Form der Selbstdarstellung, die dem beobachtenden Soziologen eine Reihe von Rückschlüssen auf den Fahrer erlaubt.

Einige Monate lang hatte ich Schwankungen in der Anzahl der
Wagen beobachtet, die länger als 15 Minuten vor den zur Aus-
wahl gehörenden Toiletten geparkt waren. Meine vorherigen
Beobachtungen hatten mir gezeigt, daß — mit der einzigen Aus-
nahme von Polizeiwagen — Autos, die eine Viertelstunde oder
länger vor öffentlichen Toiletten parkten, (die, wie schon gesagt,
gewöhnlich in einiger Entfernung von anderen Einrichtungen im
Park sich befinden), in jedem Falle Teilnehmern an homosexuellen
Begegnungen gehörten. Das gleiche gilt auch für Autos, die im
Verlauf einer Stunde an zwei oder mehr Toiletten auftauchten.

Die Variationen in der Häufigkeit wurden für alle Halbstunden-
Zeiträume zwischen 11 Uhr vormittags und 7 Uhr abends, für jeden Tag der Woche und jeden der vier während der Sommermo-
nate beobachteten Parks festgestellt. Durchschnittswerte wurden
für jeden 30-Minuten-Zeitraum errechnet, wobei aus Gründen der
besseren Übersicht die Werktage und Wochenenden getrennt erfaßt wurden. Obgleich die ursprünglichen Berechnungen für jeden
der Parks einzeln durchgeführt wurden, ergaben sich im Gesamt-
muster keine wesentlichen Unterschiede.

Im September 1966 machte ich mich schließlich daran, auf die unter
den gegebenen Umständen optimal systematische Weise meine
Auswahl zu treffen. Mit Hilfe eines Tonbandgerätes nahm ich
während jeder halben Stunde die polizeilichen Kennzeichen von
sovielen Wagen auf, daß ihre Zahl etwa 10 % der Durchschnitts-
zahl „wahrscheinlicher" Autos in jenem Zeitraum und an diesem
bestimmten Wochentag entsprach. Zumindest was den größten
der Parks angeht (in dem etwa die Hälfte aller in der Stadt beobachteten homosexuellen Begegnungen der hier interessierenden
Art stattfand), waren die Resultate weitgehend repräsentativ was
den Zeitfaktor betrifft. Ich nehme nicht für mich in Anspruch, eine
echte Zufallsauswahl getroffen zu haben. In Anbetracht des Zeit-
drucks und der Gefahr, entdeckt zu werden, konnte ich nur einen
Teil der Kennzeichen an den Wagen der zu einem bestimmten
Zeitraum beobachteten Männer aufnehmen. Die Auswahl wurde
dann bestimmt vom Volumen und Fluß des Verkehrs und von den
Plätzen, an denen die Autos geparkt waren.

Wo immer sich die Möglichkeit dazu ergab, nahm ich auch eine Beschreibung des Wagens und seines Fahrers auf. Durch häufig kurze Besuche in den Toiletten verifizierte ich jedes Autonummernschild auch zu einem Mann gehörig, der sich tatsächlich an homosexuellen Aktivitäten beteiligte. Teilweise nahm ich die Nummern vor meinem Eintritt auf, in Vorwegnahme der erwarteten Beobachtung. Meistens beobachtete ich jedoch zuerst die Aktivitäten in der Toilette, verließ dann den Raum, wartete draußen in meinem Wagen darauf, daß die Teilnehmer an den beobachteten Begegnungen in ihre Autos stiegen und notierte erst dann die Kennzeichen und kurze Beschreibungen. Für jeden der Männer, mit Ausnahme eines einzigen, notierte ich außerdem noch die Rolle, die er im sexuellen Kontakt gespielt hatte.

Die so gewonnene ursprüngliche Auswahl umfaßte 134 Auto-Kennzeichen in sorgfältiger Verbindung mit Personen, die an homosexuellen Begegnungen teilnahmen. Diese Daten wurden in der unmittelbaren Umgebung von 10 öffentlichen Toiletten in 4 verschiedenen Parks der von etwa 2 Millionen Menschen bewohnten Innenstadt gesammelt. Unter Berücksichtigung der noch zu beschreibenden Eliminierungen und Neuzugängen, umfaßte die endgültige Auswahl dann 100 Teilnehmer am „Toilettengeschäft".

Systematische Beobachtung

Bevor ich mich von der Beschreibung meiner Beobachtungsstrategie ab- und der Diskussion der archivarischen Methoden während der ersten Hälfte meiner Untersuchung zuwende, möchte ich noch beschreiben, wie ich vorging, um meine Beobachtungsdaten noch enger zu umreißen. Nach einleitenden Beobachtungen entwickelte ich ein Beobachtungsschema, in das ich meine Beobachtungen eintrug. Dieses Schema — das von mir für 50 Begegnungen und von einem kooperierenden Probanden für 30 weitere Begnungen verwendet wurde — erwies sich als äußerst nützlich bei der einheitlichen und sorgfältigen Aufnahme von Daten über beobachtete Begegnungen.

Die grafische Darstellung 1 ist die genaue Reproduktion eines Beobachtungsschemas, das von mir an einem Sommernachmittag direkt nach der Rückkehr in mein Büro ausgefüllt wurde. Lediglich das Datum, der genaue Ort und die Beschreibung eines Autos wurden eliminiert, um mögliche Strafverfolgung der Beteiligten zu vermeiden. Es war dies die erste und kürzeste einer Reihe von drei sukzessiven Begnungen, die in jener bestimmten Toilette im Verlauf von 35 Minuten beobachtet wurden. Nach ihrem Ende fuhr ich zu einem anderen Teil des Parks, füllte die Diagramme aus und machte mir Notizen. Als Linkshänder fällt mir das Schreiben einigermaßen schwer; also wartete ich mit der Einfügung des laufenden Kommentars unten auf dem Schema-Bogen, bis ich dazu eine Schreibmaschine benutzen konnte.

Wie aus der Reproduktion ersichtlich, sind in das Schema an bestimmter Stelle Daten und Ort einzutragen, vorne eine Beschreibung der Teilnehmenden (Alter, Kleidung, Auto und Rolle in der Begegnung), eine Beschreibung des Wetters und sonstiger Umweltbedingungen. Außerdem gibt es ein Diagramm zur Notierung von Bewegungen der Probanden im Raum, einschl. der genauen Lokalisierung des Ortes der Einigung und der Fellatio. Das Schema erfordert außerdem eine vollständige Beschreibung des Verlaufs der Begegnungen und der Reaktionen des Beobachtenden.

Es gibt mehrere Gründe für diesen sorgfältigen Ansatz. Es ging mir vor allem um objektive Validität — ich wollte eine Verfälschung der Daten durch meine Gegenwart oder meine vorgefaßten Annahmen vermeiden. Es ist aber auch mein Wunsch, durch optimale Systematik bei der Aufnahme und Sammlung von Daten künftige Analog- oder Vergleichs-Untersuchungen möglich zu machen.

Des weiteren wollte ich das Beste aus einer recht einzigartigen Möglichkeit der teilnehmenden Beobachtung machen. Die öffentlichen Toiletten sind eine Herausforderung für den Forscher, nicht nur, weil sie ungewöhnliche Probleme schaffen, sondern auch, weil sie eine außerordentlich gute Gelegenheit für genaue und detaillierte Beobachtungen bieten. Infolge der Abwesenheit verbaler Kommunikation und der Einheitlichkeit des äußeren Rahmens können die Toiletten als eine Art von Labor gelten, in dem man menschliches Verhalten unter der Kontrolle einer Reihe von Variablen studieren kann.

Die Analyse der Beobachtungen [in Kap. 3 und 4] basiert im wesentlichen auf den 50 systematischen Beobachtungen, die ich im Zeitraum von März bis August 1967 durchgeführt habe. Die zahlreichen unsystematischen Beobachtungen, die vor dieser Zeit lagen, — und die 30 systematischen Beobachtungen eines kooperierenden Probanden — hatten vorwiegend eine Kontrollfunktion für den systematischen Teil meiner eigenen Untersuchung. Zwar könnte ich nicht sagen, daß meine früheren Beobachtungen in wesentlichen Aspekten von den dataillierten späteren abweichen, doch dienten sie vor allem und in sehr nützlicher Weise der Vorbereitung dieser Phase der teilnehmenden Beobachtung. Die Beobachtungen des Probanden stimmten im großen und ganzen mit den meinen überein. Da er jedoch häufig selbst an den beobachteten sexuellen Begegnungen als Partner teilgenommen hatte, tendierte er eher dazu, Details der sexuellen Akte aufzunehmen und

Abb. 1   Beobachtungsschema

O = Beobachter (1) (2)   Datum: Tag: Samstag

X = Hauptaggressor

Y = hauptsächlich passiver Teilnehmer

A — N = weitere Teilnehmer

Z = Polizei, Mitglieder der Justiz

Allgemeine Bedingungen:

Wetter und Temperatur: $80\,^\circ$ F — teilweise bewölkt, sehr schön

Zahl und Art der Parkbesucher: Geringe Anzahl, wenig spielende Kinder, die meisten bei einer Art von Sport

geschätzter Umfang homosexueller Aktivität: Beträchtlich, 8 in 35 Min.

Ort:

Beginn: 15 Uhr 20

Ende: 15 Uhr 30

Teilnehmer: (Einschl. Symbol, geschätztes Alter, Kleidung, andere besondere Kennzeichen, Auto)

X : 40, schwarzes Haar, Hosen und Schuhe, rosa Sporthemd — Handtuch
Y : 45, lichtes Haar — groß, dunkle Hosen, blau u. dunkelgrau kariertes Sporthemd

Weitere: A 20 — Neger, dunkelgraue Hosen und weißes Sporthemd

(F)   = Fellatio ausgeführt
(C)   = Kontrakt

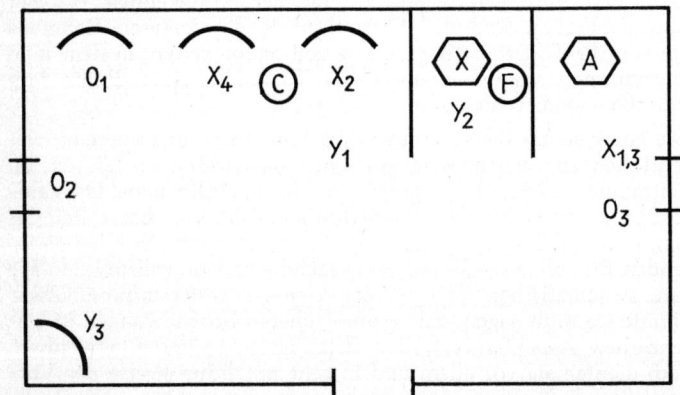

Beschreibung der Aktivität (merke: Wenn möglich folgende Angaben: Aufenthalt in Auto, Verzögerung etc. vor Eintreten in Toilette... Art von Unterbrechungen und Reaktionen darauf... *Alles was gesprochen wird*..: beobachtete Masturbation... Aktivitäten der Aufpasser...

Reaktion auf Teenager und deren Teilnahme ... Reaktionen auf Beobachter ... Länge der sexuellen Akte ... Ausspucken, Händewaschen,
Abwischen etc.):

> X stand am rechten Fenster und A saß auf Toilette als O hereinkam.
> O ging zum ersten Urinal. X ging zum 3. Urinal, zog Reißverschluß
> auf urinierte aber nicht. Begann mich anzusehen. Ich zog Reißver-
> schluß hoch und ging zum linken Fenster. X ging zurück zum gegen-
> überliegenden Fenster. Ich sah, wie Y aus seinem Auto stieg und sich
> der Toilette näherte. Er ging sofort zum dritten Urinal. Nach etwa
> 2 Minuten ging X zum mittleren Urinal und begann, sich an Y her-
> anzumachen. Inzwischen hatte Y eine Erektion. — X langte herüber
> und masturbierte ihn mit der rechten Hand, sich selbst mit der lin-
> ken. Ich ging zu dem am weitesten entfernten Fenster. A sah mich
> an. Ich lächelte und nickte. X und Y gingen zusammen zu Box 1. X
> zog Hosen herunter und setzte sich. Y stand vor ihm, mit geöffneter
> Hose, Erektion war deutlich zu sehen, er masturbierte noch eine Mi-
> nute weiter. Dann führte er Penis in X's Mund ein. Erreichte Höhe-
> punkt nach ca. 3 Min., dabei Hände hinter Hals von X verkrampft.
> Ging dann zum Waschbecken. Wusch sich die Hände und ging.

nicht so sehr auf die Wechselwirkungen zu achten, die diesen vor-
ausgingen. Es ist auch interessant festzustellen, daß er im allgemeinen die Beobachteten für jünger hielt als ich. Ich kann nicht
sagen, ob diese Diskrepanz auf seine Tendenz zurückzuführen
war, andere als mögliche sexuelle Partner zu betrachten oder ob
sie aus unser beider unterschiedlichem Alter resultierte. Dennoch
ist zu bezweifeln, daß die von uns beobachteten Populationen sich
wesentlich unterschieden.

2. Regeln und Rollen

Was hier beschrieben wird, ist der Beginn einer menschlichen Begegnung, die problematisch und folgenreich ist: problematisch,
denn sie erfordert eine Entscheidung und die Wahl einer bestimmten Strategie; und folgenreich nicht nur, weil sie in sexuelle Befriedigung münden kann, sondern auch, weil dieser Befriedigung
das Potential innewohnt, „die Grenzen des jeweiligen Geschehens
zu sprengen und das spätere Leben des Betroffenen objektiv zu
beeinflussen."[11] Die Spieler lassen sich in ein Spiel hineintreiben,
das vom Zufall beherrscht ist, sie setzen sich durch ihr Handeln
Risiken aus, die *Goffman* „schicksalshafte Aktivität"[12] nennen
würde.

Wie andere, vom Zufall regierte Spiele, konzentriert sich auch die
sexuelle Begegnung Abweichender auf eine erhoffte Belohnung
oder Befriedigung. Die angewandte Taktik wird bestimmt durch

die Überlegungen der Mitspieler, wie man am ehesten den Profit maximieren könne, wobei das optimale „Entgelt" in der Verwirklichung sexueller Lust unter individuell günstigen Umständen und der möglicherweise zu zahlende Preis die Bloßstellung vor einer feindlichen Umwelt sind. Die Folgen solchen Handelns sind zweifacher Art: Die sofortige und erwünschte Befriedigung und die Unwägbarkeiten auf längere Sicht, die vielleicht oder vielleicht auch nicht wünschenswert erscheinen.

Es ist nicht allein das Nebeneinander möglichen Erfolgs oder Scheiterns in der umgehenden „Erledigung" oder „Abrechnung", das Sex-Spiele so reizvoll macht, sondern auch das ihnen innewohnende Potential späteren Gewinns oder Verlustes. Die in dieser Untersuchung gesammelten Daten lassen den Schluß zu, daß einige der Mitspieler im „Toilettenspiel" davon träumen, dort einen relativ festen Freund oder sexuellen Partner zu finden. Alle fürchten aber andererseits die möglichen negativen Folgen wie z. B. Verhaftung, Mißbrauch oder den Verlust ihres guten Rufs.

Von denen, die das Spiel kennen und spielen wollen, fordern die Notwendigkeiten dieser Begegnungen ein hohes Maß an Rollenflexibilität. In der Ausübung der zentralen sexuellen Rollen gefaßt zu werden, hätte so ernste Folgen, daß diese Rollen erst in der allerletzten Phase des Spiels manifest werden. Darüber hinaus müssen die Mitspieler in der Lage sein, jederzeit aus einer Rolle heraus — oder in sie hineinzutreten, da die Begegnungen in den öffentlichen Toiletten stets unter großem Zeitdruck stehen. Diese Anforderungen an das rasche Handeln und die Verschwiegenheit der Teilnehmenden resultieren in der Ausformung hochstandardisierter und flexibler Rollen, die in dem nun folgenden Katalog beschrieben werden.

Ein Katalog der verschiedenen Teilnehmerrollen bei sexuellen Begegnungen in öffentlichen Toiletten

Mitspieler: Insertee der Fellator oder „Schwanzlutscher"; Mann in dessen Mund der Penis des Partners eingeführt wird.

Insertor derjenige, der „geblasen" oder „gelutscht" wird (beim Analverkehr der „Ficker"); Mann, der seinen Penis in den Mund eines anderen einführt.

Aufpasser: („watchqueen"):
Warter, Männer, die warten 1. auf eine bestimmte Person, 2. auf einen besonderen „Trick" oder 3. auf eine Chance, sich am Geschehen zu beteiligen.
Masturbanten, jene, die entweder 1. nur masturbieren oder 2. masturbieren während sie *warten*.

Voyeure, jene, die bei der Beobachtung sexueller Akte Lust empfinden; zuweilen handelt es sich bei diesen gleichzeitig um *Masturbanten*.

straights, Personen, die nicht an den sexuellen Aktivitäten teilnehmen. Diese Rolle ist meist zeitlich eng begrenzt (3 Minuten oder weniger); sie kann jedoch im Laufe der Zeit in die eine oder andere der teilnehmenden Rollen „einmünden". Es gibt eine Hypothese, die besagt, daß diese Männer entweder zu heterosexuell orientiert oder zu gehemmt sind, um sich am Spiel zu beteiligen. Wenn sie nicht erfassen, was gespielt wird, könnten diese Männer in Verlegenheit geraten und negativ auf das Geschehen reagieren.

Teenager (Chicken): straights wie oben, Enlisters oder „*Anwärter*", Jugendliche, die am Spiel teilnehmen möchten (und deshalb *Warter*, aber schlechte *Aufpasser* sind); sie sehen zu, um die Strategie zu lernen, im allgemeinen läßt man sie aus Angst jedoch nicht teilnehmen.

Toughs oder „*Rowdies, Schläger*", Jugendliche, die die anderen Besucher der Toiletten bedrohen, manchmal sie wirklich auch körperlich angreifen, z. B. ausplündern.

Hustlers „Anwärter" (Enlisters), die für ihre Rolle als *Insertor* Bezahlung verlangen. Falls ihnen das Geld verweigert wird, werden sie mitunter zu *Schlägern* (Toughs).

Vertreter gesellschaftlicher Kontrollorgane. Es gibt drei Hauptgruppen: 1. Mitglieder der Sittenpolizei, 2. Polizeibeamte und 3. Parkangestellte.

Um das Risiko der Entdeckung zu reduzieren, werden die Rollen der an diesen Zufallsspielen teilnehmenden Personen erst in einer Phase der Begegnung manifest, die *Goffman* die „Abrechnungsphase" (settlement phase) nennt. „Es kommt schließlich die ‚Abrechnungsphase', wenn das Ergebnis feststeht und wenn es an die Zahlung der Gewinne und Verluste geht."[13] Erst nachdem das Spiel mit Befriedigung oder Katastrophe geendet hat, können die anderen die Teilnehmer etikettieren. Hierzu bildet die Rolle des „straight", der zufällig „hereingeplatzt" kommt, die generelle Ausnahme; diese Rolle ist sofort identifizierbar, nachdem der Betreffende den Raum wieder verlassen hat.

Die Mitspieler (insertees und insertors) können nur im sexuellen Akt selbst identifiziert werden; Warter — und sogar straights — werden unter Umständen selbst Mitspieler; Teenager (Chicken) können sich als hustlers, toughs, straights oder Teilnehmende herausstellen; die Vertreter der gesellschaftlichen Kontrollorgane (fast immer in Zivil) sind im allgemeinen erst im Katastrophenfall identifizierbar. Es ist vielleicht gerade diese Ambiguität der frühen Rollenidentifikation, die es „pool-hustlers", Rauschgifthändlern und anderen Straftätern erlaubt, ihr spezifisches Spiel zu spielen.

3. Handlungsmuster

Annäherung

Die von mir beim „Toilettenspiel" beobachteten Schritte, Phasen oder allgemeinen Verhaltensmuster erfordern stets körperliche Bewegung. Da Schweigen zu den festen Regeln dieser Begegnungen gehört, bedarf es zur Verständigung der Mitspielenden untereinander dieser körperlichen Bewegungen: Eine Geste mit der Hand, Kommunikation mit Hilfe der Augen, Manipulation und Erektion des Penis, Kopfbewegungen, bestimmte Änderungen der Körperhaltung, das Überwechseln von einem Standort zum anderen.

Die Annäherung an den Ort der sexuellen Begegnung ähnelt Bewegungen der letztbeschriebenen Art, obgleich sie kein fester Bestandteil des Spiels ist. Die Annäherung liegt zwar noch außerhalb der Interaktionsmembranen, kann aber Auswirkungen auf das innere Geschehen haben. Z. B. kann ein Auto ein- oder zweimal langsam herumfahren und schließlich vor der Toilette anhalten. In, nach meiner Schätzung, etwa einem Drittel der Fälle wird der Fahrer in einiger Entfernung parken — meist etwa 60 bis 70 m seitlich von oder hinter dem Gebäude, damit sein Wagen nicht mit der Toilette in Verbindung gebracht wird.

Falls er nicht in Eile ist (oder an einer bestimmten Person interessiert, die hineingeht oder sich bereits drinnen befindet), wird der Ankömmling gewöhnlich 5 Minuten oder länger in seinem Wagen warten. Während er wartet, kann er die Situation abschätzen: Sind Streifenwagen der Polizei in der Nähe? Erkennt er andere geparkte Wagen? Könnte einer der ebenfalls Wartenden ein attraktiver Partner sein? Er wird vielleicht die Zeitung lesen oder Radio hören, oder Aussteigen und seine Windschutzscheibe putzen, wird aber bei Ankunft eines anderen Wagens unweigerlich aufblicken. Es ist der Zweck dieses Verhaltens, sich so natürlich wie möglich in die Umgebung einzufügen und gleichzeitig andere potentielle Mitspieler beim langsamen Vorbeifahren zu „taxieren".

Zuweilen wird er direkt hinter einem der Beobachteten die Toilette betreten. Falls er den Fahrer eines anderen Wagens interessant findet, geht er evtl. hinein, als Signal für den anderen, ihm zu folgen. Falls sonst niemand wartet oder sich nähert, wird er vielleicht hineingehen, um zu sehen, was sich tut. Einige warten bis zu 1 Stunde in ihren Autos, bis ein attraktiver potentieller Partner sich nähert oder sie den Zeitpunkt für günstig halten.

Vom Blickwinkel der bereits in der Toilette sich Aufhaltenden erlaubt das Verhalten des Mannes draußen eine Menge Rückschlüsse auf sein mögliches Mitwirken im Spiel. „Straights" warten nicht;

sie halten an, kommen herein, urinieren und gehen wieder. Ein Mann, der in seinem Wagen bleibt und das Kommen und Gehen einer Reihe anderer beobachtet — und dann hereinkommt, wenn ein ansehnlicher jüngerer Mann sich nähert — kann damit zugleich seine Präferenzen demonstrieren und seine Nichtbereitschaft, bei seinen Kontakten unter einen gewissen Standard zu gehen.

Wie auch immer sein Verhalten draußen sein mag, so muß doch jeder Mann, der einer öffentlichen Toilette sich nähert wissen, daß er von den drinnen sich Aufhaltenden sorgfältig abgeschätzt wird. Während einige ihn vom Fenster aus beobachten, werden andere „ihren Reißverschluß zuziehen".

Positionseinnahme

Wenn er sich erst einmal innerhalb der Interaktionsmembrane befindet, erhält der Teilnehmer am Spiel seine Chance, die anderen, die sich bereits im Raum befinden, seiner Prüfung zu unterziehen. Er hat nur die kurze Zeit, während er durch den Raum geht, um die Situation abzuschätzen. Wenn er einmal seine Position am Urinal oder in einer der abgeteilten Boxen eingenommen hat, hat er schon den ersten Zug im Spiel getan. Sogar seine Entscheidung für ein bestimmtes Urinal ist bereits eine taktische Überlegung. Wenn beide Außenbecken besetzt sind, was oft der Fall ist, wird ein Neuankömmling, der seine Position am mittleren der drei Urinale einnimmt, leicht als „Eindringling" empfunden werden. Es handelt sich hier oft um den entschlossenen, forschen Typ des Spielers, der sich die „Aussicht nach beiden Seiten" offenhalten will. Wenn die Außenbecken besetzt sind, gilt es einfach als unfair, wenn ein Neuankömmling die mittlere Position einnimmt. Er könnte das Spiel zweier anderer dadurch unterbrechen. Aber auch aus anderen als Gründen der Höflichkeit wird der erfahrene und geschickte Mitspieler immer eines der Außenbecken wählen, weil ihm dies beim beginnenden Spiel mehr Bewegungsspielraum läßt.

Wenn der Neuankömmling nahe am Becken steht, so daß seine Vorderseite schwer zu sehen ist, und außerdem nach unten blickt, werden die anderen annehmen, daß er ein „straight" ist. Dadurch, daß der andere seinen Penis nicht sehen läßt, schließt er seine Teilnahme am Spiel von vornherein aus. Es ist allein diese Strategie, gefolgt vom schnellen Verlassen des Raumes, die jene kennen müssen, die nicht am „Toilettenspiel" teilnehmen wollen. Wenn sich ein Mann so wie eben beschrieben verhält, braucht er nicht zu befürchten, daß man ihm jemals Anträge machen oder ihn sonstwie belästigen oder in die Aktivität hineinziehen wird. (Zum Defäkieren sollte man sich eine Toilette mit Türen an den Boxen suchen).

Derjenige, der die Regeln kennt und am Spiel teilzunehmen wünscht, wird um einiges vom Urinal zurücktreten, und dabei zu beiden Seiten oder nach oben den Blick wandern lassen. Dabei wird er dann vielleicht bemerken, daß der Mann in der nächsten Box über die Trennwand zu ihm herüberblickt. Der nächste Schritt besteht darin, daß der Mann in der Box (oder ein anderer im Raum) zum gegenüberliegenden Urinal geht, wobei er sorgfältig darauf achtet, zwischen sich und dem zweiten Mitspieler einen „sicheren" Abstand zu lassen.

Aus meinen Daten schließe ich, daß jene, die nach Eintritt sich sofort zu einer Box begeben (oder dies nach nur kurzem Aufenthalt am Urinal tun) dem folgen, was man als „passives Insertee-System" bezeichnen könnte. Durch ihr einleitendes Verhalten zeigen sie den anderen an, daß sie bereit sind, als Fellator zu dienen. Bei der systematischen Beobachtung von 50 Begegnungen, bei denen insgesamt 53mal der Akt der Fellatio vollzogen wurde, begannen 27 der Insertees das Spiel auf diese Weise (25 saßen auf Toiletten, 2 standen). Im Gegensatz dazu saßen nur 2 der Insertors zu Beginn der Begegnung auf den Toiletten und 4 standen in den Boxen.

Für die Insertees ist die Positionseinnahme ein viel entscheidenderer Schritt als für die anderen Teilnehmer. Bei 16 der beobachteten Begegnungen unternahm der Fellator bis zur Kulminationsphase des Spiels nichts weiter. Die Strategie dieser Männer war es, sitzenzubleiben und abzuwarten, sie spielten also eine deutlich passive Rolle. Jene, die schließlich die Rolle des Insertors spielten, nahmen zweimal so häufig wie die Insertees ihre Ausgangsposition am Urinal ein. Einige Männer aus jeder Gruppe standen während der Ausgangsphase des Spiels, d. h. der Positionseinnahme, einfach herum oder gingen an eines der Fenster.

Signale

Es ist die wichtigste These in *Scott*'s Buch über Pferderennen, daß „die angemessene Methode zur Untersuchung sozialer Organisationsformen die Untersuchung der Organisation ihres Informationsaustausches" sei.[14] Ich vermag nicht zu entscheiden, bis zu welchem Grade das für alle Organisationen zutrifft. Bei spielerischen Begegnungen ist es jedoch zweifellos so, daß der Mitspieler in der Lage sein muß, aufgrund der gegebenen und empfangenen Information sich zu erklären, zu interpretieren, sich anzupassen und zu handeln. Jeder Zug im Spiel dient nicht nur der Verbesserung der eigenen physischen Position in Beziehung zu den anderen Mitspielern, sondern ist zugleich ein Mittel der Kommunikation.

Während für die meisten Insertees die Positionseinnahme entscheidend ist, um die anderen über ihre Absichten aufzuklären, übermitteln etwa die Hälfte der Insertors diese Information in der Signalisierungsphase. Bei der vom Insertor dabei zumeist angewendeten Methode spielt er in einer Art „zwangloser Masturbation" mit seinem Penis.

Proband: Er (der potentielle Insertee) wartet darauf, ob der andere an sich herumspielt. Er wird so tun, als ob er masturbiert, und das ist dann das Signal . . .

Interviewer: Also ist das Herumspielen an sich selbst, die Masturbation, das Zeichen, daß man bereit ist, am Spiel teilzunehmen?

Proband: Pseudo-Masturbation.

Der bereite Mitspieler (besonders derjenige, der Insertor sein will) tritt etwas vom Urinal zurück, damit man seinen Penis gut sehen kann. Dann beginnt er, ihn zu streicheln oder an der Eichel herumzuspielen. Sobald ein anderer Mann an den Urinalen dieses Signal bemerkt, wird auch er mit autoerotischer Manipulation beginnen. Gewöhnlich tritt nach weniger als einer Minute der Stimulation die Erektion ein.

Jetzt kommen die Augen ins Spiel. Der potentielle Partner wird seinen Blick auf den Penis des anderen fixieren und nur gelegentlich auf — und direkt in die Augen des anderen sehen. „Dieses gegenseitige Sichanschauen im Gegensatz zum einfachen Sehen oder Beobachten des Anderen, demonstriert ein völlig neues und einzigartiges Verständnis."[15] Bei einigen der Mitspieler wurde ein direkter Übergang von der Positionseinnahme zum Augenkontakt beobachtet, dies geschah aber nur in etwa 5 % aller Fälle.

Man muß immer daran denken, daß für den Insertor das Zeigen der Erektion das einzige wichtige Zeichen für seine Spielbereitschaft ist. Niemand wird beim direkten Sex-Spiel in Toiletten angefaßt oder sonstwie ins Spiel hineingezogen werden, der dieses Zeichen nicht zeigt. Es geht hier um die Regel, niemals einem anderen die eigenen Wünsche aufzuzwingen, und ich selbst habe niemals ein Abweichen von dieser Regel beobachtet. Auf der Grundlage umfassender und systematischer Beobachtung glaube ich, die Wahrhaftigkeit eines jeden bezweifeln zu können (Detektiv oder sonstwer), der behauptet, man habe ihn auf einer Toilette „belästigt", ohne daß er zuvor seine Einwilligung durch eine Erektion gezeigt hätte. Andererseits kann jeder, dem diese Strategie bekannt ist, durch ihre bloße Befolgung in das Spiel hineinkommen. Er braucht nichts weiter über seine Regeln zu wissen.

Jene, die die Rolle des Insertors spielen möchten, werden an einem Urinal „zwanglose Masturbation" praktizieren. Andere, die in den

Boxen sitzen oder stehen, masturbieren offen und für alle sichtbar. Nur sehr selten wird einer der anderswo im Raum Stehenden zu masturbieren beginnen und dann auch nur, weil alle Urinale und Boxen besetzt sind.

In etwa 10 % der Fälle wird ein Mann seine Bereitschaft zur Rolle des Insertee dadurch signalisieren, daß er einen anderen durch Zeichen mit der Hand oder mit dem Kopf auffordert, in die Box zu kommen, in der er sitzt. Es gibt für denjenigen, der auf dem Toilettenbecken in der Box sitzt, noch einige andere Signale, um die Aufmerksamkeit auf sich und seine Wünsche zu lenken. Wenn sich Türen an den Boxen befinden, können diese Signale im Klopfen mit dem Fuß oder dem Herüberreichen von Zettelchen bestehen. Wenn es ein Guckloch gibt, im amerikanischen „glory hole" genannt, (ein kleines Loch, etwa 7 cm im Durchmesser, das sorgfältig in durchschnittlicher „Penishöhe" in die Trennwand geschnitten wurde), kann auch dies zum Signalisieren verwendet werden. Das kann nach meiner Beobachtung auf drei Arten geschehen: Ein Auge erscheint auf der Toilettenseite der Trennwand (ein untrügliches Zeichen, daß der auf der anderen Seite Sitzende einen beobachtet); winkende Finger werden durch das Loch gesteckt oder die Zunge.

Gelegentlich brauchen die Partner in dieser Phase des Spiels selbst keine Signale zu geben. Andere im Raum können z. B. einem Wartenden anzeigen, daß er die Box eines Insertee's betreten soll.

Es kann aber auch eine Unterhaltung vor dem Gebäude stattgefunden haben — oder die Bekanntschaft mit einem Mitspieler bestehen — so daß sich dann innerhalb der Interaktionsmembrane solche Kommunikation erübrigt. Es war dies bei etwa einem Sechstel der von mir beobachteten Aktivitäten der Fall.

Manövrieren

Der dritte Zug des Spiels ist beliebig. Er vermittelt den anderen Mitspielern wenig Information und kann aus diesem Grunde übergangen werden. Wie meine Beobachtungsschemata zeigen, unternahmen 28 der späteren Insertees und 35 der Insertors (bei insgesamt 53 sexuellen Akten) in dieser Phase der Interaktion nichts. Es handelt sich hier um die Möglichkeit des Manövrierens, des Positionswechsels gegenüber anderen Personen oder Einrichtungen im Raum. In dieser Phase ist das Manövrieren ein wichtiger Schritt, denn 1. zeigt es die entscheidende Bedeutung des nächsten Zuges (der Einigung) und 2. kann man daran relativ früh erkennen, wer die Rolle des Insertee übernehmen will.

20 der 33 beobachteten Männer, die ihre Position in dieser Phase der Begegnung veränderten, wurden später Insertees. Bei zwei Dritteln der Beobachteten bestand der Positionswechsel darin, näher an einen am Urinal stehenden Mann heranzurücken:

> Kurz darauf kam X herein und ging zum 3. Urinal. Y kam etwa 1 Minute später und ging zum 1. Urinal ... O stand da und beobachtete X und Y. Y masturbierte wie auch X. X schaute dabei dauernd über die Schulter zurück und mich an. Ich lächelte, ging hinüber zur entfernteren Wand und zündete mir eine Zigarette an. *X wechselte zum 2. Urinal* und ergriff den Penis von Y, den er zu manipulieren begann. Ich ging zur Tür, um den Polizisten (in Zivil, aber mit Abzeichen) zu beobachten, der draußen auf einer Bank saß. Dann nahm ich wieder meine frühere Position an der Wand ein. Inzwischen lag X vor den Urinalen auf den Knien und übte Fellatio an Y aus. Ich ging zurück zur Tür, sah A sich nähern und hustete laut.

In dieser Phase bewegen sich manche näher an einem anderen im Raum heran oder wechseln vom Urinal zu einer nicht besetzten Box. All diese Strategien gehören zum generellen Handlungsmuster, sind jedoch keine entscheidenden Merkmale. Ich habe festgestellt, daß die architektonische Anlage in dieser Phase des Spiels die wichtigste Determinante ist. Wenn es nur zwei Urinale gibt, kann das Manöver des Aggressors darin bestehen, daß er lediglich einen halben Schritt näher an den potentiellen Partner heranrückt.

Einigung (Kontrakt)

Die Positionen sind eingenommen, die Signale gegeben und die Partner treten nun in die entscheidende Phase ein. Aufgrund der nicht zwanghaften Natur der Begegnungen in öffentlichen Toiletten, läßt sich die Einigungsphase des Spiels nicht umgehen. Zu Beginn haben die Teilnehmenden noch kein deutliches Einverständnis zur sexuellen Interaktion gezeigt. Durch Körperbewegungen, insbesondere das Entblößen des eregierten Penis, haben sie dieses Einverständnis signalisiert. *Jetzt muß es zur Einigung der Partner kommen*, wobei es wohl um die zu spielenden Rollen als auch um den Ausdruck des beiderseitigen Einverständnisses geht.

88 % der beobachteten Einigungen kommen auf eine von zwei Arten zustande, abhängig von der Rolle, die der Initiator zu spielen wünscht. Derjenige, der die Rolle des Insertee anstrebt, erfaßt den entblößten und erigierten Penis seines Partners. Der potentielle Insertor wird in die Box hineingehen, in der der Insertee sitzt. Kommt es bei keinem dieser Schritte zur Ablehnung, so gilt dies als Einigung.

Die Manipulation des Penis wird in etwa der Hälfte der Fälle erwidert. Einige der Probanden haben gesagt, daß sie diese Geste des gegenseitigen Einverständnisses schätzen, daß sie aber für die erzielte Einigung unwesentlich sei. Das Fehlen einer negativen Reaktion auf die Annäherung reicht aus, um die Einigung zu besiegeln. In diesem Zusammenhang ist es interessant zu vermerken, daß es nur selten zur Ablehnung von Annäherungsversuchen in dieser Phase kommt (nur bei einer meiner systematischen Beobachtungen wurde die Aktion auf diese Weise unterbrochen). Weil sie durch mehrere sukzessive Phasen gehen, haben die Mitspielenden schließlich genügend schweigenden Kommunikationsaustausch hinter sich, um das gegenseitige Einverständnis zu garantieren. Die Mitspielenden haben bereits in den Phasen der Positionseinnahme und des Signalaustauschs ihre Intentionen deutlich gemacht. Es geht in dieser Phase eigentlich nur noch um die formelle Einigung und die Bedingungen des Vertrages. Man beachte, daß das relativ aggressive oder passive Verhalten eines Partners in dieser Phase des Spiels nicht schon allein ein sicherer Indikator für die in der Kulminationsphase der Interaktion zu spielende Rolle ist. In Verbindung mit der Positionseinnahme während der ersten Phase zeigt es bis zu einem gewissen Grade die zukünftige Rollenidentifikation an: Der Mann, der in einer Box sitzt *und* der passive Partner ist, wird im allgemeinen die Rolle des Insertee spielen; derjenige, der am Urinal steht *und* in der Einigungsphase sich passiv verhält, wird schließlich meist der Insertor sein. Die aktiveren Insertees beginnen ihr Spiel am Urinal und initiieren die Einigung dadurch, daß sie nach dem Partner greifen, während aktive Insertors das Spiel am Urinal (oder an einer anderen Stelle des Raumes) beginnen und in der Einigungsphase die Box eines passiven Insertee betreten.

Es mag außer den beiden von mir beschriebenen noch andere Formen der Einigung geben. Z. B. habe ich einmal beobachtet, daß ein späterer Insertor inmitten der Toilette seine Hose direkt vor dem gewünschten Partner öffnete. Ein anderes Mal beobachtete ich einen aktiven Insertee, der einen Mann anfaßte, dessen Erektion sich durch die geschlossene Hose hindurch abzeichnete. Die Annäherung wurde nicht abgewehrt und das Zielobjekt der Strategie übernahm dann die Rolle des Insertor. Bei meinen Beobachtungen gab es aber nur sehr wenige Fälle, in denen der Insertee die Box betrat, in welcher der Insertor saß oder daß an den Urinalen der Insertor den entblößten Penis des Partners ergriff. Aufgrund dieser, wenn auch seltenen, Ausnahmen kann ein Urteil darüber, welche Rollen tatsächlich gespielt werden, notwendigerweise erst in der Kulminationsphase getroffen werden.

Vorspiel

Obgleich beliebig und recht unterschiedlicher Art kann das sexuelle Vorspiel als eine fünfte Phase der Begegnungen in öffentlichen Toiletten gelten. Wie das Manövrieren hat es nur eine sehr geringe kommunikative Funktion und ist für die Kulminations- oder Befriedigungsphase nicht von Bedeutung. Von der Positionseinnahme am Beginn bis zur letzten Phase des tatsächlichen sexuellen Aktes betreiben nahezu alle Mitspieler — und dazu auch einige der Warter — Selbstmanipulation. Es besteht daher wenig Notwendigkeit, den Insertee durch andere Arten der Stimulation auf den Akt der Fellatio vorzubereiten.

Im Gegensatz zum Koitus ist beim Mundverkehr zum Einführen des Gliedes seine Versteifung nicht notwendig. Während die Erektion in den frühen Phasen des Spiels eine notwendige Signalfunktion hat, haben Unterbrechungen und Wechsel der Position zwischen Einigung und sexuellem Akt gelegentlich den Verlust der Erektion beim potentiellen Insertor zur Folge. Es wurde beobachtet, daß es für den Fellator durchaus nicht ungewöhnlich ist, den Penis seines Partners auch im schlaffen Zustand in den Mund einzuführen. Nun ist das männliche Geschlechtsorgan ein vielseitiges Instrument. Unter den adaequaten psychosozialen Voraussetzungen (abhängig von der vorausgegangenen Konditionierung des Individuums) kann es in weniger als einer Minute die Orgasmusphase erreichen. Die Autoren von „Human Sexual Response" gehen kurz auf die zahlreichen Faktoren ein, die bei der Determinierung des „Sexuellen Reaktionszyklus" eine Rolle spielen:

Die erste oder Erregungsphase im Zyklus sexueller Reaktion beim Menschen ist das Ergebnis somatogener oder psychogener Stimulation. Der stimulative Faktor bewirkt in erster Linie das Aufsteigen der sexuellen Spannung, das Voraussetzung für die Kontinuität des Zyklus ist. Wenn die Stimulation den individuellen Bedürfnissen entspricht, wird die Intensität der Reaktion im allgemeinen schnell zunehmen. Auf diese Weise wird die Erregungsphase beschleunigt bzw. abgekürzt. Ist die Stimulation physisch oder psychologisch inadaequat, oder wird sie unterbrochen, dann kann sich die Erregungsphase wesentlich verlängern oder aber sogar vorzeitig abbrechen. Das erste Segment und das letzte (die Erfüllungsphase) nehmen innerhalb des Gesamtzyklus sexueller Reaktion beim Menschen die meiste Zeit in Anspruch.[16]

Das Vorspiel kann helfen, die Stimulationsebene zu halten, die für die Kontinuität des Reaktionszyklus notwendig ist. Strategien wie z. B. gegenseitige Masturbation und oraler Kontakt an einem öffentlichen Ort, können demnach nicht nur die sinnliche Lust der Mitspielenden wesentlich steigern, sondern auch einen beschleunigten Orgasmus herbeiführen, wenn die Spieler unter Zeitdruck stehen und dem Risiko des Eindringens unerwünschter Personen ausgesetzt sind:

Es regnete jetzt in Strömen. Er blieb am Fenster stehen und sah, wie X sein Auto verließ und hereinkam. Y fuhr gerade heran, als X sich dem Gebäude näherte, wartete etwa 3 Minuten im Wagen und rannte dann durch den Regen zum Gebäude. X ging zu dem Urinal nächst dem Fenster. Y ging zum zweiten Urinal, urinierte und begann dann mit seinem Penis zu spielen, indem er langsam die Eichel streichelte. Ich konnte nicht sehen, was X tat. X bewegte sich dann näher an Y heran (sie hatten sich zuvor schon angesehen) und ergriff seinen Penis. Y erwiderte diesen Zug nicht, zog sich aber auch nicht zurück. Y ging dann in die entferntere Box, wobei er noch immer masturbierte. X ging ebenfalls hinüber und ergriff ebenfalls wieder den Penis von Y. Die Hosen von X waren geschlossen und ich sah kein Zeichen einer Erektion. Er knöpfte die Hosen von Y auf, zog sie bis zu den Knien herunter, ebenso die Unterhosen. Er spielte mit den Hoden von Y, streichelte seine Beine und begann die Fellatio . . .

Es ist zu bemerken, daß wegen der Gefahr der Unterbrechung die Teilnehmer an diesen Begegnungen nur selten ihre Hosen bis zum Boden herunterlassen oder andere Kleidungsstücke aufknöpfen. Dies ermöglicht es ihnen, im Falle der Gefahr in Sekundenschnelle wieder angezogen zu sein. Vielleicht war es der Regen, der den beschriebenen Männern ein, wie wir später sehen werden, falsches Gefühl der Sicherheit vermittelte.

Die Befriedigung

Das Geschehen nähert sich nun seiner Kulminationsphase. Wie durch die nachfolgende Fortsetzung der obigen Beschreibung verdeutlicht wird, können Eindringlinge eine zeitweilige Trennung der Befriedigungsphase von der sie vorbereitenden Aktivität bewirken, was in Momenten übermäßiger Anspannung resultiert:

Zwei Jungens, B und C, kamen mit Angelruten zum Gebäude gerannt. Ich hustete, Y setzte sich auf das Toilettenbecken und X ging hinüber zum Fenster. B und C kamen herein, unterhielten sich laut und lachten über den Regen. Sie ordneten das Angelgerät in einen Kasten, rannten dann wieder hinaus, der Regen hatte inzwischen etwas nachgelassen.

D, ein älterer Junge von etwa 14 Jahren, näherte sich von der Brücke her mit einem Fahrrad. Ich sah ihn nicht kommen, doch X und Y waren noch getrennt. D kam herein, ging zum Urinal, urinierte, schaute aus dem Fenster, an dem ich stand und sagte: „Das regnet ganz schön!" Ich antwortete, es lasse doch schon nach. „Ich glaube, ich werd's mal versuchen", sagte er. Er verließ den Raum und fuhr mit seinem Fahrrad davon.

X und Y nahmen ihre Aktivität wieder auf, wobei X seinen Kopf vor- und zurückbewegte und Y, der wieder stand, unter dem Hemd streichelte. Ich sah A kommen und hustete. X und Y gingen auseinander — Y setzte sich nieder — X kam zurück zum Fenster. A trat ein und ich erkannte ihn. Ich nickte X und Y zu, die ihre Fellatio-Position wieder einnahmen. A schaute verstohlen in die Ecke der Box, um sie zu beobachten, und richtete sich dann auf, um über die Trennwand hinweg besser sehen zu können. Hierbei masturbierte er. Y stöhnte beim Orgasmus und preßte mit den Händen den Hinterkopf von X. X stand auf und masturbierte Y auch nach dem Orgasmus noch weiter. Y zog sich nach einer Minute zurück und zog seine Hosen hoch. X ging zum Fenster zurück. Y schaute in der anderen Box nach Papier, es war aber alle. Er verstaute seinen Penis in der Hose, zog den Reißverschluß zu und ging. X kam herüber zu dem Fenster, an dem ich stand und sah mich prüfend an. Ich lächelte und ging. A blieb auf dem Toilettenbekken sitzen.

Unter anderem zeigt diese Beschreibung auch die Wichtigkeit des Handspiels beim sexuellen Akt selbst. Die Beobachtungen lassen darauf schließen, daß die Bewegungen von Körper und Händen die Aktivität durch Phasen hindurch tragen, die sonst, in Abwesenheit verbaler Kommunikation peinlich sein könnten. Primär durch die Bewegungen der Hände bleibt die Struktur der Begegnung erhalten, auch wenn es keine verbale Aufforderung zum Handeln gibt. Liebkosungen, freundliche Klapse, legere Grußformen, Zuhilfenahme der Hände und stoßende Bewegungen sind während der ganzen Dauer der Begegnungen zu beobachten. Normalerweise wird der Insertor die Aktivitäten des Fellators dadurch ergänzen, daß er dessen Kopf oder Hals umfaßt oder die Hände auf die Schultern des Partners legt. Ein erfahrender Insertee hat dazu folgendes gesagt:

Beim sexuellen Akt spielt nicht nur das Genitalorgan eine aktive Rolle. Der ganze Körper macht mit. Und man wünscht auch, daß der ganze Körper mitmacht, besonders die Hände, die sehr wichtig sind. Nach den Genitalorganen selbst sind es meiner Ansicht nach die Hände, die am wichtigsten sind, nicht einmal der Mund. Ich glaube wirklich, daß die Hände wichtiger sind — man kann mit ihnen ganz phantastische Sachen machen, wenn man weiß wie. Mit den Händen kann man am Körper eines anderen wirklich ganz phantastische Sachen machen.

Ohne die Hilfe wissenschaftlicher Instrumente, mit Ausnahme des menschlichen Auges, kann man unmöglich entscheiden, inwieweit das Hauptspiel während des sexuellen Aktes willkürlicher oder unwillkürlicher Art ist. Während der Orgasmusphase bewegen sich die Extremitäten sicher zu einem guten Teil in unwillkürlicher, krampfhafter Weise, wie z. B. bei *Masters u. Johnsons* beschrieben:

Dieser unwillkürliche Spasmus der gestreiften Muskulatur an Händen und Füßen ist ein Indikator für ein hohes Maß sexueller Spannung. Carpopedalspasmen wurden bei homosexuellen Begegnungen zwischen

Männern häufiger beobachtet als beim Koitus, wobei Körperposition keine Rolle spielte.[17]

Aus physiologischen Gründen tritt das Verkrampfen der Hände lediglich beim Insertor und bei ihm auch meist in der Orgasmusphase auf.

Der Insertee kann für sein Handspiel auch gewisse funktionale Gründe haben. Einige Probanden sprachen davon, daß sie die Basis des Penis mit der Hand umfassen, damit sie nicht bei einem Stoß des Gliedes würgen oder husten müssen:

Wenn der Mann ein sehr großes Glied hat — ich weiß das aus Erfahrung — dann laß ich mir das natürlich nicht voll in den Hals rammen. Das tut nämlich ganz schön weh! Man kann darauf sich sogar übergeben müssen. (Wie wenn man sich den Finger in den Hals steckt?) Genau, und das kann natürlich sehr unangenehm und peinlich sein. Ich werde also meistens versuchen „dranzubleiben". Ich weiß in etwa, wieviel ich aushalten kann. Dann tue ich eben meine Hand an eine bestimmte Stelle und weiß, weiter geht's nicht . . .

Derselbe Proband beschreibt einen weiteren funktionalen Gebrauch der Hände während der Fellatio:

Und dann spiele ich mit den Händen auch an den Hoden. Das hat eine unheimliche Wirkung! (Sie sagten vorhin etwas von den Hüften; oder bilde ich mir das nur ein?) Ja, die Hüften oder die Rückseite der Schenkel. Da gibt es nämlich eines, was die meisten nicht wissen: Die Muskeln dort spannen sich beim Orgasmus zuerst. Das ist eines der ersten Anzeichen für den Orgasmus. Wenn die Muskeln dahinten sich zusammenzuziehen beginnen (die Beine versteifen sich, die Muskeln spannen sich — sie werden fest), dann weiß man, daß der Orgasmus gleich kommt. Es ist sehr nützlich, wenn man das weiß, besonders als Fellator im sexuellen Akt selbst. Denn man weiß dann, man muß schneller machen — oder so weiter wie zuvor, zumindest kann man sich vorbereiten und weiß, daß man sich nicht plötzlich zurückziehen darf.

Ich vermute, daß man bei einer konzentrierten Beobachtung peripherer Momente in einer Untersuchung hetero-sexuellen Verkehrs genau dieselben Methoden des Handspiels finden würde: Erkundung und Kennenlernen des Körpers des Partners, Umfassen des Kopfes oder Nackens, Stimulation der erogenen Zonen, zahlreiche Liebkosungen. Zumindest während der Befriedigungsphase ist Schweigen bei sexuellen Begegnungen nicht auf die öffentlichen Toiletten beschränkt. Wenn direkte Kommunikation zwischen zwei Körpern besteht, dann ist die Sprache nicht mehr wichtig. In der Geschichte ist bisher der Sexualakt die einzige allen Menschen gemeinsame Sprache — vielleicht weil die Zunge nur eines der vielen Organe ist, die die Botschaft übermitteln und der Kehlkopf weniger wichtig ist als die Lippen.

Wie schon zuvor gesagt, ist es der Mangel an körperlichem Kontakt, der — zusammen mit dem Schweigen — sexuelle Begnungen in öffentlichen Toiletten oft bis zu einem gewissen Grade entpersönlicht. Wenn es zum Handspiel kommt, ist dies häufig ein Zeichen dafür, daß die Persönlichkeit des Partners tiefer von der sexuellen Begegnung berührt wird. Und gerade aus diesem Grunde suchen dies wohl auch manche zu vermeiden:

Ich sah, wie X mit der Hand Y in seine Box herüberwinkte. Y ging hinein, stand X gegenüber und öffnete seine Hose. X streichelte das Gesäß von Y, die Rückseiten seiner Schenkel und den Rücken unter dem Hemd, während er saugte. Y stand ziemlich unbeweglich, die Hände etwas abgespreizt, um X Bewegungsfreiheit zu lassen, ohne ihn zu berühren.

Die wichtigsten physischen Berührungspunkte zwischen den Partnern sind Mund, Lippen und Zunge des Fellators und der Penis des Insertor. Die Reibung und das Saugen beim Zusammentreffen dieser Organe bringen den Orgasmus hervor, auf den die Begnungen gerichtet sind. Einige meiner Probanden haben behauptet, daß das körperliche Gefühl beim Mundverkehr zwar dem beim Koitus nicht unähnlich, aber ungleich stimulierender, d. h. „erregender" sei, wie es die meisten ausdrückten. Während einige der verheirateten Männer unter den Teilnehmenden sagten, daß sie das Gefühl bei der Fellatio den Empfindungen beim Koitus vorziehen, waren sich die meisten einig, daß dieses nur der Fall sei, wenn einige andere Variablen konstant gehalten würden, z. B. wenn beide Akte im Bett stattfänden. Eine ganze Reihe der Probanden tendierten dazu, die sexuellen Begegnungen in Toiletten doch nur als ein Surrogat „der eigentlichen Sache" zu betrachten.

Das sind zwei ganz verschiedene Dinge — und ich mag sie beide. „Geblasen" zu werden ist natürlich ganz anders als Koitus, aber es hat auch was für sich. Ich weiß es einfach nicht. Ich habe so noch nicht darüber nachgedacht. Ich glaube, man kann das einfach nicht miteinander vergleichen. Ich mag eben beides.

Einige der Insertees behalten die Samenflüssigkeit im Mund und schlucken sie, andere spucken sie aus. Bei einem Fünftel der beobachteten Begegnungen stellte ich fest, daß der Insertee nach der Ejakulation seines Partners ausspuckte. Ein Proband meinte dazu, daß er nur ausspucke, „wenn es schlecht schmeckt":

Die Geschmacksskala ist unglaublich! Man kann am Geschmack fast erkennen, wie sich einer ernährt. Bei einem Menschen mit einer guten, einfachen, ausgewogenen Ernährung hat der Samen einen sehr milden, würzigen, salzigen Geschmack. Bei jemanden, der viel getrunken hat — auch wenn er nicht betrunken ist oder einen Kater hat, wenn er eben viel trinkt, — schmeckt das Zeug wie Alkohol. Und ich meine damit reinen miesen Sprit, der gemeinste Geschmack, den es gibt!

Ich habe in der medizinischen Literatur keine Hinweise auf den Geschmack von Samenflüssigkeit gefunden, ich konnte also das Urteil des Kenners nicht verifizieren. Andere Probanden haben lediglich gemeint, daß es nach ihrer Ansicht „Unterschiede im Geschmack" gibt.

Der eigentliche Akt der Fellatio findet im allgemeinen in einer der abgeteilten Boxen statt. Hierbei nimmt der Insertee eine bequemere Position ein, als wenn er irgendwo sonst auf dem Boden kauern muß. Außerdem besteht der Vorteil bei Störungen darin, daß nur einer der Partner sich bewegen muß. Es gibt aber noch weitere taktische Vorteile. Wenn derjenige, der die Rolle des Insertee wünscht, sich in eine Box begibt und dort eine gewisse Zeit bleibt, dann erreicht er zugleich eine Legitimierung seiner Position, und eine Verdeutlichung der von ihm gewünschten Rolle und braucht nur noch auf einen Partner zu warten.

Weitere 29 % der beobachteten Akte fanden vor den Urinalen statt. Bei dieser Position besteht die Möglichkeit, im Falle einer Störung das Gesicht den Becken zuzuwenden. Für den Fellator ist diese Stellung allerdings recht schwierig und sicher unbequem. Gelegentlich findet der Akt auch am Fenster statt. Nach meinen Informationen geschieht dies vor allem dann, wenn kein Aufpasser da ist, denn diese Position bietet den Vorteil, daß der Insertor gleichzeitig als Aufpasser dienen kann. Wenn der Mundverkehr nicht am Toilettenbecken ausgeführt wird, dann muß der Insertee sich im allgemeinen auf die Knie niederhocken, um den oral-genitalen Kontakt herzustellen.

Während der Fellatio werden andere im Raum ihre Position verändern, um besser sehen zu können. Viele werden dabei masturbieren, zuweilen, ohne dabei erst ihre Hose zu öffnen. Nur selten geht die Dauer dieses ganzen Geschehens, auf das sich die Aufmerksamkeit richtet, über wenige Minuten hinaus. Bei Prüfung meiner Daten ist mir aufgefallen, daß ich die Zeitdauer zwischen Insertion und Orgasmus im allgemeinen stark überschätzt hatte. Was mir als „lange Zeit" erschien (nach meinen Aufzeichnungen 5 oder 10 Minuten), war höchstwahrscheinlich nur das Resultat meiner Nervosität während der Befriedigungsphase. Da ich versuchte, die Rolle des Voyeurs — Aufpassers — glaubhaft zu spielen (wobei beide Aspekte dieser Rolle in diesem Moment meine gespannteste Aufmerksamkeit erforderten), konnte ich unmöglich auf die Uhr sehen und die Zeit nehmen. Kein richtiger Voyeur würde je beim Sexualakt auf die Uhr schauen! Ich vermute, daß in Wirklichkeit der Akt der Fellatio von 10 Sekunden bis zu 5 Minuten dauerte, Unterbrechungen nicht eingerechnet.

Zweimal habe ich auch Analverkehr beobachtet. Diese Form sexueller Aktivität kommt in den meisten öffentlichen Toiletten selten vor, wahrscheinlich weil sie längere Zeit in Anspruch nimmt und sich die Partner weiter entkleiden müssen. Beides erhöht die Gefahr, beim Akt überrascht zu werden. Auch durch gegenseitige Masturbation wird zuweilen der Orgasmus herbeigeführt; dies geschieht vorzugsweise an den Urinalen, oder an anderer Stelle, wenn sich viele Menschen im Raum befinden.

Ende der Begegnung

Ist der sexuelle Akt vorüber, gehen die meisten Insertors in eine der Boxen, um noch Toilettenpapier zu benützen. Nach Reinigung des Penis ordnet man die Kleider und zieht den Reißverschluß an der Hose zu. Wenn, in seltenen Fällen allerdings, ein funktionierendes Waschbecken vorhanden ist, waschen sich einige auch die Hände, bevor sie gehen.

Meine Beobachtungsschemata zeigen, daß fast alle Männer, die die Rolle des Insertors spielten, sofort nach der Reinigung zu ihren Autos gingen und wegfuhren. Auch Insertees werden unter Umständen gleich gehen, doch häufig warten sie in der Toilette noch auf Neuankömmlinge. Zuweilen übernehmen sie in einer folgenden Begegnung die Rolle des Insertors, wie z. B. in dem folgenden Bericht:

(X ist etwa 45, trägt ein grünes Hemd, hellblaue Hosen und fährt einen roten Sportwagen, neues Modell. Y ist um 30, er fährt ein grünes Ford-Kabriolett. Er trägt ein hellblaues Hemd, dunkelblaue Hose und eine dezente Krawatte. Er wird beschrieben als ein sonnengebräunter, maskuliner, gutgekleideter Mann. B ist etwa 40 mit Glatzenbildung, dünn, sonnengebräunt, trägt eine Hornbrille und ein graues Sporthemd. Es ist 2.25 Uhr an einem herrlichen Donnerstagnachmittag, und es sind nur wenige Menschen im Park).

B. saß auf einer Toilette, als O. hereinkam. O. blieb eine Minute am Urinal stehen und bemerkte, daß B innen durch das Guckloch beobachtete. Er ging hinüber zum entfernten Fenster, sah hinaus und zündete sich eine Zigarette an. Y kam herein und ging zum ersten Urinal. X kam bald nach Y und ging zum 3. Urinal. Sie standen dort etwa 5 Minuten. X lugte weiter über die Trennwand der Box zu B und auch zu mir herüber. Ich ging durch den Raum zum gegenüberliegenden Fenster und sah durch das Loch, wo die Scheibe fehlte. X masturbierte. Y ging zur zweiten Box, zog seine Hosen herunter und setzte sich. Ich ging zurück zum rechten Fenster. Y spreizte die Beine, und begann zu masturbieren (er hatte seine Jacke abgelegt und sie über die Kante der Box gehängt). Er saß weit zurückgelehnt auf dem Toilettenbecken wie auf einem Feldstuhl, hatte die Beine nahezu gerade durchgedrückt, aber gespreizt, von sich gestreckt und masturbierte für jedermann sichtbar. Ich ging zurück zum Fenster, von dem aus man die Straße überblicken kann. X ging zu dem Fenster neben Y, stand dort eine Minute, dann beugte er sich hinüber, ergriff Y's Penis und begann, ihn zu streicheln. Dann kniete er nieder und begann mit der Fellatio. B saß in seiner Box und masturbierte. Y stöhnte beim Orgasmus leise auf. Dann wischte er sich ab, X kehrte zum Fenster zurück und masturbierte, während er Y beobachtete. Y betätigte die Wasserspülung, zog seine Jacke an, den Reißverschluß hoch und ging. X ging hinüber in die Box von B, der Fellatio an ihm ausübte. Das dauerte nicht länger als 1 Minute. X ging dann zum Urinal, räusperte sich, spuckte aus und ging. (Ich konnte die Autos von X und Y durch das Fenster sehen).

Ich nenne dieses eine Serienbegegnung. Im allgemeinen habe ich, um mir die endgültige Analyse zu erleichtern, eine Unterscheidung nach „Begegnung A", „Begegnung B" usw. vorgenommen. In dem beschriebenen und einer kleinen Zahl weiterer Fälle war mir dies wegen der raschen Aufeinanderfolge nicht möglich. Während der Jagdsaison sind die Serienbegegnungen die am häufigsten vorkommende Form. Wenn die Sache erst einmal „in Schwung" ist, kann eine solche Serie sich über den ganzen Tag erstrecken, wobei jede Gruppe von Teilnehmern den Legitimationsprozeß des vorausgehenden Spiels für sich ausnutzt.

Eine weitere Spielart, die in einer „Ankurbelung" der sexuellen Aktivität resultieren kann, ist die Simultan-Begegnung, d. h. mehrere sexuelle Akte finden zur gleichen Zeit statt. Zwar werden die Kulminationsphasen selten genau gleichzeitig erreicht, doch finden wir hier eine Art gestaffelten Ablaufs.

(Es ist ein feuchtwarmer Freitagnachmittag. Einige Kinder spielen Ball im Park und ein paar heterosexuelle Paare sitzen in der Nähe in ihren geparkten Autos. X ist etwa 35, sieht aus wie ein harter Bursche, hat Tätowierungen, trägt schmutzige Arbeitskleidung und fährt einen alten Chevrolet. Y ist etwa 45, schlank und sonnengebräunt und trägt dunkle Arbeitskleidung. A ist etwa 32, gepflegt gekleidet mit Sporthemd und Krawatte. Ich beschreibe ihn als „maskuliner Typ, aber mit Ring am kleinen Finger". Er fährt einen neuen kleinen ausländischen Wagen. B ist etwa 50, untersetzt, graues Haar sportliche Kleidung, reichlich ungekämmt. C ist etwa 40, mit Schmerbauch, er trägt ein weißes Sporthemd und dunkelblaue Hosen).

Als O hereinkam, saßen X und Y auf Toilettenbecken, während A am entfernten Fenster stand, mit dem Gesicht zum Raum. Während O urinierte, bemerkte er, daß X ihn durch das Guckloch beobachtete. O blieb etwa 4 Minuten am Urinal und während dieser Zeit ging A hinüber in die Box von X (X ist ein lauter „Sauger", der „schlürft" hörbar, ich wußte also was geschah, ohne es zu sehen). O ging hinüber zum entfernten Fenster, zündete sich eine Zigarette an und schaute hinaus. A verließ die erste Box und stellte sich zwischen Y und O. Er stand da und masturbierte zugleich sich selbst und Y, der aufgestanden war. Inzwischen kam C herein, der zuvor auf der Brücke gesessen und die Toilette beobachtet hatte, als O hineinging. O sah ihn durch das Fenster näherkommen und hustete. Y und A gingen für einen Augenblick auseinander, erkannten dann aber C und machten weiter. C blieb weniger als 1 Minute am Urinal, zögerte eine weitere Minute gegenüber den Boxen, ging mit X zusammen in eine Box, wo X mit der Fellatio begann. Y stand währenddessen auf dem Toilettensitz und beobachtete X und C, wobei A an Y Fellatio ausübte. A mußte sich niederkauern, fuhr aber fort, zu masturbieren. Auf jener Seite des Raumes entstand langsam ein richtiges Gedränge, so daß O zum gegenüberliegenden Fenster hinüberging. Aus dieser Position konnte er nur einen Teil von A's Rücken, Y's Gesicht und Schultern und den Rücken von C sehen. X „massierte" das Gesäß von C und streichelte seine Schenkel. Nachdem C zum Orgasmus gekommen war, verließ er den Raum, ohne zunächst seinen Penis abgewischt zu haben. Auch die sexuelle Begegnung zwischen A und Y endete um diese Zeit, A ging zum Urinal Nummer 3 und spuckte aus. Y wischte seinen Penis ab und ging. A kam zu dem Fenster herüber, an dem O stand und schaute durch die zerbrochene Scheibe hinaus. Seine Hose war noch geöffnet, er masturbierte und schaute dabei O auffordernd an. O fühlte sich unbehaglich und ging wieder hinüber zum anderen Fenster. B kam herein und A zog den Reißverschluß an seiner Hose hoch. B schaute sich um, als er zum mittleren Urinal ging, blieb dort aber nur kurz stehen. Er ging dann mit X in eine Box. Anscheinend fühlte sich keiner durch B gestört und man schien ihn zu erkennen. O ging dann, direkt gefolgt von A, der ihn am Wasserspender ansprach ... Das Ganze dauerte 25 Minuten.

Der Leser hat sicherlich bereits erkannt, daß das, was ich als ein relativ einfaches Spiel mit sechs Zügen beschrieben habe (wovon jedoch nur vier für das Geschehen wesentlich sind) nur den Rahmen darstellt, der mit den vielfältigsten und verwirrendsten Variationen ausgefüllt werden kann. Eine jede Begegnung läßt sich grundsätzlich auf die Grundzüge der Positionseinnahme, des Übermittelns von Signalen, der Einigung und der Befriedigung reduzieren. Doch in keinem Spiel sind diese Züge jemals ganz gleich.

Ein Schulterklopfen, ein Wink mit der Hand, ein gelegentlich geflüstertes Danke schließt die Begegnung ab. Das Trennungsritual ist einfach und kurz. Nachher gehen manche zurück an ihre Arbeit, andere setzen sich in die Autos und warten auf neue Partner und wenige werden sich vielleicht auch auf den Weg zu einer anderen Toilette machen, um neue Abenteuer zu suchen.

Nach meinen Beobachtungen lag die Dauer der Begegnungen zwischen 5 und 40 Minuten, im Durchschnitt bei etwa 18 Minuten. Die Begegnungen in öffentlichen Toiletten sind also relativ kurz — eine Viertelstunde, wenn man weiß, wohin man gehen muß und die Regeln des Spiels kennt. Manche Hausfrau mag zuhause denken, daß ihr Ehemann in eine Verkehrsstauung geraten ist, er in Wirklichkeit aber ein kurzes Toilettenabenteuer gesucht hat.

Verhalten bei Störungen

Das Eindringen eines Neuankömmlings durch die Interaktionsmembrane hat fast immer eine Unterbrechung des Geschehens zur
Folge. Der Eintretende *muß* sich auf irgendeine Weise legitimie-
ren, sonst wird das Spiel abgebrochen, zumindest solange wie er
anwesend ist. Bis zur Legitimation oder lieber dem Verschwinden
des Eindringlings ist eine Art von Panikreaktion zu beobachten;
das Spiel wird diffus und das Ziel der Spielstrategie verschiebt sich
von der primär gewünschten Befriedigung zum Selbstschutz und
sodann zu einer Einschätzung der Person, welche die Interaktionsmembrane durchbrochen hat:

Naja, da sucht man einen Partner, oder macht sonstwas in der Toilette,
und plötzlich fliegt die Tür auf und einer kommt rein. Natürlich brechen alle sofort ab. Es folgt eine Welle von Körperbewegungen, der
eine dreht sich um, der andere steht auf ... sie wechseln die Positionen.
Ein dritter geht vielleicht zu einem der Urinale. Dann schauen sie herüber über die Trennwände der Boxen. Er schaut auch herüber. Sie denken: „Kenne ich ihn? War er schon mal hier oder nicht?" Das kommt
zuerst ... Man wartet erst mal ab: „Wielange wird er bleiben? Uri-
niert er oder steht er bloß rum?" Dies alles spielt eine Rolle. Und
dann trifft man seine Entscheidung: „Gut, die Luft ist rein, mir passiert nichts." Man kann nur hoffen, daß es kein Polizist ist, der einen
Trick probiert.

Außer dem Verlassen des Schauplatzes im Abbruch des Spiels
habe ich drei wichtige Verhaltensmuster beobachtet, um mit jenen
Spannungen fertig zu werden, die sich aus Störungen der sexuellen Begegnungen ergeben. Das erste beinhaltet fast automatische
und allgemeine Reaktion, den Reißverschluß hochzuziehen. Die
erste Reaktion eines Menschen unter Bedrohung ist es, sich zu
schützen, seine Angriffsflächen zu reduzieren. Da (im Falle von
abweichendem Verhalten wie es bei sexuellen Spielen vorliegt) das
Risiko nicht so sehr physischer wie moralischer Natur ist, beinhaltet dieser Schutzmechanismus vor allem das Verbergen belastender
Beweise. Im „Spiel" des Krieges, wo es vor allem auf den physischen Schutz ankommt, ist die erste Reaktion auf eine Störung,
daß „man sich in den Dreck wirft". Da die negativen Folgen des
abweichenden Spielverhaltens den Betroffenen eher vor Gericht
als ins Militärlazarett bringen, liegt das unmittelbare Problem vor
allem darin, wie man die potentiell belastenden Beweise loswird.
So wie „Hascher" ihren Stoff und Diebe ihre Beute verstecken, so
ziehen die Teilnehmer am Toilettenspiel ihren Reißverschluß hoch.

Um es genauer zu sagen: Ich habe festgestellt, daß die Mitspielenden nicht nur im Falle einer bedrohenden Krise den Reißverschluß
hochziehen, sondern immer dann, wenn die Interaktionsmembrane

durchbrochen wird. Es geschieht stets dort, wo die äußere und die innere Welt aneinanderstoßen.[18] („Unwillkürliche" Bewegungen, wie die schnelle Prüfung, ob der Reißverschluß auch wirklich zu ist, gehören in diese allgemeine Kategorie von Schutzverhalten). Nur wenige Teilnehmer am Toilettenspiel werden dies Schutzverhalten nicht zeigen, bevor sie die Szene verlassen. So überprüfen auch Hascher ihren Treffpunkt, um sicherzugehen, daß der „Stoff" versteckt ist und alle Kippen der „joints" beseitigt sind.

Das zweite, recht verbreitete Verhaltensmuster bei Störungen sexueller Begegnungen in öffentlichen Toiletten besteht darin, daß man sich den Anschein des harmlos Unbeteiligten gibt, d. h. man dissoziiert sich vom abweichenden Geschehen. Einer meiner Probanden beschrieb dies als ein „raffiniert ausgeklügeltes System von Desinteresse". Ich habe oft, wenn mein Eintreten die Aktivitäten in einer Toilette unterbrach, diese Art angelegentlicher Nonchalance festgestellt, die jedoch nie lange anhielt.

In der normalen, auf die Befriedigung gerichteten sexuellen Begegnung findet sich eine bemerkenswerte Fähigkeit, Unterbrechungen zu überwinden und die Fäden des Spiels wieder aufzunehmen. Der Legitimationsprozeß dauert anscheinend niemals lange: „straigths" bleiben selten länger als 2 Minuten; die Warter werden meist entweder selbst die einleitenden Züge des Spiels machen oder sich als Aufpasser präsentieren, während das Erscheinen von Teenagern im allgemeinen den brutalen Abbruch der Begegnung zur Folge hat. Es könnte sein, daß die Legitimation in der Stadt, wo die meisten meiner Beobachtungen stattfanden, weniger problematisch ist, da die Polizei nicht mehr wie früher „Lockvögel" einsetzt. Dort, wo diese Gefahr noch real besteht, wird der Legitimationsprozeß schwieriger und länger sein.

Das dritte von mir beobachtete Verhaltensmuster bei Störungen im Toilettenspiel beinhaltet, was ich „spekulative Prüfung" nennen möchte. Wie schon in dem von mir gewählten Begriff deutlich wird, wird jeder Mann zu seinem eigenen, selbsternannten Untersuchungsausschuß. Die spekulative Prüfung erfordert sorgfältige Beobachtung während derer die Teilnehmer am Spiel die vom Neuankömmling gegebenen Anhaltspunkte bzw. Hinweise zur Identifizierung aufnehmen und prüfen. Wenn einer der Anwesenden bei seiner Prüfung zu einem positiven Ergebnis gelangt ist, d. h. festgestellt hat, daß keine Gefahr droht, kann durch ein Nikken das Zeichen zur Wiederaufnahme der (vielleicht zunächst noch etwas zurückhaltenden) Aktivitäten gegeben werden. Die Krise ist überwunden.

Einige dieser Krisensituationen lassen sich allerdings nicht so leicht auflösen und dann kann das Toilettenspiel wohl eher mit einer

Katastrophe als mit Befriedigung enden. Trotz der Entwicklung kollektiver Handlungsmuster zur Erhaltung der nicht-zwanghaften, unverbindlichen Natur der Begegnungen, können die Verteidigungsmechanismen versagen und die befürchteten Konsequenzen eintreten. Auch ein sorgfältig strukturiertes Gebäude von Regeln, Rollen und Strategien bricht manchmal zusammen.

Anmerkungen

(Die Anmerkungen wurden vom Herausgeber für diesen Auszug neu numeriert).

[1] Meine Zurückhaltung, zuzugeben, ich sei ein Soziologe, resultierte teilweise daraus, daß mich ein befreundeter Homosexueller warnte, die Gruppe der Homosexuellen sei besonders schlecht auf Soziologen zu sprechen. Das ist wahrscheinlich auf den Fehler eines Studenten einer anderen Universität zurückzuführen, der in seiner Examensarbeit über diese Gruppe die Namen der Bars und der Befragten nicht geheim hielt.

[2] Guild Guide. Washington 1968

[3] D. J. Black u. M. A. Mileski, Passing as Deviant: Methodological Problems and Tactics. Unveröffentlichtes Arbeitspapier, erhältlich vom Department of Sociology, University of Michigan, Ann Arbor, S. 4 f

[4] N. Polsky, Hustlers, Beats, and Others. Chicago 1967

[5] E. J. Webb et al., Unobtrusive Measures: Nonreactive Research in the Social Sciences. Chicago 1966, S. 49

[6] Die geänderten Gesetze des hier gemeinten Bundesstaates lauten z. B.: H 563.230. *Das abscheuliche und zu verachtende Verbrechen gegen die Natur* — Strafen. Jede Person, die des zu verachtenden und abscheulichen Verbrechens gegen die Natur überführt werden kann, begangen mit einem Menschen oder einem Tier, mit den Sexualorganen oder mit dem Mund, soll mit Gefängnis nicht unter zwei Jahren bestraft werden.

[7] S. T. Bruyn, The Human Perspective in Sociology. Englewood Cliffs, N. J. 1966

[8] Black u. Mileski, a. a. O. S. 2

[9] Webb et al., a. a. O. S. 136

[10] E. Hooker, The Homosexual Community. In: Personality Research. Copenhagen 1962, S. 169

[11] Für dieses ganze Kapitel waren mir die Arbeiten von Erving Goffman über face-to-face Interaktionen eine Hilfe hinsichtlich des Vokabulars und der Konzeptualisierung. Weil ich in manchem seinen systematischen Darstellungen nicht folge, ist er nicht verantwortlich für die Schlüsse, zu denen ich gelangt bin. Für den Zusammenhang des Zitats siehe sein Buch Interaction Ritual, Chicago 1967, S. 159 f

[12] ibid., S. 164

[13] ibid., S. 154

[14] M. B. Scott, The Racing Game, Chicago 1968, S. 3

[15] Aus: Georg Simmel, Soziologie; zit. nach Goffman, Behavior in Public Places. New York 1963, S. 93. Für eine Diskussion des Blickkontaktes in face-to-face Situationen s. S. 91—96 des Buches von Goffman.

[16] W. H. Masters u. V. E. Johnsons, Human Sexual Response. Boston 1966, S. 5 f

[17] ibid. S. 173. S. auch S. 296 f

[18] E. Goffman, The Presentation of Self in Everyday Life. Garden City, N. Y. 1959, S. 137. Man kann diesen Sachverhalt mit Goffman's Diskussion des dramaturgischen Problems vergleichen, Zuschauergruppen voneinander zu trennen.